KB077669

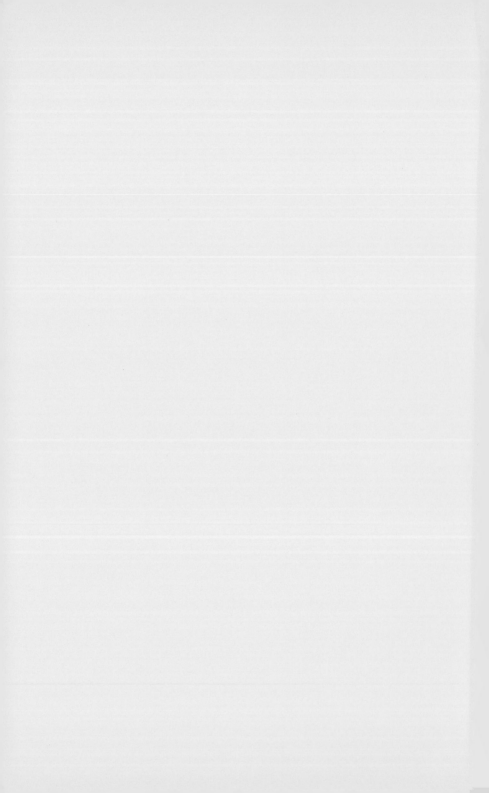

삶은? 달걀!

PART 1

Built-out

:

별 지음

휴엔스토리

'호디에 미히, 크라스 티비(Hodie mihi, Cras tibi)'

'오늘은 나(지만), 내일은 너'라는 뜻의 라틴어로,

죽은 자가 산 자에게 건네는 말이다.

······ 김하인, 『내 아버지, 그 남자』(2012)

'개똥밭에 굴러도 저승보다 이승이 낫다'라는 말이 있다. 저승이 정말 있을까? 죽어서 그곳에 가더라도, 이승에서의 가치관과 성향과 감각과 자아를 그대로 간직한 채 살게 될까? 냄새 지독하고 더러운 개똥밭에서 구르는 한이 있어도 이승이 더 낫다는 건, 살아있다는 사실 그리고 살아있어서 오감(五感)으로 경험하는 매 순간이 너무도 소중하다는 말일 터. 이것이 지금껏 '살아있음'의 의미 찾기에 내 삶의 거의 모든 시간을 쏟아온 이유이고, 지금은 죽음을 대면하면서 육체의 가장 마지막 순간을 마무리하는 장례지도사의 삶을 사는 이유이다. 그렇다고 특출난 뭔가를 찾은 건 아니다. 간신히 같거나 비슷한 주제로 고민했던 앞선 석학(碩學)들이 찾은 답들을 한곳에 모아 볼 정도는 되었고, 그것이 꽤 괜찮다는 생각에 함께 나누고파서 펜을 들었을 뿐. 다만 한 권에 모두 담기에는 분량이 꽤 되기에, 불가피하게 이 책 'Part 1 : Built-out'과 인간의 정신과 마음을 엿

볼 'Part 2 : Built-in' 두 권으로 분리한 점이 미안하다.

식상하고 촌스럽지만 '삶은 달걀'을 제목으로 선택한 이유는, '스스로' 그리고 '깨야' 한다는 점 때문이다. '자의(自意)' 그러니까 '스스로' 깨고 나오면 하나의 소중한 생명체가 되지만, '타의'에 의해 깨어지면 달걀프라이밖에 되지 못한다. 나아가 '깨야' 한다. 단단한 껍질이 보호하는 한 줌도 되지 않는 내부는 참으로 편하고 안락한 장소다. 생명 유지에 필요한 모든 것이 '자연히 또는 당연히' 갖춰져 있기에, 어떤 고민과 생각도 필요 없다. 그러나 '자연히 또는 당연히 주어진' 모든 걸 과감히 버리고 극복하고 깨겠다고, 자신의 삶을 스스로 판단하고 결정하며 책임지고 그에 따른 모든 불안감과 고통도 온전히 받아들이겠다고 결단하지 않는다면, 한두 달만 그대로 있어도 달걀은 완전히 썩어버린다. 우리의 삶도 정확히 그렇다.

학원 생활 도중 인연을 맺게 되어 내 자식이 된 '미래의 충남 예산 공무원 김정화·미래의 갑부 스튜어디스 윤소희·현재 KT 마케팅의 대들보 나지선·이제 사회생활을 시작한 초보 회계사 박하리·미래의 세계적인 전염병학자 이소희·이제야 자신이 소중함을 깨달은 이지수·미래 대한민국 최고의 심리학자 한수아·미래의 가슴 따뜻한 영화감독 한서희', 지금은 비록 연락도 끊기고 이름도 가물거리긴 해도 늘 생각나는 지나온 학원의 몇몇 제자들, '하늘에서 내가 오기만을 기다릴 황호철·미안함에 생사조차 알아보지 못하고 있는 또 다른 나 신은형·친구이자 스승이던 손기태·하버드 학원의 박상희·20대의 고락을 함께한 박윤주', 나를 낳아주신 '김광수 씨와 최경순 여사'·손주들 케어에 정신없는 용래 누나·보험왕 출신 미애 누나와 같은 곳에서 뼈를 묻고 있는 세안뱅크 본부장 은영 누나·같은 부모 밑에서 태어났다는 이유만으로 내게 참 많은 것을 희생해 온 우택이, 끝으로 '인간으로서의 삶'에 대해 알기를 원하고 고민하는 모든 이들에게 이 책을 살며시 건네고프다.

세상과 우리의 삶은 어떻게 프로그램되어 있을까?

　우리가 지금 살고 있고 볼 수 있는 '가시(可視) 우주' 또는 범위를 확 좁혀서 '지구'를, 그리스도교의 하나님 같은 특정한 신이 창조했는지 아니면 과학이 말하는 빅뱅에서 시작했는지 내 능력으로는 알 수 없다. 어쩌면 그리스도교의 하나님 같은 특정한 신이 빅뱅의 스위치를 누른 후, 손 놓고 구경만 하는지 아니면 개인의 매사(每事)에까지 정신없이 개입하고 있는지도 나로서는 이러쿵저러쿵 말할 수 없고. 가시 우주 그러니까 세상의 프로그래머가 누구인지 적어도 내게는 풀기 어려운 수수께끼다.

　따라서 이야기는 누가 그리고 '왜' 세상을 지금처럼 프로그램했는지가 아니라, 어떤 식으로든 이미 프로그램되어 있음은 쿨하게 인정한 채 다음 단계인 '어떻게' 프로그램되어 있는지에 대한 분석에서부터 시작할 수밖에 없다. 불행한 건 그와 관련한 분석과 주장이 셀 수 없을 정도라는 것이고, 그나마 다행인 건 세상이 (어떤 이유에서든 그리고 어떤 방법으로든) 변화 또는 진화하고 있다는 사실만큼은 이견(異見)이 없을 정도로 대부분이 동의한다는 점이다. 여태껏 세상과 시간과 공간과 물질과 생명체가 특정 상태나 모습에 고정되어 영원히 지속한다고 말하는 사람은 거의 보지 못했으니까. 따라서 세상과 시간과 공간과 물질과 생명체 등 그 모든 것이 변화 또는 진화하고 있다는 '사실(fact)'에서부터 시작해 보자.

CONTENTS

Chapter 03   불안과 고통

Chapter 04 　타인과 사회

Chapter 05 　우리와 그들

Chapter
01

**대립물의 투쟁[갈등]과 통합이라는
끊임없는 변화의 과정**

1 헤라클레이토스

끊임없는
변화

이 세계는 신이나 인간 어느 누가 창조한 것이 아니다. 다만 언제나 살아 움직이는 불(火)이며, 법칙 또는 원리인 '로고스(Logos)'에 따라 타고 꺼지기를 무한히 반복할 뿐. 변화 외에 영원한 것은 아무것도 없다. 우리는 같은 강물에 발을 두 번 담글 수 없다. 물도 이미 다른 물이지만, 우리 자신도 이미 달라졌기 때문이다. 이처럼 영원히 흐른다는 것이 세계의 참된 본질이다. 우리가 존재하면서 (또한 동시에) 존재하지 않는 것과 같은 이치이다. (…) 투쟁[전쟁]은 만물의 아버지요 왕이다. 투쟁이 곧 정의(正義)이며, 만물은 투쟁을 통해 생성하고 소멸한다. 생성은 항상 운동을 흘러가게 하는 대립하는 것들 사이에 끼어 있다.

…… 라에르티오스, 『유명한 철학자들의 생애와 사상』

'세상 모든 것은 끊임없이 변화한다'고 주장한 최초의 사람을 꼽자면 아마도 그리스 철학자 헤라클레이토스라고 할 수 있으리라. 이해하기 어려운 말을 하고 불평불만이 많으며 남을 경멸하는 걸 즐기는 어두운 철학자라고 전해지지만, 곧이곧대로 믿을 순 없다. 전교 100등이 50등을 볼 땐 공부를 매우 잘하는 것처럼 보이지만, 전교 5등이 50등을 볼 땐 그럭저럭 이해력은 있는 정도로 보일 테니까. 누가 어떤 말을 할 땐, 반드시 말하는 사람의 지적 수준을 보고 나서 그 사람의 수준에 맞게 어느 정도 믿을지를 판단해야 한다.

'불(火)'은 참으로 적절한 비유다. 어떤 불꽃이든 예측 불가의 방식으로 늘 움직이고 변화할 뿐, 단 한 순간도 고정된 모습으로 가만히 있질 않으니까. 나아가 헤라클레이토스는 '로고스'라는 개념도 최초로 제안했다. 처음엔 그저 단순히 세상이 변화하는 원리나 법칙을 의미한 로고스는, 성경에서 '태초에 로고스가 있었다'며[1] '하나님의 말씀' 또는 '하나님과 동격인 그리스도'라는 인격체의 의미를 거쳐 그 후 철학에서도 어느 정도 인격체의 의미를 띤 '이성(理性, rationality)'의 뜻으로 고정되었다.

> 우리 시대는 모든 것을 비판에 회부(回附)해야 하는 고유한 비판의 시대이다. (그런데) 종교는 신성함을 통해서, 입법은 그 위엄을 통해서 비판을 면제받으려 한다. (…) 그러나 이성은 오직 자신의 자유롭고 공개적인 검사를[비판을] 견딜 수 있는 것에 대해서만 거짓 없는 존경을 허용한다.
>
> …… 임마누엘 칸트, 『순수이성 비판』(1781)

---

1 〈요한복음〉 1:1

누군가가 하버드나 서울대 출신이란다. 뭐가 느껴지는가? 우리는 이름 특히 명성(名聲)이 주는 편견이나 무게감에 너무도 쉽게 굴복하는 경향이 있다. 아리스토텔레스나 독일계 미국 이론물리학자 알베르트 아인슈타인이라면 말 다 했다. 그 어떤 분야에 관한 것이든, 최고의 전문가라는 사람들이 하는 말은 거의 사실일 것 같은 믿음. 바로 이것이 아인슈타인이 '진실의 가장 큰 적(敵)'이라고 말한 '권위에 대한 맹신(blind faith in authority)'이다. 그 누구의 주장도 특정 분야[범주(category)]에서는 옳을 수도 있지만 다른 분야에서는 그를 수도 있음을 잊지 말아야 한다. 가짜뉴스나 사기꾼 또는 사이비 종교에 휘둘리지 않으려면, 뭔가를 받아들이기 전에 늘 어느 정도 거리를 두는 '합리적 의심(reasonable doubt)'의 습관을 지녀야 한다. 이런 비판적인 이해 능력이 일종의 '미디어 리터러시(media literacy)'이고.

갑자기 이런 말을 한 이유는 이렇다. 사실이란 어느 정도는 고정되고 불변한다는 개념이다. 따라서 모든 것이 항상 흐르고 변화한다면, 사실들의 모음인 학문이나 진리도 있을 수 없지 않을까? 그런데 있다. 그러니 모든 것이 변화한다는 주장은 거짓이다. 이것이 헤라클레이토스를 비판한 아리스토텔레스의 주장이다. 이 한마디로 인해, 독일 철학자 프리드리히 헤겔이 헤라클레이토스의 편을 들기까지 2000년 이상 헤라클레이토스는 철학사에서 아웃사이더 취급을 받았다. 아리스토텔레스의 말이니 따져 볼 것도 없이 옳다는 생각에서. 과연 그럴까? 로고스 개념은 빼 버린 채, 부분을 전체라고 착각한 — '성급한 일반화의 오류'라고 할 수 있는 — 잘못된 비판이다.

　지금까지 언급한 헤라클레이토스 사상의 핵심을 요약하면 이렇다. 세상 모든 것의 참모습[본질]인 '변화'의 원동력은 '(이질적 (異質的)인 동시에 동등한) 대립물 간의 투쟁[갈등]'이고, 그런 변화의 순간마다 투쟁을 하나로 '통합'해서 세상에 질서와 조화를 가져다주는 동시에 진화론에서의 '자연선택(natural selection)'처럼 어떤 목적도 없이 그런 하나의 사이클(cycle)이 끊임없이 진행되도록 세상 모든 것에 프로그램된 단 하나의 불변하는 원리[법칙]가 '로고스'라는 것이다. 더없이 명쾌한 분석이다. 대립물이 투쟁하고 통일되는 변화의 과정은 아무 목적 없이 그러니까 그저 그렇게 프로그램되었기에 끝없이 반복되는 것이고, 인간을 포함해 세상 만물 중 특정 상태나 모습으로 고정되어 있거나 멈춰 있는 건 단 하나도 없다는 말이다. 그렇다면 인간을 포함한 만물은 순간순간마다 늘 새롭고, 어제의 나와 지금의 나도 정확히는 다른 존재다. 따라서 나를 포함해 모든 사람이 언제든 바뀔 가능성을 지니고 있다는 일말의 희망을 놓지 않았으면 한다. 예를 들어 '머리 검은 짐승은 거두는 게 아니다'라는 말 같지도 않은 말을 포함해 수많은 편견을 마치 진리인 양 앵무새처럼 아무 생각 없이 떠들어 대지는 말자.

삶은? 달걀! PART 1 : Built-out

18

동서고금을 막론하고 누구나 고정불변하며 영원한 것을 원했고 지금도 강력히 원하고 있다. 그것이 우리의 고통을 초래하는 비극적이고도 선천적인 운명이기 때문이다. 후에 그 유명한 플라톤은 아예 고정불변하며 영원한 것들만을 위해 누구도 건드릴 수 없는 '이데아(Idea)'라는 아지트까지 만들어 줄 정도였으니 말이다. 그랬던 당시에, 헤라클레이토스는 우리의 자연스러운 본성을 뛰어넘어 '변화'를 주장했던 아웃사이더였다. 고대를 뛰어넘은 고대인, 바로 이 점이 헤라클레이토스를 개인적으로 좋아하는 이유다.

변증법과
정신[의식]

헤라클레이토스가 세상이라는 물질적인 영역을 관찰하면서 발견한 대립물의 투쟁과 통합이라는 끊임없는 변화의 과정을, 헤겔은 물질적인 영역뿐만 아니라 정신[의식]의 영역까지 아우르는 변화와 발전의 원리인 '변증법(Dialectic)'으로 체계화했다. 평생 사랑하는 사람을 만나고 헤어지기를 반복한다. 만나고 헤어진다는 전체적인 틀[모습]이야 똑같지만, 수십 번의 만남과 헤어짐이 결코 모두 똑같지는 않다. 바로 '경험'이 쌓이기 때문이다. 경험이 쌓이면서 더 넓은 폭과 더 깊은 깊이를 지닌 사랑을 할 수 있는 사람으로 성장하듯, 나선형(螺旋形)으로 전개되는 것이 정-반-합의 과정을 끊임없이 거치는 '변증법'의 특징이다. 한 가지 사물[태극]을 대립한 두 가지 성질[음과 양]의 통일로 파악하는 것, 즉 하나의 존재(자) 내에 모순된 양면이 내재해 있다고 생각하는 것은 모두 '변증법적'인 사상이다.

따라서 변증법은 불교에서 말하는 '윤회(輪廻)'도 아니고, 독일 철학자 프리드리히 니체가 가정한 (똑같은 상황이 영원히 반복되는) '영원회귀(永遠回歸, Eternal recurrence)'도 아니다. 우리가 책을 읽거나 대화를 통해 뭔가를 배우는 이유는, (마치 변증법처럼) 그 사상과 내용이 삶 속에서 실천을 통해 나타나고 그로 인해 삶의 부분들이 변하고 다시 그 변화에서 얻은 새로운 깨달음과 질문의 답을 찾고자 책을 읽고 뭔가를 배우는 선순환(善循環)이 일어나도록 하기 위함이어야 한다[2]. 이것이 '학이시습지(學而時習之 : 성현의 도를 수시로 배우고 익히면)' '불역열호(不亦說乎 : 어찌 즐겁지 아니한가?)'의 뜻일 테고[3]. 반대로 삶 속에 녹여지지 않은 그래서 삶과 괴리된 단순 지식은, 풍부하면 풍부할수록 오히려 자신의 부귀영화를 위해 타인을 이용하고 짓밟는데 사용되는 경우가 참 흔하다.

적어도 헤겔 변증법의 결정체인 『정신현상학』(1807)의 말뜻 정도는 알 필요가 있기에 그리고 이후 시도 때도 없이 등장할 여러 개념과 주장들을 이해하는 토대가 되리라는 생각에서 잠시 곁길로 새겠다. 영국 과학자 아이작 뉴턴 이래 과학이 승승장구하면서, 모든 개별 학문은 '과학의 시녀(侍女)'가 되었다. 특히 모든 개별 학문에 이론적인 근거를 제시하는 토대 역할을 했던 철학이 헛소리만 늘어놓을 뿐이라는 비난 속에서 자신

---

2   카를 마르크스, 『독일 이데올로기』(1845)의 부록인 「포이어바흐에 관한 테제」 중 열한 번째 테제[명제]
3   공자 『논어』 1편 '학이'

감을 상실한 채 시름시름 앓고 있던 19세기 후반, 과학의 감시를 피해 심리학과 논리학이 철학의 역할을 대신하겠다며 살며시 입후보했다. 학문은 인간 이성[정신/의식]의 지적 활동이 낳은 산물이고, 인간 이성을 객관적으로 탐구한다고 자부하던 학문이 자신들이었으니까.

그런데 자신들만이 유일한 적격자(適格者)라며 두 학문이 한창 유세(遊說)에 열을 올리던 때, 갑자기 전혀 생각지도 못한 수학 분야에서의 양심선언으로 선거판은 쑥대밭이 된다. 가령 자연수 집합처럼 참이고 완전해 보이는 하나의 체계라고 해도 스스로의 무모순성(無矛盾性)만큼은 증명할 수 없다는, 즉 실제로 완전무결한 독립적인 체계는 있을 수 없다는 체코 수학자 쿠르트 괴델의 '불완전성 정리(incompleteness theorems)'(1931)가 그것이다. 자기가 포함된 체계의 전체적인 틀이 옳은지 그른지는 그 체계에 포함된 개별 구성원이 결코 판단할 수 없다는 것. 일반인인 우리는 '집을 나가봐야 집이 소중한 줄 알게 된다'는 말 정도로 이해하거나, 아무리 내가 결백하다고 해도 나의 결백은 결국 타인의 증언이나 물증에 의해서만 가능하다는 정도로 이해해도 무방하리라. 여하튼 이런 수학 분야에서의 양심선언이, 특정 학문의 근본적인 가정(假定) 자체에 관한 물음은 해당 학문의 한계 내에서는 답할 수 없다는 따라서 인간의 이성을 다루는 학문으로 인간의 이성을 파악하는 건 불가능하다는 데까지 확대된 것이다. 사실 괴델의 불완전성 정리는 23개의

미해결 수학 문제들을 제시하면서 수학의 기초 역시 튼튼하지 않음을 밝힌 독일 수학자 다비트 힐베르트의 양심선언인 '힐베르트의 문제들(Hilbert's problems)'(1900)을 재확인한 셈이다.

가장 객관적인 학문으로 여겨지던 수학마저 불완전하다는 사실에 모두가 실의(失意)에 빠져 있을 때, 새로운 반전(反轉)이 일어난다. 독일 철학자 에드문트 후설이 이미 만신창이가 돼 쓰러져 있던 철학을 부축해 걸어오면서, 있을 수 있다고, 그것도 철학만이 가능하다고 외치는 게 아닌가! 이미 사망선고를 받은 철학이 뭘 어쩔 수 있냐는 의문에, 후설이 제시한 게 바로 인간의 이성[정신/의식]에 접근하는 방식 그러니까 관점의 전환을 강조한 '현상학(現狀學, phenomenology)'이다. 말 그대로 내적인 본질이 아니라 '눈에 보이고 감각으로 느낄 수 있는 현상 자체만을 객관적으로 기술(記述)하고 연구하는 학문'이라는 것이다. 네덜란드 화가 마우리츠 에셔[에스허르]의 〈그림 그리는 손〉(1948)처럼 '(자기의) 의식이 (자기의) 의식을 탐구하는 방식'만이 해결책이라는 건데, '생각에 관한 생각' 즉 '메타인지(metacognition)'인 셈이다. 하지만 그 외침은 그다지 오래가지 못했다. 김치가 없는 김치찌개처럼, 본질이나 의미를 제거한 철학은 더는 인간의 삶을 탐구하는 철학이라고 할 수 없으니까. 그래서 곧이어 현상의 해석, 즉 의미를 강조하는 '해석학(解釋學, Hermeneutics)'이 등장한 건 당연했다.

(자기)의식은 본질상 대자적(對自的)인 존재이며, 자기로부터 타자를 지양(止揚)함으로써 자기동일성을 지닌다. 이런 자기의식이 곧 개인 [자아(自我)]이다. 동시에 스스로를 타자로 생각하기 때문에 — 즉 자기 자신을 대상화하기 때문에 — 자신[자아]을 상실한 자기의식 역시 정립된다. 의식의 반성(反省)[사유(思惟)]에 의해 이 두 상태가 통일되기까지, 이 둘은 서로 대립하는 의식으로 존재한다. (이런) 이중성의 개념은 — '주인과 노예의 변증법'으로도 불리는 — '인정(認定)(받기 위한) 투쟁'으로 설명할 수 있다. 대자적인 존재를 본질로 하는 자립적인 의식이 '주인'이며, 대타적(對他的)인 존재를 본질로 하는 비자립적인 의식이 '노예'이다.

…… 프리드리히 헤겔, 『정신현상학』(1807)

대자존재가 의식을 지녔다는 것은 (그것 자체로는) 우연적이지만, 그 의식을 통해 사유한다는 것은 필연적이다. 의식이 '…에 관한' 의식이라는 것은 (자신에 대한) 초월(超越), 즉 '지향성(志向性, intentionality)'이 의식의 구조라는 것이다.

…… 장 폴 사르트르, 『존재와 무』(1943)

물론 플라톤 때부터 그랬고, '나는 생각한다. 그러므로 존재한다(코기토 에르고 숨, Cogito ergo sum)'[4]고 선언한 프랑스의 철학자이자 수학자 르네 데카르트 때 절정에 달했지만, 헤겔 이후 의식[정신] 또는 생각하는 능력인 '이성(理性)[반성(反省)]'은 모든 분야를 막론하고 인간을 인간이게 하는 최고의 조건으로 자리매김했다. 프랑스 실존주의 철학자 장 폴 사르트르는 인간의 의식을 논할 때면 빠지지 않고 등장한다. 사르트르는 현상학의 핵심 개념인 '지향성' 즉 세상 만물에 의미를 부여하는 활동[의미화 작용]을 하는 '의식'은 오로지 인간만이 가지고 있다고 말한다. 그러면서 사르트르는 '의식'과 '인간'을 혼용(混用)하는데, 그 때문에 그의 글이 더 어렵게 느껴진다.

여하튼 의식이 없어서 보이는 게 다이고 그래서 의식을 통해서 의미를 부여받아야만 하는 인간을 제외한 모든 존재자는 '즉자존재(卽自存在, Being-in-itself)'다. 우리는 늘 의식을 통해 자기 자신을 살피며 자신의 미래에 대해 고민할 뿐만 아니라 — 세상에는 자신과 동등한 타인들도 함께 존재하기에 — 타인도 살펴야 한다. 인간이 의식을 통해 자기 자신을 마주[대상화]할 때 '대자존재(對自存在, Being-for-itself)'가 되고, 나아가 타인까지 마주할 때 '대타존재(對他存在, Being-for-others)'가 된다. 자기 자신만 살피고 염려하는 사람은, 대자존재로서 '인간으로서의 가능성'만 가지고 있을 뿐 더불어 살아야만 하는 온전한 인간이라고는 할 수 없다는 말이다.

---

4   르네 데카르트, 『방법서설(方法序說)』(1637)

즉자존재의 알몸 그러니까 참모습[본질]은, 무의미하고 우연적이고 낯설고 메스껍다. 대자존재로서의 인간[의식]의 참모습은 '무(無)'라고 사르트르는 말한다. 왜? 쉼 없이 세상을 향해 '지향성'이라는 안테나를 곤두세운 채 의미를 부여하면서 시시각각 그 결과를 자신에게로 가져와 고정불변하고 완전한 '자아 만들기[대자인 자신의 즉자화]'에 맹목적으로 몰두하는 게 의식의 숙명이자 최종 목적인데, 세상은 의식의 바람과는 달리 끊임없는 변화 속에 있기 때문이다. 따라서 의식이 만드는 자아는 늘 일시적이고 가변적일 수밖에 없기에 결국엔 무(無) 즉 아무것도 아닌 게 되고, 자연스럽게 의식의 의미 부여 활동[자아 만들기]은 '무화(無化) 작용'이 된다. 한편 대타존재로서의 인간[의식]의 참모습은, 서로가 서로에게 갈등과 투쟁을 일으키는 관계라고 말한다.

플라톤이 첫발을 뗀 이후, 고정불변하고 영원한 것을 추구하지 않는 사람은 거의 없다고 해도 과언이 아니다. "진짜? 정말? 확실해? 난 원래 생겨 먹은 게 그래" 같은 말을 일상에서 얼마나 많이 사용하는지만 봐도 알 수 있다. 우리의 의식도 그렇고. 우리는 왜 그렇게도 고정불변하고 영원한 것에 목을 매는 걸까? 누구나 자신에게 없는 것을 욕망하기 마련이라서 그렇다. 세상과 함께 우리도 끊임없이 변하고, 그렇다는 건 불완전하다는 것이고, 그래서 불완전한 우리는 고정불변하고 완전하고 확실하고 영원한 것을 원한다. 그 결과 "여기 있다 저기 있다고도 못하리니 하나님의 나라는 너희 안에 있다"[5]는 "하나님의 나라가 이미 너희에게 임하였다"[6]는 예수의 외침은 의도적으로 외면한 채, 고정불변하고 영원한 구체적인 나라로서의 천국과 지옥이라는 환상 속에 취해 있는 것이다. 의식의 주체라는 통념과는 달리 자아가 의식의 일시적이고 불완전한 결과물일 뿐이라면, 의식은 눈앞에 매달린 당근을 욕망하는 당나귀 신세나 다름없다. 하지만 바로 그런 당나귀 신세인 의식이 우리의 삶을 이끌어가는 원동력인 것도 사실이다. 당근을 먹어버린 당나귀는 더는 수레를 끌지 않을 테니까. 일단 머리 아픈 철학적인 설명은 여기까지만 하자.

> 정신의 최종적인 형태는, 정신의 형태에서 (스스로) 자신을 파악하는 지(知)인 '절대지(絶對知)[절대정신]'이다. (…) 정신 자체는 인식 활동으로서의 운동이다. 정신은 즉자(卽自)에서 대자(對自)로의 변화이고, 의식의 대상에서 자기의식의 대상으로의 변화이며, (객관적인) 실체에서 (주관적인) 주체로의 (통합에 의한) 변화이다. 이 운동은 자신으로 복귀하는 원(圓, circle)이다. 정신은 자신의 형태가 전개하는 운동을 절대지[절대정신]에 이르러 종결짓는다.
>
> …… 프리드리히 헤겔, 『정신현상학』(1807)

---

5 〈누가복음〉 17:21
6 〈누가복음〉 11:20

『정신현상학』은 주체인 의식이 자기 자신을 대상화해서 '의식→이성→정신→양심→종교→절대지[절대정신]'에 도달하기까지, 스스로를 세상에 드러내는 순차적이고 발전적이며 변증법적인 전(全) 과정을 설명하는 책이다. 여기서 '절대정신'은 신적인 어떤 게 아니다. 주체인 의식[정신]이 자연과 사회[법철학]와 역사[역사철학]의 대상[객체]이 되었다가 다시 자기 자신으로 통합되는 변증법적 과정들을 거쳐서 마침내 자기 자신에 대한 완전한 인식인 '(절대)진리'에 도달한 상태다. 그 과정이야 어쨌든 간에, 헤겔은 자신의 시대에 이르러 자신의 조국 프로이센[프러시아(Prussia)][7]에서 철학과 역사가 모두 종결되었다고 선포했다. 헤라클레이토스에겐 단순한 변화의 원리였던 로고스가, 헤겔에 이르러서는 세상이라는 영화의 주인공이자 감독이 된 셈이다. 참으로 대담한 주장이지만, 그것이 과연 사실일까?

심하게 말하자면, 『정신현상학』은 많은 부분이 사실이더라도 전체적으로는 거짓이다. 괴델의 불완전성 정리를 몰랐던 헤겔은 마치 한글 프로그램을 켜 놓고 엑셀 작업의 완성을 꿈꾸듯, 변화라는 프로그램이 장착된 세상 속에서 불변을 찾는 불가능한 몸부림을 친 셈이다. 왜 그랬을까? 당시 정치적으로 곪을 대로 곪아 있던 유럽에 구원자라는 양의 탈을 쓰고 등장한

---

7   1871년 독일제국이 탄생하기 이전의 이름

프랑스 독재자 나폴레옹 보나파르트의 위대함에 현혹되었던 건 아닐까? 루트비히 판 베토벤이 교향곡 3번 〈영웅(Eroica)〉을 헌정하려고 했듯, 나폴레옹이 내뿜던 절대권력의 화려함과 최고의 철학자라는 자부심 그리고 국수주의(國粹主義)가 한데 어우러진 결과일지도 모르겠다.

'변증법'과 '진리[절대/보편]'를 하나로 묶어보면, '세상 모든 건 끝없는 변화의 과정에 놓여 있다는 사실, 이것이 불변하는 단 하나의 진리'라는 문장이 된다. 이것이 나를 포함해 많은 사람이 확신하고 있는 '내용[현실]'이다. 그런데 변증법을 '논리'적으로 극단까지 밀고 가는 순간, 문제가 발생한다. 변증법의 정의(定義)상 세상 모든 것은 임시적이고 상대적일 뿐이라는 ─ 즉 절대적인 진리란 없다는 ─ 결론에 도달하니까. 이것이 자신의 똑똑함을 드러내 보이고 싶어서 논쟁을 일삼는 사람들이 단골 메뉴로 꺼내는 딜레마(dilemma)인데, 사실 이건 딜레마라기보다는 '범주의 오류(category mistake)'[8]라고 하는 게 더 정확할 듯하다. '내용[현실]을 인정'하는 것과 언어적인 '논리'는, 뇌에서 감정[마음]을 담당하는 영역과 이성을 담당하는 영역이 아예 다른 것처럼 범주 자체가 다르기 때문이다. 특정 상황에서의 자기 기분이나 감정을 언어로 변환하는 데 있어서 거의 항상

---

8 길버트 라일, 『마음의 개념』(1949)

상당한 어려움을 겪는 걸 봐도 쉽게 알 수 있다. 범주를 혼동하는 순간, 딜레마에 빠진다. 아마도 인간 언어능력의 본질적인 한계 때문이리라. 여하튼 우리는 모순처럼 보이는 상황을 극복할 수 있는, 범주의 오류라는 작은 치료제 하나를 얻은 셈이다.

서양의 변증법은, 모순 즉 차이[다양성]를 제거하는 것에 집중했다. 자신의 국가와 문화와 철학의 우수성을 과시하기 위한 조미료가 필요했던 헤겔에게, 차이란 '동일화(同一化)'의 힘에 통합되기 위해서 일시적으로 존재하는 것일 뿐이었다. 동화를 거부하는 차이는, 철저하게 배제되고 억압되었다. 고대 중국의 사상도 변증법적인 사고방식이었다. 하지만 서양의 변증법과는 달리, 타협을 통해 모순되는 주장들을 수용해서 통합하고 초월하는 것에 집중했다. 동양의 사고에서 모순이란 단지 표면적이기에, 모순되는 두 주장 모두에서 진리를 발견하고자 한 것이다. 고대 중국인들의 사고에는 'A가 참이라고 해서 B가 당연히 거짓이 되는 건 아니다'라는 성숙한 전제가 깊이 내재해 있었기 때문이다. 얼핏 보면 모순과 갈등의 해소에 있어서 서양은 실패했고 동양은 성공한 듯하다. 하지만 과연 그럴까?

모든 시대[수준, 단계]에는 그 시대에 고유한 질병이 있다.

...... 한병철, 『피로사회』(2010)

헤겔의 변증법이 차이를 소멸시키는 강제적이고 억압적인

'동일성의 원리(principle of identity)'임을 밝힌 것이, 비판이론(批判理論, Critical Theory)을 체계화한 독일 프랑크푸르트학파의 창시자인 테오도어 아도르노의 『부정 변증법』(1966)이다. 부정의 부정은 긍정이 아니라는 것이다. 아도르노는 (변증법은 나선형으로 나아가기에) 비록 과정마다 이전과 똑같지는 않더라도, '합'이 곧 '정'이라면 '반'은 구색 갖추기 또는 얼굴마담에 불과하다고 말한다. 수없이 '부정[반(反)]'이 거듭된다 한들, 결국엔 '부정의 부정'을 통해 주체와 대상 사이 그리고 정신과 현실 사이의 조화와 화해인 '긍정'으로 귀결되기 때문이다. 따라서 모든 것은 늘 되어가는 상태에 있기에, 서양적인 방식이든 동양적인 방식이든 변증법을 통해서 모순과 갈등을 온전히 해소할 수 있다는 생각은 착각이라는 게 아도르노의 주장이다.

이유는 한병철의 분석과 일치한다. '정'과 '반'이 '합'이 되는 바로 그 순간, 그 '합'은 다시 새로운 '정'이 되고 그에 대립하는 '반'이 발생하기 때문에 새로운 테제[주제, 명제]는 새로운 갈등을 낳는 출발점일 뿐이며, 모든 개념이 그렇듯 — 즉 이렇다 저렇다 규정하고 정의 내리는 행위 자체가 그 규정에 속하지 않는 것들의 배제를 전제하듯 — 모든 동일성도 그 자체가 규정이고 개념 정의이기에 자신을 오롯이 드러낼 수 없기 때문이다. 괴델의 불완전성 정리가 오버랩(overlap)된다. 아도르노는 이런 『부정 변증법』의 '비(非)동일성의 사유'를 통해 '전체[동일성]'라는 개념이 지닌 권위를 무너뜨리려고 했다. 그래야만 전체주의(全體主義)에 대항할 힘이 생기니까.

변증법과 언어의 한계에 관한 탁월한 통찰을 바탕으로 모든 것은 늘 되어가는 상태에 있음을 강조한 아도르노의 주장은, 프랑스 철학자 자크 데리다의 '해체주의(解體主義)'를 예고한 셈이다. 의미를 전달하려고 할 때마다 우리의 의도와는 달리 의미는 끊임없이 미끄러지고 — 즉 차이(difference)를 보이고 — 그래서 의미의 온전한 전달은 늘 지연(delay)되므로, 명백하고 완전한 의미에는 결코 도달할 수 없음을 데리다는 '차연(差延, difference)[디페랑스]'이라고 정의한다[9]. TV의 모든 채널을 수신할 가능성은 항상 열려 있지만, 모든 채널을 동시에 볼 수는 없다. 특정 채널을 선택하는 순간, 다른 채널들은 배제된다. 이것이 개념 정의, 즉 언어 자체의 한계다. 그렇다고 우리의 삶에서 언어를 포기할 수는 없고 변증법만 한 개념도 없으니, 울며 겨자 먹기로 쓰는 수밖에.

이왕 길어진 김에, 헤겔의 유명한 말 두 가지만 더 살펴보자. '생각할 수 있는 능력'이 인간의 가장 큰 특징이라면, 인간의 존엄성을 가장 크게 훼손하는 질병은 치매(癡呆)라고 할 수 있다. 우리 두뇌[의식]는 특정 대상이나 상황을 대할 때마다 '일정한 거리'를[10] 유지한 채 바라보고 분석하며, 이전까지의 모든 지식과 경험을 활용해 의미를 부여해서 자아를 만들어 낸다. 우리가 세상의 모든 걸 생각[대자적(對自的)] 없이 그 겉모습과 첫인상 그대로 직접적[즉자적(卽自的)]으로 수용하는 한 우리는 ― 자기만의 고유한 방식으로 세상에 의미를 부여해 채색할 수 있는 대자존재가 아니라 ― 즉자존재로 전락하고, 그렇게 수용된 것들은 우리 자신과는 전혀 무관한 타자(他者)에 지나지 않는다. 이것이 '이성적(理性的)인 것(만)이 현실적[실제적]인 것이며, 현실적인 것(만)이 이성적인 것'[11]이라는 말의 뜻이다.

하지만 아도르노는 헤겔의 이 말이야말로, 자신과 동일한 것은 보존하고 그렇지 않은 것은 배척하는 '동일성의 사유' 즉 닫힌 사유의 체계를 가장 잘 보여준다고 지적한다. 그 상태에서 차이와 변화와 발전은 출현할 수 없기 때문이다. (인간이 파악할 수 있는) 진리는 (고정된 특정 순간이나 기간이나 대상에 존재하는) '완결'이 아니라 (진리에 조금이라도 더 가까이 다가가려는) '끊임없는 과정' 그 자체에 있다고 생각한 셈인데, 이것이야말로 적어도 불완전한 우리 인간에게 있어서의 정답이라고 할 수 있다. 세상과 우리가 그렇게 생겨 먹었다.

---

10 헤겔의 표현으로는 '자기 내적 거리'이고, 독일 극작가 베르톨트 브레히트의 표현으로는 '낯설게 하기(defamiliarization)'다.

11 헤겔, 『법철학(강요(綱要)』(1820) 서문(序文)

김춘수의 시 〈꽃〉(1959)의 두 문장을 헤겔의 말로 다시 쓴다면 다음과 같으리라. '내가 의식[정신]의 의미화 작용을 통해서 그의 이름을 불러주기 전엔, 그는 다만 직접적이고 즉자적인 방식으로만 존재하는 하나의 몸짓에 지나지 않았다. 그러나 내가 의식의 의미화 작용을 통해서 그의 이름을 불러주었을 땐, 그는 나에게로 와서 하나의 현실적이고 보편적인 꽃이 되었다.' 이것이 이어서 등장하는 '미네르바(Minerva)의 올빼미는 황혼(黃昏)이 되어서야 날기 시작한다'[12]는 말의 뜻이기도 하다. 지혜의 여신인 아테네(Athene)의 로마 이름이 미네르바고, 올빼미는 미네르바의 분신(分身)이다. 원인론적으로 가변(可變)하는 현실 세계에 선행하는 불변(不變)의 뭔가를 찾는 것이 철학이 아니라, 결과론적으로 역사적인 조건들이 모두 이루어진 — 모든 사건이 종결된 — 이후에야 반성[생각]을 통해서 그 뜻을 분명히 밝히는 게 철학이라는 말이다.

---

12 헤겔, 『법철학(강요(綱要)』(1820) 서문(序文)

홀론과
홀라키

의식에 관한 헤겔의 주장은 왠지 모를 거부감을 일으키지만, 그것과 별반 달라 보이지 않는 트랜스퍼스널[초개인적] 심리학의 창시자 켄 윌버가 『모든 것의 역사』(1996)에서 펼친 주장엔 이상하리만큼 호기심이 발동한다. 우주(宇宙)를, 영어로는 '(outer) space'·'cosmos'·'universe' 등으로 표현한다. '(outer) space'는 지구와 지구 밖의 모든 세계를 구별 짓는 단순한 공간적인 개념이고, 'cosmos'는 우주 전체를 질서 있고 조화롭게 움직이는 통일체로 바라보는 개념이다. 윌버는 'universe'에 주목한다. 유니버스(uni-verse)는 '하나의 노래' 또는 '단일 운율(韻律)'이라는 뜻인데, 그것이 물질과 생물을 넘어서 정신과 영혼까지 아우르는 총체적인 의미의 우주를 가리킨다고 보기 때문이다. 그래서 윌버의 그런 우주를 '완전한'의 뜻을 나타내는 순우리말 '온'을 붙여서 '온우주'라고 번역하고, 영어로는 피타고라스학파가 거의 같은 의미로서의 우주에 사용했던 'Kosmos'라고 쓴다.

윌버도 세상[온우주]의 참모습이 변화[진화]라는 사실에는

100% 동의한다. 다만 그 내용에 있어서는, 헤라클레이토스보다는 헤겔과 더 가깝다. 헤겔과 비슷하게 윌버에게도 '세상[온우주]' 자체가 하나의 '정신[의식]'이고 '영(靈)'이며, 종교적인 의미에서의 '신(神)'이다. 마치 헤겔의 정신현상학처럼 진화[변화]란 그런 온우주의 '활동' 즉 단일 운율인 온우주 자체이며, 의식[정신]인 영이 자연 속에서 잠들어 있다가 마음속에서 깨어나 마침내는 초개인적 영역 안에서 스스로를 다시 온전한 영으로 인식하는 변증법적 활동이다. 그래서 끊임없는 진화의 과정 중에 있는 온우주는 '활동 중인 영(Spirit-in-Action)' 또는 '창조 중인 신(God-in-the-Making)'이다. 헤라클레이토스와 현대 생물학에서 이해하는 진화는 물질적인 영역에서의 '어떤 목적도 없는 단순한 적응'인 데 반해, 헤겔과 윌버가 생각한 진화는 물질적인 영역과 정신적인 영역 전체에서 의식[정신]이 주인공이자 감독인 한 편의 '온전한 발전과 진보'라는 영화라고 할 수 있다. 판단은 여러분 각자의 몫으로 남겨둔다.

진화는 '홀론(holon)'이 '홀라키(holarchy)'적으로 상승하면서 발전해 가는 것이라는 게 윌버의 주장이다. 홀론과 홀라키라는 두 개념은 헝가리계 영국 저널리스트이자 물리학과 심리학을 모두 전공한 아서 쾨슬러[케스틀러]의 업적이다[13]. 그렇다고 윌

---

13 아서 쾨슬러[케스틀러], 『야누스 : 요약』(1978)

버가 차려진 밥상에 숟가락만 살짝 올려놓은 건 아니다. 헤라클레이토스의 변증법을 헤겔이 체계화했듯이, 윌버도 '홀론의 20가지 원칙'을 추가해서 쾨슬러의 개념을 체계화했다. '홀론'은 '전체'라는 뜻의 그리스어 '홀로스(holos)'에 '부분'을 뜻하는 접미어 'on'을 합성한 단어로, 모든 존재는 그 자체로 하나의 완전한 전체(holos)인 동시에 더 큰 다른 전체의 일부분(on)이기도 한 야누스(Janus)적인 속성이 있다는 것이다. 하나의 원자는 하나의 온전한 전체이자 상위 수준[단계]인 하나의 온전한 분자의 부분[구성원]이며, 그 분자도 하나의 온전한 전체이자 상위 수준인 하나의 온전한 세포의 부분이고, 그 세포 역시 하나의 온전한 전체이자 상위 수준인 하나의 온전한 유기체의 부분이라는 것이다.

실재(實在, actual being)하는 모든 것은 아원자(亞原子)나 쿼크(quark) 같은 물질적인 '입자'들이 아니라 홀론으로 구성되어 있다(제1원칙). 존재의 맨 위와 맨 아래에 이르기까지 그리고 모든 방향과 모든 수준[단계]에 걸쳐서 오직 홀론 위에 놓인 홀론만이 있을 뿐이다. 홀론 개념은 '상태[상황]'를 강조한다. 따라서 특정 기관 속의 세포 또는 특정 조직 속의 여러분은 모두 홀론이지만, 특정 기관과 조직에서 떨어져 나오는 순간부터 세포와 여러분은 그저 하나의 물체일 뿐 진화에 참여하고 공헌하는 홀론이 아니다(제12원칙). 모든 홀론에는 그 홀론이 속한 수준과 하위 수준들을 통합해서 새로운 수준으로 도약하려는 성향

[힘]인 '전일적(全一的)[홀리스틱(holistic)]' 능력이 원래부터 내재(內在)되어 있는데(제18원칙) 이것이 진화를 일으키는 원동력 ― 진화가 발생하는 이유 ― 이고, 그런 홀리스틱 능력이 증대(增大)되는 과정에서 자연스럽게 그리고 필연적으로 발생하는 계층(hierarchy)[위계(位階)] 구조가 '홀라키[존재(자)의 사다리]'다(제3원칙).

지식인들은 온갖 어려운 용어를 동원해 변증법적 과정을 비비 꼬아 설명하지만, 윌버의 설명은 간단명료하다. 진화란 간단하게는 '초월을 통한 자기실현'이고, 정확하게는 '하위 수준의 내용들[홀론들]을 통합하는 동시에 그것을 넘어서서 새로운 상위 수준으로 도약 즉 초월하는 것'이다. 어떤 수준에서든 도약은 대체로 해당 수준에 관해 아무 지식도 없는 '미분화(未分化)된 (융합) 상태'에서 해당 수준과 관련한 지식을 배우고 응용해서 활용하는 '통합 즉 분화 상태'로 그리고는 마침내 해당 수준과 관련해서 당연하게 여기던 것들에 합리적 의심을 품기 시작하는 '초월 상태'라는 세 가지 소(小) 단계를 거치면서 이루어지고, 상위 수준으로 도약할 때면 언제나 이전 수준에서는 가지지 못했던 새로운 속성이 반드시 홀라키의 형태로 '창발(創發, emergence)'한다(제4원칙). 원자들이 모여 분자를 이룰 땐 원자 덩어리에는 없던 특정한 '속성'이, 분자들이 모여 세포를 이룰 땐 분자 덩어리에는 없던 '생명'이 새롭게 나타나듯이 말이다.

당연한 말이지만, 늘 상위 수준으로의 도약만 있는 건 아니다. 단기적으로는 상위 수준으로의 초월[상승]의 가능성이 있는 곳마다 동시에 '억압·배제·소외·분리'라는 퇴행[하강]의 가능성도 늘 함께 도사리고 있다. 진화는 직선이 아니라 나선형이니까. 헤겔의 '인정 투쟁'도 주인 – 노예 관계에 역전의 가능성이 있다는 것일 뿐 그런 변화가 늘 일어난다는 것도 아니고, 의식적인 변화가 일어난다고 해서 동시에 현실적인 변화를 수반한다는 것도 아니다. 의식적인 변화만으로는, 주인과 노예라는 현실에 어떤 변화도 가져올 수 없다. 아무리 주인의식을 가지고 열심히 일한다고 해도, 우리가 언제든 해고당할 수 있는 일개 사원이라는 사실에는 변함이 없듯이 말이다. 그렇다면 의식적인 변화의 수준에 도달한 각성한 노예는 어찌해야 할까? 현실을 개혁하기 위해 팔을 걷어붙인다면 상승[초월]의 길로 들어서는 것이고, 반대로 그런 짓은 달걀로 바위 치기나 마찬가지이니 중국 작가 루쉰의 소설 『아Q정전』(1923)의 주인공처럼 '정신 승리(spiritual victory)'나 하겠다고 하면 하강[퇴행]의 길로 들어서는 셈이다. 선택과 그에 따르는 책임은 오롯이 자신의 몫이다.

새로운 사회는, 새로운 (경제적·사회적) 발전 과정에 새로운 인간의 발전을 반드시 병행해야만 가능하다. (그러려면) 인간의 성격 구조에 근본적인 변화가 일어나야만 한다. 그러나 인간의 마음 안에서의 변화도, 과감한 경제적·사회적 변혁이 일어나는 한에서만 가능하다.

…… 에리히 프롬 『소유냐 존재냐』(1976)

다자(多者)로부터 일자(一者)로의 상승의 길은 '지혜[반야(般若)]'의 길이고 남성성인 '에로스(Eros)'이자 '색즉시공(色卽是空)'이며, 일자로부터 다자로의 하강의 길은 '자비(慈悲)'의 길이고 여성성인 '아가페(Agape)'이자 '공즉시색(空卽是色)'이라는 것이 윌버의 탁월한 통찰이다. 상승의 길은 다양하고 복잡한 현상들을 하나씩 걷어내면서 과학적 법칙 또는 종교적 신이라고도 할 수 있는 일자를 찾아가는 지혜이고, 하강의 길은 월인천강(月印千江)처럼 일자가 모든 피조물 속으로 흘러 들어가 자신을 나눠주는 다정(多情)과 자비와 연민이다. 하강의 길은 우리 마음속에 '하나님(개신교)·하느님(천주교)·한울님(천도교)·불성(불교)'이 거하시거나 내재한다는 설명과도 통한다. 그간 수없이 들었고 사용했던 '색즉시공 공즉시색'이라는 말의 의미가 이런 것이었음을 깨달은 것도, 대립물을 무의식적으로 '하나'로 묶으려 했던 내가 전혀 다른 두 길을 '늘 같이 추구'하는 사람으로 바뀐 것도 모두 윌버 덕택이다. '대립물인 음과 양이 동등하게 통합되어야만 하나의 온전한 태극이 된다'는 건 아무리 강조해도 지나치지 않은 통찰이다. 마음속의 '의도'와 그것을 겉으로 '표현하는 방법' 중 하나라도 어그러지면, '바라는 결과'를 얻을 수 없으니까. 프러포즈하면서 다이아몬드 반지를 휴지에 싸서 주지 않듯이 말이다. 상승의 길은 매일의 끼니와 거처를 고민하지는 않을 정도로 기본적인 의식주 즉 하강의 길이 해결된 상태를 전제하고, 하강의 길은 의심이 들거나 필요할 때면 생각의 전구를 켜는 습관이 배어 있는 상태를 전제한다.

광야에서의 40일 수련을 끝낸 예수를 사탄이 유혹한다. "배고파 죽겠지? 힘들게 참지 말고, 네 눈앞의 돌들을 떡으로 만들어 먹어! 네가 하나님의 아들이라면 그 정도는 식은 죽 먹기잖아. 안 그래?" 그러자 예수는 "사람이라면 떡으로만 살 게 아니라, 하나님의 입으로부터 나오는 모든 말씀으로 살아야 한다"는 의외의 대답을 한다[14]. 이것이 '하나님의 말씀만' 있으면 된다는 말일까? '떡은 너희들 각자가 알아서 해결해라. 교회와 성당은 하나님의 말씀만 던져주면 된다'는 걸까? 해석은 가능한 한 많은 맥락[상황]을 고려할수록 그만큼 좋아지기 마련인데, 이런 해석은 너무 편협하고 속 보이는 해석이다. 복음서 곳곳에서 예수가 다양한 부류의 사람들과 먹고 마시기를 즐긴 수없이 많은 장면엔 눈을 감은 해석이기 때문이다. 예수의 말을 풀어서 쓰면 "당장 굶어 죽어가는 사람을 살리려면, 당연히 그에게 떡을 주는 것이 맞다. 하지만 그런 극단적인 상황을 제외한다면, 사람은 떡만 먹는다고 온전히 살 수 있는 게 아니다. 떡은 동물의 생존에서는 충분조건이지만, 사람의 생존에서는 필요조건 즉 절반에 지나지 않는다. 사람에게는 동물과는 달리 정신이든 마음이든 영혼이든 그 뭐라 부르든 간에 또 하나의 세계

---

14 〈마태복음〉 4:1~4

가 있으니까. 따라서 나머지 절반은 하나님의 입에서 나오는 말씀, 예를 들어 추상적인 '의미와 가치'로 채워야만 한다"는 건 아닐까?

> '전일주의(全一主義, holism)'에 이르는 유일한 길은, 오로지 홀라키를
> 통해서입니다. 전체는 늘 그 부분들의 합보다 더 크기 때문이죠. 홀라
> 키가 없다면 예를 들어 개개의 분자들은 하나의 세포라는 '유기적인
> 전체'가 아니라 단순히 '뭉쳐져 있을 뿐인 덩어리'에 불과합니다.
>
> ┈┈ 켄 윌버, 『모든 것의 역사』(1996)

특정 수준의 홀론을 파괴하면 그 홀론보다 상위 수준의 홀론은 모두 파괴되지만, 하위 수준의 홀론들은 아무것도 파괴되지 않는다(제10원칙). 지구상에서 인류가 멸종된다고 해도 동물과 식물은 끄떡없고, 모든 동물이 멸종된다고 해도 식물은 끄떡없다. 그러니 인류 멸종과 지구의 종말을 동일시하는 무지(無知)한 말은 하지 말자. '차이[다름]와 경쟁' 그리고 그 결과인 '서열화'는 다만 그 정도(程度)를 조절할 수 있을 뿐 피할 수도 없앨 수도 없는 필요악(必要惡)이며, 인간의 불완전함에 필연적으로 수반되는 멍에다. 없앨 수 없는 것을 인위적으로 그것도 완전히 없애려 하는 데서 수많은 문제가 발생하는 것이다.

아날로그(analog)가 아니라 불연속적으로 끊어진 디지털(digital)처럼, 양자(量子) 도약의 방식으로 전개되는 창발은 상위 수준에 유리한 조건을 갖춘 곳에서만 발생한다. 발생학적 제약(genetic constraint)이라는 생물학의 개념처럼, 아무 데서나 무엇이든 창발할 수는 없다. 자리가 사람을 만든다는 말처럼, 물질이 생명에 유리한 조건을 갖춘 장소와 상황에서만 생명이 출현할 수 있다. '물질은 시공간에 어떻게 휘어져야 하는지를 지시하고 시공간은 물질에 어떻게 움직여야 하는지를 지시한다'는 아인슈타인의 일반상대성이론(1915)처럼, 하위 홀론들은 상위 홀론이 펼쳐질 가능성의 범위를 정하고 상위 홀론은 그렇게 정해진 범위 내에서 하위 홀론들을 하나의 구체적인 모습으로 발현[실현]시키기 때문이다(제6원칙). 단순화해 보자. 부모가 인맥도 없고 찢어지게 가난한 집에서 태어난 사람이라면, 대개는 사업을 해서 돈을 벌거나 공부해서 명예와 지위를 얻거나 아니면 아예 세상을 등진 성직자가 되려 할 것이다[가능성]. 그중 구체적으로 무엇이 될지[사업가·교수·성직자]는 그가 꿈꾸는 목표[돈·명예와 지위·신]가 무엇이냐에 달렸다.

홀론들의 수는 홀라키의 '폭[크기]'을 결정한다(제7원칙). 상위 수준으로 갈수록 홀라키는 피라미드의 모습을 띤다. 필기 내용을 계속 요약[통합]할 때마다 자연스럽게 그 분량이 줄어들 듯, 수준이 높아질수록 깊이는 깊어지고 폭은 작아진다(제8원칙). 나는 제대로 사랑할 사람 하나 만나는 게 참 힘든데 주위의 친구들은 아무나 너무 쉽게 만나고 헤어지기를 수없이 한다며, 그들을 부러워하는 사람들이 꽤 있다. 그러지 말자. 수준이 낮을수록 그 수준에 있는 구성원[홀론]의 수도 많기에, 이 사람 저 사람 만나는 게 쉬운 것뿐이니까. '짚신도 짝이 있다'지만, 그렇지 않다. 모든 짚신은 주체성이나 개성이라고 할 수 있는 고유의 문양이 없다. 잃어버려서 아무거나 가져다 신어도, 마치 짝인 양 똑같다. 그래서 그만큼 소중하지 않다. 하지만 고유의 문양이 있는 고무신은 짝을 잃어버리면 찾기 어렵다. 그래서 그만큼 소중하다.

계몽이란 우리가 마땅히 스스로 책임져야 할, 미성숙 상태에서 벗어나는 것이다. 미성숙 상태란 다른 사람의 지도 없이는 자신의 지성(知性)을 사용하지 못하는 것이다. 미성숙 상태의 원인이 지성의 결여가 아니라 다른 사람의 지도 없이 자신의 지성을 사용할 수 있는 '결단'과 '용기'의 결여에 있다면, 이런 미성숙 상태의 책임은 스스로 져야만 한다. 따라서 '과감히 알려고 하라!(사페레 아우데, Sapere aude!)' 너 자신의 지성을 사용하려는 용기를 가져라! 이것이 계몽의 슬로건이다.

…… 임마누엘 칸트, 『계몽이란 무엇인가?』(1784)

자유롭고 의식적인 활동은 인간이라는 종(種)의 특성이다.

…… 카를 마르크스, 『경제학-철학 초고』(1844)

현대사회의 즐거움은 가혹하다. 문화산업은 소비자의 모든 욕구가 실현될 수 있는 것처럼 제시하지만, 그 욕구들은 문화산업에 의해 사전(事前)에 이미 결정된 것이다. 현대사회에서 즐긴다는 것은, 항상 무엇인가에 대해 더는 생각하지 않는다는 것이다. 즐김의 기저에 있는 것은 무력감이다. 즐김은 저항 의식으로부터의 도피이다. 대중매체의 오락이 약속하는 해방이란, 사유로부터의 추방이다.

…… 아도르노 & 호르크하이머, 『계몽의 변증법』(1947)

멀티태스킹(multitasking, 다중작업)은 동물들 사이에서도 광범위하게 발견되는 습성이다. 그들은 생존을 위해 주의를 다양한 활동에 분배하지 않을 수 없고, 그런 까닭에 깊은 사색(思索)에 잠긴다는 것이 불가능하다. 멀티태스킹과 게임은, 평면적인 주의[집중] 구조를 생산할 뿐이다. 잠이 육체적 이완(弛緩)의 정점(頂點)이라면, '깊은 주의·깊은 심심함'은 문화의 필수요소이자 정신적 이완의 정점이다. 눈에 잘 띄지 않는 것, 금세 사라져 버리는 것, 긴 것, 느린 것이야말로 오직 깊은 사색적 주의[집중] 앞에서만 자신의 비밀을 드러낸다. 즉각 반응하고 모든 충동을 그대로 따르는 '활동 과잉'은, 일종의 질병이며 소진[탈진]이다. 분주함은 어떤 새로운 것도 낳지 못한다. 그것은 기존의 것을 재생하고 가속할 따름이다. 진정 다른 것으로의 전환이 일어나려면 '중단[결단(決斷)]'이라는 부정성(否定性)이 필요하다. 능동적인 과정인 '무위(無爲)'의 부정성은 사색의 본질적 특성이다.

…… 한병철, 『피로사회』(2010)

한동안 점화되었던 뇌세포는 백만분의 몇 초 동안이나마 휴식을 취해야 한다. '절대적 불응(不應) 기간'이라고 불리는 이 기간에 세포는 외부의 자극을 받지 않는다. 뇌 기능을 지탱하는 여러 가지 독창적인 설계와 더불어 피로(疲勞, fatigue) 역시 끊임없이 외부의 자극에 반향(反響)[반응]하는 회로를 차단해서 뇌의 점증적 광포(狂暴)함을 제어한다. 그런데 현대 대중매체의 방대한 상호연결성에는 바로 이런 누전 차단 장치가 빠져 있다. 이것은 반향을 멈추지 못하는 뇌가 (결국엔) 간질 발작을 일으키게 되는 것과 같은 원리이다.

…… 스티븐 존슨, 『이머전스』(2001)

만약 진화가 발전과 진보라면, 진화엔 방향성이 있다고 가정하는 건 당연하다(제13원칙). 그래서 홀론의 깊이가 깊을수록 의식[가치]의 정도도 더 커지고(제9원칙), 그만큼 복잡성(제14원칙)·통합성(제15원칙)·조직성[체계성](제16원칙)·상대적 자율성(제17원칙)·목적성(제18원칙)도 증가할 것이다. 이런 의식[정신]의 깊이에서의 차이가, 바로 상위 수준과 하위 수준을 구별하는 기준이다. 모든 만물이 영(靈)[의식/온우주]의 완벽한 현현(顯現)이라고 해도, 식물보다는 동물이 그리고 동물보다는 인간이 상위 수준임은 부인할 수 없다. 레벨의 차이가 존재한다. 그래서 정 어쩔 수 없는 상황이라면, 강아지보다는 바위를 걷어차는 게 낫고 육식보다는 곡물이나 채식으로 살아가는 게 낫다고 윌버는 말한다.

생각할 수 있는 능력[의식]을 기준으로 삼는 것에 대해 반박하고 싶은 사람들이 많을 수도 있지만, 좋든 싫든 그것이 존재자의 수준을 결정하는 기준이라는 사실에는 변함이 없다. 내가 여러분을 침팬지와 똑같이 대우한다면, 입에 거품을 물리라. 묻는다. 그런 반발의 근거[이유]는 무엇인가? 생명·감정·사지(四肢)에서는 차이가 없고, 생김새도 크게 차이 나지 않는다. 그런데도 입에 거품을 무는 이유는, 바로 '생각하는 능력'의 차이라는 사실을 자신도 잘 알고 있기 때문이 아닐까? 생각하는 능력은 단순히 말하고 알아듣는 걸 의미하는 게 아니다. 동물도 그들끼리 의사소통을 할 수 있으니까.

개인적으로 스마트폰과 게임과 기타 예능 프로그램을 싫어하고 무서워하는 이유는, 그것들이 인간의 고유함인 생각하는 능력을 갉아먹기 때문이다. 한병철이 '중단'이나 '무위(無爲)'를 '부정성'이라고 표현한 건, '정말로' 부정적인 것들이어서가 아니다. '빨리빨리'를 외치면서 '긍정성' 즉 성과(成果) 위주의 자기 착취가 무슨 사명이라도 되는 듯 미쳐 돌아가는 지금의 관점에서 볼 때, 중단이나 무위는 반드시 제거해야 할 부정적인 것들이라는 의미에서 그렇다는 것이다. '무위'는 어떠한 의도나 목적도 배제한 채, 글자 그대로 자연스럽게 생각이 흘러가는 대로 놓아두고 무심(無心)히 바라보는 것이다. 그런 상태에서 피로의 회복과 창의적인 아이디어가 창발[떠오름]하기에, 역설적으로 '능동적인 과정'이라는 것이다.

Chapter
02

관계성[관계 맺음]

한 존재는 다른 존재가 죽음으로써 살고, 다른 존재를 살림으로써 죽으리라. (…) 살아 있는 자와 죽은 자, 깨어 있는 자와 자고 있는 자, 젊은이와 늙은이는 항상 한 가지이며 동일한 것이다. 후자가 뒤집히면 전자로, 또 전자가 다시 뒤집히면 후자가 되기 때문이다. (…) 선과 악은 하나이며 오르막길과 내리막길은 똑같은 길이다. 바닷물은 사람에게는 해롭지만, 물고기에게는 이롭다. (…) 신은 낮이자 밤이며, 겨울이자 여름이며, 전쟁[투쟁]이자 평화이며, 배부름이자 굶주림이다.

…… 라에르티오스, 『유명한 철학자들의 생애와 사상』

헤라클레이토스 그리고 부처와 거의 같은 시기에, 중국의 노자(老子)도 역시 거의 같은 결론을 남겼다. 우연의 일치일 수도 있지만, 이것이 개인적으로 기원전 6세기경을 지구 전역(全域)에서 동시다발적으로 인류가 무지몽매함에서 벗어나 비로소 생각을 시작한 원년(元年)이라고 믿는 이유다. 인용문을 보면, 노자의 『도덕경』(道德經)에서 발췌했다고 해도 믿을 정도로 헤라클레이토스의 역설 역시 만만치 않다. 부처와 노자 그리고 헤라클레이토스, 그러니까 동양과 서양이라는 대립물이 이미 기원전 6세기 또는 5세기경에 세상 만물의 본질[본모습] 또는 원리에 있어서 최초의 통합에 이른 셈이다. 놀라운 건 서로의 존재나 주장조차 전혀 알지 못했던 때였다는 것이고.

헤라클레이토스는, 이질적인 동시에 동등한 대립물이 없다면 궁극적인 통합도 없기에 대립물은 우리에게 좋고 유익한 것이라고 말한다. 이 말을 뒤집어 보면, 대립물은 서로의 대립물에 의해서만 존재할 수 있다는 의미다. 선은 악이 있기에 비로소 선으로 존재할 수 있고, '나'는 '너' 또는 '나 아닌 다른 것들'이 있기에 비로소 '나'로 존재할 수 있다. '우리'가 소중한 만큼 '그들'도 소중하다는 것이다. 불교의 연기설(緣起說, Theory of dependent arising) 그리고 33명의 신들이 사는 수미산(須彌山)의 정상 도리천(忉利天)의 주인인 제석(帝釋, Indra)의 궁전 위에 끝없이 펼쳐져 있다는 인드라망(Indra net)의 의미와도 일맥상통한다. 인드라망은 그물 가닥들의 교차점마다 투명한 수정구슬이 달려 있는데, 구슬 하나하나가 전체 구슬을 비추는 동시에 그런 구슬 하나하나가 전체 구슬에 비친다고 한다. 마르크스가 말한 "인간은 사회적 관계의 앙상블[ensemble, 총체(總體)]"이라는 말과도 같다[15]. 이제 겉으로는 오로지 갈등만 일으키고 투쟁만 하려고 혈안이 되어 있는 것처럼 보이는 이질적인 대립물들이 사실은 '매우 밀접한 관계'에 있다는, 즉 '세상 만물 간의, 우리 인간 간의, 세상과 우리 인간 간의 긴밀한 관계성[관계 맺음(relation-ship)]'이라는 또 하나의 통찰을 얻게 되었다.

---

15 카를 마르크스, 『독일 이데올로기』(1845)의 부록인 「포이어바흐에 관한 테제」 중 여섯 번째 테제

윌버의 '전일주의'를 지금 설명하는 게 가장 적절할 듯하다. '환원주의(還元主義, reductionism)'란 전체는 부분으로 쪼갤 수 있고, 각각의 부분들을 다시 결합하면 기존의 완전한 전체가 된다는 생각이다. 전체는 부분의 합과 조금도 다르지 않다는 것으로 모든 생명체를 오로지 물질적인 측면에서만 바라보는 셈인데, 창발성[떠오름]과 관계성에 관한 통찰을 놓친 잘못된 생각이다. 여러분의 몸을 분해하면 약 3만 개의 유전자 또는 약 30억 개의 DNA가 나온다. 그것들을 흩뜨렸다가 다시 결합한다고 해서 반드시 그리고 온전한 여러분이 될까? 수학에서와는 달리 현실에서는 '1+1+1=3'일 수도 있고 '2'일 수도 있지만, '5'일 수도 있다. 이것이 '시너지 효과(Synergy Effect)'다. 정말 더는 손가락 하나 까딱할 힘이 없는 상황에서 여러분이 짝사랑하는 상대가 나타난다면, 기적이 일어나리라. 사막에서 더는 한 발짝도 움직일 힘이 없어 죽어가는 순간 저 멀리 오아시스(Oasis)를 발견한 나그네의 몸속에서도, 산소 원자 한 개에 수소 원자 한 개가 붙어 있을 땐 아무 일도 없다가 수소 원자가 두 개가 될 때도 기적이 일어난다. 이처럼 전체는 부분에서는 볼 수 없는 새로운 성질의 '창발성'을 포함한다며 환원주의에 반대해서 등장한 게 전일주의다.

한 발만 더 나가면, '관계성'에 대한 통찰에 도달한다. 영양학자들은 우리 몸에 좋은 영양소를 개별적으로는 잘 알지만,

우리가 여러 음식을 섭취할 때 그 영양소들이 전체적으로 어떻게 상호작용해서 건강에 어떤 영향을 미치는지는 여전히 잘 모른다. 과일과 채소에 들어있는 리코펜(lycopene)과 베타-카로틴(beta-carotene) 그리고 비타민 C와 E 같은 항산화제가 암을 예방하는 데 도움이 된다는 사실을 발견한 영양학자들이 그 성분들만을 추출해서 건강보조제로 만들었는데, 놀랍게도 그 건강보조제는 항암 기능을 잃어버렸을 뿐만 아니라 오히려 특정 암에 걸릴 위험성을 높이기까지 했단다[16]. '관계성' 그리고 '관계성에서 창발하는 복잡성'을 놓쳤고, 부분에만 집중했을 뿐 전체 속에서 부분을 고려하지는 못했기 때문이다. 각각의 유전자가 어떤 역할을 하는지 또는 자동차 부속품들 모두에 대해 완벽하게 안다고 해도, 그것들이 어떻게 배열되어 전체를 이루는가에 따라 전혀 예상하지 못했던 결과가 일어날 수 있다. 똑같은 영양소와 유전자들이라고 해도, '배열(시퀀스, sequence)' 즉 '관계 맺음의 방식'에 따라 맛과 효능과 기능이 완전히 달라진다.

---

16 『EBS 영어 수능 독해』(2012)

4

프랙탈과
카오스

플라톤이 다섯 가지의 매끄러운 정다면체로 자연을 설명한 이래 — 아인슈타인이 시공간의 곡률로 조금 딴지를 걸긴 했지만 — 세상은 매끄럽고 균일하며 그래서 우리에게 일어나는 모든 사건조차도 일대일 대응 함수처럼 매끄럽게 분명한 인과관계(causation)가 있다는 생각에는 변함이 없었다. 하지만 매끄럽고 균일한 물체는 실제 현실에서는 존재하지 않는다. 단지 우리가 그렇다고 가정할 뿐이다. 마찰이 없다고 가정한 이탈리아 과학자 갈릴레오 갈릴레이의 '자유 낙하(free fall)'가 그랬고, 중력의 작용이 없다고 가정한 뉴턴의 'F = ma'가 그랬으며, 처음의 속도나 운동을 그대로 유지한다고 가정한 아인슈타인의 '특수상대성이론'이 그랬고, 나아가 지금의 경제학과 심리학과 모든 학문도 그렇다. '~가 없다고 가정한다면'이라는 전제 조건 위에 세워진 세계다.

왜 우리는 이것을 눈치채지 못했을까? 단순하고 정확한 값을 선호하는 게 우리의 성향[본능]이어서 그랬을 것이다. 실제 세상의 모습은, 눈송이나 나뭇가지나 해안선 등 어디를 봐도

울퉁불퉁하고 주름지고 휘고 불규칙하다. 실제 세상은 모든 규모나 비율에서 '자기 유사성(self-similarity)' 패턴이 반복되면서, 유한한 면적 속에 무한한 길이를 품고 있다. '조각나고 불연속적'이라는 뜻을 갖는 라틴어 '프락투스(fractus)'에서 따온 '프랙탈(Fractal)'이다[17]. 인드라망이나 하나의 작은 티끌 속에도 우주 만물이 들어있다는 『화엄경』의 '일미진중함시방(一微塵中含十方)' 또는 우리나라의 '수지침(手指鍼)'(1971)은, 프랙탈의 본질 그 자체다. 부분은 전체를 포함하고 있고, 전체는 부분 속에 있다.

'자기 유사성'이 아름답다는 사실은 예전부터 잘 알려져 있었다. 처음엔 수학적 호기심일 뿐이었다. 스웨덴 수학자 헬게 폰 코흐는 유한한 면적 속에 무한한 길이를 담을 수 있음을 '코흐 눈송이(Koch snowflake)'(1904)로 보여주었다. 프랑스 수학자 블레즈 파스칼은 이항식을 정리한 곱셈 공식에서 각 항의 계수들을 삼각형 형태로 배열해서 여러 개의 물체 중 몇 개를 선택할 때 경우의 수가 몇 가지인지 알려주는 '파스칼 삼각형(Pascal's triangle)'(1653)을 만들었다. 폴란드 수학자 바츠와프 시에르핀스키도 자신만의 프랙탈인 '시에르핀스키 삼각형(Sierpiński triangle)'(1915)을 그렸다. 파스칼 삼각형의 짝수들에 색을 칠하면, 시에르핀스키 삼각형이 나타난다.

---

17   나이젤 레스므와 고든, 『프랙탈 기하학』(1996)

독일 수학자 펠릭스 하우스도르프는 호기심을 넘어, 차원에 관한 새로운 생각 즉 0차원의 '점'과 1차원의 '선'과 2차원의 '평면'과 3차원의 '입체'뿐만 아니라 1.5차원 같은 '분수 차원[하우스도르프 차원(Hausdorff dimension)]' (1918)이라고도 불리는 '프랙탈 차원'도 존재할

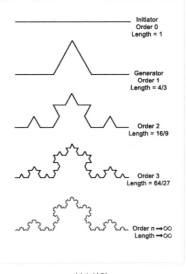

분수차원
(출처 : https://fractalfoundation.org/)

수 있음을 밝혔다. 분수 차원의 핵심은 울퉁불퉁하거나 구불구불 휘어진 정도를 측정하는 프랙탈에 있다. 어떤 물체에 그 자신과 똑같이 생긴 모습이 몇 개 들어있는지와 그 상대적인 크기를 안다면, 로그[지수의 역(逆)]를 이용해서 차원을 계산할 수 있다. 길이[크기]가 ⅓인 3개의 부분집합으로 구성된 직선의 프랙탈 차원은 log3/log3 = 1이며, 9개의 부분집합으로 구성된 정사각형의 프랙탈 차원은 log9/log3 = 2log3/log3 = 2이다. 그러나 길이가 ⅓인 4개의 부분집합으로 구성된 코흐 곡선의 프랙탈 차원은 log4/log3 = 1.26이고, ½인 3개의 부분집합으로 구성된 시에르핀스키 삼각형은 log3/log2 = 1.59다. 직선(1차원)과 정사

각형(2차원) 사이의 어딘가에 놓여 있다는, 다시 말해서 공간을 직선보다는 많이 차지하고 정사각형보다는 적게 차지한다는 의미다. 축구공을 멀리서 보면 2차원[면적]의 동그라미로 보이다가 거리가 가까워지는 어느 순간 마침내 3차원[입체]의 공(球)으로 보인다. 2차원에서 3차원으로의 변화가 일어나는 사이의 어떤 지점, 그 지점이 바로 분수 차원을 갖는 시스템들이 존재하는 프랙탈의 영역이다. 구름의 프랙탈 차원은 1.35이고, 단백질 표면의 프랙탈 차원은 2.4다.

프랑스계 미국 수학자 브누아 망델브로[만델브로트]는, 탁월한 마음속 시각화 능력을 소유했을 뿐만 아니라 잘 알려지지 않은 여러 연구를 통해 직관과 영감을 얻었다는 두 가지 면에서 아인슈타인과 닮았다. 프랙탈을 접한 망델브로는 영국 수학자 루이스 리처드슨의 영국 해안선 길이 측정에 관한 연구(1961)에 흥미를 느꼈다. 리처드슨은 해안선 길이의 측정에 사용하는 자[척도](1m, 10cm, 10mm…)의 크기를 더 정밀하게 할수록 해안선의 길이가 무한을 향해 접근해 가기 때문에, 영국 해안선의 정확한 길이를 구하는 건 불가능하다고 결론 내렸다. 인문학적으로 억지스럽게 해석하자면, '관점의 차이'라고도 할 수 있다. 리처드슨이 얻은 결과는 하우스도르프 차원처럼 분수였다. 이런 연구 과정들을 거쳐 탄생한 것이 증가율(c)의 값에만 영향을 받는 '망델브로 집합(Mandelbrot set, $(f(z_{n+1})=z_n^2+c)$'

(1980)이다.

모든 동식물의 신체 구조 및 행동과 시기조차도 프랙탈이다. 규칙적이고 주기적인 것처럼 보이는 우리의 심박수도 아주 미세하게 프랙탈 경향을 지니고 있는데, 이것은 매우 중요하다. 그 미세한 시기상의 변화가 심장의 마모와 압력의 증가 및 손상을 크게 줄여주기 때문이다. 진동의 충격을 최소화하는 프랙탈 구조는 직선보다 더 큰 강도를 제공한다. 파리의 에펠탑(Eiffel Tower)(1889)이 그렇다. 모든 척도에서의 자기 유사성 즉 프랙탈은 자연 현상을 이해하는 핵심 요소다. 혈관은 넓은 표면적을 한정된 부피 속에 집어넣은 프랙탈 차원을 가장 잘 보여주며, 지진과 담배 연기 같은 난류(亂流, turbulent flow) 역시 프랙탈이다. 그래서 지진은 정확한 예측이 불가능하다. 나무껍질과 가지 및 잎사귀의 성장·구름·산·해안선·단백질 표면·(테니스공 두세 개의 부피 속에 테니스장만 한 면적이 빽빽하게 말려 있는) 인간의 폐·혈관·뇌의 구조·얼음 결정 등, 일일이 열거할 수 없을 만큼 프랙탈은 자연의 기본 특징이다. 그리고 각각 다른 프랙탈 차원을 갖는 부분들이 서로 얽혀 하나의 개체와 전체라는 시스템[복잡계]을 이루고 있다. 그렇다면 프랙탈이 과연 실용적인 가치가 있을까? 영국 과학자 마이클 패러데이는 전선과 자석을 가지고 노는 게 무슨 쓸모가 있느냐는 질문에 "새로 태어난 갓난아기는 무슨 쓸모가 있습니까?"라고 답했다.

로렌츠 끌개
(출처 : https://ko.wikipedia.org/)

망델브로가 프랙탈에 처음 사로잡힌 해인 1963년, 미국 수학자 에드워드 로렌츠[18]는 대기와 바다에 관한 온도와 압력과 풍속 사이의 관계를 연구하고 있었다. 어느 날, 더 오랜 기간의 변화를 알아보기 위해 출력값 0.506127을 다시 입력하는 과정에서 0.506만 입력한 채 잠시 자리를 비웠다가 돌아온 로렌츠의 눈앞엔 완전히 다른 결과가 펼쳐져 있었다. 초기 조건의 미세한 변화가 예측 불가능한 결과를 초래한다는 '혼돈 이론(Chaos theory)'(1963)이 탄생한 순간이다. 이 결과는 프랙탈의 일종인 나비 모양의 '로렌츠 끌개(Lorenz attractor)'와 함께 논문으로 발표되었고[19], 몇 년 후의 논문에서는 그 유명한 '나비 효과(Butterfly effect)'라는 용어도 탄생시켰다[20].

---

18 특수상대성이론의 모든 토대를 놓은 네덜란드 물리학자 헨드리크 로렌츠(Hendrik Lorentz, 1853~1928)와는 다른 사람이다.

19 에드워드 로렌츠, 「결정론적 비주기적 흐름」(1963)

20 에드워드 로렌츠, 「예측 가능성 : 브라질에서 나비가 날개를 펄럭이는 것이 텍사스에서 토네이도를 일으킬까?」(1972)

'2'에 '3'을 더하거나 곱해도 '3'에 '2'를 더하거나 곱해도, 답은 항상 '5'와 '6'이다. 이것이 산술(算術, arithmetic)이고 환원주의며, '3x + 2y + z'처럼 변수의 많고 적음과는 상관없이 변수들의 관계가 1차 방정식인 직선의 모습을 지녔다고 해서 '선형계(線形系, linear system)'라고 불린다. 그러나 현실은 조삼모사(朝三暮四)나 시너지 효과처럼, 배열[관계 맺음] 방식에 따라 완전히 다른 결과가 초래된다. 나는 8시간은 자야 피곤이 풀린다. 하지만 저녁 12시, 새벽 1시, 2시, 3시 등 언제 자느냐에 따라 피곤이 풀린 상태로 일어나는 시간은 크게 바뀐다. 산술[산수]이 아니다. 실제 세상과 우리의 삶은 '$x^3 + 2y^2 + 3z$'처럼 2차 이상의 고차방정식 즉 다양한 곡선으로 표현되는 '비선형계(非線形系, nonlinear system)'다.

모든 창발적 체계는 더 높은 수준의 학습을 촉진하는 두 종류의 되먹임, 즉 내가 이웃에게 영향을 미치고 이웃이 나에게 영향을 미치는 상호작용의 관계로부터 만들어진다. 그런 되먹임이 없다면 서로 헤딩만 하면서 계속 움직이기만 하는 무작위 집단에 지나지 않을 것이다. 되먹임을 용납하지 않고 일방적으로만 연결된 웹은 네트워크가 확대됨에 따라 학습을 통해 발전할 수 있는 길이 없다.

'학습'이란 단지 정보를 인식하는 것이 아니라 정보를 저장하고, 그 정보를 어디에서 찾을지를 아는 것이며, 변하는 패턴을 인식하고 그에 반응하는 능력을 획득하는 것이다. '의식'이란 자기 자신을 반성

(反省)하는, 즉 자기 자신에게 대답하고 반응하는 프로세스이다. 프로세스가 스스로에 대해 반성하도록 하면 의식이 발생하는 것이다. 그것은 자기반성의 사고방식이 생존에 더 유용하기 때문에 진화한 능력이다. 생각이 가능한 것은, 특정한 신체적 기관이 아니라 그 체계 전체의 논리 구조 때문이다.

⋯⋯ 스티븐 존슨, 『이머전스』(2001)

'기상 현상·전염병의 확산·곤충과 조류의 개체 수 변화·문명의 흥망성쇠·신경의 전파 경로' 등 완전한 질서와 완전한 무질서라는 극단 사이에 존재하는 영역을 프랙탈을 활용해서 파악하는 것이 혼돈[카오스] 이론이다. 좋은 이야기는 우리를 놀라게 하지만, 지나친 놀라움으로 곤혹스럽게 하지는 않는다. 시스템의 장기적인 행동을 다룰 때 진정한 위력을 발휘하는 카오스 이론의 모형들은 간단한 방정식 몇 개만으로 이루어져 있지만, 그 해(解)는 복잡하고 때로는 예측 불가능하다. 요동치는 비선형계가 카오스적으로 변하는 이유는, 바로 두 종류의 피드백을 모두 포함하고 있기 때문이다. 산출된 결과가 또다시 시스템의 작동을 촉진할 수도 — 양성 피드백(positive feedback)[바로 되먹임] — 있고, 시스템의 작동을 억제할 수도 — 음성 피드백(negative feedback)[거꾸로 되먹임] — 있다.

한발 더 나아가, 스티븐 존슨은 학습과 의식의 본질을 너무도 무심히 그러나 거부할 수 없을 만큼 정확하게 정의한다. 그래서 무섭기까지 하다. 우리 몸의 면역계를 생각해 보면, '학습'이 항상 '의식'을 필요로 하는 건 아니다. 그래서 존슨은 '학습'과 '의식'을 구별한다. '의식'이란 수많은 뉴런(neuron)이 순차적[직렬]이 아니라 동시다발[병렬]적으로 활동하는 과정에서 발생하는 '사고(思考)에 관한 사고(思考)', 즉 자기의 생각에 관해 생각하고 반성(反省)하는 프로세스라고 말한다. '학습'과 '창발성'도 구분한다. 개별 행위자의 수가 많고 지속 시간이 충분하다면 학습은 가능하지만, 학습을 통해 변한 개별 행위자들의 행동이 다시 전체 시스템으로 유입(流入)되어 영향을 끼치는 두 가지 종류의 되먹임이 없다면 창발성은 불가능하다고 말한다. 웹(web)은 연결성 즉 자기조직화 능력에선 뛰어나나 적응 능력에선 형편없는 무질서한 데이터의 덩어리일 뿐이기에 (현재로서는) '학습'만 가능하고, 도시는 '학습'과 '창발성'까지 가능하며, 두뇌는 '학습'과 '창발성'에 '의식'까지 가능하다고 말한다.

존슨이 학습과 창발성을 구분한 문장이 내게는 이렇게 들린다. 좋은 기억력으로 많은 걸 암기하면 할수록 '지식(knowledge)'은 높아지겠지만, 지속적인 깊은 사유를 통해 삶의 경험과 지식을 연결 짓고 응용하지 않으면 판단과 선택의 문제와 관련된 '지혜(wisdom)'는 불가능하다. 학습과 창발성이 전혀 다른 것처럼, 지식과 지혜도 전혀 다른 범주다. "너 왜 배고프다며 숙제는 안하니?"처럼, 범주를 혼동하는 게 '범주의 오류'다. 명문 대학에 합격하는 건, 지식의 범주다. 지혜는 필요 없다. 그러나 다단계와 사기와 사이비 종교 등에 빠지지 않기 위해서는, 지혜가 필요할 뿐 지식은 거의 필요 없다. 판단과 선택의 문제니까. 그런데 많은 사람이 이런 간단한 사실을 모른다. 그래서 명문대 출신의 박사나 교수가 사기를 치고 사이비 종교를 홍보하면, "저렇게 많이 배우고 아는 사람이 믿고 권하는 것이니 분명 좋은 걸 거야."라는 '권위의 맹신' 속으로 기꺼이 뛰어든다. 삶은 선택의 연속이란다. 그렇다면 지식보다는 지혜가, 삶에서 필수 불가결한 요소가 된다.

경제학의 공급[가격]과 수요도 피드백이다. 영국 경제학자 토머스 맬서스는 『인구론』(1798)에수, 인구는 기하급수적으로 증가하는데 식량은 산술급수적으로 증가하므로 인구 증가의 결과 식량부족 그리고 그로 인한 빈곤·질병·전쟁의 발발은 필연적이라고 예측했다. 그러나 맬서스의 예측은 틀렸다. 가령 과학과 농업기술의 발달 또는 피임법 같은 음성 피드백을 전혀 고려하지 않았기 때문이다. 현실에서는 인구가 일정 수준에 도달하면, 그것을 억제하려는 경향이 자연스럽게 나타나 인구 증가가 억제된다. 생물의 활동 역시 수많은 음성 피드백에 기반을 두고 있고, 기상 현상에서도 이산화탄소가 증가해서 지구의 평균 기온이 올라가면 식물의 생장(生長)이 촉진되지만, 그것은 다시 이산화탄소의 소비를 늘려서 지구 온난화의 진행을 늦추는 음성 피드백으로 작용한다. 에어컨의 온도조절 장치도 그렇다. 지금처럼 많은 면에서 자녀를 키우기 힘들 때 출산율이 감소하는 건, 어찌 보면 자연스러운 현상이다. 여하튼 음성 피드백의 자동조절 과정이 바로 평형 상태를 유지하려는 힘인 '항상성(恒常性, homeostasis)'이다[21].

프랙탈과 카오스는 규칙의 지배를 받는다. 그런 의미에서 '결정론적 시스템'이다. 행성의 자전이나 공전 또는 물체의 운동처럼 변수가 둘이나 셋 정도이고 그것만 알면 깔끔하게 해결할 수 있는 결정론적 시스템에는 '뉴턴역학'이 제격이고, 반대로 기체 분자의 움직임이나 특정 유전자 풀 내에서의 유전 경로처럼 변수가 셀 수 없이 많아서 복잡한 비결정론적 시스템에는 오스트리아 물리학자 루트비히 볼츠만의 '통계역학'을 적용하면 만족할 만한 결과를 얻을 수 있다. 하지만 카오스 즉 복잡계(複雜系, complex system)는 둘 중 어디에도 속하지 않는다.

'우리가 관찰하는 건, 우리가 있는 위치와 측정 방법에 따라 달라진다.' 누구의 말일까? 아인슈타인의 특수상대성이론(1905)? 독일 물리학자 베르너 하이젠베르크의 불확정성 원리(1927)? 모두 맞다. 동시에 프랙탈과 카오스의 내용이기도 하

---

21 노버트 위너, 『사이버네틱스』(1948)

다. 카오스에서는 변수의 수보다, 변수들이 모두 밀접하게 상호 연결되어 있고 초기 조건에 매우 민감하다는 사실이 가장 중요하다. 결과물이 다시 입력값이 되어 시스템의 작동에 변화를 초래하는 끊임없는 피드백 위에서 흘러가는 게, 세상이고 그 속에서의 우리의 삶이다. 규칙적이든 불규칙적이든 현실에서는 모든 것이 시간에 따라 변한다[동역학(動力學)]. 실제 세상의 모습은 시간의 변화가 초기 조건에 거듭제곱으로 민감한 '(결정론적 시스템 속의) 불안정한 비주기적 작용'인 동시에, 완전한 질서와 완전한 무질서 사이에 존재하며 수많은 요소의 비선형적[불규칙적] 상호작용으로 성질이 변하는 혼돈계[복잡계]다. 질서 안에 혼돈이 있고, 혼돈 안에 질서가 있다.

보통 백색 소음(white noise)이라고 불리는 새들의 지저귐에서 폭포나 파도 소리에 이르기까지, 모든 자연의 소리와 음악은 프랙탈과 놀라운 유사성을 지니는 '1/f 소음'(f는 주파수)을 갖고 있다. 모든 소리와 음악은 대체로 멜로디의 변화폭이 크지 않다. 뒷마디의 음은 앞 마디의 음의 진폭보다 조금 낮거나 조금 높은 부분에 위치하면서 예측 가능한 주기로 이어진다. 하지만 그런 상태가 끝까지 이어지면 자장가가 된다. 예측 가능성은 지겨움이기 때문이다. 그래서 일정한 간격을 두고 그런 예측 가능성을 깨는 음정의 변화가 삽입되어 신선함을 유지한다. 다만 변조(變調)의 횟수[빈도수]는 해당 음악 고유의 주파수에 반비례한다. 발라드에서는 조금 더 많이, 록이나 메탈에서

는 조금 더 적게 나타난다. 모든 드라마와 영화와 삶의 이야기
도 마찬가지다. 완전한 예측 가능성과 완전한 예측 불가능성의
사이, 단조로운 음과 불협화음의 사이, 그 중간에서 역동적인
균형을 이루고 있는 것이 바로 프랙탈이고 음악이며 나아가 우
리가 느끼는 아름다움의 본질이다.

5

복잡성
과학

'시간'은 물리학에서 늘 제외돼 있었다. 누구나 모든 순간은 다른 순간과 똑같고, 시간은 절대적이라고 생각했다. 경험상으로도 너무나 확실하지 않은가! 그러다가 에너지 보존 법칙을 열(熱) 현상에 응용한 '열역학 법칙(Laws of thermodynamics)' 중 제2 법칙인 '엔트로피'(1865)의 등장과 함께 비로소 시간은 모든 것의 중심이 되었다. 기계는 시간이 흐를수록 마모되고, 시간은 한쪽으로만 흐른다. 에너지는 언제나 흩어지려고만 하고, 한번 흩어진 에너지는 다시 모이지 않는다. 두 가지 액체를 섞으면 서로 확산하다가 결국엔 전체 용액이 균일해진다. 평형 상태 즉 무질서(엔트로피, entropy)를 향한다. 그 반대 과정이 저절로 일어나는 일은 절대 없다. 엔트로피를 되돌리는 것은 불가능하며, 우주는 온도가 절대영도(섭씨 −273.15℃)에 도달해서 엔트로피가 '0'이 되는 열적 평형이라는 죽음을 맞이하게 된다는 것이 '엔트로피 법칙'이다. 과연 그럴까? 이것이 우리 지구 종말의 모습이기도 할까? 두 가지 이유에서 그렇지 않다. 첫째 지구는 열역학에서 가정하는 고립된 시스템[닫힌계]이 아니고,

둘째 우주가 끊임없이 팽창하고 있다는 건 그만큼 아니 그보다 더 빨리 최대 엔트로피의 양도 증가한다는 말인데 우주 내 물질의 양은 거의 변함이 없기 때문이다[22].

'에너지·열·일·(일로 변환해서 사용할 수 없는 에너지인) 엔트로피' 등을 다루는 열역학에서, 비평형(非平衡, nonequilibrium) 상태의 열려 있는 시스템[계(系)]은 외부로부터 유입되는 에너지의 양이 선형적[규칙적]이면 엔트로피가 증가해서 요소들 각각의 고유한 특성이 사라지고 획일화되는 평형에 가까운 상태가 되고, 비선형적[불규칙적]이면 엔트로피가 감소해서 요소들 각각의 고유한 특성과 질서가 생기는 — 평형과는 거리가 멀고 그래서 요동이 끊이지 않는 카오스 상태인 — '소산구조(疏散構造, dissipative structure)'가 된다. 소산이란, 평형에서 멀리 흩어져 있다는 의미이다. 우주 대부분 지역은 열려 있어서 주변 환경과 에너지나 정보를 교환한다. 그래서 세상은 무질서와 변화로 가득하다.

시간의 가장 큰 특징은 비가역성(非可逆性)이다. 만취한 사람의 걸음걸이처럼 시간이 이리저리 마음대로 진행된다면 질서가 생길 수 없음은 당연하다. 벨기에 물리학자 일리야 프리고진은 열역학이 밝혀낸 시간의 비가역성을 토대로, 비선형계

---

22 존 배로, 『우주의 기원』(1995)

의 혼돈 상태 속에서 자기조직화(self-organization) 과정을 통해 갑자기 새로운 질서가 창발할 수도 있다는 사실을 증명했다[23]. 이것이 '복잡성 과학(complexity science)'의 탄생을 알리는 신호탄이었다. 카오스 이론이 복잡계 속의 동역학 과정에만 초점을 맞춘다면, 복잡성 과학은 전체적인 관점에서 (프랙탈과 카오스적인 행동의) 결과와 원인에 초점을 맞춰 현실적인 문제를 해결하려는 차이점이 있다. 창발은 복잡계의 핵심이며, 창발성을 가능하게 하는 원동력은 자기조직화 능력이다.

복잡계의 세 가지 특징은 이렇다. 첫째 단순한 개체들이 수많은 배열[관계 맺음] 방식으로 상호작용한다는 '상호연관성(relationship)'이고, 둘째 학습한 걸 반성(反省)[피드백]하고 저장했다가 나중에 비슷한 상황에 직면했을 때 꺼내서 능동적으로 대처하는 '적응성(fitness)'이며, 셋째 모든 개체가 자신에게 이익이 되는 쪽으로 주변 환경을 끌어가려는 능동적인 적응성의 결과이자 창발성의 근원인 자기조직화 능력을 지니고 있다는 것이다. 달리 말해서 두 번째는 '패턴 인식'이고, 세 번째는 '두 종류의 피드백'이다. 모래를 한 알씩 떨어뜨려서 만든 모래언덕처럼, 완전히 안정되지도 않고 완전히 무질서하지도 않은 상태에서 전체 모양을 유지하는 것이 자기조직화 능력이다. 자기조직화 능력은 신

---

23 일리야 프리고진, 『혼돈으로부터의 질서』(1984)

이 특별히 선사한 게 아니다. 모두가 자기의 이익만을 위해 일하지만, 그것이 사회 전체로는 '보이지 않는 손(invisible hand)'에 의해 균형과 발전으로 나타난다는 영국 철학자 애덤 스미스의 주장처럼 말이다[24]. 용어가 낯설어서 그렇지, 누구나 알고 있는 내용이다.

실제 세계에서 존재하는 모든 것은 카오스적이고, 살아 있는 모든 계와 대부분의 물리계는 복잡계다. 사람의 뇌·생태계·기후·생명 같은 자연 현상, 주식·경제·도시 같은 사회적 현상 모두 복잡계다. 정상적인 뇌는 낮은 수준의 카오스를 유지하다가, 자극을 받으면 자기조직화를 통해 질서로 변하기를 반복한다. 의식도 컴퓨터가 수행하는 방식과 같은 알고리즘이 아니라 카오스적이다. 예측할 수도 없고 차례대로 일어나지도 않는다. 태양계는 단순한 시계 장치가 아니다. 복잡계다. 날씨는 프랙탈 구조를 보이는 동시에 전형적인 카오스이기도 하다. 그동안 우리가 만든 새로운 물질과 에너지와 행동들이 자연 속 깊이 파고 들어갔다. 우리는 그 결과를 알 수 없는 나비를 수없이 많이 만들어 냈고 지금도 만들어 내고 있다. 새로운 질병들, 환경오염, 멸종, 기후 변화 등은 모두 우리가 자연에 끼친 영향의 결과들이다[25].

---

24 애덤 스미스, 『국부론』(1776)
25 지어딘 사르다르, 『카오스』(1994)

창발성
[떠오름 현상]

미국 사회학자 찰스 페로는 『무엇이 재앙을 만드는가?』 (1984)에서, 현대 거의 모든 시스템의 속성을 '복잡성'과 '긴밀한 상호연관성'으로 규정한다. 원자력발전소나 우주 계획 같은 복잡한 시스템에서는, 단 몇 가지의 장애가 예상치 못한 방식으로 상호작용을 일으키기만 해도 대형 참사로 이어질 가능성이 매우 크다. 어떻게 하면 안전한 원자력발전소를 건설할 수 있을까? 근본적으로 불가능하다는 게 페로의 결론이다. 효율적인 안전장치를 이중 삼중으로 해 놓아도? 그렇게 해서 어느 정도 예방할 수는 있다고 해도, 결론은 변함없다. 오히려 그런 시도는 시스템을 더 복잡하게 만들어서 더 큰 위험을 초래할 수 있다. 이런 시스템의 속성상, 우리로서는 어찌해 볼 수 없는 사고를 페로는 '안전사고'와 비슷한 뜻의 '정상적인 사고(normal accident)'라고 부른다.

개미 한 마리는 집단 전체의 규모, 저장된 먹이의 양, 주변에 있는 먹이의 양, 주변의 다른 개미 집단의 존재 여부 등 매 순간 변하는 다양한 요소 중 어느 것 하나조차도 스스로 평가하지 못한다. 2차원[면] 동물인 개미 한 마리가 인식하는 세계는 기껏해야 약간의 거리로 제한되어 있기 때문이다. 이것이 '거리 차원(street level)'이다. 각각의 행위자는 전체 상황을 전혀 모른 채 내려오는 상부의 지시 같은 것 없이, 국지적인 정보만을 이용해 자기 할 일만 할 뿐이다. 하지만 그 결과 개미 집단에서 창발적 행동이 나타난다. 개미는 버섯을 재배하고, 진딧물을 가축으로 기르고, 전쟁에 군대를 파견하고, 노예를 포획한다.

…… 스티븐 존슨, 『이머전스』(2001)

미국 생물학자 에드워드 윌슨은, 개미들이 동료가 남긴 페로몬(pheromone)의 패턴이나 농도를 인식함으로써 서로 의사소통을 하고 집단 전체의 행위를 조율한다는 사실을 밝혀냈다. 아메바의 일종인 점균류(粘菌類, Mycetozoa)는 개미의 페로몬에 해당하는 환상아데노신1인산(cAMP)을 분비하는, 단세포 생물과 다세포 생물 사이의 존재다. 환경이 나빠질 때는 하나의 유기체처럼 세포 덩어리를 형성해서 행동하지만, 시원해지고 먹을 것이 풍부해지면 동료들에게 작별을 고하고는 흩어져서 각자 살아간다. 그러나 리더[지도자]는 없다. 엘리트 수뇌부에 의한 하향식 문제 해결이 아니라, 체계 전체를 보지도 알지도 못하고 어떤 의도도 없으며 눈앞의 일에만 관심을 집중한 채 주변의 세포가 하는 행동을 그대로 따라 하는 수많은 무지(無知)

한 개체들이 잦은 무작위적 마주침 즉 우연한 만남을 통해 상호작용의 횟수가 증가하면서 문제를 해결하는 분권적(分權的) 상향식 체계이다. 이것이 양성 피드백[바로 되먹임] 체계, 즉 국지적인 지식이 거시적인 집단지능[집단지성]과 적응 능력으로 창발하는 '분권적 질서' 또는 '자기조직화'의 비결이다.

자기조직화 메커니즘은 철새와 물고기들의 이동뿐만 아니라 컴퓨터 소프트웨어에서도 볼 수 있다. 영국 인공지능학자 올리버 셀프리지는 인공지능의 시초라고 평가받는 논문 「팬더모니엄」(1959)에서, 26개의 알파벳 중 하나씩만 인식하도록 프로그램된 26개의 미니 프로그램 집단을 '팬더모니엄[Pandemonium, 복마전(伏魔殿)]'이라고 명명했다. 영국 시인 존 밀턴의 『실락원』(1667)에 등장하는 악마들(의 소굴)을 가리키는 용어다. 팬더모니엄은 명령에 따르는 하향식 지능이 아니라 분산된 상향식 지능의 체계였는데, 이것이 바로 우리의 의식이 작동하는 메커니즘이기도 하다.

특정 단어를 입력하면, 악마들은 단어 속의 각 철자가 자신이 담당하는 철자와 일치하는지를 확인해서 그 결과를 보고한다. 만약 특정 단어의 첫 번째 철자가 'a'이면 'a'를 인식하는 악마는 그것이 자기 것이 확실하다고 보고하겠지만, ('a'가 'o'와도 비슷하므로) 'o'를 인식하는 악마 역시 자기 것이라고 손을 들 수도 있다. 정확도를 높이기 위해, 셀프리지는 더 단순한 집단과 함께 피드백 메커니즘을 추가했다. 새로 추가된 악마들은 수평선이나 수직선 또는 동그라미나 점만을 인식했다. 가령 'b'가 주어진 경우, 수직선을 인식하는 악마와 원을 인식하는 악마가 함께 반응해 한 단계 높은 철자 인식 악마들에게 보고하면, 철자 인식 악마들은 그 추측에 대해 점수를 매겨 신뢰도가 높은 정보를 선택한다. 이 과정을 수없이 반복하면, 마치 우리 뇌속의 연결 정도가 강해지는 원리와 비슷하게 특정한 형태 인식 악마들과 특정한 철자 인식 악마들 사이에 어떤 연관성이 생기면서 놀랄 만큼 정확한 해석을 내놓기 시작한다. 이것이 최초의 창발적 소프트웨어 프로그램이다.

개미 집단처럼, 비록 종류가 다른 200여 가지 약 100조 개의 세포가 쉼 없이 교체돼도 나는 여전히 그대로인 듯하다. 개미들이 페로몬을 이용해서 정보를 교환하듯, 세포는 소금·설탕·아미노산·단백질·핵산 같은 분자들을 통해 정보를 주고받는다. 갑자기 궁금해진다. 요리법인 게놈(genom)을 각 세포가 모두 갖고 있는데, 그 외 어떤 지시가 더 필요해서 서로 정보를 주고받는 걸까? 바로 '자기 자신에 관한 정보' 찾기다. 자기가 속한 종류가 무엇인지를 알아야, 그에 맞는 정보를 게놈에서 뽑아낼 수 있으니까. 개별 개미가 그렇듯 각 세포도 '거리 차원'에서 이웃 세포들의 신호를 통해, 자기가 어떤 종류의 세포인지 그리고 게놈의 어느 부분에서 어떤 정보를 얻어야 하는

지를 판단한다. 모든 세포는 이 두 가지를 바탕으로 행동하고, 이것이 자기조직화의 비결이다.

하향식 도시계획 정책에 반대하는 미국 사회 운동가 제인 제이콥스는 『위대한 미국 도시들의 죽음과 삶』(1961)에서, 아무리 무질서해 보이는 낡은 도시라도 자신의 기능을 원활히 수행하고 있다면 그 무질서 밑에는 거리의 안전과 도시의 자유를 유지하는 데 필요한 놀라운 질서가 숨겨져 있다고 주장했다. 질서의 핵심은 두 가지다. 사람들이 정보 교환의 통로인 보도 [인도]를 이용해서 빈번하게 만나고 친목을 도모하면서 자연스럽게 만들어지는 집단인 '근린(近隣, neighborhoods)'과 그렇게 이웃들이 많은 시간을 함께하는 '시선(視線)의 지속성'이다. 살아있는 생명체처럼 분명하게 구분된 유아기·청년기·성년기 과정을 거치고 젊은 집단이 늙은 집단보다 환경에 더 잘 적응하는 게 개미 집단인데, 우리가 사는 도시도 그렇다.

인지(認知) 기관조차 없는 개미 사회와 자유의지를 지닌 인간이 모여 사는 도시를 비교하는 건, 지나친 범주의 오류가 아닐까? 그러나 존슨은 '복잡성의 정도(程度)의 문제'라고 말한다. 칸트의 정의(定義)를 따르면, 자유의지란 '강요 없이 스스로[자유] 목표를 세우는 것[의지]'이다. 개인이 평생 개인 차원에서만 의미를 지니는 자유의지를 발휘하든 안 하든, 애덤 스미스의 주장처럼 도시의 거시적 발달에 이바지할 뿐이란다. 1년밖에 살지 못하는 개미의 수명에 비해 하나의 개미 사회는 15년 정도를(15배) 지속하고, 기껏해야 100년밖에 살지 못하는 개인의 수명에 비해 하나의 도시는 약 1000년을(10배) 주기(週期)로 학습하고 성장한다. 전체적인 구조나 틀은 똑같다는 말이다. 자존심 상하게, 의외로 개미 사회가 인간 사회보다 훨씬 더 오래 존속한다. 시간이 지나도 전체는 어떤 구성요소보다도 더 오래 존속한다. 각각의 개미는 특정 임무를 수행하기 위해 즉 어떤 필연적인 목적을 가지고 태어나지 않는다. 개체의 행동은 개체의 내면에 어떤 고정불변하는 본질 같은 것으로 내재해 있는 게 아니라, 다른 개체들과의 상호작용에서 발생한다. 이것이 개미들로부터 얻어낸 교훈이다. 제행무상(諸行無常)이고 제법무아(諸法無我)라는 말이다. 마찬가지로 '생각'은 뉴런들이 주고받는 상호작용의 패턴에 의해 탄생하고, 항체는 이물질을 만난 결과 형성된다.

규칙이 없는 게임은, 게임이 아니다. 물론 보상(報償, compensation)이라는 열매가 있긴 하지만 우리가 게임에 빠져 헤어 나오기 힘든 이유 중 하나는, 게임에는 '간단한' 규칙이 있고 그 규칙을 토대로 '복잡한' 상황이 펼쳐지기 때문이다. 그렇다고 모든 규칙을 거부하면, 그건 이미 게임이 아니다. 좋은 이야기는 우리를 놀라게 하지만, 지나친 놀라움으로 우리를 곤혹스럽게는 하지 않는다.

…… 스티븐 존슨, 『이머전스』(2001)

바로 여기에 그리스도교 신자라면 누구나 한 번쯤은 고민해 보았을 극단적 매치(match)인 '자유의지 vs. 예정론'의 해답이 숨어 있다. 이것이 난해한 수수께끼로 인식된 이유는, 두 개념 자체가 잘못 정의된 채 사용되기 때문이다. 사소한 것 하나라도 모두 자기 마음대로 하는 '방종(放縱)'이 '자유의지'로, 사소한 것 하나까지 계획에서 한 치의 벗어남도 없어야 한다는 '기계적인 메커니즘'이 '예정론'으로 말이다. '자유의지'는 법과 질서라는 틀 안에서라야 비로소 의미와 안전을 보장받을 수 있는 일종의 융통성과 변경 가능성이고, '예정론'은 융통성과 변경 가능성을 그 안에 포함하고 있는 일종의 법과 질서라는 울타리 같은 개념이다. 예정론이라는 울타리 내에서만 마음껏 자유의지를 발휘할 수 있다는 말이다. 애초부터 전혀 충돌하지 않는 두 개념을 잘못 정의한 탓에 충돌하고 해답이 없어 보였을 뿐이다. 자유의지와 예정론은 하나가 다른 하나를 더 빛나게 받쳐주는 대립물이다. 게임을 정말로 흥미롭게 만드는 건, 게임을 하면서 따라야 하는 일련의 규칙이듯이 말이다.

척도 없는 네트워크로
연결된 세상

지금은 러시아의 칼리닌그라드지만 18세기 초엔 독일의 작은 마을이던 쾨니히스베르크, 친구들과 놀고 있는 칸트 옆에서 마을 어른들은 소일거리로 문제를 풀고 있다. "아~ 어렵네. 어떻게 하면 같은 다리를 한 번만 건너면서 우리 마을에 있는 7개의 다리를 모두 건널 수 있을까?" 이것이 '쾨니히스베르크의 다리 문제(Seven Bridges of Königsberg)'이고, 지금은 펜을 종이에서 떼지 않고 똑같은 선을 한 번만 지나면서 의도하는 그림을 그리는 '한붓그리기(traversable network)' 또는 '오일러 경로(Eulerian path)'라고 불린다. 칸트가 13세이던 1736년, 스위스 수학자 레온하르트 오일러가 짧은 논문을 통해 그것이 불가능함을 증명했다.

이중섭의 '소'와 스페인 화가 파블로 피카소의 '여인들'처럼, 오일러의 통찰력은 버리고 버려서 가장 중요한 핵심 뼈대만 남긴 — 존슨이 말한 상향식 체제의 조건 중 하나인 '패턴 인식'을 통한 — '단순화'에 있다. 모두가 있는 모습 그대로를 보며 그 위에서 낑낑거릴 때, 오일러는 패턴 인식을 통해 땅을 '노드(node)[개체]'로 땅과 땅을 연결하는 다리를 '링크(link)[연결선]'로 파악한 것이다. 오일러의 논문은 이후 '그래프 이론(graph theory)'의 기초가 되었다. 출발 지점과 도착 지점은 하나씩이어야 하고, 각각 홀수 개의 링크를 가져야 한다. 즉 홀수 개의 링크를 가진 노드가 2개만 있을 때 한붓그리기가 가능하다. 그런데 당시 쾨니히스베르크는 그런 노드가 4개나 되므로, 불가능했다. 1875년 B와 C를 연결하는 다리가 건설된 이후로는 가능해졌다.

헝가리 수학자 폴 에르되스는 파란만장한 삶을 산 헝가리 수학자 알프레드 레니와 함께, 상호연결된 세상을 이해하기 위한 방법적인 질문을 던졌다. "네트워크는 '어떻게' 형성되는가?" 그들이 발견한 세상은, 네트워크가 충분히 커진다면 거의 모든 노드가 거의 같은 수의 링크를 갖게 되리라는 평등주의적 네트워크였다. 그들이 1959년에 발표한 논문은 '무작위 네트워크 이론(random network theory)'의 기초가 되었다. 그러나 우리가 이미 알고 있듯이, 세상은 평등과는 거리가 멀다. 세상은 홀라키적으로 카오스적으로 나아간다. 따라서 평등을 원한다면, 원하는 만큼 인위적으로 가능한 모든 구성원의 힘을 모으는 동시에 그것이 본능을 거스르는 어려운 일임을 충분히 깨닫고 있어야만 한다.

나아가 그들의 주장대로, 각 노드가 평균 하나의 링크를 가질 정도로 링크를 충분히 추가하면 예상치 못한 일이 발생한다. 수많은 노드가 자발적으로 하나의 집단화한 '클러스터 (cluster)'가 창발하고, 어떤 노드에서 출발하더라도 링크를 따라가다 보면 대부분의 다른 노드들에까지 다다를 수 있게 된다. 네트워크 이론에서의 클러스터는 생물학의 '모듈(module)', 컴퓨터공학과 자동차의 '컴포넌트(component)', 물리학의 '상전이 (相轉移)', 사회학의 '커뮤니티(community)', 도시의 '근린(近隣)'과 매우 가까운 개념이라고 할 수 있다. 링크가 일정한 개수를 넘어서는 순간부터, 네트워크는 급격하게 변한다. 왜? 세상이 그리고 우리의 삶이 원래 그렇게 생겨 먹었다. 개인은 도덕적인데 그런 개인들이 모인 사회[조직]는 비도덕적인 것처럼[26], 유인원의 '털 고르기'는 50명을 넘어가는 순간 인간의 '언어'로 바뀌고[27], 150명을 넘어가는 순간 '상상의 질서'로 바뀌는 것처럼[28], 산소 원자 하나에 수소 원자 하나가 결합했을 때와 두 개가 결합했을 때의 차이처럼 말이다.

'여행하는 수학자'로 불린 에르되스는 평생 507명의 학자와 함께 1,500편 정도의 엄청난 논문을 썼다. 이만한 업적은 오일러 이후 필적할 만한 사람이 거의 없을 정도다. 그런데 함께 연

---

26 라인홀드 니부어[니버]니버, 『도덕적 인간과 비도덕적 사회』(1932)
27 로빈 던바, 『털 고르기, 뒷담화, 그리고 언어의 진화』(1997)
28 유발 하라리, 『사피엔스』(2014)

구한 학자들의 반응이 놀랍다. 그들은 당대의 천재와 함께 할 수 있었던 것만으로도 영광이었다고 입을 모은다. 그래서일까? 학자들은 에르되스와 자신과의 거리를 나타내는 '에르되스 수(Erdős numbers)'를 매기기 시작했다. 에르되스는 '0', 그와 공동연구를 한 사람은 '1', 공동 저자와 함께 공동연구를 한 사람은 '2'가 되는 식이다. 아인슈타인은 에르되스 수가 '2'고, 빌 게이츠는 '4'다.

'에르되스 수'는 미국 사회심리학자 스탠리 밀그램의 '작은 세상 실험(Small-world experiment)'(1967)에서 '여섯 단계 분리(six degrees of separation)'라는 개념으로 재조명되었다. "우리의 세상이 네트워크라면, 어느 정도로 연결되어 있을까?" 미국 내에서 임의로 선택된 두 개인 사이를 연결하기 위해서 그들 사이에 얼마나 많은 지인(知人)이 필요한지 실험한 결과, 불과 (평균) 5.5명이었다. 그러나 사실 이 값조차 상한선이다. 실제로는 그보다 더 가까운 경우가 대부분이다. 헝가리계 미국 물리학자 앨버트–라슬로 바라바시의 말에 따르면, 21세기에 들어서면서는 3명 정도라고 한다. 그렇다면 웹[온라인]은 어떨까? 바라바시의 연구 결과, 1998년을 기준으로 약 19클릭[단계]이었다.

직업을 구할 때, 이직할 때, 새로운 소식을 접할 때, 가게를 차릴 때, 업종을 바꿀 때, 대학과 학과를 선택할 때, 비싼 물건을 살 때, 우리는 통념처럼 친한 사람들의 의견을 듣는 게 아니라 실은 대충만 아는 지인(知人)이나 유명인의 말을 듣고 또는 TV 광고를 보고 결정한다. 우리가 흔히 '우연히'라고 말하듯, 좋아하는 연예인이 무심코 던진 한마디나 존경하는 사람의 조언으로 삶이 바뀌었다는 사람이 생각보다 흔하다. 외부 세계와 의사소통을 하려고 할 땐, '약한 (사회적) 연결'이 강한 친분보다 더 결정적인 역할을 한다. 끼리끼리 모이듯 친한 사람들은 보통 거의 비슷한 정보를 갖고 있는 경우가 많기에, 새로운 정보를 얻으려 할 땐 약한 (사회적) 연결을 자신도 모르게 사용한다는 것이다[29].

네트워크 전체에서 진정으로 중심적인 위치를 차지하는 것은 여러 개의 큰 클러스터들에 동시에 속해 있는 노드들, 즉 커넥터 또는 허브이다. 허브는 전체 네트워크의 구조를 지배하며, 그것을 좁은 세상으로 만드는 역할을 한다.

…… 앨버트-라슬로 바라바시, 『링크』(2002)

링크를 무작위적으로 즉 평등하게 부여해도, 결국 어떤 노드들은 다른 노드보다 더 많은 링크를 갖게 된다. 무질서 속에서 질서가, 평등 속에서 불평등이 창발하는 것이다. 현실은 돈이든 인기든 명예든 대인관계든 외모든 모든 면에서 위계(位階)를 지니

---

29 마크 그라노베터, 「약한 연결의 힘」(1973) & 『일자리 구하기』(1974)

고 있고, 이것이 네트워크의 속성이기도 하다. 굳이 이유를 찾자면, 우리는 '무작위'가 아니라 저마다의 관심과 가치와 신념과 취향에 따라 '선호적 연결(preferential attachment)' 즉 선택적으로 링크를 부여하면서 다른 사람과 관계를 맺기 때문이리라. 그 결과 특정 노드가 다른 노드와 '차이'를 보이면서 여러 개의 큰 클러스터들에 동시에 속해 있는 '커넥터(connector)'[30]나 '셀럽(celebrity)' 또는 특히 웹에 한정한다면 '허브(hub)'로 성장한다.

이런 극소수의 존재들은 클러스터들 사이를 이어주는 장거리 링크 역할을 한다. 이들은 경제에서 세포에 이르기까지, 복잡계라면 어느 곳에서든 존재한다. 놀라운 건 더 많은 수의 링크가 추가될수록, 노드 간의 거리는 급격하게 힘의 크기가 거리의 제곱에 반비례하는 '역제곱 법칙(inverse-square law)'으로 줄어든다는 사실이다. 역제곱 법칙은 중력·빛의 세기·자유 낙하·두 전하(電荷) 사이의 정전기적 인력·달리는 자동차를 정지시킬 때 밀리는 거리 등에서도 발견되는, 우리 우주와 세상의 고유한 속성이다. 왜 그런지는 묻지 마라. 원래 그러니까. 소수(少數)일지라도 장거리 링크를 유지하고 있는 사람이 주위에 있다면, 우리는 친구를 사귐에 있어서 국지적이더라도 괜찮다.

---

30 말콤 글래드웰, 『티핑 포인트』(2000)

한 나라의 부와 집과 땅의 80%는 20%의 사람들이 소유하고 있고, 기업의 이윤 중 80%는 20%의 직원이 만들어 내며, 20%의 어휘가 말의 80%를 차지하고, 범죄의 80%는 20%의 범죄자에 의해 발생한다는 주장이 있다. 인구나 노력의 5분의 4는 크게 중요하지 않다는 것으로, 20%의 원인이 80%의 결과를 만든다는 '파레토 법칙(Pareto principle)'이다[31]. 소득의 불평등 정도 즉 부익부 빈익빈 현상은 '지니계수(Gini coefficient)'로 나타낸다[32]. 완전히 평등한 '0'과 완전히 불평등한 '1' 사이의 값을 가지며, '0.4' 이상이면 상당히 불평등한 소득분배 상태에 있는 셈이다. 처분가능소득을 기준으로 2020년의 지니계수를 보면, 우리나라(0.331)는 미국(0.378)과 영국(0.355)보다는 낮지만, 스웨덴(0.276)이나 캐나다(0.280) 그리고 호주(0.318)보다는 높다.

의식(意識)이 없는 자연 속 대부분 시스템은 '종형 곡선 분포(bell curve distribution)'를 띠지만, 파레토 법칙과 지니계수를 포함해서 우리 사회 속 대부분 시스템은 '멱함수(冪函數) 분포(power law distribution)'를 띤다. 소수의 링크만 갖는 다수의 노드가 다수의 링크를 갖는 소수의 노드와 공존한다는 것이다. 물이 액체에서 기체로 변할 때, 마그마가 바위로 굳을 때, 금속이 자성(磁

---

31   빌프레도 파레토, 『정치경제학 지침』(1896)
32   코라도 지니, 「다양성과 변이성」(1912)

性)을 띨 때, 도체(導體)가 초전도체로 변할 때도 멱함수 분포를 따른다. '가능성의 빈도는 세기에 반비례한다'는 것이 멱함수 분포의 의미다. 자잘한 일들이 자주 일어나면 큰일이 일어날 가능성은 그만큼 적다는 것이고, 거꾸로 폭풍전야(暴風前夜)라는 말처럼 자잘한 일들이 거의 일어나지 않는다면 조만간 큰일이 일어날 가능성이 크다는 뜻이다. 자주 일어나는 일들은 거의 영향력이 없지만 가끔 일어나는 일은 엄청난 영향력을 갖는다는 뜻이기도 하고, 잔병치레가 잦은 사람은 보통 큰 병 없이 잘살지만 늘 건강해 보이던 사람이 한번 아프면 크게 아파서 쓰러질 수 있다는 뜻이기도 하다.

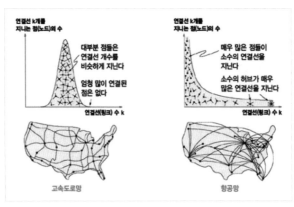

종형 곡선 분포와 미국 도로지도(왼쪽), 멱함수 분포와 미국 항공 지도(오른쪽)
(출처 : 앨버트-라슬로 바라바시, 『링크』)

'무작위 네트워크'를 그래프로 표현하면 '종형 곡선 분포'가

되는데, 종 모양의 꼭대기인 정점(頂點)에서 아래로 수직선을 그으면 그 선을 중심으로 대략 반반이 나뉜다. 이때 그 수직선이 '척도(scale)[기준]'다. 종형 곡선 분포에는 척도가 있지만, 멱함수 분포에는 척도가 없다. 그래서 현실과 가장 가까운 멱함수 분포를 따르는 네트워크는 모두 '척도 없는 네트워크(scale-free network)'가 된다. 링크가 많은 배우는 새로운 배역을 맡을 가능성이 크다. 더 많은 영화에 출연한 배우일수록 캐스팅 감독의 레이더에 포착될 가능성이 크니까. 따라서 좋은 배역을 얻기 위해서는 잘 알려져 있어야 하고, 잘 알려지기 위해서는 좋은 배역이 필요하다. 새로운 노드들은 링크가 많은 기존의 커넥터나 허브를 선호한다. 단순히 이름을 가장 많이 접해서 생긴 익숙함에 끌려서일 수도 있고, 동경하는 사람들이 선택하니까 맹목적으로 따라 하는 것일 수도 있다. 여하튼 이미 기반을 다진 기존의 커넥터나 허브가, 진입순서가 늦고 아직 링크가 적은 신규 커넥터나 허브보다 선택될 가능성이 더 크고 더 빨리 성장한다. 그 결과 부익부 빈익빈 현상이 초래되는 것이다. 하지만 후발주자가 기존의 커넥터나 허브를 제치고 성공하는 사례도 흔치 않게 찾아볼 수 있다. 그것은 어떻게 가능한 걸까?

척도 없는 네트워크 모델에서 노드의 링크 수는 시간의 제곱근에 비례해 증가한다. 하지만 적합성 네트워크 모델에 따르면, 노드가 링크를 획득하는 속도는 더는 진입한 나이[순서]의 문제가 아니다. 나이보다는 '아름다움'이다. 승자독식 네트워크는 척도 없는 구조를 갖지 않는다. 이는 매우 중요한 차이인데, 승자가 독식할 때는 잠재적 도전자가 있을 여지조차 없기 때문이다.

…… 앨버트-라슬로 바라바시, 『링크』(2002)

각각의 노드나 네트워크는 자기만의 고유한 속성이나 능력 즉 타인의 시선을 끄는 매력을 지니고 있다. 그것이 타인이 바라본 각각의 노드나 네트워크의 '유용성의 정도'다. 그런데 '유용성의 정도'가 반드시 '링크 수'와 비례하는 건 아니다. 통찰력 깊은 수많은 책이 많은 사람의 선택을 받지 못하는 것처럼 말이다. 척도 없는 네트워크에서 발생하는 부익부 빈익빈(fit-get-rich)은 오로지 '링크 수'만 고려한 결과다. 따라서 바라바시는 기존의 '링크 수'에 매력을 양적(量的)으로 환산한 '유용성의 정도'까지 고려한 '적합성 네트워크 모델(fitness network model)'로, 후발주자가 기존의 커넥터나 허브를 제치고 성공하는 사례를 설명한다. 이 모델은 중심에 있는 단 하나의 허브에 수많은 작은 노드들이 링크된 별 모양 구조의 '승자독식 네트워크'까지도 설명할 수 있다는 장점이 있다. 그런 승자독식 네트워크는 컴퓨터 소프트웨어 세계의 상징이고, 그곳에 있는 단 하나의 허브가 마이크로소프트라고 바라바시는 말한다.

자연이 지닌 견고성 그러니까 강인함의 원천은, 바로 '여분성

(redundancy)'과 '오류 허용력(error tolerance)'에 있다. 내부의 장애는 잘 관리해 나가지만 외부의 공격에는 취약하다는 것, 그것이 척도 없는 네트워크의 아킬레스건이다.

…… 앨버트 - 라슬로 바라바시, 『링크』(2002)

멱함수 분포를 따르는 네트워크는 구조적 안정성·성장·오류나 공격에 대한 저항력 등을 갖는다. 혼돈이 가고 질서가 오고 있다는 신호인 셈이다. 그런데 장점이 단점이 되고 단점이 장점이 되는 게 삶이듯, 이것을 거꾸로 생각하면 네트워크의 구조적 안정성은 척도 없는 네트워크의 구조적 특성인 불균일성(不均一性) 즉 불평등성(不平等性)에서 비롯된다는 말도 된다. 척도 없는 네트워크에서는 극소수의 커넥터나 허브들만 멀쩡하다면, 나머지 자잘한 노드들을 아무리 없애도 네트워크는 붕괴하지 않는다. '대안적 경로'라는 여분의 링크들이 많기 때문이다. 하지만 만약 외부로부터의 공격이 커넥터나 허브에 집중된다면, 작고 사소한 공격일지라도 네트워크에는 치명적이다. 가령 커넥터나 허브에 해당하는 극소수가 에이즈를 퍼뜨린 주범이라고 가정하자. 그렇다면 값비싸고 수량도 부족한 에이즈 치료제를 최우선으로 분배할 대상은 누구일까? 아무리 가혹한 결론이라고 해도, 그 대상이 커넥터와 허브라는 사실을 인정할 수밖에 없다. 함부로 정치인이나 대기업을 건드릴 수 없는 이유이기도 하고. 세상의 '대부분' 사건이 엘리트들이 활동한 결과인 건 사실이지만, '모든' 사건이 그런 건 아니다. 그래서 파레토의 주장과 반대되는 IT 기업에 최적화된 '긴 꼬리 법칙(Long tail principle)'도 있다[33]. 그러나 그다지 큰 위로는 되지 않는다.

질병은 유전자 한 개의 문제가 아니라 여러 유전자 간의 '연결' 문제다. '유전자 수'는 '복잡성'의 정도와 아무 상관이 없다. 그렇다면 복잡성이란 무엇일까? '네트워크'가 바로 그 답이다. 그러므로 이제 우리는 언제 어떻게 서로 다른 유전자들이 상호작용하고 있는가, 상호작용이 만들어 내는 새로운 현상은 무엇인가, 유전자가 세포 안에서 어떻게 신호 전달을 하는가 등을 알아내야 한다. 인간의 유전자를 해독한 결과 얻은 결론은 유전자에는 좋은 유전자나 나쁜 유전자가 존재하는 것이 아니라 '여러 단계의 네트워크가 존재한다'는 것이다. 따라서 단순히 유전자의 나열을 담은 '생명의 책'이 필요한 것이 아니라, 세포 내 여러 구성요소의 연결에 관한 '생명의 지도'가 필요하다. (…) '나뭇가지 구조'는 오늘날까지 기업을 성공적으로 이끈 대량생산 체제에는 가장 적합했으나, 오늘날의 정보 산업과 아이디어 산업 체계에는 알맞지 않다. 이제는 조직을 '거미 없는 거미줄 구조'로 변화시켜야 한다.

…… 앨버트 - 라슬로 바라바시, 『링크』(2002)

---

33 크리스 앤더슨, 『긴 꼬리』(2006)

모든 유기체가 똑같이 멱함수 분포인 척도 없는 네트워크 구조를 띠고, 세포 간에 3단계 분리라는 똑같은 평균 거리를 가지며, ATP와 물처럼 초기 진화 과정에서 생겨난 4%의 특정 분자들을 똑같이 커넥터[허브]로 공유하고 있다면, 유기체들의 다양성은 어디에서 기인하는 걸까? 허브 역할을 하는 4%의 분자들을 제외한 나머지 분자들 때문이다. 외계인이 서울 상공에서 사진을 찍는다면 사람들은 거의 모두 똑같은 구성요소와 모양으로 이루어진 아파트에서 사는 것으로 보이겠지만, 자세히 들여다보면 가정마다 고유한 인테리어를 통해 다른 가정과 뚜렷이 구별되듯 말이다.

Chapter
03

불안과 고통

삼법인과
사성제

고대 프리기아(Phrygia)의 왕 미다스(Midas)가 디오니소스(Dionysus)의 스승이자 지혜롭기로 유명한 실레노스(Silenus)에게 물었다. "인간에게 최상의 것은 무엇입니까?" "가련한 하루살이이며 우연의 자식이며 고통의 자녀인 그대여, 왜 하필이면 듣지 않는 것이 그대에게 가장 복될 일을 내게 말하라고 강요하는가? 최상의 것은 그대가 도저히 성취할 수 없는 것으로, 태어나지 않는 것, 존재하지 않는 것, 무(無)로 존재하는 것이네. 그대에게 차선(次善)의 것이 있다면 그것은 바로 죽는 것이네."

...... 프리드리히 니체, 『비극의 탄생』(1872)

서양의 그리스에서 헤라클레이토스가 세상의 참모습에 관한 문제를 한창 풀고 있던 거의 같은 시기에, 마치 선의의 경쟁이라도 하듯 동양의 인도에서도 부처(佛陀, Buddha)가 같은 문제를 놓고 씨름하고 있었다. 그리고 그 둘이 내놓은 답은 — 부처가 조금 더 디테일하게 설명했다는 점을 제외한다면 — 놀랍게도 똑같았다. 부처의 답안은 바로 우리가 계약을 최종 승인

할 때 찍는 도장이나 서명처럼, 세상을 형성하는 일종의 계약서에 찍혀있는 불변의 세 가지 법칙 즉 '삼법인(三法印, Three marks of existence)'이다. 존재하는 세상 만물 중 특정 상태나 모습으로 고정되어 있거나 멈춰 있는 건 단 하나도 없다는 '제행무상(諸行無常, all compounded things are characterized by impermanence)', 그러다 보니 이것이 무엇이라거나 어떻다고 정확하게 규정할 수 있는 불변하는 속성도 없다는 '제법무아(諸法無我, all existing things are characterized by the lack of a self)', 따라서 아무것도 고정되지 않은 세상 속에서 고정되고 불변하는 속성을 지니고 추구해야만 살아갈 수 있는 하나의 생명체로 태어났다는 사실 그 자체만으로 삶은 고통일 수밖에 없다는 '일체개고(一切皆苦, all experiences are characterized by suffering)'가 그것이다.

세상은 무목적(無目的)과 무상(無常)과 무아(無我)로 프로그램되어 있는데, 그 속에서 생명체 특히 의식을 지닌 인간은 '개체적 생존'이라는 특성상 어쩔 수 없이 특정 모습과 속성을 가져야만 하고 그런 소유를 유지하기 위해 안간힘을 쓰지 않으면 살아갈 수 없다. 그렇게 세상과 존재자 특히 인간이 빚어내는 근원적 삐걱거림 그래서 살아간다는 것 아니 더 정확히는 살아낸다는 것 자체가 '고통'일 수밖에 없다는 고통의 원인에 관한 통찰은, 고통에서 벗어날 수 있는 해결책까지 품은 '고집멸도(苦集滅道)' 즉 '네 가지 고귀한 진리'라는 뜻의 '사성제(四聖諦, Four Noble Truths)'로 체계화된다.

고통은 대체로 직접적인 감정으로서 현재 속에 있는 게 아니라, 추상적인 개념이나 고통스러운 생각으로서 이성 속에 존재한다. 사람들은 고통을 느껴서 그것 때문에 곧바로 우는 것이 아니라 성찰의 과정을 통해 거듭 고통을 인식한 후에 우는 것이다. 고통을 당한 아이들 대부분이 위로받고 나서야 비로소 운다는 것은 고통을 받아서가 아니라 고통의 표상 때문에 운다는 증거다. 따라서 함께 우는 것은 사랑이나 연민에 대한 능력과 상상력의 척도이다.

…… 아르투르 쇼펜하우어, 『의지와 표상으로서의 세계』(1818)

우리는 태어나는 순간부터 두 주먹을 꽉 쥔 채 세상에 첫발을 내디딘다. 세상의 참모습을 모른 채 고정되고 확실하고 영원한 것을 붙잡아 자기 것으로 소유하려는 '집착[욕망]'의 상징이 아닐까? 그래서 태어나는 순간부터 우리는 고통 속에 놓이게 되고, 그 결과 불교에서는 우리의 삶을 '고통의 바다[고해(苦海)]'라고 부른다. 그런 삶의 과정에서 발생하는 스트레스 즉 번뇌(煩惱)는 다시 고통을 증폭시킨다. 부처가 제시하는 해답은, 고통의 원인인 집착을 없애서 모든 고통이 사라진 해탈의 경지에 이르는 방법인 도제(道諦) 즉 '팔정도(八正道, Noble Eightfold Path)' 다. 늘 바르게 보고[정견(正見)]·늘 바르게 생각하고[정사(正思)]·늘 바르게 말하고[정어(正語)]·늘 바르게 행동하고[정업(正業)]·늘 바르게 생활하고[정명(正命)]·늘 바르게 사는 삶을 지속하고[정정진(正精進)]·늘 바르게 깨어 있고[정념(正念)]·늘 바르게 집중[정정(正定)]해야 한다는 것이다. 물론 온전한 실천의 가능성은 별개의 문제다. 세상과 인간이 빚어내는 근원적 삐걱거림, 사실 이것을 더 넓고 깊게 표현하자면 '고통'보다는 '불안'이 훨씬 더 잘 어울린다. 우리에게 가장 큰 공포심을 자아내는 건, '고통'보다는 고통의 전(前) 단계인 '불안'이니까. 앞으로 닥칠 고통을 미리 걱정하고 상상하는 것을 넘어, 자기의 미래와 삶 그 자체에 대한 고민까지 포함한 불안 말이다.

그리스 신화는 불안이 인간의 운명임을 이렇게 설명한다. 어느 날 염려[불안]의 신 쿠라(Cura)가 점토로 뭔가를 빚고 있었다. 마침 그곳을 지나가던 제우스(Zeus)는 쿠라의 부탁으로 그 조각에 영혼을 불어넣었다. 그리고 이어서 그 조각에 이름을 붙이려는 순간, 대지의 신 텔루스(Tellus)마저 나서서 셋 모두 자신이 생각한 이름을 붙여야 한다며 다투기 시작했다. 결국 셋은 시간의 신 사투르누스(Saturnus)를 찾아가 판결을 부탁했다. 그 결과 후무스(humus)[흙]로 만들어졌기 때문에 이름은 '호모(homo)'로 정하고, 살아있을 때는 쿠라의 소유로 하되 죽으면 영혼과 육체는 각각 제우스와 텔루스가 가져가기로 했다. 그래서 인간의 삶과 죽음을 결정하는 것이 바로 '시간'이고, 인간은 살아 있는 동안 끊임없이 염려하고 불안해할 수밖에 없다는 것이다. 참으로 탁월한 신화적인 통찰이다!

단독자의
불안과 실존

동물에게서 '불안'을 볼 수 없는 건, 동물이 '정신'으로 규정되어 있지 않기 때문이다. 정신이 적으면 적을수록 불안도 적기 때문이다. 인간은 '영혼[무한성]'과 '육체[유한성]'의 결합이다. 하지만 이 두 가지가 제3의 것 즉 '정신[의식적인 종합]'으로 통합되어야 한다.

'무정신(無精神)'에는 말 그대로 정신이 제거된 것과 마찬가지로 '불안'도 제거되어 있다. 불안을 느끼기엔, 무정신은 너무나 행복하고 충족된 상태에 있기 때문이다. 인간이 동물이나 천사였다면 불안해지는 일은 없었을 것이다. 인간은 하나의 종합이기에 불안해질 수 있는 것이므로, 스스로 불안을 낳는다는 의미에서 불안이 깊으면 깊을수록 그 인간은 위대하다. 불안은 '자유의 가능성에 대한 기대'이기 때문이다. 비유하자면, 불안은 '자유의 현기증'이다. '불안'이 크다는 것은, 그만큼 '완전성'이 클 것임을 예언하는 것이다. 높이 올라가면 올라갈수록, 그만큼 모든 것에 대해서 치러야 할 대가(代價)도 커지기 때문이다.

…… 쇠렌 키르케고르, 『불안의 개념』(1844)

엄밀한 의미에서 '(정신적인) 죽음에 이르는 병'은, 죽음을 희망으로 생각하게 될 정도로 아무런 희망이 없는 절망이다. '좌절[절망]의 가능성'은 신도 제거할 수 없다. 그로 인해 인간들이 오히려 비참해진다 해도, 그것이 유일한 사랑의 행위이기 때문이다. 이것이 사랑의 모순이다. 인간은 신이 사랑을 중지했으면 결코 그렇게는 되지 않았을 비참에 빠지게 되는 것이다! 절망하고 있지 않다는 것, 절망하고 있다는 것을 의식하지 못한다는 것, 그것도 곧 절망의 한 형태이다. 자기를 정신으로 의식하고 있지 않다는 것이야말로 정녕 '절망'이요 '무정신'이기 때문이다. 무정신은 인간 자신의 책임이다. 누구나 정신을 잃은 채 태어나는 것은 아니기 때문이다. '의식'이 증가하면, 그만큼 '절망의 강도(剛度)'도 강화된다.

······ 쇠렌 키르케고르, 『죽음에 이르는 병』(1849)

모든 노력은 부족에서 그리고 자신의 상태에 대한 불만에서 생기므로, 노력이 충족되지 않는 한 '고통'이다. 의지의 노력에는 최종 목표가 없으므로 고뇌의 정도와 한계도 없는 것이 된다. 식물은 감수성이 없으므로 고통이 없다. 인식이 명백해지고 의식이 향상됨에 따라 고통도 커져, 따라서 인간에게서 최고도에 달하게 된다. 그중에서도 천재성을 지닌 사람이 가장 많은 고통을 겪는다.

······ 아르투르 쇼펜하우어, 『의지와 표상으로서의 세계』(1818)

현존재[인간]는 태어나는 순간부터 이미 죽기에는 충분히 늙어있다.

죽음이란 현존재의 가장 고유하고, 극단적이며, 다른 가능성이 뛰어넘을 수 없는 가장 확실한 가능성이다. 죽음이 현존재에게 더 근본적이고 절실하게 드러나는 것은 '불안'을 느낄 때다. (…) 양심은 나 자신 안에서 나 자신을 나 자신 앞으로 불러 세우는 침묵의 소리다.

…… 마르틴 하이데거, 『존재와 시간』(1927)

불안을 언급하면서 도저히 **빼놓을** 수 없는 사람이 바로 덴마크 철학자이자 신학자 쇠렌 키르케고르다. 키르케고르에게 '불안'이란, 상승[도약]과 하강[퇴행]의 갈림길에 선 '선택과 결단의 기회'인 동시에 '선택과 결단을 종용(慫慂)하는 신(神) 또는 양심의 목소리'다. 아무런 징후[통증] 없이 진행되는 병이 가장 무서운 병이고 온몸에 마비가 왔을 땐 어떤 고통도 못 느끼듯, 삶의 징후인 불안을 느끼지 못한다는 건 불치병에 걸려 죽음의 코앞에 서 있다는 그리고 정신이 마비되었다는 징표와 같다.

사는 게 의미도 없고, 재미도 없고, 지금이 꿈꿔오던 모습인지, 뭘 위해 살아왔고, 어떻게 살아야 하는지 회의(懷疑)가 들고, 익숙했던 삶과 사물과 사람과 세계가 낯설게 느껴지면서, 비로소 그동안 의식하지 못했던 자신의 '존재와 삶 그 자체' 그리고 앞으로의 '존재 가능성'을 문제 삼게 하는 게 바로 '실존적 불안'이다. 당당히 자기의 삶을 떠맡으라고, 신이 하나님이 한울님이 양심이 우리에게 말을 거는 순간이다. 그래서 불안을 회피하는 만큼 양심은 무뎌진다. 불안을 느낄 때만 비로소 자신을 돌아보기 때문이다. 일반적인 의미에서도 불안은 '살아있음의 징후'이다. 그것도 매우 민감한 상태로, 온몸의 세포 하나하나가 살아 숨 쉴 정도의 긴장감과 고도의 집중 상태로 말이다. 실존적 불안은 노르웨이 화가 에드바르트 뭉크의 〈절규〉(1893)처럼, 시도 때도 없이 갑자기 찾아온다. 등골이 오싹해지고 머리카락이 쭈뼛 설 정도의 섬뜩함과 함께.

최고의 진리는 실존(實存, existing)하는 사람이다. 진리는 늘 '단독자[개인]'에게만 존재하고, 그것은 단독자의 행위를 통해 탄생한다. 우리는 우리가 행동하는 바로 그것이기 때문이다.
…… 쇠렌 키르케고르, 『철학적 단편』(1844)

'고독'에 대한 욕구는 인간 속에 정신이 있다는 증거이고, 또 그 정신을 재는 척도(尺度)다.
…… 쇠렌 키르케고르, 『죽음에 이르는 병』(1849)

누구나 오로지 혼자일 때만, 온전히 그 자신이 될 수 있다. '고독'을 사랑하지 못하는 자는 '자유'를 사랑하지 못한다. 오로지 혼자일 때만이 인간은 자유롭기 때문이다. 인간을 사교적으로 만드는 것은, 고독 속에서 스스로를 못 견디게 만드는 무능력이다. 나는 이 짧은 여생을 완전히 나 자신을 위해 바치기로 했다. 두 다리로 멀쩡히 걷는다는 사실만으로 나와 대등하다고 여기는 인간들과는 되도록 사귀지 않기로 결심했다. 그들을 가까이하고 싶지 않다. 나는 세계를 버린 사람으로 살아가고 싶다. 그리고 나의 학문을 위해서만 살아갈 작정이다.

…… 아르투르 쇼펜하우어, 『인생론 : 여록과 보유』(1851)

키르케고르는 우리에게 '홀로(by oneself)' 그리고 '혼자 힘으로 (for oneself)' 가장 근원적 상황인 '코람 데오(coram deo)' 즉 '하느님 앞에서(before God)', 자기 삶의 매 순간 마주하는 '수많은 선택과 결단 그리고 그에 따른 책임을 온전히 떠맡아' '행동'하는 '단독자(單獨者, Being-alone)'가 되라고 외친다. 다른 누구도 개인의 삶을 대신해 줄 수는 없기에, 관중이 아니라 세상과 삶 속에 선수로 뛰어들라는 것이다. 이것이 진정한 그리스도인의 모습이기도 하다. 하지만 실천 없는 그들의 공허한 외침이, 하나님을 사람들로부터 훨씬 더 멀리 소외시키고 비참하게 하고 욕먹게 만들고 있는 게 현실이다. 우리는 살아가면서 끊임없이 크고 작은 선택과 결단의 순간들에 직면한다. 삶은 태어남(B, Birth)과 죽음(D, Death) 사이의 선택(C, Choice)의 연속이라는 말도 있잖은가! 정해져 있거나 미리 결정된 답은 없다. 그러니 똥 마려운 강아지처럼 무속인을 찾아 헤매지 말고, 매 순간 자신의 '존재 가능성'을 스스로 결정하라!

실존주의(實存主義)란 무신론을 일관성 있게 끝까지 밀어붙이려는 노력 이외의 다른 것이 아니다.

······ 장 폴 사르트르, 『실존주의는 휴머니즘이다』(1946)

허무는 (그리고 그에 수반하는 메스꺼움과 고통은) 존재(함) 이전에는 없었던 것이다. 본질적인 것, 그것은 '우연성'이다. 원래 존재는 필연이 아니라는 말이다. 존재란 단순히 '거기에-있음'일 뿐이고, (그런 존재의 드러냄에 의해서만) 존재하는 것[존재자]이 나타나서 우리에게 자신을 내보일 뿐이다. (…) 모든 것이 '무상성(無常性)'이다. 우리는 너 나 할 것 없이 누구도 거기에 있어야 할 아무런 이유도 없다. 나 또한 잉여 존재였다. 아무것도 말로 분명하게 표현하지 못한 채, 나는 존재의 열쇠를, 내 구토(嘔吐)의 열쇠를, 내 삶의 열쇠를 찾았다는 것을 깨달았다. (그 열쇠란) 모든 존재하는 것은 이유 없이 태어나서, 연약함으로 그 목숨을 유지하다가 우연히 죽는다는 것이다.

······ 장 폴 사르트르, 『구토』(1938)

소설 『구토』의 주인공 로캉탱(Roquentin)이 어느 날 문득 깨달은 것은, 모든 존재자가 '잉여(존재)'라는 사실이다. 세상 만물의 존재 이유인 신이 없다면, 신의 의도나 계획이라는 어떤 필연도 없이 존재자들은 그냥 우연히 세계 속에 존재하게 된 것뿐이다. 우연성과 존재의 무상성과 잉여(존재)라는 사실을 깨달은 로캉탱이 경험하기 시작한 구토는, 무의미하고 낯설며 우연한 존재자들의 존재 그 자체를 마주하면서 느끼는 정신적인 메스꺼움이다. 사랑하지 않았다면 아플 일도 없었을 텐데 사랑했기에 아프듯, 모르고 살 동안은 좋다고 웃으며 행복하게 살았는데 세상과 인간의 근원적 삐걱거림을 자각하면서 허무함과 메스꺼움과 불안과 고통도 수반되기 시작한 것이다.

인간의 본질에 관한 이런 통찰은, 평소에는 거의 느낄 수 없다. 우리 주위의 모든 존재자는 우리가 부여한 의미와 일상성[친근함]을 지닌 채 익숙한 모습으로 존재하기 때문이다. 하지만 큰 실연이나 절망이나 질병 같은 어떤 계기로 인해 불쑥 찾아온 불안 속에서 사물들의 의미가 그리고 일상성과 익숙함도 사라지는 순간, 사물들은 어떤 의미도 없고[무의미성] 거기에 그렇게 존재할 필연적인 이유도 없이[우연성] 그저 존재하는 낯선[비(非)일상성] 모습으로 비로소 우리 앞에 본모습을 드러낸다. 어느 날 불쑥 로캉탱이 마주한 불안이, 그동안 로캉탱이 입고 있던 '편안함·자연스러움·안락함·친숙함'이라는 일상성의 옷들을 모조리 벗겨버린 것처럼 말이다. 그렇게 로캉탱이 마주한 자신의 알몸 즉 참모습은, 메스꺼움과 구토를 일으킬 만큼 상상외로 너무 초라했고 무의미했고 낯설었다.

삶에 관심이 있는 자는 죽음에 관해서도 관심이 있다. 죽음에 관심이 있는 자는 죽음에서 삶을 찾는 것이다.

······ 토마스 만, 『마(魔)의 산(山)』(1924)

대부분 사람이 인생 최대의 목표로 '행복'을 꼽는 건 충분히 인정한다. 문제는 그 '행복의 정의(定義)'가 무엇이냐는 것이다. 안타깝게도 대부분 사람이 이성의 사용과 금욕을 통해 고통스러운 세상으로부터 초연(超然)한 흔들림 없는 마음의 경지이자 완전한 정신적 자유인 '아파테이아(apatheia)'보다는, 육체적·감각적인 고통의 회피를 통해서 얻어지는 마음의 편안함인 '아타락시아(ataraxia)' 그리고 가능하다면 그에 더해 육체적이고 감각적인 쾌락의 증대를 행복으로 생각한다. 하지만 육체적·감각적으로 편안하면 편안할수록 그것은 생명이 아닌 죽음과 가까워지고 있다는 증거다. 생명체는 성장이든 노화든 불안과 고통을 겪는 동안만 '존재(存在, being)'할 수 있고, 끊임없이 능동적으로 노력하고 투쟁하고 변화하는 순간순간만 '실존(實存, existing)'할 수 있는 존재이기 때문이다. 어떤 노력도 없이 생존을 위한 의식주를 해결할 수 있는 동물은 없다. 그런 노력이 늘 성공만 하는 동물도 없고. '성장통'이라는 말처럼, 고통 없는 성장은 없다. 뼈의 성장과 단단해짐은 기존 뼈의 부서짐을 전제한다.

군대에서 육체적인 고통으로 치자면 이등병이 제일이지만, 정신적인 스트레스로 치자면 병장이 제일이다. 하지만 종합적으로 볼 때, 누가 가장 편할까? 군대를 다녀온 남자들이라면, 대부분 이등병이라고 대답할 테고, 그게 맞다. 최고의 지위를 상징하는 왕관을 쓰려는 자는, 그만큼 가장 큰 책임[무게]과 스트레스를 견뎌야 하는 법이다. 마찬가지로 생명체 중에서 최고의 지위에 있다는 인간으로서의 특권인 인권(人權)을 누리려 한다면, 그만큼 가장 큰 스트레스와 고통을 감수할 준비가 되어 있어야 하는 게 당연하다. 고등학생과 초등학생 중, 누구의 스트레스와 고민의 가짓수와 노력의 정도와 불안과 고통의 크기가 클까? 회장 또는 사장과 일반 사원 중 누가 더 하루를 치열하게 살까? 이 질문에 정직하게 대답하려는 사람이라면, 일반적인 행복 개념이 잘못되고 틀렸음을 인정할 수밖에 없을 것이다. 일반적인 행복 개념은 우리를 자꾸만 더 낮은 상태로 퇴행시키는 마약과도 같다. 그것을 확장해 본다면, 포유류보다는 파충류가, 파충류보다는 벌레가, 벌레보다는 무생물이 가장 행복하다는 이상한 결론에까지 도달하게 된다. 나는 식물보다는 동물, 동물보다는 사람이고 싶다. 사람 중에서도 장애 없는 사람이, 장애 없는 사람 중에서도 초등학생보다는 고등학생이, 고등학생보다는 성인이, 성인 중에서도 술 마시는 게 삶의 유일한 즐거움인 사람보다는 보람되면서 스스로 즐거워할 수 있는 일에 몰두하는 사람이, 대중매체보다는 늘 책을 가까이하는 사람이고 싶다.

자유와
실존

'제(自)'가 곧 '까닭(由)'이다. 그래서 자유(自由)는 곧 '스스로 함'이다. '고(苦)'는 생명의 근본 원리이다. 가시 없는 장미를 볼 수 없듯이, 개인은 '고(苦)'를 통해 자유에 이른다. 천국에 가면 눈물도 한숨도 없는 데서 영원한 복락을 누릴 줄만 믿는 사람은 참 종교가 무엇임을 모르는 사람이다. 얻어서 자유가 아니라 얻으려 하는 데에 자유가 있다. 다만 '자유'는 방종(放縱)과 멀지 않고, '의지'는 늘 고집과 교만에 빠지기 일쑤이기에, 자유의지와 함께 '양심'을 넣어 자유의 가는 곳에는 반드시 '책임'이 따르게 했다. 자유의 가치는 제 마음대로 하는 데 있지 않고 제 마음대로 하지 않는 데 있다.

…… 함석헌, 『뜻으로 본 한국 역사』(1948/1967)

실존주의자가 이해하는 인간은 정의(定義)될 수 없다. 인간의 본모습은 (자유로운 선택을 통해 의미와 본질을 스스로 만들어 부여하지 않으면) 아무것도 아니기 때문이다. 그래서 (인간에게 있어서) 실존은 본질에 선행한다(existence precedes essence). 사람이 먼저 있어 세상에 존재하고, 그가 누구이고 무엇인지는 그다음에 정의된다. 인간은 다만 그가 스스로를 생각하는 그대로일 뿐만 아니라, 그가 원하는 그대로다. 그리고 인간은 존재한 후에 스스로를 원하는 것이기 때문에, 인간은 스스로를 만들어 가는 것 이외엔 아무것도 아니다. 이것이 실존주의의 제1원리인 '주체성'이라고 부른다. (…) 결정론(決定論)은 없다. 인간은 자유롭다. 인간은 자유 그 자체이다. 인간은 자유롭지 않을 자유가 없다. 불안은 자유 앞에서 느끼는 현기증이다. 이것을 나는 다음처럼 표현하고 싶다. '인간은 자유롭도록 저주받았다'라고.

…… 장 폴 사르트르, 『실존주의는 휴머니즘이다』(1946)

인간의 본질은 '이성[정신]'이고, 이성의 본질은 끝없이 더 새롭고 더 많은 것을 알고 싶어 하는 '사유(思惟)'이자 강요 없는 '자유(로움)'이고, 이성의 목적은 '자유의 완전한 실현'이다. 행동하지 않는 이성은 악(惡)이고, 그래서 자유는 끝없는 고통이자 나아감이다. 이념(理念, idea)의 제한이 없다면 자유도 없다. 자유의 독특함은 제한됨으로써 실현된다는 데 있다.

…… 프리드리히 헤겔, 『역사철학 강의』(1837/1840)

아무리 우리가 의식이 있는 유일한 존재자라지만, 단지 그 하나의 이유로 근원적인 불안 속에서 살아가야 하는 걸까? 아니다. 이미 키르케고르가 언급한 중요한 다른 이유가 있다. 바로 '열려 있음' 즉 '자유'다. 자유는 '자율성·주체성·독립성[독자성(獨自性)]'으로 이어진다. 모든 걸 스스로 홀로 판단하고 선택하고 그에 따르는 책임도 온전히 짊어져야 한다는 건, 정말 어렵고 무섭고 두렵고 불안하다. 하지만 그렇게 해야 한다. 자유는 운명이기에, 살아 있는 한 포기할 수도 없고 거기에서 도망칠 수도 없다. 대립물이 결국엔 하나라면, 자유라는 운명은 '은총'인 동시에 '저주'다. 진정한 하나의 인격체가 되기 위한 필수 관문인 불안과 고통은 '자유'의 징표이고, 주체적이고 독자적으로 살고 있음의 징표이며, 실존하고 있다는 징표이다. 이와는 반대로 자유에 따르는 불안과 고통과 책임으로부터 도피하려는 사람을, 사르트르는 '불성실(bad faith)'한 사람 즉 '자기기만(self-deception)'에 빠진 사람이라고 규정한다[34]. 자기기만이란, 시치미를 동반한 또는 진실을 외면하는 '자기 합리화'이다.

헤겔에게 '정신[이성]이 곧 자유(로움)'인 이유는, 정신이 '자기-목적적'이기 때문이다. 신 역시 '나는 스스로 있는 자(I am I)'(출애굽기 3장 14절) 즉 자기-목적적인 존재고, '길이요 진리요 생명'(요한복음 14장 6절)이며, '진리를 알게 되면, 진리가 너희를 자유롭게 하리라'(요한복음 8장 32절)고 말한다. 정신처럼 신 역시 '자유 그 자체'인 것이다. 정신의 본질은 '사유[생각하기]'고, 신의 본질은 '말[언어](Word)'이다. 인간은 언어를 통해서만 사유할 수 있으므로, 둘은 똑같은 셈이다. 언어와 사유에는 제한이 없

---

34 장 폴 사르트르, 『벽』(1939) 중 〈은밀(Intimacy)〉

으므로, 그 본질은 또다시 '자유'가 된다. 그래서 헤겔에게 정신의 본질은 자유이고, 정신이 역사를 이끌어가는 원동력이므로 정신의 목적인 자유의 완전한 실현이 곧 역사의 목적이 되며, 역사란 정신의 완전한 자유 실현의 과정이 되는 것이다. '자유의 완전한 실현 또는 현실화'를 헤겔은 '이상(理想)'과 거의 같은 뜻인 '이념(idea)'이라고 부른다. 자유는 '사회적·문화적·법률적 울타리' 내에서만 실현될 수 있다. 그걸 넘어서는 순간, 방종(放縱)이 된다.

현존재는 그가 되려고 마음먹은 바로 그것이다. 현존재는 그의 존재에 대해 이해하면서 존재 (자체)와 스스로 관계하는 존재자이다. 현존재는 실존한다. 실존은 자기 자신으로 존재하는 것이거나 아니면 자기 자신으로 존재하지 못하는 현존재의 (존재) 가능성이다.

…… 마르틴 하이데거, 『존재와 시간』(1927)

대자존재[의식 또는 인간]는 '현재 있는 것으로 있지 않는 존재'인 동시에 '현재 있지 않는 것으로 있는 존재'이다. 즉 대자존재는 세상과의 온전하고 불변하고 영원한 결합이라는 신기루를 향한 '끊임없는 자기 자신의 뛰어넘기'다. 그러나 그런 일치는 영원히 주어지지 않는다. (…) '현재'는 존재하지 않는다. '현재'는 대자를 고정되고 불변하는 즉자화[사물화] 하는 사고방식에서 생길 뿐이다.

…… 장 폴 사르트르, 『존재와 무』(1943)

인간만의 특별함이 무엇이냐고 물었을 때 일반적으로는 '이성 (理性)'을 꼽지만, 키르케고르와 하이데거는 '실존'을 그리고 후설 과 사르트르는 '의식(意識, conscience)'을 꼽는다. '이성'이 논리 적인 생각과 판단 능력이라면, 후설과 사르트르의 '의식'은 끊 임없이 자신을 벗어나 외부를 지향해서 '의미와 가치'를 부여하 려는 움직임이며 활동 그 자체 또는 그칠 줄 모르는 '호기심[궁 금증]'이라고도 할 수 있으며, 그런 모습으로 살아가는 것이 결 국엔 '실존'이다. 그렇다면 인간이란, 자신을 포함한 주위 모든 것에 자유로운 선택에 따라 의미[가치]를 만들어 부여해야만 하 는 그러지 않으면 아무것도 아닌 게 되는 존재자다. 인간의 삶 을 이끌어 가는 건 ― 기초적인 의식주가 해결되었다는 전제하에 서 돈과 물질이 아니라 ― '의미와 가치'다.

인간은 태생적으로 불완전한 존재(자)기에 불가능한 목표인 '세계와의 (고정되고 불변하고 영원한) 결합'을 지향하면서, 끊임없이 현재의 '자기 자신을 늘 뛰어넘어 스스로를 창조해 가는 과정적인 존재(자)'다. 과거가 쌓인 모습이 현재 자기의 전부인 존재(자)가 아 니라 '미래의 모습으로 현재를 살아가(야 하)는 존재(자)'기에, 늘 '스스로 되기를 원하는 모습[존재 가능성]'을 향해 끊임없이 자신 을 던져야[기투(企投)] 한다. 물리적인 의미에서의 '세상(earth)'에 자신의 목표에 맞게 의미를 부여해서 자신만의 사회문화적인 의미에서의 '세계(world)'를 만들어 가면서 말이다. 그래서 인간은 '현재 있는 것으로 있지 않는 존재(자)' 즉 과거에 해 온 행위나 존재해 온 모습으로는 완전히 정의될 수 없는 존재(자)인 동시에 '현재 있지 않는 것으로 있는 존재(자)' 즉 미래의 존재 가능성과 목적하에 스스로가 원하는 모습으로 정의되어야 하는 존재(자)다. 인간에게만 실존이 본질에 선행하기 때문이다. 인간의 삶은 영원한 방랑의 삶인 디아스포라(diaspora)인 동시에 프랑스 철학자들인 질 들뢰즈와 펠릭스 가타리가 말한 '노마디즘[nomadism, 유목주의(遊牧主義)]'이기도 하다.

세계 안에 내던져진 존재

스스로 모습을 드러내 보이는 '존재'는, 존재자가 바로 그 존재자로 존재할 수 있게끔 하는 그것이다. (반대로) '존재자'란 우리가 '그것'에 관해 이야기할 때의 (문장에서 주어 자리에 놓일 수 있는) 그것이고, 우리가 (대화 속에서 가리켜) 의미하는 그것이며, 우리가 이렇게 저렇게 관계를 맺는 모든 것이다.

…… 마르틴 하이데거, 『존재와 시간』(1927)

인간이 처한 삶의 모습을 천재적인 언어 감각으로 포착한 것이 독일 철학자 마르틴 하이데거의 미완성 책 『존재와 시간』(1927)이다. 물론 그 부산물로, 하이데거가 만든 수십 개의 생소한 용어들이 공포감을 조성하고 있기도 하다. 하이데거는 가장 먼저 '존재'와 '존재자'를 명확히 구분하는 것으로 이야기를 시작한다. '물이 흐른다. 사랑한다'처럼 항상 흘러가고 변화하는 어떤 상태를 표현하는 우리말 '~이다'가 하이데거의 '존재'에 해당하고, '침대가 있다. 고민이 있다'처럼 고정불변하며 감각적인 특정 개체를 표현하는 우리말 '~있다'가 하이데거의

'존재자'에 해당한다.

고맙게도 우리말은 구별이 되어 있지만, 영어와 독일어에서는 '존재'와 '존재자' 모두 '이즈(is)'와 '자인(sein)'이니 당연히 문제가 많을 것이다. 플라톤 때부터 '존재'를 '존재자'로 오해한게 서양철학의 가장 큰 문제점이라는 하이데거의 지적은, 사실 우리에게도 해당한다. 우리도 일상에서 '존재'와 '존재자'를 혼용하니까. 프랑스 철학자이자 수학자 르네 데카르트도 하이데거의 비판을 피하지 못한다. '나는 생각한다. 그러므로 존재한다'라는 진리를 찾아내긴 했지만, 오로지 '생각한다'에만 초점을 맞춰 '존재하기 때문에 생각할 수 있다'는 사실을 '생각하기 때문에 존재한다'고 뒤집어 놓았다는 게 그 이유다.

희토류 금속(rare-earth metal)은 항상 존재했지만, 현대 과학기술의 필요 때문에 지금에 와서야 그 존재를 드러냈다. 이처럼 존재의 숨김과 드러냄은, 우리의 지향성(志向性)과 상호보완적이다. 우리의 지향성 없이는 존재 스스로 자신을 드러낼 수 없고, 반대로 존재 스스로의 드러냄 없이는 우리의 지향성만으로 존재에 대해 알 수 없다. 하나님이 인간을 통해 역사하시는가? 그렇다면 존재의 자리에 '신[하나님]'을 넣어서 읽어도 전혀 무리가 없다. 이렇게 끊임없이 반복되는 존재 스스로의 숨김(lethe)과 드러냄(alethe)의 시소게임이, 바로 '진리'라는 뜻의 그리스어 '알레테이아(aletheia)'다. 존재가 자신을 드러내는 장소가 윌버에게는 '우주'지만, 하이데거에게는 사회문화적 영역이자 의미와 가치로 얽히고설킨 네트워크인 '세계(world)'다.

오스트리아계 영국 언어분석철학자 루트비히 비트겐슈타인과 마찬가지로, 하이데거도 '존재'란 '원인도 없고 이유도 없는 영원한 놀이'라고 정의한다. 쉽게 말해서 '우연성'이라는 것이고, 한마디로 말하자면 '우리가 도저히 알 수도 없고 어찌해 볼 수도 없기에 그저 인정하고 받아들일 수밖에 없는 것'이라는 말이다. 헤겔의 '정신' 그리고 윌버의 '영(靈)'과 비슷해 보이지만, 사실 헤라클레이토스와 생물학이 말하는 '진화' 개념에 더 가깝다. 우리를 포함한 모든 존재자는, 존재의 놀이에 우연히 어떤 목적도 없이 그러나 다소 강제적으로 참여한 놀이 친구들일 뿐이다. 놀이터에서 놀고 있는 아이들에게 물어보자. 지금 '왜' 노는지. 그럼 그 아이들은 뭐라고 답할까? '그냥'을 포함해서 몇 가지 있겠지만, 가장 중요한 이유는 그것이 바로 그들이 가장 좋아하고 가장 하고 싶은 유일한 것[일(work)]이기 때문이다. 놀다 말고 갑자기 집에 가버리는 아이들도 있을 테고, 그 순간 한참을 밖에서 기다리다가 이때다 싶어 놀이에 끼워달라는 아이들도 있을 것이다. 놀이 참여자인 개별 아이들은 놀이의 중간중간 끊임없이 빠지고 들어가기를 반복하겠지만, 놀이 자체는 계속될 것이다. 존재의 영원한 놀이 속에서 끊임없이 일시적인 결과물들이 생성과 소멸을 반복하는데, 그것이 바로 우리를 포함한 '존재자'들이다.

존재자를 통해서만 존재를 이해할 수 있는데, 인간이 가장
잘 이해할 수 있는 존재자는 역시 같은 인간이다. 다만 '인간·
사람·개인'이라는 용어들은 여러모로 오염됐다는 생각에서, 하
이데거는 '현존재(現存在)'라는 용어를 사용한다. 독일어로는
'세계에-있음'이라는 뜻의 '다-자인(Da-sein)'이고, 하이픈(-)
은 연결된 단어들을 전체 속에서 고려해야 한다는 의미다. 인
간[현존재]은 '세계-안에-있는 존재(자)(being-in-the-world)'고,
무생물과 동식물은 '세계-안에-있는 존재(자)(being-inside-
the-earth)'다. 우리는 우리의 의지와는 상관없이 선택의 여지
없이, 특정한 국가와 사회와 지역과 가정 속에서 태어난다. 세
계 안에 있긴 한데, 원인도 없고 의도나 필연이나 목적도 없는 존
재의 영원한 놀이 중 우연히 '세계-안에-내던져진 존재(자)(be-
ing thrown-into-the-world)'가 바로 우리라는 말이다.

우리는 출생과 더불어 결정되는 내적·외적 조건인 '처해-

있음(disposedness)'이라는 토대 위에서, 언어를 통한 '의미화 작용[해석]'으로 자신만의 세계를 건설해 간다. '단어가 비어 있는 곳에 사물은 존재하지 않는다'는 독일 시인 슈테판 게오르게의 말처럼 말이다. 그래서 세상에 관한 '해석[이해]'과 '처해-있음'은 분리될 수 없고, 우리가 언어를 통해 세계를 직접적으로 인식하는 건 동물들이 감각을 통해 세상을 직접적으로 인식하는 것과는 전혀 다르다. 자신들과 외부 세계 사이에 언어라는 투명한 벽이 있는 줄도 모르고 날뛰다가 벽에 부딪혀 얻게 된 혹들이 그때까지의 철학의 문제들이었다면서, 비트겐슈타인은 철학자들을 투명한 파리통에 갇힌 파리에 비유한다[35]. 우리가 투명하다고 생각하는 세계는 사실은 언어로 짜인 의미의 그물망이자 해석의 그물망이고, 그래서 언어는 세계를 보는 눈이자 안경이다. '말은 마음의 소리[언위심성(言爲心聲)]'라고 했다. 강하고 거칠고 직설적이고 타인에게 상처 주는 말은 최대한 자제하자. 스스로를 위해서.

우리는 키르케고르의 '단독성'과 동의어인 '각자성(各自性, mineness)'을 지닌 채, 매 순간 실존적인 삶을 행동으로 옮겨야 [존재이행(存在履行)] 한다. 하이데거도 인간의 특별함은 인정하지만, 그것은 일반적으로 말하는 '생각하는 능력' 때문이 아니다. 외부적으로는 과거와 미래와의 통합 속에서 현재의 자신과

---

35   루트비히 비트겐슈타인, 『철학적 탐구』(1953)

관계를 맺는 동시에 다른 현존재들과의 관계 맺음을 통해서 만들어진 의미의 그물망 속에서 살아간다는 점에서 그리고 내부적으로는 유일하게 존재 자체를 문제 삼으면서 미래의 모습 즉 존재 가능성[자기를-앞질러-있음]으로 인해 불안 속에서 살아간다는 두 가지 점에서, 다른 모든 존재자보다 우위에 있다고 말한다. 인간은 특별하고, 특별한 인간만의 삶의 방식이 바로 '실존'이다. 실존은 단순히 숨 쉬고 먹고 자고 놀면서 살아가는 게 아니다. 그걸 힘들어하거나 못하는 동물은 없으니까. 따라서 실존의 모습이 없다면 인간이라고 할 수 없다.

우리는 객관적인 시간, 그것도 취업할 나이나 결혼할 나이 등을 강요하는 '사회적 시간'에 쫓기며 살고 있다. 광고는, 이제 시간은 돈을 들여서라도 관리할 대상이라고 외친다. 그러나 과거에서 현재로 그리고 미래로 향하는, 직선적이고 객관적이고 절대적인 시간은 없다. 시간과 공간은 상대적이라는 사실은, 아인슈타인에 의해 이미 100여 년 전에 밝혀진 상식이다. 좋아하는 사람과의 30분 데이트와 싫은 사람과의 30분 데이트의 시간 길이는 절대 똑같지 않다. 그러니 자신만의 시간과 공간을 찾길 바란다. 하이데거는 시간에 관한 탁월한 통찰 위에서, 우리는 과거로부터 '정체성'을 가져오고 미래를 향해 '존재 가능성'을 던지면서 살아간다고 말한다. 하지만 사실 이것은 시간을 '과거[보유(保有)]와 미래[선견(先見)]가 현재[주의(注意)]

속에 하나로 뒤엉켜 있는 흐름으로서의 지속(持續)'이라고 정의한 프랑스 철학자 앙리 베르그송에게 빚진 부분이다[36].

하이데거는 우리의 숙명인 '존재이행'이 힘겹고 두렵다고 회피하거나 도망치는 자세는 사르트르의 '불성실'이나 '자기기만'과 같은 '빠져 – 있음'이자 '비본래성(非本來性, in-authenticity)'이며, 반대로 당당히 마주해서 극복하려는 자세는 '떠맡음'이자 '본래성(本來性, authenticity)'이라고 말한다. 헤겔과 윌버가 말하는 '의식의 깊이'가 아니라, 하이데거에 따르면 무엇이든 자유롭게 선택할 수 있는 동시에 그에 대한 모든 책임도 져야 하는 '떠맡음'의 정도에 따라 인간의 레벨이 정해진다. '끊임없이 노력하는 자세'와 맥을 같이 하는 말이다. 이런 선택과 책임의 자유는, 늘 '존재 가능성'에 대해 고민하고 염려(念慮)하도록 만들기 때문에 항상 불안을 동반한다. '빠져 – 있음'은, 타인들의 기준대로 살아가면서 변화하고 사라질 것들에 마음을 빼앗기고 소유하려고 집착하는 모습이다.

---

36 앙리 베르그송, 『의식에 직접 주어진 것들에 관한 시론』(1889)

의지에 굴복한
삶의 부정

세계는 '의지의 거울' 즉 '의지의 발현물(發現物)'이다. 세계는 오로지 나의 표상이다. 세계는 표상하는 자[주체]의 표상으로서, 직관하는 자의 직관으로서만 존재한다. (…) '의지'는 최초이자 근원적이고, '인식[의식]'은 의지의 현상에 단순히 덧붙여진 도구다. 덧붙여진 인식을 통해, 개인은 경험이 쌓이면서 자기가 무엇인지 알게 된다. 그러므로 개인은 자기 의지가 지닌 속성의 결과와 그 속성에 따라 자기를 인식하는 것이지, 예전의 견해처럼 자기의 인식 작용의 결과나 인식 작용에 따라 욕망하는 어떤 것이 아니다. 개인은 그가 욕망하는 것을 인식하는 것이다.

…… 아르투르 쇼펜하우어, 『의지와 표상으로서의 세계』(1818)

지금까지 인간의 외부적인 또는 추상적인 상황과 조건에 초점을 맞췄다면, 이제부턴 인간의 내면을 들여다보자. 이번에 우리를 안내할 사람은, 개인의 사교성은 그 사람의 지적 능력과 반비례한다면서 자신의 묘비에 이름 외에는 아무것도 적지 말라고 그래도 사람들은 자신이 어디에 묻혀 있든 자신을 찾아낼 것이라는 독특한 유언을 남긴 독일 철학자 아르투르 쇼펜하우어다. 반려견 푸들의 이름을 '인격적인 자아(自我)'를 뜻하는 힌두교의 용어 '아트만(atman)'으로 지어준 것에서도 그의 유별남을 알 수 있다.

인간을 인간이게 만드는 특별함으로 헤겔과 윌버는 논리적인 생각과 판단 능력인 '이성(理性)'을, 의미화 작용의 지향성을 강조하는 후설과 사르트르는 '의식(意識)'을, 삶의 자세를 강조하는 키르케고르와 하이데거는 '실존'을 제시한다. 이에 대해 쇼펜하우어는 생각하는 능력인 '인식(認識)'이라고 말하는데, 아마도 이성과 의식을 합한 의미로 보인다. 세상의 모든 존재자는 개인의 '삶에의 의지(will to life)' 즉 '개인의 생존'과 '종족의 번식' 이외의 다른 어떤 것도 지향하지 않는 '맹목적이고 비인격적이며 무의식적인 단일한 (종류의) 힘이자 충동'이 만들어 낸 또는 스스로 자신을 드러낸 결과물이라는 게, 세상의 참모습[본질]을 고민한 쇼펜하우어가 찾은 답이다. '어떻게 해서든 살아남고 자기의 죽음을 적어도 번식한 뒤로 미루는 경향'인 '이기적 유전자'[37]와 똑같고, 하이데거의 '존재'와는 거의 비슷하며, 성향만 정반대로 생각한다면 헤겔의 '정신'이나 윌버의 '영(靈)'과도 다르지 않다. 이것이 '의지로서의 세계', 즉 '세계의 본질은 의지'라는 말의 뜻이다. 하지만 의지가 가장 근원적이고 의지가 발현된 결

---

37 리처드 도킨스, 『이기적 유전자』(1976)

과물이 인간과 세상이라면, 진화의 과정에서 의지가 발현되는 '정도(程度)의 차이'만 있을 뿐 인간을 포함한 모든 존재자가 본질에서는 아무런 차이가 없는 게 된다는 문제가 발생한다.

의지는 모든 자연력 속에서뿐만 아니라 인간의 숙고(熟考)된 행동에서도 나타난다. 차이는 나타나는 '정도의 차이'일 뿐 본질의 차이는 아니다. 의지는 '하나'다. 다원성(多元性)을 가질 수 있는 조건이 아직 '개별화의 원리'에 의해 객관화되지 않은 근원적인 것으로서의 하나다. 의지는 수백만의 떡갈나무에 그러는 것처럼, 하나의 떡갈나무에도 같은 정도로 온전하게 나누어지지 않은 채 자신을 드러낸다. (…) 더욱 높은 '의지의 객관화'의 단계는 더욱 낮은 상태를 제압함으로써만 (그리고 반드시 그 단계들을 통과해서만) 나타나기 때문에, 언제나 더욱 낮은 '이념(理念)'의 저항을 받는다. 이념의 모사(模寫)[모방품]인 모든 유기체는 물질을 놓고서 낮은 이념과 높은 이념의 다툼을 통해 존재한다.

…… 아르투르 쇼펜하우어, 『의지와 표상으로서의 세계』(1818)

의지가 스스로를 드러내는[발현하는] 정도의 차이를 쇼펜하우어는 네 단계로 구분한다. 어떤 변화도 없이 '원인과 결과'가 지배하는 '물질의 영역'에서 시작해, 변화가 가능한 '자극과 반응'이 지배하는 '식물의 영역'을 거쳐, 이동이 가능한 '동기(motive)'와 '오성(悟性, understanding)'이 지배하는 '동물의 영역', 그리고는 마침내 이전의 세 단계를 온전히 간직한 채 계획과 예측이 가능한 '이성(理性, rationality)'이 지배하는 '인간의 영역'으로 들어선다는 것이다. 보살핌의 대상이던 자녀가 성장하면서 부모와 친구처럼 지내다가 결국엔 부모를 돌보는 것처럼, 인간은 이성을 통해 자기를 낳은 부모인 의지와 그 의지가 만들어 낸 형제자매 격인 세상 모든 존재자를 대상화해서 마주하고 의식하는 수준이 된 것이다. 그리고 유전자처럼 의지 역시 이기적이기에, 의지 발현의 최고 단계인 인간의 의식에서 이기심 역시 가장 높은 수준으로 나타날 수밖에 없다고 말한다.

> 모든 표상 사이의 차이는 '직관적인 것'과 '추상적인 것'의 차이일 뿐이고, 개념(槪念)이란 사유될 뿐 직관될 수 없는 것이다. 세계의 본질인 의지를 파악하는 유일한 방법은, 오성을 통한 직관적인 표상뿐이다.
> ······ 아르투르 쇼펜하우어, 『의지와 표상으로서의 세계』(1818)

'표상(表象, representation)'이란, 의식이나 마음에 떠오르는 특정 대상에 관한 '이미지' 또는 '직관(直觀)'이다. 쇼펜하우어에게 있어서 동물과 인간에게 공통된 '오성[경험적 인식]'은 감각을 통해 얻은 자료들로 세상에 대한 직관적인 표상을 만드는 것이고, '이성[이성적 인식]'은 오성을 통해 얻은 직관적인 표상을 추상적 표상인 개념으로 바꾸는 것 즉 (생각에 관한 생각처럼) 표상들의 표상화 작업이다. 고등학교 1학년[세상]과 직접 부대끼는 건 2학년[오성]

일 뿐, 3학년[이성]은 1학년을 직접 상대하지 않는 것과 같다. 이것이 의지를 파악하는 유일한 방법은 '오성을 통한 직관적인 표상뿐'이라는 말의 뜻이다.

'존재하는 건 지각(知覺)한 것(에쎄 이스 페르시피, esse is percipi)'이라는 말 한마디 때문에 아일랜드 철학자이자 성공회 주교 조지 버클리는 지금도 욕을 먹고 있다. "그럼 내가 눈을 감고 보지 않으면 세상은 없는 거네? 지금 이 자리 우리 눈앞에 당신 아내가 없으니, 당신 아내도 존재하지 않는 거고?"라면서. 그러나 이건 버클리의 잘못이 아니라, 그 말의 의미를 이해하지 못한 채 글자 그대로만 받아들인 우리의 잘못이다. 지각[표상]하는 내가 없더라도 분명히 세계는 존재하지만, 나의 의미 부여 활동에서 벗어나 있는 세계는 내게 무의미하고 무의미하다는 건 결국 없는 것과 마찬가지라는 뜻이다. 내가 너무도 만나고 싶은 사람이 우리나라 어딘가에서 지금도 살고 있다. 단지 그것뿐, 어디에서 누구와 어떻게 살고 있는지도 모르고 연락처도 모른다. 그렇다면 그 사람은 살아 있어도, 내겐 죽은 것과 하등(何等)의 차이도 없는 셈이다. 정확히 버클리의 말 그대로, 쇼펜하우어에게도 '의지의 결과물인 세계'는 인식하는 주체인 내가 지각한 '표상으로서의 세계'이다. 그래서 '세계는 나의 표상'이다.

'의지와 표상으로서의 세계'라는 제목은, '의지로서의 세계'와 '표상으로서의 세계'를 합한 말이다. 똑같은 하나의 '세계'

를, '의지'의 관점과 '내 의식'의 관점에서 본 것이다. '맹목적이고 비인격적이며 무의식적인 단일한 (종류의) 힘이자 충동' 그러니까 '생존 본능'이 의지라면, 의지는 발현의 마지막 단계인 인간에게서 오히려 자기 본 모습을 가장 많이 잃은 셈이 된다. 이성·윤리·법·관습·문화·교육 등 수많은 방법을 통해 오로지 인간만이 본능[의지]을 억제하고 왜곡시키는 데 탁월하기 때문이다. 그래서 쇼펜하우어는 하나의 '세상'을 놓고 벌어지는 '의지'와 '이성' 간의 충돌이 삶이 고통인 이유라고 말하는데, 뭔가 부족한 느낌이다.

모든 의욕의 토대는 결핍이고 부족이며, 그래서 '고통'이다. 너무 쉽게 충족되어 의욕이 소멸하면서 의욕의 대상이 부족하게 되면, '공허'와 '지루함'에 빠지게 된다. 그러므로 그의 삶은 진자(振子)처럼 고통과 지루함 사이를 왔다 갔다 하는데, 이 두 가지가 삶의 궁극적인 구성요소다. '곤궁함'이 언제나 민중(民衆)의 재앙이듯이, '지루함'은 상류 사회의 재앙이다. (…) 모든 삶은 무한한 자연의 영(靈) 즉 삶에 대한 집요한 의지가 공간과 시간이라는 무한한 백지에 재미로 그려보는 덧없는 형상에 불과하다.

…… 아르투르 쇼펜하우어, 『의지와 표상으로서의 세계』(1818)

지옥이 '고통'이라면 천국은 '지루함'인 셈이고, 그사이에 존재하는 즐거움과 행복은 고통이 잠시 중단된 것 또는 욕망하는 것이 일시적으로 충족된 것에 불과하다는 말이 된다. 고통이 삶의 본질이라면, 행복은 그 위에 가뭄에 콩 나듯 뿌려진 토핑(topping)에 지나지 않는다. '삶'은 계속해서 연기되고 저지(沮止)되는 '죽음'일 뿐이다. 만일 고통이나 불행의 원인이 신의 불완전성에 있다면, 피조물인 인간은 고통을 극복할 어떤 방법도 없다. 만일 인간 자신의 근원적인 문제라면, 더더욱 고통에서 벗어날 수 없다. 고통에서 벗어날 유일한 방법이라며 쇼펜하우어가 제시한 게 하나 있긴 하다. 세상과 인간으로 자신을 드러낸 의지 자체를 부정(否定)하는 것, 즉 의지에 무관심하고 의지를 철저히 외면하고 혐오하는 것이다. 그러나 의지 자체가 근원적인데 그게 가능하겠는가? 이래저래 인간은 고통을 극복할 수 없다. 이성과 합리적인 판단 능력을 갖추고 질서정연한 삶을 살아가는 것이 인간 존재라는 전제를 거부하고, 무의식의 세계인 '의지로서의 세계'가 의식의 세계인 '표상으로서의 세계'를 지배한다는 것은 프로이트의 사상을 예비한 셈이다.

'지금까지 세계를 이론적으로 해석만 해 온 것이 철학자들의 잘못이다. 중요한 건 세계를 변화[변혁]시키는 것'[38]이라는 마르크스의 주장과는 달리, 쇼펜하우어는 세계의 본질이 무엇

---

38 카를 마르크스, 『독일 이데올로기』(1845)의 부록인 「포이어바흐에 관한 테제」 중 열한 번째 테제[명제]

인지만 파악해 내면 철학은 제 할 일을 다 한 거라고 말한다. 그렇다면 쇼펜하우어는 총 4권[4부] 중 1권(표상으로서의 세계 – 제1고찰)과 2권(의지로서의 세계 – 제1고찰)에서 철학자로서의 임무를 완수한 셈이다. 그러면 3권(표상으로서의 세계 – 제2고찰)과 4권(의지로서의 세계 – 제2고찰)은 대체 뭘까? 할 일은 다 했지만 찜찜했나 보다. 세계와 삶의 본질이 '고통'이라는 결론만 던져 주고 나 몰라라 하기에는, 측은지심(惻隱之心)이 발동한 게다. 그래서 3권과 4권에서는 잠시나마 의지를 부정하는 방법이라며, 정도(程度)가 강해지는 순서로 '예술·도덕·금욕'이라는 세 가지를 제시한다. 하지만 이 세 가지 방법을 사용해서 의지의 부정에 한두 번 성공했다고 한들 근본적으로 변하는 건 없다. 신체가 의지 그 자체이기에, 신체의 활동이 멈춰서 죽는 순간까지 의지와의 전쟁은 계속될 테니까. 따라서 우리가 할 수 있는 유일한 건 즉 고통스러운 세계로부터 구원받을 방법은, '체념(諦念)'이란다. 결론이 이러니, 니체에게 가장 많은 영향을 끼치고도 가장 많은 욕을 먹을 수밖에. 쇼펜하우어의 결론과는 반대로 승려 지눌(知訥)(1158~1210)은, 비록 깨달음은 순간일지라도 그것이 정신에 박히고 이어서 몸으로 내려와 습관으로 체화(體化)될 때까지 지속적으로 오랜 시간 수행하고 실천해야 한다는 '돈오점수(頓悟漸修)'를 제안한다. 목사 박영선(1948~현재)도 『구원 그 즉각성과 점진성』(1992)을 통해, 그리스도교의 구원에 관해서 지눌과 거의 같은 결론에 이르렀다.

리비도로 가득 찬 무의식
그리고 오이디푸스 콤플렉스

모든 생명체가 가지고 있는 '자기보존 충동'은 오랜 역사를 통해 습득된 것으로, 언제나 '최초의 상태'인 죽음으로 되돌아가고자 하는 특성이 있다. 모든 (외부적) 조건이 동일하게 지속되었다면, 원시 생명체는 계속해서 같은 삶을 반복했을 것이다. (진화를 이끄는) '삶에의 충동'은 변화와 발전을 이끌어가는 원동력처럼 보일 수도 있다. 하지만 반대로 최초의 상태를 향해 달려가는 힘이라고 봐야 한다. 따라서 우리는 모든 생명체의 궁극적 목표는 생명이 없던 상태, 즉 (모든 긴장과 자극이 소멸한 상태인) 죽음이라고 말할 수밖에 없게 된다.

…… 지그문트 프로이트, 『쾌락원리를 넘어서』(1920)

생명을 보존하려는 무의식의 충동이자 성적(性的) 에너지인 '리비도(libido)'의 참모습은, '현실 원리(reality principle)·삶에의 충동(life drive)·에로스(Eros)'라고 부를 수 있는 변화와 발전의 상승 욕구가 아니다. 에피쿠로스학파(Epicureanism)가 추구한 쾌락 개념이자 신체적이고 감각적인 고통과 자극의 회피인 '아타락시아(ataraxia)'다. '쾌락 원리(pleasure principle)·죽음에의 충동(death drive)·타나토스(Thanatos)'라고 부를 수 있는, 손가락 하나 까딱하지 않는 가장 편안한 상태를 지향하는 완전한 귀차니즘의 하강 욕구다. 더 정확히는 '엔트로피(entropy)[무질서도(無秩序度)]'에 몸을 맡기는 것이라는 게 오스트리아 정신분석학자 지그문트 프로이트의 주장이다.

뭔가를 이뤄내기 위해 즐겁게 열심히 일하는 사람들보다 먹고 살기 위해 어쩔 수 없이 일하는 사람들이 훨씬 더 많고, 그들이 원하는 궁극적인 목표가 편안함과 휴식과 배부름과 놀이와 여행인 걸 보면, 프로이트의 분석이 매우 선구적이고 예리함을 인정할 수밖에 없다. 프로이트가 보기에 진화는, 지금까지 살펴본 학자들의 주장처럼 생명력이 용솟음친 결과가 아니라 변화를 통제하고 최소화하기 위해 어쩔 수 없이 취한 보존적 행동의 결과일 뿐이다. 생명을 찬양하는 건, 죽음에의 충동의 그림자를 삶에의 충동으로 오인한 결과라는 것이다. 쇼펜하우어와 마찬가지로 매우 비극적이고 염세적이지만, 옳든 그르든 우리 생각의 틀을 넓혀주는 관점인 것만은 분명하다.

무의식의 핵심은 (리비도가 집중된 특정 기억이나 대상이나 욕구를 가리키는) 카섹시스(cathexis)들의 해소를 원하는 충동들로 이루어져 있다. 각각의 충동들은 동등한 존재로서 절대 충돌하지 않는다. 타협을 모색한다.

…… 지그문트 프로이트, 『메타심리학 논문』(1915)

'무의식(unconscious) · 전(前)의식(preconscious) · 의식(conscious)'
이라는 모델[39]로 인간의 정신 구조를 최초로 제시한 프로이트
는, 특히 무의식에 존재하는 '죄의식'을 설명하기 위해 23년간
수정 보완 작업을 거쳐 '이드(Id) · 자아(Ego) · 초자아(Super-ego)'
라는 완성된 모델[40]을 내놓는다. 핵심은 리비도가 파도치는 '무
의식[이드]'이고, 리비도의 목적은 단 하나 '무한히 끓어오르는 충
동을 마음껏 해소해서 모든 자극과 긴장이 사라진 상태'가 되고자
하는 성적 충동이다. 리비도가 집중된 신체 부위가 성감대(性感
帶, erotogenic zone)다. 개념에서 차이가 없다고, 프로이트의 '리
비도'를 쇼펜하우어의 '삶에의 의지'에 그대로 적용하는 건 자
제해야 한다. 리비도는 니체의 '힘에의 의지'처럼 수많은 종류
이지만, 삶에의 의지는 단 하나다. 나아가 종류가 다양하다는
점에서는 같지만, 리비도 사이에는 타협이 전제되어 있는 반면
힘에의 의지 사이에는 갈등[충돌]이 전제되어 있다.

원하는 것을 즉각적으로 모두 충족시킬 수 없음을 깨닫는
의식이 탄생하는 곳이 '자아'다. 현실적이고 합리적이며 이성과
상식을 대변하는 자아에 의해 이드의 충동은 지연되고 억압되
지만, 사실 궁극적으로는 더 효율적인 방식으로 현실에서 이드

---

39 지그문트 프로이트, 『꿈의 해석』(1900)
40 지그문트 프로이트, 『자아와 이드』(1923)

의 충동을 만족시키고자 하는 게 자아의 최종 목표이다. 그래서 더 배우고 더 똑똑한 사람일수록 더 이기적인 건지도 모르겠다. 그런데 나의 무의식만 그런 게 아니라 타인의 무의식도 마찬가지다. 모두의 리비도를 무작정 풀어 놓는다면, 영국 철학자 토머스 홉스가 가정한 '만인의 만인에 대한 투쟁(war of all against all)'밖에는 일어나지 않을 터. 그래서 모두가 조금씩 양보해서 함께 살아가기 위한 수단으로, 사회·국가·도덕·법 같은 현실적 타협책인 '초자아'도 마련했다.

무의식에는 유아기 때의 성적(性的) 경험과 하루하루의 경험이, 흔적[이미지]과 감정이 결합한 상태로 고스란히 저장된다. 일도 해야 하고 데이트도 해야 하고 남들 눈치도 봐야 하는 등 여러 가지 신경 쓸 게 많은 자아와 초자아에, 늘 막무가내로 생떼만 쓰고 그것도 알아들을 수 없는 자기만의 괴상한 소리로 울부짖는 이드를 데리고 출근한다는 건 있을 수 없는 일. 그래서 매일 이드의 방문을 잠가놓고 외출한 후 돌아와서는, 밖에서 있었던 일들을 이야기해 주고 이드의 알 수 없는 소리도 오냐오냐하며 달래는 게 하루의 일과다. 그런데 종종 알 수 없는 방법으로, 이드가 한낮에 방에서 탈출할 때가 있다. 그럴 때면 온 집안이 난장판이 된다.

밖에서 돌아온 자아와 초자아는 '7가지 방어기제(防禦機制, defense mechanism)'를 사용해서 신경질과 화를 삭인다. "이건 이드가 한 짓이지, 우리가 한 게 아니잖아!"라고 책임을 회피하거나[부정(否定, denial)], "이드, 너! 한 번만 더 이러면 죽는다!"며 협박도[억압(抑壓, repression)] 해본다[41]. "곰돌이 푸 어디 있어? 그놈이라도 때려야지!"라며 다른 화풀이 상대를 찾기도 [전치(轉置, displacement)] 하고, "자물쇠가 불량이었나?"라며 책임을 다른 대상의 탓으로 돌리기도[투사(投射, projection)] 한다. "아~ 이드 같은 놈이 없는 조용한 집에서 살고 싶다"며 현실에서 도피하거나[환상(幻想, fantasy)], "에라 모르겠다. 이드 너만 어지럽힐 줄 아는 게 아니란 걸 보여주마!" 하면서 오히려 더 심하게 난장판을 만들 수도 있고[퇴행(退行, regression)]. 모든 걸 참고 억지로 미소도 띠면서 한참을 칭찬도 하고 타일러도 보지만 대화가 통할 리가 없다. 서로 사용하는 언어가 다르니까. 그러면 결국엔 그때까지 보였던 미소와 칭찬과 인내의 양(量)이 모두 분노로 변해 폭발하기도 한한다[반동형성(反動形成, reaction formation)].

칸트는 '광인(狂人)은 깨어 있을 때 꿈을 꾸는 사람'이라고 했고, 쇼펜하우어는 '꿈은 짧은 광증(狂症)이며, 광증은 긴 꿈'이라고 했으며, (근대 심리학의 아버지라고 불리는) 독일 심리학자 빌헬름 분트는 '실제로 우리가 정신병원에서 만날 수 있는 거의 모든 현상을 꿈에서 직접 체

---

41 의식적으로 생각과 감정을 억누르는 '억제(suppression)'와 다르다.

험한다'고 말했다. (…) 꿈은 이탈리아 화가 라파엘로의 벽화 〈아테네 학당〉(1509~1511)과 유사하다. 꿈에서 두 개의 요소가 나란히 나타난다면, 잠재된 사고에서 이에 상응하는 것들 사이에 특히 긴밀한 관계가 있다고 증명하는 것이다.

…… 지그문트 프로이트, 『꿈의 해석』(1900)

자아와 초자아는 집에서 쉬는 날에도 웬만해서는 이드의 방문을 열어주지 않는다. 그러면 이드는 방문이 부서질 만큼 두드리면서 고래고래 소리를 지른다. 자아와 초자아가 안 들리는 척 대꾸조차 안 하면 이내 잠잠해지곤 하지만, 참는 동안 생긴 짜증은 '신경증·히스테리·강박증·우울증' 등의 질환으로 남는다. 어떨 땐 이드가 전략을 완전히 바꿔서, 부드럽게 그것도 자아와 초자아가 알아들을 수 있을 것만 같은 언어로 말을 걸기도 한다. 그러면 자신의 상태가 좋아졌다는 생각에, 자아와 초자아가 방문을 열어줄 수도 있다는 희망에서 말이다. 이드의 그런 탈출 전략이 바로, 드러내고 싶은 이미지들을 의식이 이해할 수 있는 기호나 이미지로 전환해서 재구성하는 '꿈(dream)'이다. 이드와의 간헐적인 대화를 통해 알게 모르게 습관이 된 이드의 언어가, 평소 밖에서 생활할 때 '농담'이나 실언(失言) 같은 '착오행위(parapraxis)'로 튀어나와 난감해질 때도 있다.

프로이트는, 인류 역사에서 과학이 인간의 근거 없는 자부심에 크게 스크래치(scratch)를 낸 사건이 세 가지 있다고 말한다[42]. 첫 번째는 폴란드 수학자 니콜라우스 코페르니쿠스가 지구가 우주의 중심이 아니라 변방(邊方)에 불과하다고 선언했을 때고[43], 두 번째는 영국 생물학자 찰스 다윈이 만물의 영장(靈長)이라고 자부하던 인간을 동물의 세계로 끌어내렸을 때며[44], 세 번째는 바로 프로이트 자신의 '이드'의 발견으로 인간은 자기의 정신조차 제대로 조절하지 못하는 존재로 전락하게 되었다는 것이다. 쇼펜하우어나 프로이트나, 그놈의 자부심이란!

꿈은 수면 상태에서 신체가 자극에 반응해 생기는 '표상[이미지]'이다. 그런 이미지와 정서는 '유아기 때의 성적(性的) 경험'과 하루하루의 경험인 '낮의 잔재'가 복합된 상태다. 우리 속에 어린아이는 계속 살아 있다.

동물들이 어떤 꿈을 꾸는지 나는 알지 못한다. 그러나 '거위는 옥수수 꿈을 꾼다'는 속담이 있다. 이 문장 속에 꿈이 소원을 성취하는 것이라는 이론 전체가 집약되어 있다. '소원의 유래'에는 세 가지 가능성이 있다. 첫째 소원이 낮에 생겼지만, 외부 사정 때문에 충족되지 못했을 수 있다. 그럴 때 소원은 밤으로 넘어간다. 둘째 소원이 낮에 떠

---

42 지그문트 프로이트, 『정신분석 강의』(1917)

43 니콜라우스 코페르니쿠스, 『천구의 회전에 관하여』(1543)

44 찰스 다윈, 『종의 기원』(1859)

올랐지만, 배척[억제]되었을 수 있다. 그러면 그것은 억압된 소원으로 남아 있게 된다. 셋째 낮 생활과 관계없이 밤에 비로소 억압에서 풀려나 활기를 띠는 '집단무의식[원형적 상징]'이 여기에 속할 수 있다. (…) 꿈을 꾼다는 것은 그 사람의 아득한 과거 상황으로 돌아가는 일종의 '퇴행'이며, 어린 시절과 그 시절을 지배하던 충동과 당시 사용하던 표현 방식의 재생이다. 이런 개인적인 유년기의 배후에서 계통발생적인 유년기 즉 인류의 발전에 대해 인식할 가능성이 열린다.

…… 지그문트 프로이트, 『꿈의 해석』(1900)

사람은 평생 6년 정도 꿈을 꾸고, 수면은 보통 100분을 주기로 꿈을 꾸지 않는 비(非)렘수면과 전체 수면의 20~25%를 차지하는 꿈을 꾸는 렘수면(REM, Rapid Eye-Movement)이 4~5차례 반복된다. 한밤중에는 주로 비렘수면의 주기가 길고, 새벽이 될수록 수면의 깊이가 얕아지면서 렘수면의 주기가 길어진다. 불안이나 고민 같은 정신적 갈등이 많을수록 렘수면의 횟수도 증가한다. 그래서 꿈을 거의 꾸지 않는다는 건 자랑이 아니다. 그만큼 인간만의 특징인 생각과 고민과 실존적 불안이 없다는 말이니까. 무의식이 존재하고 그것이 작동하고 있음을 보여주는 확실한 증거인 꿈이 소원성취와 관련이 있다는 것은 분명해 보인다. 목이 마르면 물을 마시는 꿈을 꾸거나 소변이 마려울 때 화장실에 가는 꿈을 꾸곤 하니까. 많은 사람이 고민이나 풀리지 않은 문제가 꿈을 통해 해결되는 경험을 하기도 한다. 꿈은 수면을 방해할 정도로 과하면 안 된다는 제약하에서, 소원을 성취하려는 또는 가상의 시뮬레이션을 통해 문제 해결과 긴장을 덜어 편안한 상태를 만들려는 노력이라고 할 수 있다.

우리에게 (우리의 영혼이 바라는) '상징적인[의미 있는] 삶'은 없다. 모든 것은 진부(陳腐)하고, 모든 것은 다만 (물질적인) '무엇'에 불과하다. 사람들에게 평화를 주는 것은, 그들이 상징적인 삶을 산다고 느낄 때 그리고 그들이 신성한 드라마의 배우라고 느낄 때이다. 그것이 인간의 삶에 유일한 의미를 부여한다. (⋯) 우리의 고통을 모두 그리스도에게 전가(轉嫁)하는 것은 비(非)도덕적이라는 것 그리고 우리는 우리의 죄를 스스로 모두 짊어지고 가야 한다는 것, 이것이 내가 아는 (우리의) 미래다.

⋯⋯ 카를 구스타프 융, 『작품 모음집』 Vol.18 중 〈상징적인 삶〉(1939)

프로이트의 수제자이자 훤칠한 키에 잘생긴 얼굴 그리고 화려한 말발로 여자들에게 언제나 인기있었던 것과는 반대로, 환각과 환청과 환상을 수없이 경험할 만큼 불안정한 정신의 소유자였던 스위스의 정신분석학자 카를 구스타프 융은 동양 사상에 조예(造詣)가 깊었다. 그래서인지 동양 사상의 핵심 중 하나인 '삶의 의미' 그리고 '조화와 균형'이 융을 이해하는 열쇠가 된다. 늘 깨어 있는 단독자로서 의미[가치]와 희망이라는 미래[존재 가능성]를 향해 끊임없이 자기 자신을 던지면서 뛰어넘고 극복하려고 노력하는 실존적인 삶을 살아가는 것이 진정한 인간임은, 계속해서 드러나는 거의 진리에 가까운 사실이다.

융의 '그림자(shadow)'는 '개인 무의식[이드]'이고, 개인 무의식의 저변에 깔린 특정 민족의 신화·고사성어·격언·속담 등에 의해 형성된 '원형(原型, archetype)'은 '집단 무의식(collective unconscious)'이며, '정신(psyche)'은 '의식과 무의식의 총칭'이고, '자아(ego/self)'는 '자아와 초자아의 결합'이며, 정신의 중심이고 전체로서의 인격인 아트만(Atman)에 해당하는 '자기(Self)'는 '인격 또는 정체성'이다. 그래서 '자아'는 자신의 충만함과 완전성을 위해 '자기'를 필요로 하고, '자기'는 시간과 공간 속으로 들어와 자신을 표현하기 위해 '자아'를 필요로 한다고 융은 말한다. 여기에서 유의할 점은, 융이 말하는 원형들은 하나의 실체가 아니라 과정들 즉 고유명사가 아니라 '동사의 진행형'이라는 사실이다. 융은 본능조차도, 실체가 아니라 일종의 정신적 에너지의 한 형태로 보려고 했다. 물리학에서 열·빛·전기·자기·질량 등이 모두 에너지의 속성인 것처럼 말이다. 세상의 참모습에 관해 올바른 토대 위에 서 있던 셈이다.

개인이 삶의 의미를 잃을 때 그리고 공동체의 균형과 조화가 깨질 때, 개인과 사회는 병이 든다는 게 융의 분석이다. 개인은 늘 모든 상황에 해당하는 수만큼의 '가면[페르소나(persona)]'을 쓰고 생활한다. 개인이 올바른 삶의 의미를 찾기 위해선 온전한 자기를 회복해야 하는데, 그러려면 일상적인 페르소나를 모두 벗어야 한다. 그 과정이 바로 '개성화(individuation)'이고, 그래서 융에게 개성화는 '삶의 목적'이다. 이런 개성화 과정을 묘사한 소설로 독일계 스위스 작가 헤르만 헤세의 〈데미안〉(1919)을 꼽을 수 있다.

동양 사상에선 하나의 개체를 '태극', 그 하나의 개체를 구성하는 두 가지 요소를 '음과 양'이라고 한다. 생물학적으로는 하나의 개체인 남성이나 여성 모두, 각자의 몸속에 남성호르몬인 테스토스테론(testosterone)과 여성호르몬인 에스트로겐(estrogen)을 모두 가지고 있다. 융은 이것을 살짝 변형시켜서 남성 속의 여성성[에스트로겐]을 '아니마(anima)', 여성 속의 남성성[테스토스테론]을 '아니무스(animus)'라고 부른다. 따라서 융에게 '사랑'이란, 한 개체가 삶 전체의 균형을 회복하기 위해 잃어버린 아니마 또는 아니무스를 찾는 과정이다. 미국 작가 쉘 실버스타인의 『잃어버린 한 조각을 찾아서』(1976)가 융의 주장을 가장 이해하기 쉽게 보여준다. 우리에게 정체성을 주는 것은 바로 잃어버린 조각이라는 타자다.

아무리 지면상의 제약이 있다고 해도, 프로이트 관련해서 '오이디푸스 콤플렉스(Oedipus complex)'를 언급하지 않고 지나가는 건 예의가 아니다. 프로이트는 동성 부모와 자기 자신을 동일시하는 오이디푸스 콤플렉스가 3~5세 남녀아동의 특징이며, 사회적 관점에서 성적(性的) 충동을 억제할 수 있게 되었을 때 끝난다고 말한다. 물론 지금은 학계에서 거의 받아들여지지 않는 주장이지만, 오이디푸스 콤플렉스가 기원한 신화의 내용만큼은 기본 소양(素養)이기에 살펴보겠다. 신화니까 대화 형식으로 재구성해서.

고대 그리스의 보이오티아(Boeotia) 지역에 있던 테베(Thebes)의 왕 라이오스(Laius)와 왕비 이오카스테(Jocaste) 사이에서 아들이 태어난다. 자라서 아버지를 죽이고 어머니와 결혼하게 될거라는 무서운 신탁(神託)과 함께. 그가 바로 '부은 발(swollen foot)'이라는 뜻의 오이디푸스(Oedipus)다. 신탁의 내용에 격분한 라이오스는 오이디푸스가 기어다니지도 못하게 두 발을 묶은 후 — 그래서 발이 부었다 — 근처 산에 버리라고 명령하고, 그렇게 버려진 후 때맞춰 — 왜냐고 묻지 마라. 원래 영웅들은 모든 게 이렇게 '때맞춰' 이뤄지는 법이니까! — 그곳을 지나가던 코린트(Corinth)[코린토스] 출신의 목동이 아이를 발견해서 후사(後嗣)가 없던 코린트의 왕 폴리보스(Polybus)와 왕비 메로페(Merope)에게 바친다. 그렇게 해서 오이디푸스는 코린트의 왕자로 성장하게 된다.

영원한 비밀은 없는 법. 장성한 오이디푸스는 어느 날 술에 취한 사람에게 자신이 입양아라는 출생의 비밀을 듣고 부모에게 사실을 캐묻지만, "똉! 말도 안 되는 소리!"라는 대답만 듣는다. 그러나 나쁜 소리는 쉽게 떨쳐 지지 않는 법. 오이디푸스는 기어이 가장 용하다는 델포이(Delphi)[델파이] 신전까지 가서 신탁을 듣고는 충격에 빠진다. "내가 아버지를 죽이고 어머니와 결혼한다고?" 신탁이 아버지와 어머니 앞에 '친(親)'자를 붙여서 '친아버지와 친어머니'라고 해줬으면 좋았을 것을, 늘 대충 얼버무리는 게 문제다. 여하튼 '친'자가 없어서 아무것도 몰랐던 오이디푸스는, 나름대로 운명을 피해 보고자 코린트로 돌아가지 않고 델파이 신전 근처의 도시 테베를 여행한다. 다블리아(Davlia)라는 마을의 삼거리에 이르렀을 때, 마침 전차를 타고 그곳을 지나던 친아버지 라이오스와 운명적으로 그러나 불행한 상황에서 마주친다. 직진이 우선인지 우회전이 우선인지를 놓고 다투는 것처럼 그들 사이에서도 그런 다툼이 벌어졌고, 라이오스의 전차를 몰던 마부가 양보하지 않는 오이디푸스에게 그대로 돌진하자 결국 싸움이 붙었으며, 그 과정에서 실수로 라이오스를 죽인다. 빌미를 제공한 마부는 야비하게 곧바로 도망쳤고.

아무것도 모른 채 여행을 계속하던 중, 오이디푸스는 수수께끼를 핑계로 사람들을 잡아먹는 스핑크스(sphinx)를 만난다. "아침에는 네 발, 오후에는 두 발, 저녁에는 세 발로 걷는 게 뭐게?" "사람." "헉~ 어… 어떻게…" 오이디푸스가 정답을 맞히자 당황한 스핑크스는, 생뚱맞게도 갑자기 바다에 뛰어들어 자살한다. 당시 스핑크스가 얼마나 고통을 주었던지, 테베의 왕비 이오카스테의 남동생 — 그러니까 오이디푸스에게는 외삼촌인 — 크레온(Creon)이 스핑크스 사냥에 현상금을 걸었을 정도다. 그런데 그 현상금의 내용이 바로 '스핑크스를 무찌르는 사람에게는 공석(空席)인 왕의 자리를 물려줌과 동시에 미망인이 된 왕비를 부인으로 삼게 하겠다'는 것. 왕 되는 게 이리도 쉬운 세상이 있었다니! 이렇게 해서 신탁은 모두 실현된 셈이다.

오이디푸스는 그녀가 친어머니인 줄도 모른 채 이오카스테와의 사이에서 에테오클레스(Eteocles)와 폴리니케스(Polynices)라는 두 아들과 안티고네(Antigone)와 이스메네(Ismene)라는 두 딸을 낳고 행복한 시간을 보낸다. 그러던 어느 날 — 왜냐고 묻지 마라. 원래 삶과 이야기에 이런 반전이 없으면 무미(無味)한 법이니까! — 원인불명의 전염병이 테베를 덮친다. 곡식이 자라지 않고, 여자들과 가축들이 자녀와 새끼를 낳지 못했다. 오이디푸스는 급히 크레온을 델파이 신전으로 보내 신탁을 받아오게 했는데, 그 내용은 '라이오스 왕의 살인자를 찾아 심판해야 한다'는 것. 그런데 아무리 백방으로 수사를 벌여도 시간이 너무 흐른 사건이라서 범인을 찾을 길이 보이지 않자, 크레온은 당시 가장 유명한 시각장애 예언자 티레시아스(Tiresias)에게 도움을 청한다. 그런데 티레시아스의 답변이 이상하다. "살인자? 찾지 마. 당신 옆에 있으니까. 그놈이 누구냐면… 음… 그러니까…" "아~ 놔, 속 터져 죽겠네. 빨리 말 안 해?" "성질 하고 는! 알았어. 오이디푸스야. 됐어?"

크레온에게 말을 전해 들은 오이디푸스는 당연히 노발대발. 그런데 바로 그때 이오카스테가 들어와 예전에 버린 자기 아들에 얽힌 비밀을 말하고, 또 때마침 코린트의 사자(使者)가 도착해 폴리보스 왕의 죽음을 전하면서 사실 오이디푸스는 입양된 것이 맞다고 말한다. 마침내 자기를 숲속에 버린 신하와 라이오스 왕 살인 사건의 목격자였던 마부를 찾아 대질심문한 결과, 그 모든 것이 사실임이 밝혀진다. 이오카스테는 슬픔을 못 이겨 자신의 방에서 목을 매 자살하고, 이오카스테의 브로치로 자신의 두 눈을 찌르고 테베를 떠나는 오이디푸스를 딸 안티고네가 따라나선다. 그리고 괴물 미노타우로스(Minotaur)를 죽여 영웅이 된 테세우스(Theseus)가 다스리던 아테네의 콜로노스(Colonus)에서 삶을 마감한다.

의지를 활용한
삶의 긍정

키는 작지, 몸은 왜소하지, 여기저기 아프지 않은 데는 없지, 볼품없는 얼굴에 수염은 진하고 이상하게 길렀지, 여성들에게 인기 있을 구석이 하나도 없다. 우스갯소리로 '그러니 공부밖에 할 게 없어서였을까?' 25세에 대학교수가 되었다. 니체의 이야기다. 할아버지와 아버지 모두 목사였고 어머니 역시 목사였다. 그리스도교 가정에서 자란 사람이라면, 이것만으로도 니체가 그리스도교라면 자다가도 경기(驚氣)를 일으킬 정도인 이유를 충분히 짐작할 수 있으리라. 니체의 유일한 사랑이자 17세 연하인 독일계 러시아 여성 루 살로메와 여동생 엘리자베스, 이 두 여성은 니체가 살아서도 죽어서도 고통에 몸부림친 불행의 원천이었다.

니체의 친구가 살로메에게 청혼했다가 거절당하자, 그녀와 니체의 소개팅을 주선했다. 이 무슨 심보란 말인가! 그 사실도 모른 채, 생애 첫 연애에 니체는 구름 위를 날고 있었다. 얼마 후인 1882년 니체는 청혼했고, 거절당했다. 그것도 두 번이나 말이다. 그 해가 끝나가던 겨울, 니체는 실연의 아픔을 극복하기 위해 집필에 매진하기 시작했고 그렇게 해서 3년 만에 완성된 책이 바로 총 4부로 구성된 『차라투스트라는 이렇게 말했다』(1885)다.

사실 살로메는 희대(稀代)의 '팜므파탈(Femme fatale)'이었다. 니체의 청혼을 거절하고 5년 후인 1887년, 니체의 또 다른 친구와 결혼한다. 운명의 장난처럼 말이다. 결국 2년 후인 1889년, 니체는 건강 악화를 이유로 교수직을 그만두고 요양차 유럽을 떠돈다. 몸이 아픈 사람에게는 똑같은 실연도 더 크고 아프게 다가오는 법이니까. 1897년 살로메는 14살이나 연하이자 후에 소설 『말테의 수기』(1910)로 유명해 질 독일 시인 라이너 마리아 릴케와 사랑에 빠졌고, 1911년엔 정신분석학자들의 모임에 참가하면서 프로이트의 친구(?)이자 제자가 되었다. 1889년 1월 니체는 이탈리아에서 지나가던 말을 붙잡고 어려서 죽은 남동생이라며 울다가 쓰러진 이후, 10년간 병석에서 식물인간으로 지내다가 삶을 마감했다. 여동생 엘리자베스가 니체를 끝까지 간호했지만, 사실 그녀는 살로메와 니체의 사이를 이간질했고, 병석에 있는 니체를 전시해서 돈을 벌었으며, 니체 사후엔 사실과 다른 여러 이야기를 꾸며내며 니체의 명성을 돈벌이 수단으로 삼는 등 니체에게 많은 고통을 준 사람이기도 하다.

생명체를 발견할 때마다 나는 '힘에의 의지' 또한 함께 발견했다. 오직 '생명'이 있는 곳, 그곳에만 '의지'가 있다.

　…… 프리드리히 니체, 『차라투스트라는 이렇게 말했다』(1885)

　쇼펜하우어의 의지는 단일한 종류이자 세상의 본질인 '삶에의 의지(will to live)'이고, 니체의 의지는 수많은 종류이자 생명(체)의 본질인 '힘[권력]에의 의지(will to power)'다. 쇼펜하우어는 의지를 '맹목적이고 비인격적이며 무의식적인 힘이자 충동'으로 정의하고, 니체도 비슷하게 의지를 '더 많은 힘을 얻기를 원하고, 항상 주인이 되고자 하며, 더욱 강해지고자 하는 의도[욕망]'라고 정의한다. 고통의 치유책을 고민한 쇼펜하우어는 예술을 일종의 마취제로 사용해서 의지를 부정[외면]하라는 처방을 내리지만, 반대로 당시 유럽의 '퇴폐(데카당스, decadence)'와 '허무주의(니힐리즘, Nihilism)'의 극복을 고민한 니체는 예술을 일종의 자극제로 사용해서 의지를 긍정[활성]하라는 처방을 내린다. '의지'라는 똑같은 대상을 보면서 정반대의 평가를 하고, '예술'이라는 똑같은 처방전을 가지고 정반대의 효과를 기대한 셈이다. 니체의 주장은 삶에의 의지이자 내면과 외면의 균형을 이루려는 힘인 '코나투스(conatus)'의 완전한 표출을 행복으로 본 포르투갈계 네덜란드 철학자 바뤼흐 스피노자의 생각과 비슷하다.

　현실의 삶에서 도피하는 것은 비열한 짓이다. 우리의 삶 그리고 그 삶을 살아가는 우리에겐 아무런 죄가 없다. 삶의 의미를 자기 자신에게서 찾지 못하는 것은 그것을 찾으려는 노력과 용기가 없기 때문이며, 인간이 죽을 수밖에 없는 존재라고 해도 그것이 곧 인간의 삶이 무의미하다는 뜻은 아니다. 오히려 우리는 우리의 삶에 충만한 의미를 새겨 넣어야 한다.

…… 프리드리히 니체, 『차라투스트라는 이렇게 말했다』(1885)

'의지'라는 공통 분모로 인해, 세상과 삶은 끊임없이 변화하는 과정 중에 있으며 '삶은 고통이고 비극'이라는 데는 쇼펜하우어나 니체 모두 동의한다. "그래서 어쩌라고?" "어쩌긴 뭐. 그냥 죽을 때까지 괴로워하면서 지낼 수밖에 없다는 거지. 다만 고통을 잠시나마 줄이고 싶다면 의지를 부정(否定)하는 수밖에 없는데, 예술에 심취하든가 아니면 너 자신과 사물의 경계인 개체성을 뛰어넘는 '도덕'을 찾든가 그것도 아니면 아예 금욕을 택해서 의지에 완전히 무관심한 상태로 살다 죽든가. 그게 다야." 이것이 쇼펜하우어의 대답이다.

니체는 반박한다. "아니, 세 가지 방법이 있습니다. 첫째 현재 자기의 모든 걸 온전히 포용(包容)하고 사랑한 채 흰 도화지 같은 삶에 자기만의 의미[가치]를 부여해서 자기만의 세계와 삶을 창조하든가, 둘째 삶을 기권하고 스스로 생을 마감하든가, 아니면 셋째 ─ 질문을 받은 학생이 고민은 하지 않으면서 시간을 끌거나 질문의 대상을 바꾸게 하려는 목적으로 늘 입에 달고 사는 '잠시만요'처럼 — 죽을 때까지 시간만 질질 끌면서 선택[결단]은 보류(保留)한 채 모든 걸 자기를 지배해 줄 사람 또는 대중의 판단에 맡기는 기생(寄生)적이고 수치스러운 노예의 삶을 살든가!" 특히 세 번째 부류의 사람들에게 니체는 말한다. 삶에서 도피하는 것은 비열한 짓이고, 우리가 죽을 수밖에 없는 존재라고 해도 그것이 곧 우리의 삶이 '무의미'하다는 뜻은 아니라고. 니체의 사상은 '삶의 긍정'이다. 그러다 보니 자연스럽게 이스라엘 역사학자 유발 하라리의 개념인 '상상의 질서(order of imagination)'에 해당하는 '의미'와 '가치'와 '희망'이 삶의 핵심이 된다. 그리고 이것들은 내가 늘 강조하는 것이기도 하다.

『차라투스트라는 이렇게 말했다』는 내 작품 중에서 독보적이다. 또한 '모두를 위한 책이면서 그 누구를 위한 것도 아닌 책'이라는 부제(副題)를 붙였다. 이 책으로 나는 인류가 지금까지 받은 그 어떤 선물보다 가장 큰 선물을 (인류에게) 주었다. 수천 년간 퍼져나갈 목소리를 지닌 이 책은 존재하는 최고의 책이며, 진정 높은 공기(空氣)[수준]의 책이다.

…… 프리드리히 니체, 『이 사람을 보라』(1888)

사랑이란 무엇일까? 성경은 '오래 참고, 부드럽고[온유(溫柔)], 남을 시기하지 않고…'로 이어지는 14가지를 나열한다[45]. 요약하는 게 실력인데, 참 길기도 길다. 여하튼 그러고는 감사와 기쁨의 상태에서 외치는 '여호와를 찬양하라'는 '할렐루야' 와 '그렇게 되기를 바란다'는 '아멘'으로 모든 게 종결된다. 질문이나 합리적 의심은 용납되지 않는다. 하지만 '왜 그 14가지를 사랑이라고 정의한 걸까?'라는 질문을 던지면, 은폐되어 있던 '누가, 어떤 의도로, 언제부터?'라는 질문이 꼬리에 꼬리를 물고 이어지게 된다. 이런 질문들에 관한 탐구가 니체의『도덕의 계보학(系譜學)』(1887)이고, 프랑스 철학자 미셸 푸코의『지식의 고고학(考古學)』(1969)이다.

『차라투스트라는 이렇게 말했다』는 한 명도 빠짐없이 모두가 꼭 봐야 할 책이지만, 이 책을 제대로 이해할 사람이 과연 있긴 할까 의심스럽다는 내용의 부제를 달고 있다. 그리고 '이 사람을 보라'는 라틴어 '엑체 호모(Ecce Homo)'는 본디오 빌라도(Pontius Pilate)가 자기 앞으로 끌려온 예수를 가리키며 했던 말이자, 나폴레옹이 독일 작가 괴테를 맞이하며 외친 말이기도 하다. '그저 그렇고 그런 시시한 사람인 줄 알았는데, 진짜 멋진 사람이구나!'라는 뜻이다. '의지'에 주목해서인지, 쇼펜하우어나 프로이트나 니체나 셋 다 당당함이 하늘을 찌른다. 니체의 사상이 내 생각의 근간 중 하나라는 이유로 소개의 글이 길었던 점 사과하고, 같은 이유로 설명의 글 역시 길어지게 될 점 미리 사과한다.

---

45 〈고린도전서〉 13:4~7

모든 것은 되어간다. 절대적이고 영원한 진리란 없다. 만일 그런 것이 있다면, 그것은 '모든 것이 변화한다는 것'뿐이다. 저편의 또 다른 세계라는 것은, 더없이 극심한 고통과 무능력에 시달리는 자가 꾸며낸 덧없는 행복의 망상일 뿐이다. 존재란 변화하는 것이고, 변화하는 이유는 그것이 살아 있기 때문이다. 존재하는 것은 숨을 쉬는 것이다. 숨을 쉰다는 것은 살아간다는 것이고, 의욕을 가지고 뭔가를 하는 것이며, 그 뭔가에 힘을 작용시키는 것이고, 그렇게 계속해서 변화해 가는 것을 의미한다.

나는 너희에게 '돼지 눈에는 모든 것이 돼지로 보일 뿐'이라고 말하련다! 광신자와 위선자들이 '이 세계 자체가 하나의 거대한 오물더미'라고 설교하는 것도, 저들 모두가 정결하지 못한 정신을 갖고 있기 때문이다. 누구보다도 이 세계를 그 배후(背後)에서 보지 않고서는 마음 편히 쉴 수 없는 자들, 즉 저편의 또 다른 세계를 신봉하고 있는 자들이 그러하다! 그들은 '대지(大地)의 피부병'이다!

…… 프리드리히 니체, 『차라투스트라는 이렇게 말했다』(1885)

신(神)은 세상과 삶 모든 영역의 '질서와 목적과 의미'를 보장하는 근거고 토대다. 따라서 '신의 죽음'은 종교뿐만 아니라 세상 모든 게 산산이 조각날 최대 사건이다. 그런데 니체는 그런 엄청난 사건을 반어법적인 표현으로 '기쁜 소식[복음(福音)]'이라고 외친다. 니체가 외친 '신의 죽음'은 과연 어떤 뜻이었을까? 첫째 신을 제대로 믿거나 신이 지시한 대로 사는 사람이

거의 없다. 그렇다면 버클리와 쇼펜하우어의 말처럼, 신은 있어도 없는 셈이다. 둘째 신을 믿긴 하지만 자기와 가족의 필요에 따라 불러내는 램프의 요정 '지니(genie)' 정도로 생각한다면, 그 역시 신은 죽은 셈이다.

그렇다면 '신의 죽음'은 왜 '기쁜 소식'일까? 더는 절대불변의 기준과 의미와 목적 같은 것은 없으니, 독일 작가 귄터 그라스의 소설 『양철북』(1959)의 주인공 오스카 마체라트(Oskar Matzerath)처럼 성장을 거부한 채 여전히 신의 치맛자락만 붙들고서 보채지 말고 각자가 '단독자'로서 삶을 선택할 것인지 기권할 것인지 아니면 보류할 것인지 결단하라는 촉구(促求)이자 기회이기 때문이다. '삶을 긍정하는 자에게 신은 필요 없다'는 게 니체의 주장이다. 변하지 않는 건 없다. 그래서 니체는 '절대·고정·불변·영원·보편(普遍)·초월' 같은 수식어가 붙는 모든 것을 철저하게 가차 없이 망치로 내려쳐 부순다.

어느 날 악령이 너의 가장 깊은 고독 속으로 살며시 찾아와 이렇게 말한다면 그대는 어떻게 하겠는가? "네가 지금 살고 있고, 살아왔던 이 삶을 너는 다시 한번 살아야만 하고, 또 무수히 반복해서 살아야만 할 것이다. 거기에 새로운 것이란 없으며, 모든 고통, 모든 쾌락, 모든 사상과 탄식, 네 삶에서 이루 말할 수 없이 크고 작은 모든 것이 온전히 그대로 네게 다시 찾아올 것이다. 모든 것이 같은 차례와 순서로. 너는 그런 삶을 다시 한번 그리고 무수히 반복해서 다시 살기를 원하는

가?" 이런 질문은 모든 경우에 '최대의 중량'으로 그대의 행위 위에 얹힐 것이다! 그렇다면 어떻게 그대 자신과 그대의 삶을 만들어 나가야만 할까?

…… 프리드리히 니체, 『즐거운 학문』(1882)

아무런 의미나 목표를 갖지 않는 현존재의 삶은 무(無)로 종결되지 않고 불가피하게 다시 반복된다. '영원회귀(永遠回歸)', 이것이 허무주의의 가장 극단적인 형식[모습]이다.

…… 프리드리히 니체, 『차라투스트라는 이렇게 말했다』(1885)

인생이란 한번 사라지면 두 번 다시 돌아오지 않기 때문에 한낱 그림자 같은 것이고, 그래서 산다는 것에는 아무런 무게도 없으며, 삶이 아무리 잔혹하거나 아름답다고 할지라도 그 잔혹함과 아름다움조차도 무의미하다. 모든 것이 일순간, 난생처음으로, 준비도 없이 닥친 것이다. 인생의 첫 번째 리허설(rehearsal)이 인생 그 자체라면, 과연 무슨 의미가 있을까? (…) '아인말 이스트 카인말(einmal ist keinmal)'. '한 번은 (중요치 않다. 한 번뿐인 것은) 전혀 없었던 것과 같다.' 한 번만 산다는 것은 전혀 살지 않는다는 것과 같다.

…… 밀란 쿤데라, 『참을 수 없는 존재의 가벼움』(1984)

작품이건, 행동이건, 인간이건, 자연이건 간에 모든 훌륭한 것 중에서도 최고에 속하는 것은 대부분 우리에게 일회적으로만 그 모습을 '드러낼' 뿐이다! 신적이지 않은 이 현실의 세계에서는 아름다운 것이 우리에게 전혀 주어지지 않거나 한 번만 주어진다. 내가 말하고자 하는 것은 이 세계에는 아름다운 것들이 넘쳐나고 있지만, 그럼에도 불구하고 이것들이 모습을 드러내는 아름다운 순간은 너무 적다는 것이다. 하지만 이것이야말로 삶의 가장 강력한 마법일지도 모른다. 그렇다. 삶은 (수줍어하는) 여성(女性)이다!

…… 프리드리히 니체, 『즐거운 학문』(1882)

하지만 '신의 죽음'이 사람들에게 '기쁜 소식'이 되리라는 건, 니체의 착각일 뿐이었다. 지금도 인간은 늘 수많은 신을 지칠 줄 모르고 만들어 내고 있으니까. 미지의 것에 대한 두려움 때문에, 자기 잠재력에 대한 확신의 결여 때문에, 내면적 게으름 때문에, 자기 삶에 관한 모든 결정을 대중(大衆)이라는 실체 없는 평균값에 헌납하려는 퇴행적 성향 때문에 말이다. 이건 독일계 미국 사회심리학자 에리히 프롬의 분석이지만, 니체가 말하는 '중력의 영(Spirit of Gravity)'의 특성이기도 하다. 중력의 영의 노예가 된 사람들에게, 니체는 '영원회귀(Eternal recurrence)'라는 이야기를 통해 결단을 종용한다. 이제라도 삶을 긍정하고 제대로 살라고 말이다. 영원회귀는, 지금까지의 삶을 무수히 반복해서 살더라도 좋을 만큼 지금 이 순간을 살아가야 한다며 우리의 결단을 촉구하기 위해 니체가 만들어 낸 가설(假說)이다. 하지만 차라투스트라마저 순간순간 좌절하고 무력해질 만큼, 체코계 프랑스 작가 밀란 쿤데라가 가장 적나라하게 묘사한 것처럼, 자칫하면 극단적인 허무주의를 가져올 수도 있다.

사람들에게 '하늘을 나는 법을 가르치는 자는 (기존의 고정된) 모든 경계석(境界石, boundary stones)을 옮겨 놓을 — 부술 — 것이고, 대지에 '무중력(weightless)'이라는 이름으로 다시 세례를 베풀어 줄 것이다. (…) 가벼워지기를 바라고 새가 되기를 바라는 자는, 먼저 자기 자신을 사랑하지 않으면 안 된다. 이것이 나의 가르침이다. 자신을 뛰어넘어 상승하는 법과 해맑게 미소 짓는 법을 함께 배워라! 나는 춤출 줄 아는 신만을 믿으리라. 악마를 보았을 때 나는 그 악마가 엄숙하고 심오하며 장중(莊重)하다는 것을 알았다. 그것은 '중력의 영'이다. 그로 인해 모든 사물은 나락(奈落)으로 떨어진다. 나는 분노가 아닌 웃음으로 중력의 영을 죽인다.

…… 프리드리히 니체, 『차라투스트라는 이렇게 말했다』(1885)

모든 사물이 힘에의 의지를 지니고 있고 그래서 충돌할 수밖에 없다면, 홉스의 '만인의 만인에 대한 투쟁'은 필연적이며 그 결과 삶은 냉혹할 수밖에 없다. 삶을 긍정한다는 것은, 무턱대고 삶을 즐기는 게 아니라 오히려 삶이 힘들고 끔찍할 만큼 고통스럽다고 해도 용기 있게 있는 그대로를 받아들이고 극복하기 위해 노력하는 것이다. 우리 각자가 온전히 떠맡아야만 하는 자기만의 십자가인 셈이다. 삶을 긍정하려면, 먼저 '아모르 파티(Amor fati)' 즉 자기 삶의 모든 걸 온전히 떠맡기로 결단해야 하고, 다음으로는 중력의 영을 죽여야 한다. 삶을 부정하는 것 자체가 중력의 영이기 때문이다. 이 두 가지에 성공했다면 니체가 제안하는 삶을 긍정하는 모습, 즉 '중력의 영'에서 벗어나 하늘을 날 수 있는 기술인 즉 '비행술(飛行術, aerobatics)'을 익힌 것이다.

나는 그대들에게 처음에는 '낙타'가 되고, 그다음엔 '사자', 마침내는 '어린아이'가 되는 정신의 변신(變身) 이야기를 하려고 한다. 어린아이는 천진난만이요, 망각(忘却)이며, 놀이요, 최초의 운동이자 신성한 긍정이다. (…) 나는 그대들에게 '위버멘쉬(Übermensch)'를 가르치노라! 인간은 (매 순간) 극복되어야 할 그 무엇이다[Man is something that should be overcome (every single moment)]. 그대들은 인간[자신]을 극복하기 위해 무엇을 했는가? 위버멘쉬는 '대지(大地)[현재의 삶]'를 의미한다. 나의 형제들이여, 내가 그대들에게 명하노니, 대지에 충실하라. 그리고 그대들에게 대지를 초월한 희망에 대해 말하는 자들을 믿지 말라! 그들이 의식적으로 행하든 무의식적으로 행하든 그들은 독을 타는 자들이다.

…… 프리드리히 니체, 『차라투스트라는 이렇게 말했다』(1885)

니체는 중력의 영을 '황금빛 비늘로 둘러싸인 막강한 힘을 지닌 용' 또는 '엄숙하고 진지하며 무거운 분위기를 지닌 악마[사탄]'에, 중력의 영의 노예로 사는 사람은 성실함과 헌신과 맹목적인 복종만이 전부라고 생각하는 '낙타'에, 모든 권위와 노예의 삶을 용기 있게 박차고 나와 스스로 주인이 되려 하지만 무엇을 어떻게 해야 할지는 알지 못하는 사람은 '사자'에 비유한다. 사자는 기존의 것을 부정만 할 뿐 아직 삶을 긍정하는 법은 모르기 때문에, 언제나 인상 쓰고 심각한 체하며 으르렁거리기만 한다. 나아가 하늘을 날 수 없기에 용과의 싸움에서 백전백패할 수밖에 없고.

　니체는 중력의 영을 죽이고 이 세상에 우뚝 설 전사(戰士)로 예수가 그랬듯이[46] '어린아이'를 지목한다. 사자에게는 용이 목숨을 걸고 싸워서 무찔러야 할 '절박함'이라면, 주위에 아랑곳하지 않은 채 '자신의 의지에만 전념'하는 어린아이에게 용은 그저 '장난감'이며 '재미있는 놀이'일 뿐이다. 놀이가 즐거운 이유는 '의무'나 '필연성'으로부터 자유롭고 가볍기 때문이다. 그렇다면 어린아이가 무슨 수로 중력의 영을 죽일 수 있다는 걸까? '그것참 재미있겠는데?'라는 호기심이나 '쾌활함(cheerfulness)'을 의미하는 '웃음[미소]'이 유일한 무기라고 니체는 말한다. 어린아이의 미소가 그 누구의 심각함이든 일순간에 무장 해제(武裝解除)시킬 정도로 얼마나 강력한지는, 말할 필요가 없으리라! 스포츠와

---

46 〈마태복음〉 18:3~6

시험을 포함해 무슨 일이든, 평소처럼만 하면 된다. 그런데 그 것이 쉽지 않다. 마치 사자처럼 긴장이 되고, 그것이 제 능력 을 충분히 발휘하지 못하게 막기 때문이다.

생뚱맞다고 생각할 수도 있지만, 전혀 그렇지 않다. 이탈 리아 기호학자(記號學者) 움베르토 에코의 장편소설『장미의 이 름』(1980)이 바로 '웃음'에 관한 것이기 때문이다. 1327년 11월 말 어느 일요일 이탈리아의 한 수도원에서 연쇄 살인 사건이 벌어지고, 사건 의뢰를 맡은 윌리엄(William) 수도사와 그의 제 자 아드소(Adso)가 그곳에 7일간 머물면서 사건을 해결하는 내 용이다. 피해자들의 공통점은 모두 금서(禁書)인 아리스토텔레 스의『시학(詩學)』제2권「희극」을 몰래 읽었다는 것이다. 제1권 은「비극」이다. 당시엔 수도원의 경건주의에 어긋난다는 이유 로 '웃음'은 죄악시되었고, 그것이 바로『시학』제2권「희극」이 금서가 된 이유였다. 이젠 이해되는가? 니체는 늘 진지하고 심 각한 체하는 사람들을 '기계'에 비유한다. 그만큼 그들의 사고 가 경직되고 생명력이 없음을 비꼰 것이다. 사랑하는 사람과 함께 있을 때, 가장 좋아하는 일을 할 때, 진정으로 자유로울 때, 우리의 표정이 과연 어떨까를 생각해 보면 니체의 제안이 적절하다는 사실을 알 수 있다. '사랑'과 '자유'는 얼굴에 '웃음 [미소]'을 조각하는 조각가니까.

웃음[미소]으로 중력의 영을 죽이고 하늘로 날아오를 때, 우리는 매 순간 바로 이전의 자기 자신을 끊임없이 극복해 나가는 존재인 '위버멘쉬(Übermensch)'로 탈바꿈된다. 그래서 비행술은 '변신술(變身術)'이기도 하다. '인간은 (매 순간) 극복되어야 할 그 무엇[존재]'이고, 극복되어야 하는 것은 바로 자신의 힘[삶]에의 의지에 충실하지 않고 중력의 영 앞에서 알아서 기고 복종하려는 노예 본능이다. 인간이 위대한 건, 원래부터 위대하기 때문이 아니라 위대함을 향해 '모험'하고 '도전'하는 데 있다. 인간이 동물과 다른 점 그리고 인간의 레벨을 가르는 기준은, '경탄[감탄]은 행복한 자기 상실이고 질투는 불행한 자기주장'[47]이라는 말처럼 수없이 많은 것을 더 보고 더 듣고 더 감동하고 더 감탄할 수 있는 '섬세한 감수성'이다. 그런 섬세함 때문에 위대한 인간은 더 행복한 동시에 더 불행하고, 그래서 '아는 만큼 고통'이긴 하지만.

'피'와 ('교훈이 되는 짧은 말' 즉 '잠언(箴言)'이라는 뜻의) '아포리즘(aphorism)'으로 쓰는 사람은 읽히기를 원하는 게 아니라 마음으로 기억되길 바란다. 산과 산 사이를 가장 빨리 가는 길은 봉우리와 봉우리를 잇는 것이다. 그러나 그렇게 하기 위해서는 긴 다리를 가져야만 한다. 아포리즘은 봉우리들이어야 한다. 그리고 그것을 듣게 된 자들은 키가 크고 높이 솟은 자여야 — 즉 비행술을 익혀서 날 수 있는

---

47 쇠렌 키르케고르, 『죽음에 이르는 병』(1849)

자여야 ― 한다.

…… 프리드리히 니체, 『차라투스트라는 이렇게 말했다』(1885)

당연히 위버멘쉬의 길은 절대 쉽지 않다. 그래서일까? 길고 긴 설교가 끝나자, 많은 사람이 자신들을 위버멘쉬로 만들어 달라고 차라투스트라에게 부탁한다. 이리도 말귀를 못 알아듣는 게 대중(大衆)이다. 힘들고 귀찮아서 공부하기는 싫은데 성적은 높게 나오기를 바라는 도둑놈 심보의 수험생처럼, 누군가가 자기를 이끌어 주기를 바란다. 어떤 영웅이나 구원자나 신의 손길이 하늘에서 뚝 떨어져 자기를 구원해 주기를 바란다. 이들을 향해 차라투스트라는 "너희에게는 너희 자신을 잃고 몰락할 용기가 없다. 그래서 너희는 절대 새로워지지 못할 것"이라는 저주를 퍼붓는다. 스스로를 경멸(輕蔑)하고 몰락할 용기가 없기에, 자신의 문제점을 고민하고 반성할 수 없고 그러려는 생각조차 할 수 없다는 것이다. 차라투스트라의 이런 저주는, 윤인완과 양경일이 쓰고 그린 웹툰 『신(新)암행어사』에도 잘 묘사되어 있으니 참고하길 바란다.

'자신을 잃고 몰락할 용기'라는 건, 아브라함과 모세와 예수와 마호메트와 부처와 공자 그리고 신화 속 영웅들과 소설 속 주인공들처럼 자신의 소유와 안식처를 과감히 버리고 미지의 곳으로 떠나려는 '결단'과 '도전'을 의미한다[48]. 당나라 선승(禪僧) 임제의현의 '살불 살조 살부 살모(殺佛殺祖殺父殺母)' 즉 '부처를 만나면 부처를 죽이고 조사(祖師)를 만나면 조사를 죽이고 부모를 만나면 부모를 죽이라'는 말은, 세상의 참모습이 변화라는 사실을 받아들이라는, 고정불변하고 영원한 것은 없다는, 단독자가 되라는, 실존적인 삶을 살라는, 정신이 늘 깨어 있으라는, 위버멘쉬가 되라는, '그들'이나 '대중'의 일부가 되어서는 안 된다는 말이다. 명심해야 할 것은 위버멘쉬가 된 차라투스트라마저도 인간적인 것에 굴복할 가능성을 항상 가지고 있었다는 것 그리고 위버멘쉬가 된 차라투스트라조차도 숭배의 대상으로 삼아서는 안 된다는 사실이다.

하지만 대부분 사람은 어떤 조언을 들어도 자기 합리화와 정당화로 변명하기에 급급하다. 상대방에게 왜 자신을 이해하지 못하냐고 반문(反問)하면서도 정작 자신은 상대방을 이해하지 않고, 상대방의 입장을 자기의 입장과 동등하게 여기지도 않는다. 언제나 자기의 입장만이 유일한 고려 대상이기 때문이다. 결국 그런 사람들에게 변화와 자기 극복의 가능성은 전혀 없다. 그저 자기만족에 빠진 채 수많은 대중 속에 자기 자신을 헌납하고 숨고 묻어가며 희희낙락할 뿐이다.

---

48 에리히 프롬, 『소유냐 존재냐』(1976)

부조리를 향한
반항

참으로 진지한 철학적 문제는 오직 하나뿐이다. 그것은 바로 '자살'이다. 인생이 살 가치가 있느냐 없느냐를 판단하는 것이야말로 철학의 근본 문제에 답하는 것이다. 문제 간의 절박성을 판단하는 기준은 '행동'이다. 갈릴레이는 생명이 위태로워지자, 즉시 진리[지동설]를 너무도 쉽게 부인했다. 그것은 화형(火刑)을 감수해야 할 정도의 진리는 아니었던 것이다. 반면에 나는 많은 사람이 인생이 살 가치가 없다고 판단한 나머지 또는 자신에게 살아갈 이유를 부여해 주는 이념(理念)을 위해 죽는 것을 본다. 그러므로 내가 판단하건대 '삶의 의미[가치]'야말로 모든 질문 중에서도 가장 절박한 질문이다.

…… 알베르 카뮈, 『시지프 신화』(1942)

인간의 의지에 관해서라면, '부조리(不條理, absurdity)'와 '반항(反抗, defiance)'의 작가로 불리는 프랑스 작가 알베르 카뮈도 만만치 않게 할 말이 많으리라. 일반적으로 '불합리하고 모순적'이라는 의미인 '부조리'는, 철학적으로는 '절망적이거나 무의미함'을 의미한다. 한쪽에선 '세계의 비합리와 무의미'가 그리고 다른

쪽에선 그런 비합리와 무의미를 죽을 만큼 견디지 못하는 '인간의 정신과 의지[열망]'라는 두 항(項)이 서로를 마주 보는 그 가운데에 '부조리'가 자리하고 있다. '정신'을 지닌 우리는 '세계' 속에서 살아간다. 즉 우리의 '삶'은 정신과 세계 '그 가운데'에 있다는 말인데, 그곳은 '부조리'의 영역이다. 따라서 우리의 삶은 그 자체가 부조리이고, 그래서 부조리를 치유(治癒)하겠다는 건 불가능한 목표일 수밖에 없다. 정녕 부조리가 싫거나 견딜 수 없다면 방법은 단 하나, 죽는 것뿐이다. 그래서 우리는 니체의 영원회귀처럼 부조리한 삶을 받아들일 것인가 아니면 거부할 것인가라는 선택의 문제에 직면하게 되는데, 이것이 카뮈가 『시지프 신화』에서 가장 먼저 '자살' 문제를 탐구한 이유다.

> 부조리의 논리를 극한까지 밀고 나가면, 부조리는 (절망이 아닌) '희망의 전적인 부재(不在)'와 (포기가 아닌) '지속적인 거부' 그리고 (막연한 불안이 아닌) '의식적인 불만족'을 전제한다. (…) 중요한 것은 '고난[부조리]에서 치유되는 것'이 아니라 '고난과 더불어 사는 것'이다. (…) 나는 적어도 이해할 수 없는 것의 바탕 위에는 아무것도 세우고 싶지 않다. 나는 내가 알고 있는 것, 오로지 그것만 가지고 살 수 있는지 알고 싶은 것이다. 나는 '부조리에서의 삶의 규범'을 묻고자 한다.
>
> …… 알베르 카뮈, 『시지프 신화』(1942)

일반적인 철학과 종교는, 이 세상이 이데아의 그림자요 허상(虛像)이요 가짜요 그래서 죄 많은 이 세상은 내 집이 아니라고 노래한다. 우리의 정신과 의지는 하찮은 것이니 내세울 생각하지 말고, 무조건 믿고 시키는 대로만 하면 된단다. 이것을 '철학적[정신적] 자살'이라고 부른다면, '실제적[현실적] 자살'은 그 가장 밑바닥에 '삶에의 의지'가 깔려 있다. 정말 잘살아 보고 싶은데 여러 사정상 그럴 수 없어서, 하다못해 앞으로는 나아질 거라는 '희망'이라도 붙들 수 있다면 어떻게든 살아보겠는데 그런 희망조차 보이지 않을 때, 그럴 바에야 '차라리' 죽겠다는 것이다. 여기에서 포인트는 '차라리'다. '삶'이 1순위지만, 그것을 달성할 수 없기에 2순위인 '죽음'을 '어쩔 수 없이' 선택한다는 의미가, 바로 '차라리'라는 '체념(諦念)'이다. 그러나 사정이야 어떻든, 이 두 경우 모두 부조리를 회피하고 삶에서 도망치는 태도인 건 분명하다.

적어도 도망치지는 않겠다면, '부조리 속에서 어떻게 살아야 하는가?'가 유일한 문제가 된다. 카뮈가 찾아낸 세 가지 결론은 '반항·자유·열정'이다. 첫째 '반항'은, '희망의 완벽한 부재(不在)'를 인정하는 것이다. 조금의 희망도 없음을 잘 알지만, 그렇다고 체념[자살]은 거부하는 '최대한의 꿈틀거림'이다. 사과와 딸기 중 사과를 싫어한다는 것이 곧 딸기를 좋아한다는 것이 아닌 것처럼, 희망이 없다는 것이 곧 절망을 의미하는 건 아니기에 죽더라도 굴복하지 않은 채 죽겠다는 것이다. 카뮈가 생각하기에 이것만이 '부조리 속의 인간이 쟁취할 수 있는 유일한 진리인 동시에 가장 아름답고 위대한 광경'이다. 삶을 긍정한다는 점에서는 니체와 일치하지만, 방법에서는 매우 다름을 알 수 있다. 둘째 어차피 우리가 '부조리의 거미줄'에 걸린 한낱 벌레라면, 고대의 노예들처럼 죽기 전까지 우리가 무슨 짓을 하든 우리에겐 '어떤 책임도 지지 않을 자유'가 있다고 카뮈는 말한다. 이것이 우리가 끊임없이 반항할 수 있는 이유이기도 하다. 셋째 그렇다면 죽기 전까지 마음껏 반항할 수 있는 자유를 얻은 우리는, 미래에 대한 무관심 그리고 모든 것을 남김없이 소진(消盡)하겠다는 '열정'을 지닌 채 '질적인 삶' 대신 '양적인 삶'을 추구해야 한다는 게 카뮈의 주장이다. 자기 자신의 '반항과 자유와 열정[삶]을 그것도 최대한 많이 느끼는 것', 그것이 바로 '최대한 많이 사는 것'이라면서 말이다. 왠지 닥치는 대로 막살아도 될 것 같은가? 아니다. 카뮈 역시 실존주의 철학자들의 주장과 일치하는 단서 조항을 둔다. '자신의 판단 이외의 그 어떤 판단에도 매 순간의 선택을 맡기지 않아야 하며, 반드시 '의식적'이어야 한다'는 게 그것이다.

다만 예술을 처방전으로 생각했든 자극제로 생각했든, 철학자인 쇼펜하우어와 니체 모두 예술의 역할을 높이 평가한다. 그러나 오히려 작가요 소설가인 카뮈는 그렇지 않다. '예술작품 그 자체가 부조리이기 때문에, 예술작품은 부조리의 피난처가 될 수 없다'고 말한다. 이게 무슨 말일까? '세계가 확실하고 명료(明瞭)한 곳이었다면, 예술은 존재하지도 않았을 것'이기 때문이다. 이미 소유하고 있는 것을 바라지 않는 것처럼 말이다. 즉 세계가 부조리하기에 예술이 존재하고, 따라서 예술은 세계의 부조리를 '느끼고 묘사'할 뿐 부조리를 '해결해 주는 것'은 아니라는 것이다. 그렇더라도 예술은 우리의 삶을 위로하고 풍요롭게 하는 힘이 있다는 게 나의 생각이다. 남자는 '문제의 해결'을 원하지만, 여자는 '문제의 공감'을 원한다. 즉 문제가 굳이 해결되지 않아도 괜찮다. 문제를 함께 나누고 고민하고 공감하고 위로해 줄 수만 있어도, 그것은 우리 삶에 매우 큰 힘이 된다.

시지프가 나의 관심을 끄는 것은, 바로 산꼭대기에서 되돌아 내려올 때 '그 잠시의 휴지(休止)의 순간'이다. 마치 호흡과도 같은 그 시간 그리고 불행처럼 어김없이 찾아오는 그 시간은, 바로 '의식의 시간'이다. 그가 산꼭대기를 떠나 (어떤 희망도 없음을 알면서도 당당히 운명을 떠맡기 위해) 다시 원래의 자리로 내려가는 그 순간순간, 시지프는 자신의 운명보다 우월하다. 이 신화가 비극적인 것은 주인공의 의식이 깨어 있기 때문이다. 오늘날의 노동자도 그 생애의 그날그날을 똑같은 작업을 하며 사는데, 그 운명도 시지프에 못지않게 부조리하다. 그러나 (시지프만을 부조리한 영웅이라고 부를 수 있는 이유는) 운명은 '오직 의식이 깨어 있는 순간들에만 비극적'인 것이 되기 때문이다. (…) 부조리한 인간의 대답은 긍정이며 — 부정은 곧 도망침이요 체념이며 자살이니까 — 그의 노력에는 끝이 없을 것이다. 시지프는 신들을 부정하며 바위를 들어 올리는 고귀한 성실성을 가르친다. 산꼭대기를 향한 투쟁 그 자체가, 한 인간의 마음을 가득 채우기에 충분하다.

…… 알베르 카뮈, 『시지프 신화』(1942)

카뮈의 『시지프 신화』에는, 정작 그리스의 '시지프 신화'에 관한 설명이 매우 부실하다. 그래서 보충해 보련다. 그리스 신화의 핵심 내용을 맛볼 수 있도록, 시지프 신화 외의 이야기도 덤으로 추가하겠다. 그리스어 발음을 따른다면 '시지프스(Sisyphus)' 혹은 '시시포스(Sisyphos)'라고 표기해야 옳지만, 카뮈는 '시지프'로 사용했다. 그래서 나도 그의 표기를 따른다. 신화다 보니 어렵지 않고, 이왕 쉬어가는 김에 제대로 쉴 수 있도록 대화체와 이야기체를 섞겠다. 그런데 좀 길다. 양해 바란다.

시지프는 고대 그리스의 도시국가 코린트(Corinth)를 건설한 왕으로, 꾀돌이였다고 한다. 좋게 말해서 '꾀'지, '잔머리의 황제'였다는 말이다. 주어진 삶의 시간이 다 되어서 죽음의 신 타나토스(Thanatos)가 그를 데리러 오자, 시지프는 오히려 타나토스를 속여서 감금시킨다. "아니, 어떻게 이런 황당한 일이 일어날 수 있지? 명색이 신이 일개 인간한테 잡혀? 쪽팔리게!" 흥분한 신들은, 전쟁의 신 아레스(Ares)를 보내 타나토스를 구출하고 시지프는 저승으로 이송한다. 아레스에게 잡혀 저승으로 끌려가기 직전, 시지프의 잔머리가 또 한 번 반짝인다. 시지프는 아내에게 절대 자기의 제사를 지내지 말라고 당부한다. 그리고는 저승에서 1년이 지났다. 자기의 제삿날이 지나도 이승의 아내가 제사를 지내주지 않는 걸 분해하고 서러워하는 척하면서, 저승의 신 하데스(Hades)에게 하소연한다. "아니 어떻게 한 평생 같이 산 아내라는 사람이, 남편의 제사조차 챙기지 않을 수 있습니까? 이런 불쌍한 인간은 세상에 저밖에 없을 겁니다. 죽은 것도 서러운데, 저승에서조차 이렇게 서러움을 당해야 한다니. 흑흑" 그의 연기가 꽤나 리얼했나 보다. 아내만 설득하고 오겠다는 조건으로 다시 이승으로 돌아온 걸 보면 말이다.

이승으로 돌아오자마자 몇 년을 머리카락 보일까 꼭꼭 숨어 지냈지만, 결국엔 신들의 사자(使者)인 헤르메스(Hermes)에게 체포되어 다시 저승으로 끌려간다. 그리고는 그 유명한 산꼭대기에 바위를 올려놓는 벌을 받게 되고. 바위가 산꼭대기에 일정 시간 고정된 채 있으면 형벌이 종료되는 조건이다. 하지만 바위의 무게 때문에 그리고 산꼭대기가 평평하지 않아서, 꼭대기에 이르자마자 바위는 산 아래로 굴러떨어지기를 반복한다. 신들이 이런 형벌을 선택한 이유는 분명했다. 인간에게 '쓸모[의미/가치]없고 희망 없는 일보다 더 끔찍한 형벌은 없다'라는 사실을 너무도 잘 알았기 때문이다.

시지프는 인간적인 측면에서 보더라도 정치인이 딱 어울

릴 정도로, 그놈의 입에서 나오는 말 치고 믿을 만한 말이 거의 없는 사람이었다. 그런데도 카뮈는 시지프를 영웅으로 칭송(稱頌)한다. 카뮈는 시지프가 다시 바위를 굴려 올리기 위해 산에서 내려오며 이런저런 생각을 하는 시간에 주목한다. 그런데 이 부분의 설명이 너무 간략해서, 왜 카뮈가 그렇게 생각했는지 이해하는 게 쉽지만은 않다. 개인적인 설명을 덧붙이자면 이렇다. 카뮈에게 '운명' 또는 '삶의 부조리'로 상징되는 신들에게 반항하는 시지프는 바로 '우리 자신'이리라. 그리고 카뮈가 시지프가 산에서 내려오는 그때를 '의식이 깨어 있는 시간'이라고 말한 이유는, 다음과 같은 시지프의 독백(獨白)을 상상해서가 아닐지 싶다.

"그래. 누가 벌을 주고 누가 벌을 받고 있느냐는 '결과'만 본다면, 신들이 승리자고 난 패배자겠지. 신들과 백번 싸워봐야 한 번도 이길 수 없는 건 나도 알아. 하지만 비록 백전백패라고 해도, 이 고통이 너무 힘겹다고 벌벌 떨면서 신들에게 잘못했으니 한 번만 봐달라고 비굴하게 용서를 구하진 않을 거야. 그러는 순간 난 정말 누가 뭐래도 패배자가 되는 거니까. 신들은 그런 순간이 오기를 바라고 있겠지? 흥! 칫! 뿅이다. 절대로 그럴 순 없지. 인생은 폼생폼사인데, 그러면 너무 쪽팔리잖아. 그래. 끝까지 개기자! 당당하든 비굴하든 벌을 받을 수밖에 없다면, 이러나저러나 어차피 지는 싸움이라면, 자존심 하나만큼은 붙들고 있어야 나중에라도 후회는 없을 테니까. 안 그래?

그리고 이왕 그럴 거라면 신들의 눈을 똑바로 바라보면서 '이 까짓 것 하나도 힘들지 않다'는 비웃음 섞인 썩은 미소도 날리고, 가능하다면 휘파람까지 불면서 한발 한발 바위를 굴려 가리라. 그런다고 신들이 날 죽이겠어? 그럼 나야 땡큐지. 이 형벌이 끝나는 거니까. 내가 그렇게 반항하는 순간순간이 지속될수록 과연 누가 더 초조해지고 애가 탈까? 벌을 준 자기들이 더 자존심 상하고 고통스러울걸? 내가 소싯적에 싸움 좀 해봐서 아는데, 아무리 얻어터져도 헤헤 웃으며 몇 번이고 일어나 다시 대들수록 때리던 놈들이 더 지치고 힘들어하더라. 나중에는 오히려 내게 잘못했다고, 자기들이 졌다고 싹싹 빌기까지하고. 비록 전체적이고 최종적인 승리자는 신들이라고 하더라도, 내가 반항하는 그 순간순간만큼은 나 시지프가 바로 승리자다!" 이건 아Q의 '정신 승리'와는 전혀 다른 것이다.

신들은 인간에게 쓸모[의미/가치]없고 희망 없는 일보다 더 끔찍한 형벌은 없다는 사실을 어떻게 그리도 잘 알고 있었을까? 사연은 이렇다. 티탄(Titan)[타이탄]의 일원이자 아틀라스(Atlas)와 형제이며 '생각부터 하고 그 후에 행동하는 자'라는 이름의 프로메테우스(Prometheus)는, 제우스로 대표되는 올림포스의 12신들보다 앞선 세대의 신이다. 쉽게 말해서, 제우스의 선배쯤 된다. 어느 날, 제우스와 그의 형제자매 그리고 동기들이 힘을 합쳐 '티탄족의 전쟁'인 '티타노마키(Titanomachy)'라는 쿠데타를 일으켜 올림포스를 장악하는 데 성공한다. 그리고 곧이어 선배들을 숙청(肅淸)하기 시작하고. 아틀라스는 하늘을 떠받치는 형벌을 받고, 프로메테우스는 코카서스(Caucasus) 산꼭대기에 묶인 채 독수리들에게 간을 쪼아 먹히는 형벌을 받는다. 산 대부분이 해발 5,000m가 넘는 유럽에서 가장 높은 코카서스산맥은 영어 발음이고, 원래 발음은 '캅카스'이다. 그래서 그 산맥이 걸쳐 있는 조지아[그루지아]와 아르메니아와 아제르바이잔을 '캅카스 3국'이라고 부른다.

여하튼 제우스가 유독 프로메테우스를 가혹하게 대한 건, 그만한 이유가 있어서다. 하마터면 프로메테우스 때문에 쿠데타가 실패할 뻔했을 만큼, 자기들을 가장 괴롭힌 최고의 전사(戰士)였기 때문이다. 그리고 그보다 더 중요한 이유는, 프로메테우스의 예언 능력이었다. 우리처럼 제우스도 자기의 미래가 죽을 만큼 궁금했지만, 아무리 물어봐도 프로메테우스는 기분 나쁜 미소만 지을 뿐 말하지 않았다. "어휴~ 저걸 당장 죽여?" 하다가도 자기 미래를 듣지 못했으니 그럴 수도 없고, 그렇다고 참고만 있자니 울화통이 터져 식욕도 없고 잠도 오지 않았으리라. 그러다 아주 비열한 방법이 떠오른다. 프로메테우스가 가장 아끼는 두 존재를 고통으로 몰아넣어서, 그걸 보는 프로메테우스의 마음을 찢어지게 만든다는 것이다. 그 두 존재 중 하나는 '일단 저지르고 생각은 나중에 하는 자'라는 이름의 동생 에피메테우스(Epimetheus)였고, 다른 하나는 프로메테우스가 하늘의 불까지 훔쳐서 가져다줄 정도로 아끼던 바로 우리 '인간들'이었다.

제우스는 당장 대장장이의 신 헤파이스토스(Hephaistos)에게 여신처럼 아름다운 인간 여성을 만들게 했는데, 그녀의 이름이 판도라(Pandora)다. 제우스는 신들을 불러 모아 각자 선물 하나씩을 큰 항아리(large storage jar)에 넣게 하고는, 그 항아리를 판도라에게 생일 선물 겸 결혼 선물로 주면서 그녀를 에피메테우스에게 시집보낸다. 제우스의 음흉한 계획을 눈치채고 있던 프로메테우스는 동생에게 절대 항아리를 열어보지 말라고 신신당부하지만, '금지는 위반의 욕망을 더욱 불타오르게 하는 법'[49]. 결국 판도라와 에피메테우스는 항아리를 열었고, 그러자마자 고통과 슬픔과 가난과 질병 등 온갖 재앙이 튀어나와 인간 세계에 자리 잡게 되었다. 깜짝 놀라 황급히 항아리를 닫았지만, 이미 그 속에 남은 거라곤 하나밖에 없었다. 바로 느려터져서 미처 밖으로 나가지 못한 '희망'이다.

이 사건 이후 프로메테우스의 아들 데우칼리온(Deucalion)과 에피메테우스의 딸 피라(Pyrrha)는 부부가 된다. 에피메테우스를 망가뜨린 제우스는, 판도라의 항아리로 인해 인간 세계

---

49   조르주 바타(이)유, 『에로티즘』(1957)

가 소위 개판이 되었다면서 깨끗하게 물청소 한 번 하자고 신들에게 제안한다. 물론 특유의 예지능력으로 제우스의 그 계획도 이미 알고 있던 프로메테우스는, 데우칼리온과 피라에게 큰 배를 만들라고 지시한다. 그 뒷이야기는 성경의 '노아의 방주(Noah's Ark)' 이야기와 거의 똑같다. 바로 이들 부부가 성경 속 노아인 셈이다. 인간들을 향한 제우스의 복수를 멈추기 위해, 결국 프로메테우스는 제우스와 협상한다. "야! 그렇게도 원하던 네 미래를 알려줄 테니, 다시는 인간들 건들지 않기다. 오케이?" 제우스는 마다할 이유가 없다. "콜!" "야, 제우스! 너 아내인 헤라(Hera) 몰래 정령(精靈)[님프(nymph)]계의 최고 미녀 테티스(Thetis)한테 작업 중이지? 그런데 어쩌냐? 테티스가 신과 결혼해서 낳은 아들이 널 죽이고 네 왕좌를 차지할 텐데." 이 것이 바로 제우스의 미래에 관한 예언이있다.

깜짝 놀란 제우스는 테티스가 혹시 다른 신들과 눈이라도 마주칠까 노심초사하면서, 부랴부랴 펠레우스(Peleus)라는 인간과 테티스의 결혼을 일사천리로 추진한다. 드디어 테티스의 결혼식 당일, 모든 신 중 결혼식에 초대받지 못한 단 한 명이 있었는데 그가 바로 불화(不和)의 신 에리스(Eris)다. 에리스는 "나를 대놓고 푸대접해? 좋아. 너희들 한번 당해봐라!"라는 생각으로 '가장 아름다운 이에게'라는 글귀가 적힌 황금사과를 결혼식장에 몰래 갖다 놓는다. 그로 인해 미모라면 빠지지 않는 헤라와 아테나(Athena) 그리고 아프로디테(Aphrodite)가 핏대 세우며 싸우다가 제우스에게 판결을 부탁하지만, 제우스는 아직은 자기가 트로이(Troy)의 왕자라는 사실을 모르고 있던 목동 파리스(Paris)에게 판결을 떠넘긴다. 그도 그럴 것이, 헤라는 아내요 아테나와 아프로디테는 각각 배다른 딸들인데 어떻게 한 명을 선택하겠는가? 여기에서부터 그 유명한 '트로이 전쟁(Trojan War)'의 서막이 오른다. 후에 그 전쟁의 주인공이 되는 아킬레스(Achilles)는 바로 테티스와 펠레우스의 아들이고. 내친김에 트로이 전쟁까지 다루고 싶지만, 대부분이 아는 내용인 데다 지면 관계상 마음을 진정시키련다.

모방 욕망의 삼각형 구조와
희생양 메커니즘

'결핍'이나 '고통'은 직접 그리고 필연적으로 사물을 갖지 않는 데서
가 아니라 가지고 싶지만 갖지 못하는 데서 생긴다. 스토아학파 철학
자 에픽테토스는 "가난은 고통을 안겨주는 것이 아니라 욕망을 안겨
주며, 인간의 마음을 불안하게 하는 것은 사물들이 아니라 그 사물들
에 대한 욕망"이라고 말했다. 모든 행복은 우리의 욕구와 우리가 얻
은 것 사이의 관계에 달려 있다. 그 관계는 전자의 크기를 줄일 뿐만
아니리 후지의 크기를 늘려서도 회복될 수 있다.

…… 아르투르 쇼펜하우어, 『의지와 표상으로서의 세계』(1818)

허영심 많은 사람에게 특정 대상을 욕망하게 만들기 위해서는, 그 대
상이 명성이 높은 모델[매개자]에 의해 욕망되었다는 사실을 주지(周
知)시키는 것으로 충분하다. 실재하는 것이든 추측된 것이든, 특정 대
상을 주체의 눈에 끝없이 욕망할 만한 것으로 보이도록 하는 것은 바
로 모델의 욕망이기 때문이다.

…… 르네 지라르, 『낭만적 거짓과 소설적 진실』(1961)

자신의 생존적 필요에 기초해서 일어난 '본래의 욕망(original wants)'은 완전에 가깝게 충족되고, 생산의 계속을 위해 인위적으로 '조작된 욕망(contrived wants)'만이 생산 활동을 지탱하고 있으므로, 생산은 광고와 판매 등을 통해 스스로 창출한 욕망을 충족시키기 위해 이루어진다는 도착적(倒錯的) 기능을 수행하게 되었다.

…… 존 갤브레이스, 『풍요로운 사회』(1958)

쇼펜하우어와 니체 그리고 카뮈를 통해 살펴본 인간 내면의 '의지'는, 대체로 실존적인 삶과 관련된 조금은 추상적인 느낌이었다. 이제 피부로 와닿을 만한 현실적인 의지인 '욕망'을 파헤쳐 보자. 욕망의 창출과 소비를 통한 만족도는 타인과의 비교에 달려 있다는 것 그리고 욕망의 창출과 소비는 상업적으로 조작된 것이라는 게 갤브레이스의 '의존효과(dependence effect)'다. 욕망 그 자체는 인간의 본능이고, 그래서 욕망의 근원이나 원인은 욕망하는 주체의 내면에서 찾아야만 한다. 이 말에 토를 달 사람은 없을 것이다. 그러나 이런 생각은 오산(誤算)이다. 있다. 욕망은 특정 대상과 그것을 욕망하는 주체[개인] 둘만의 관계라는 통념의 이면에는 '자율적인 주체성' 즉 주체가 '자신만의 필요와 판단과 선택에 따라' 특정 대상을 획득하려 한다는 '자연발생적인 욕망'이라는 환상, 그러니까 개인에게는 고정불변하는 성향이 내재해 있으며 그것이 개인의 행동을 판단하는 기준이라는 '기본적 귀인 오류(fundamental attribution error)'가 자리 잡고 있다는 것이 프랑스 사회학자 르네 지라르의 탁월한 분석이다. 이 책이 출간되고 거의 20년이나 흐른 1979 년을 기점으로 해서야 겨우, 인간은 완전히 합리적이고 완전히 이성적인 존재가 아니라고 주장하는 '행동경제학(behavioral economics)'이 태동하기 시작했다.

현실의 통념 즉 '자율적인 주체성'과 '자연발생적인 욕망'이라는 환상은 '낭만적(인) 거짓'이고, 위대한 작가들이 소설 속에서 그것이 환상임을 폭로하면서 모든 욕망의 본질은 '모방[따라 하기] 욕망'이고 '욕망의 대상·대상을 욕망하는 주체[추종자]·주체에게 대상을 욕망하게 만드는 장본인이자 욕망의 매개자인 모델[타인]'로 구성된 '모방 욕망의 삼각형'을 이룬다는 것이 '소설적(인) 진실'이라고 지라르는 말한다. 지라르는 '모방 욕망의 갈등'이 확산하면서 공동체 전체에 위기가 고조되면[50] 위기를 해소해서 공동체의 단합을 이뤄내려는 '희생양 메커니즘'이 작동하고 다시는 그런 집단적 폭력에 빠지지 않기 위해 '금기'라는 예방책을 마련하면서 공동체 전체에 '규칙과 질서'가 생겨나는 것이라며[51], '모방 욕망의 삼각형'이라는 하나의 개념을 두 권의 책을 통해 자세히 설명한다.

---

50 르네 지라르, 『낭만적 거짓과 소설적 진실』(1961)
51 르네 지라르, 『폭력과 성스러움』(1972)

주체와 모델 사이의 거리가 물리적으로 접촉 가능한 거리라고 해도, 애초부터 모델을 경쟁자로 생각할 의도가 없는 경우가 '외적 매개 (external intermediation)'다. 대상을 놓고 주체와 모델 사이에 갈등이 생겨날 위험은 전혀 없으며, (종교의 경우처럼) 주체는 모델이 자신보다 우월하다는 사실을 흔쾌히 인정하고 자신보다 월등한 모델을 따르고 있다는 사실을 자랑스럽게 여기기까지 한다. 다만 모델과의 거리가 멀수록 대상이 가지는 형이상학적 위력 또한 약해지기 때문에, 외적 매개에 있어서 욕망의 대상은 언제든 쉽게 대체될 수 있다.

문제는 '내적 매개(internal intermediation)'다. 주체는 자신도 모델과 동등해질 수 있다는 확신 하에 모델이 차지하고 있는 모든 걸 빼앗아 자기 것으로 만들고자 하며, 그래서 동일한 대상을 두고 모델과 경쟁하고 갈등하고 그 결과 폭력이 탄생한다. 외적 매개가 모델에 최대한 가까이 다가가는 것이라면, 내적 매개는 모델을 넘어서고자 하는 것이다. 주체의 욕망이 분명해질수록 모델의 경계심과 적대감도 커지고, 그럴수록 대상의 가치[위력(威力)]는 더 커 보이기 때문에 주체의 욕망 역시 배가(倍加)된다.

…… 김모세, 『욕망, 폭력, 구원의 인류학』(2008)

'모방 욕망의 삼각형'에서 중요한 핵심 두 가지는, '모델[타인] 의 존재' 그리고 '주체와 모델 사이의 심리적인 거리'다. 첫째 '모델의 존재'가 중요한 이유는, 욕망이 발생하는 자리에는 언제나 타인이 자리 잡고 있다는 사실을 보여주기 때문이다. 순전히 개인적인 욕망이란 존재하지 않는다. 둘째 '주체와 모델 사이의 심리적인 거리'가 중요한 이유는, 그것이 '외적 매개'와 '내적 매개'를 구분하는 기준이 되기 때문이다. 외적 매개의 경우, '그는 그'고 '나는 나'라고 철저히 분리하기 때문에 문제 될 게 없다. 그러나 내적 매개에서 극단적인 경쟁과 갈등이 발생하는 이유는, 스스로 생각하기에 자신과 크게 다를 바 없는 존재[모델]가 자신보다 높은 위치에 있다는 사실을 참을 수 없기 때문이다. 그 순간부터 대상의 구체적이고 실질적인 사용 가치라는 물리적인 측면은 감소하고, 정신적인 교환가치 즉 형이상학적인 위력은 증가한다.

일반적으로, 사용 가치에만 국한된 갈망은 '욕구(慾求, needs)'라고 말한다. 배고프고 목마른 사람이 종류와는 상관없이 음식과 마실 것을 갈망하는 건 욕구의 차원이고, 그래서 그 속엔 모방 욕망의 삼각형 구조도 없다. 하지만 지금 당장 배고프지 않음에도 TV에 등장하는 음식을 보면서 그 음식에 대한 허기를 느낀다면 그것은 '욕망(欲望, desire)'이며, 그래서 모방 욕망의 삼각형 구조를 갖는다. 교환가치가 사용 가치를 넘어선 이후부터는 모델을 맹목적으로 모방함으로써, 자신의 존재가치를 모델을 능가할 만큼 상승시키려는 경쟁 관계가 시작된다. 그런 경쟁 과정에서 필연적으로 사회적 갈등이 발생하고, 그것이 심해져서 공동체의 다수가 공통된 모델과 경쟁에 빠지게 되면 그 결과 공동체 내에는 폭력이 탄생하면서 위기감이 고조된다는 것이다. 왜 형제자매끼리 그리도 많이 다투는지, 왜 가장 친한 친구들에게 질투심과 경쟁심을 가장 크게 느끼는지, 왜 공동체나 조직의 몰락은 대부분 내부의 분열 때문에 발생하는지 등에 관한 새로운 이해를 제시하는 탁월한 통찰이다.

내적 매개에서, 주체는 항상 자신을 쳐다보는 모델[타인]의 시선을 극단적으로 의식한다. 모델의 시선이, 욕망하는 주체 자신의 열등감과 초라함과 자격지심(自激之心)을 상기시키기 때문이다. 내적 매개의 욕망하는 주체는, 항상 모델에게 보이는 자신의 이미지에 대해 두려움과 조바심을 지니고 있다. 스스로 자신에 대한 자신감 또는 자존감이 없어서다. 그래서 타인의 시선이 없는 상황에서도 항상 그것을 의식한다. 타인의 시선을 자기 내부에 내재화하는 것이다. 가장 넓게 보면, 하늘의 신 또는 조상들의 영혼이 늘 자신을 지켜보고 있다고 생각하는 것과도 같다. 모방 욕망에는 기본적으로 '우월한 모델[주인]'과 '열등한 주체[노예]'라는 사실이 전제되어 있다. 그래서 욕망하는 주체는 자신이 누군가를 모방한다는 사실을 늘 감추려 한다. 특히 모델이 자신과 가까운 사람일수록 숨김 현상은 더욱 강화되면서, 타인의 욕망이 마치 자신의 내부에서 자연스럽게 발생한 욕망인 것처럼 스스로 착각하고 확신하고, 그 결과 대상에 실제적인 사용 가치가 없는 경우엔 말도 안 되는 가치를 만들어서 부여하기까지 한다.

(특정 대상을 향한) 모델의 무관심한 태도는 타인의 욕망을 불러일으키려고 계산된 냉담함이며, 타인들에게 끊임없이 '나는 모든 걸 가졌기에 아무것도 바랄 필요가 없는 사람'이라고 암시하는 냉담함이다. 모델은 스스로 욕망하는 척 가장하는 대상을 타인들이 모방하도록 만들고 싶어 한다. 그는 무관심을 표명하면서도 공공장소를 돌아다닌다.

······ 르네 지라르, 『낭만적 거짓과 소설적 진실』(1961)

욕망의 매개자인 모델은 직간접적으로 주체에게 자신을 모방하도록 꼬드겨 놓고서, 주체가 본격적으로 모델을 모방하려고 덤비면 자신에게 다가오지 말라고 자신을 넘보지 말라고 너와 나는 애초부터 다른 존재라고 정색(正色)하며 달아난다. 이런 '이중 명령(double command)'이 욕망하는 주체를 혼란스럽게 만든다. 주체로부터 달아나려는 모델의 모습은, 주체에게 맹목적으로 모델을 뒤쫓게 만든다. 자신에게서 달아나려는 모델은 그만큼 자신보다 우월한 뭔가를 가지고 있다고 여겨지기 때문에, 단지 모델이 달아난다는 사실 자체가 주체에게 모델의 뒤를 쫓아야만 한다는 필연성을 발생시키는 것이다. 다른 한편 욕망하는 주체는 모델의 '무관심한 태도'도 참지 못한다. 주체가 욕망하는 대상을 향한 모델의 무관심한 태도는 헤겔의 '인정 투쟁'으로 표현하자면 주인의 상징이고, 그럼으로써 자신은 노예로 전락하기 때문이다.

주인과 노예의 관계는, '사디즘(sadism)[새디즘]'과 '마조히즘(masochism)[매저키즘]'의 관계이기도 하다. 마조히즘은 단순히 고통을 즐기는 성향이 아니라 모방 욕망에 빠진 자들이 보이는 자기 경멸의 감정이고, 사디스트는 순교자 역할을 하는 데 지친 마조히스트가 학대자로 역할을 바꾼 것뿐이라고, 그래서 폭력을 행사하는 자와 당하는 자 모두 똑같이 닮은 사람이라고 지라르는 말한다. 폭력이 모든 차이를 지우기 때문이란다. 맞아본 놈이 더 아프게 때리고, 극과 극은 통하기 때문이다.

상호 모방이 진행될수록 주체와 모델 사이의 차이는 점차 소멸한다. '차이[다양성]'란 공동체 내에서의 '위계[지위]'고 '정체성'이며 '의미'이고, 변증법적 변화의 핵심 요소인 동시에 생명체의 생존과 번영 그리고 지적(知的) 능력의 넓고 풍부함에서도 핵심 요소다. 따라서 차이의 소멸은 — 평등일 거라는 통념과는 정반대로 — 공동체 내의 균형과 조화와 아름다움을 무너뜨리고, 그 결과 공동체엔 폭력과 혼란과 위기감이 고조될 수밖에 없다. 동시에 애초 욕망의 대상은 이제 관심 밖으로 사라지고, 오로지 경쟁자를 물리치는 것만이 각자의 목표가 되기 시작한다. 이런 모방 경쟁에서는 승리한다고 해도 얻을 수 있는 전리품은 아무것도 없다. 모든 사람이 모방에 빠져들면서 같은 대상을 욕망하게 되고 이 과정이 확산하면, 결국엔 한 사회 구성원 전체가 무한 경쟁 상태에 돌입하게 된다. 역설적으로 차이의 소멸이 일어나고 있는 공동체나 관계의 내부에서는, (각자의 눈에) 남은 가지고 있지만 자기는 가지고 있지 못한 차이들밖에 보이지 않는다. 그러나 외부에서 보면 모두가 똑같다. 공동체나 관계 안에서는 '동질성'이 보이지 않지만, 밖에서는 '차이'가 보이지 않는 법이다.

원시인들은 피와 접촉하는 것을 피하고자 기이한 예방책들을 사용했다. 제의(祭儀)의 희생물에서 흘러나오는 피, 사고나 폭력 행위 속에서 흘러나오는 피, 생리 중인 여성의 피 모두 불순한 것으로 여겼다. 평화와 안정이 지속되는 한 피는 보이지 않기 때문이다. 그러다가 폭력이 나타나면 피도 모습을 드러낸다. 피는 어디든지 침투해서 무질서한 방식으로 확산한다. 피의 유동성은 폭력의 전염성을 구현(具現)한다.

…… 르네 지라르, 『폭력과 성스러움』(1972)

위기가 고조된 사회의 붕괴를 막기 위해서 인류가 찾은 예방책은 '금기(taboo)'였고, 그중에서도 가장 대표적인 게 바로 '피'다. 피가 폭력(의 전염성)을 상징한다고 생각했기 때문이다. 특히 생리 중인 여성의 피와 관련해서 성(性)도 금기시된 이유는, 다양한 질병을 유발할 수 있을 뿐만 아니라 지금도 수많은 갈등과 질투와 원한과 살인과 분쟁의 원인이기 때문이다. 쌍둥이를 배척한 이유는 똑같은 두 개체라는 자체가 차이의 소멸을 의미한다고 생각했기 때문이고. 유사성이 원인이라면 왜 형제 자매 사이를 금기시하는 사회는 없는 걸까? 구성원 전체를 버릴 수는 없기 때문이다. 하지만 경계를 늦추지는 않는다. 근친 상간은 차이 소멸의 극단적인 형태니까. 그래서 지라르는 오이 디푸스를 '차이의 살해범'이라고 부른다. 차이의 살해범인 오이 디푸스가 친부를 살해하고 친모를 아내로 맞이한 근친상간은, 개인의 문제가 아니라 국가 전체의 문제로 확대된다. 그로 인해 테베에 닥친 전염병은, 바로 차이 소멸과 폭력의 전염성을 상징한다. 반대로 관혼상제(冠婚喪祭)나 성인식 같은 통과의례 (通過儀禮)를 공동체 전체의 중요한 의식으로 여긴 건, 그것들을 통해 차이 즉 질서를 확립할 수 있다고 여겼기 때문이다.

아무리 위기가 고조된 사회의 붕괴를 막기 위한 예방책이라고 해도, 수많은 금기로 1년 내내 구성원들을 억눌러 두기만 할 수는 없는 법이다. 그래서 거의 모든 사회에는 일시적으로나마 구성원들의 숨통을 터주는 '제의적(祭儀的) 성격을 지닌 축제', 즉 고대 그리스의 '디오니소스[바쿠스] 축제'나 중세 유럽의 '바보들의 축제(Feast of Fools)'처럼 '금기의 위반'이 존재한다. 축제 기간 사람들은 대체로 가면을 착용한 채 며칠에 걸쳐 당시의 금기들을 마음껏 위반하면서 스트레스를 해소했다. 가면은 '차이의 소멸'과 '의미의 상실' 그리고 모든 책임에서 해방되는 '익명성(匿名性, anonymity)'의 상징이니까. 그러다 축제가 끝나고 구성원들이 다시 일상으로 돌아갈 준비를 할 때가 되면, 반드시 마지막에는 그렇게 신났던 금기의 위반이 얼마나 위험하고 무질서한 모습인지 모두에게 분명히 인식시키는 별도의 의식이 진행됐다. '야자 타임' 후에는 거의 항상 '군기 타임'이 진행되듯이 말이다. 그래서 지라르는 '(제의적) 축제는 언제든지 닥쳐올 수 있는 실제적 위기에 대한 모의 훈련'이라고 말한다.

상호적 폭력에 의해 존립 자체가 위험해진 공동체와 구성원들을 구할 수 있는 단 하나의 가능성이, 구성원들 모두의 폭력을 단 하나의 대상 즉 '희생양(犧牲羊, scapegoat)'에 집중시키는 것이다. '불순한 피'의 오염에 저항해서 그것을 순화시킬 수 있는 수단으로 인류가 찾은 유일한 대항마가 바로 '순수한 피'이다. 좋은 폭력 또는 정화하는 폭력을 통해 나쁜 폭력을 막으려는 것이다.

…… 김모세, 『욕망, 폭력, 구원의 인류학』(2008)

그러나 1년에 한두 번 있는 소극적인 (제의적) 축제로는 큰 예방효과를 기대하기 어렵다. 그래서 인류가 찾아낸 적극적인 해결책이 바로 지금의 '집단 따돌림 현상'에 대한 하나의 좋은 설명이 될 수 있는 '희생양 메커니즘'이다. 바로 예수를 희생양 삼아 십자가에 매닮으로써, 이스라엘 전체가 로마에 반란을 일으키려 한 게 아니었다며 멸망을 피하고 공동체 전체의 결속을 강화하려 했던 것처럼 말이다. 양가죽을 뒤집어쓰고 노안(老眼)

으로 앞이 안 보이는 아버지 이삭(Isaac)을 속여 쌍둥이 형에서(Esau)가 받을 축복을 가로채는 야곱(Jacob)[52] 그리고 『오디세이아』(Odyssey)에서 외눈박이 거인 키클롭스 폴리페모스(Cyclops Polyphemus)의 눈을 찌른 후 양의 배 밑에 매달려 동굴에서 탈출하는 오디세우스(Odysseus) 즉 율리시스(Ulysses)의 이야기 모두에서 핵심은, 양을 통해 위기에서 벗어났다는 것이다. 그리고 '역사는 승리자의 기록'이라는 말처럼, 성공이 모든 희생을 정당화했다.

희생양 메커니즘이 제대로 작동하기 위해서는 네 가지 조건이 필요하다. 첫째 희생양은 왕·고위급 정치인·유명 연예인·천재 아니면 노숙자·동성애자·정신질환자처럼 공동체의 양극단에 있는 인물이나 대상이어야 한다. 둘째 어린아이·고아·여성·외국인 노동자 등 조직적으로 복수할 수 있는 능력이 없는 존재여야 한다. 셋째 공동체 구성원들 모두가 모든 갈등과 폭력의 원인이 자신들이 아니라 바로 그 희생양 때문이라고 믿게 만들어야 한다. 그래야만 자신들이 행사하는 폭력을 정당화할 수 있으니까. 넷째 구성원 전체가 예외 없이 폭력에 참여해야 한다. 그래야만 '인지 부조화(cognitive dissonance)'[53]로 힘들어하지 않을 수 있으니까. 그런데 이런 조건들을 완벽하게 갖

---

52 〈창세기〉 27:1~30
53 미국 사회학자 레온 페스팅거가 1956년에 제시한 개념

춘 희생양을 찾기란 쉬운 일이 아니다. 그래서 보통은 어느 정도의 희생양을 선택한 후, 원래부터 그 희생양이 네 가지 조건에 완벽하게 부합한 죄 많은 존재인 것처럼 변형[왜곡] 작업을 거치곤 한다. 이것이 첫 번째 변형 작업이다.

그렇게 공동체 전체의 결함과 오물(汚物)을 어깨에 짊어지게 한 채 희생양을 죽이거나 추방한 이후, 두 번째 변형 작업 즉 역설적이게도 희생양을 신성한 존재로 둔갑시켜 전설과 신화로 만드는 신성화(神聖化)[무지화(無知化)] 작업이 진행된다. 희생양 덕분에 공동체에 다시 평화와 단합이 찾아왔으니, 희생양이 공동체를 위기에서 구원한 셈이니까. 다시 말해서 희생양은 사실 무고(無辜)한 존재라는 진실의 은폐를 위해서, 가해자들의 정당화를 위해서, 희생양에 대한 폭력이 실제적인 효과가 있었고 그래서 공동체에 다시 평화와 질서가 찾아온 것이 모두 희생양 덕분이라고 믿게 하기 위해서 신성화 작업이 이루어지는 것이다. 따라서 희생양 메커니즘의 핵심을 두 가지로 요약하면 '희생양의 무고[허물없음]'와 '공동체 구성원들 전체의 무지(無知)'고, 한마디로 요약하면 '무지한 대중의 집단적 폭력'이라고 할수 있다. '무식할수록 용감하다'는 말은 '무지할수록 폭력적'이라는 말과 같다. 그래서 '모르는 건 죄'다.

어떤 영역에서든 지배계급은 구성원들의 정신이 깨어나기

를 바라지 않는다. 인간의 본성인 호기심을 채우기 위해 알고 싶어서 '묻는 것'을 '캐묻는다'라거나 '믿지 못하겠다는 거냐?'라는 부정적인 시선으로 바라본다. 안타깝게도 개인의 정신을 말살하는 '입 닥치고 시키는 대로만 하라'는 말이, 군대·학교·직장·종교 등 모든 영역에서 통용되고 있다. TV 광고와 방송은 먹고 입고 놀러 다니고 게임을 하는 것으로 도배되어 있다. 생각하는 능력을 차단당하고 감소할수록 그로 인해 육체적이고 물리적인 것에만 매달릴수록, 갈등은 오로지 폭력을 통해서만 해결될 수밖에 없게 된다. 대화를 통한 갈등 해결은 생각하는 능력을 전제하기 때문이다. 그리고 이것은 다시 이렇게 개돼지처럼 무지하고 과격한 사람들 손에 어떻게 자유와 민주주의를 맡길 수 있겠냐는 지배계급의 논리를 강화하는 데 사용되곤 한다.

진실은 은폐한 채 '집단적 무지와 폭력'에 근거한 '희생양 메커니즘'을 지라르는 '사탄[악마]'이라고 정의한다. 신화란 실제로 있었던 공동체의 위기에서 비롯된 것이고, 신화 자체가 폭력의 변형 작업의 산물이다. '위기와 극복·희생양과 신성한 존재·폭력과 성스러움'은 결국 동전의 양면이다. 그리스어 '파르마콘(pharmakon)'이 '약'과 '독'이라는 두 가지 뜻을 모두 지닌 단어이듯 말이다.

…… 김모세, 『욕망, 폭력, 구원의 인류학』(2008)

악마적인 것은, 자신의 내부에 자기 자신을 가두는 것이다. 자유는 항상 참여하는 것이고, 부자유는 더욱더 틀어박혀 어울리기를 원치 않는 것이기 때문이다. 악마적인 것의 모습은 다음에 해야지 하는 '게으름'으로, '단순한 호기심을 벗어나지 않는 호기심'으로, 성의 없는 '자기기만'으로, 남의 처지를 보고 (자신은 그렇지 않아서 다행이라고) 스스로를 달래는 '나약한 비열함'으로, 다른 사람에 대한 배려가 전혀 없는 '거만한 태도'로, '얼빠진 분주함'으로 나타나곤 한다.

…… 쇠렌 키르케고르, 『불안의 개념』(1844)

우리는 서양식 사고방식에 빠져서 사탄[악마]을 가시적인 실체(實體)로 생각하는 경향이 강하지만, 그보다는 불교에서 악마를 규정하듯 우리의 일시적인 잘못된 생각이나 신념이나 욕망으로 보는 것이 좋을 듯하다. 문제는 사탄을 모방하는 것이, 예수를 모빙하기보다 훨씬 쉽고 자유로워 보인다는 데 있다. 키르케고르의 정의에 '편안함·자연스러움·안정감·안락함'을 특징으로 하는 '중력의 영'이 악마라는 니체의 정의까지 더한다면, 내가 곧 악마고 내 집과 사회가 곧 지옥이라는 고백을 할 수밖에 없어 보인다. 지라르는 악마를, 항상 사람들에게 자신을 모방하게 만드는 존재[모델]이자 항상 금기를 위반하라고 속삭이는 존재라고 정의한다. 베드로가 예수를 향해 '하나님의 아들 그리스도'라고 고백하자[54], 예수가 베드로를 사탄이라며 물러가라고 꾸

54 〈마태복음〉 16:16

짖는다. 베드로가 예수에게 자기의 멋진 고백이자 욕망을 모델로 삼아 따르라고 암시한 것이기 때문이라는 게 지라르의 해석이다. 탁월하다.

지라르는 성경이 희생양 메커니즘의 해체를 명령하고 있다고 주장한다. 근거는 희생양의 위치를 복권(復權)한 후, 가해자에 대한 용서와 복수 금지를 당부했기 때문이라는 것이다. 예수는 간통죄로 잡혀 온 여인을 향한 첫 번째 돌을 금지한다. '너희 중에 죄 없는 자가 먼저 돌로 치라'[55]는 구절 속에 신화와 성서의 차이가 모두 함축되어 있다고 지라르는 말한다. 머뭇거리는 사람들에게 적극적인 폭력을 유도하기 위해서는 그들의 폭력에 '정당성'을 부여해 주는 첫 번째로 던지는 돌이 중요하기 때문이다. 이것은 습관에서도 마찬가지다. 바늘 도둑이 소도둑 되듯, 좋은 것이든 나쁜 것이든 한두 번만 해보면 해보기 전에 가졌던 엄청난 불안감이 쓸데없는 것이었음을 알게 된다.

희생양 메커니즘 해체의 예로 지라르가 드는 또 하나의 예가 욥(Job)과 목동이던 동생 아벨(Abel)을 죽여 '인류 최초의 살인자'로 불리는 농부 카인(Cain)의 이야기인데, 개인적으로 나의 모든 관심은 카인과 아벨 이야기에서 마주하게 되는 하나의 근본적인 질문에 쏠린다. '왜 하나님은 처음부터 카인의 제

---

55 〈요한복음〉 8:7

물과 제사는 외면했을까?' 하나님이 채식보다 육식을 선호했을 수도 있고 아니면 당시 중동 지역 유목민들의 신이었기 때문일 수도 있다[56]. 아무리 그래도 이렇게 대놓고 차별했다는 건, 하나님이 모든 인류의 보편적인 신이 되기에는 부족하다는 사실을 드러내는 건 아닐까? 또는 아벨은 본성이 착했고, 카인은 본성이 악해서였을 수도 있다. 그렇다면 하나님은 대다수 사람처럼, '기본적 귀인 오류'를 극복하지 못한 존재가 된다. 아니면 카인과 아벨의 이야기는 사람들에게 교훈을 알려주기 위한 것일 수도 있다. 그렇다면 『성경』의 권위는 『논어』 같은 고전(古典)의 권위와 다를 바 없는 게 된다.

에로티즘으로 본
금기와 위반의 욕망

지라르가 『폭력과 성스러움』(1972)에서 다루기 15년 전에, 이미 '금기와 위반'을 키워드로 삼은 책이 있다. 그것도 지라르의 '욕망'을 그사이에 잘 끼워서 말이다. 프랑스 지식인 조르주 바타(이)유의 『에로티즘』(1957)이 그것이다. 지금까지 소개한 학자들과는 달리 그의 앞에는 붙일 만한 직업이 없다. 변변한 학벌도 없고 그 흔한 대학교수라는 직함도 없어서 독학으로 평생 다양한 분야의 글을 읽고 쓰고 모임을 만들며 행동했건만 생전엔 무시만 당하던 비운(悲運)의 지식인, 부모 모두 치매 환자였던 탓에 경제적으로 부모를 부양하기 위해 가톨릭 신학대학을 중퇴했고 후에는 종교마저 포기한 고독한 지식인이었다.

먼저 『에로티즘』의 제목부터 보자. 프랑스어 '에로티슴(érotisme)'이 영어 '에로티시즘(eroticism)'에 해당하지만, 에로티시즘이 부정적인 의미로 사용되고 있고 프랑스어 발음 에로티슴도 매우 생소하다는 점에서 제목으로 '에로티즘'이라는 타협점을 찾은 것이다. 동물과 다를 바 없던 인류가 하나의 인간으로 탄생하게 된 출발점이 '의식의 탄생'이라면, '에로티즘의 탄생'으로 비로소 동물성에서 완전히 벗어나 인간성의 옷을 입게 되었다는 것이 바타(이)유의 분석이다. 성행위는 모든 동물에게 공통된 본능적인 충동이지만, 인간은 에로티즘을 추구하는 유일한 동물이라고도 말한다. 도대체 에로티즘이 뭐길래 바타(이)유가 이리도 칭송하는가? 지금부터 그 이유를 살펴보자.

> 욕망에 불을 지르고 그 욕망을 다양하게 하려면, 그것을 억압[제한]하는 것보다 더 좋은 방법은 없다. 쾌락의 현현(顯現) 없이는 금기가 있을 수 없고, 금기의 느낌 없이는 쾌락이 있을 수 없다. 만일 어떤 행위가 강력한 '금기의 대상'이라면, 그것은 이전에 그 행위가 강렬한 '욕망의 대상'이었음을 반증(反證)하는 것이다. 욕망을 억제하는 동시에 욕망을 자극한다는 사실에 금기의 역설이 있다.
>
> ⋯⋯ 조르주 바타(이)유, 『에로티즘』(1957)

어떤 것이든 '금기'가 되는 순간, 마치 지라르의 '희생양'처럼 이전에는 없던 신성함이라는 종교적 속성을 띠면서 '위반이라는 욕망'의 대상이 된다. 위반이 욕망인 이유는, 위반이 우리에게 성적 쾌감과 거의 비슷한 짜릿함 또는 황홀감을 주기 때문이다. 일단 특정 행위 자체에 재미와 쾌락이 있어서 많은 사람이 그 행위에 탐닉하게 되고, 사회적으로 그것이 바람직하지 못하다고 판단될 때 그것은 금기가 된다. 그리고 금기가 되는 순간부터, 그 행위 자체에 있던 쾌락은 행위 자체에서 떨어져 금기의 위반으로 전이된다. 욕망을 억제하기 위해 금기로 정했는데, 금기로 정해져 있다는 사실 자체가 다시 욕망을 자극하는 것이다.

범법 행위가 법의 존재 이유이듯, 위반은 금기의 존재 이유다. 모두가 위반하는 금기는 금기일 수 없듯, 아무도 위반하지 않는 금기 또한 금기일 수 없다. 따라서 금기에는 반드시 위반이 필요하다. 이것이 지라르의 분석처럼, 금기가 있는 사회에는 반드시 '축제'와 '희생양'이 존재하는 이유다. 흰색은 반드시 검은색이 필요하고, 장점은 반드시 단점이 필요하며, 천사는 반드시 악마가 필요하다. 불교의 '연기설'처럼 내가 있어야 네가 있다는 건 네가 있어야 내가 있다는 것이고, 그 말은 내가 있으려면 반드시 네가 있어야 한다는 말이다. 이때 극과 극의 대비(對比)가 크면 클수록 또는 거리가 멀면 멀수록, 흥분 곧 에로티즘도 그만큼 증폭된다. 처음 만나는 사람이 여러분과 다르면 다를수록 더 큰 호감이 가는 이유다. 다만 그런 '호감'은 '끌림'일 뿐, 결코 '사랑'이 아니다. 그런데도 많은 여성이 사랑의 전제조건으로 끌림을 원하는 실수를 저지른다. 사랑은 '오래 쌓인 정(情)'임을 모른 채, 끌림은 나의 기준에 상대방을 맞추지만 사랑은 상대방의 기준에 나를 맞추는 것임을 모른 채 말이다.

어떤 시대 어떤 사회에서든 금기의 대상은 '노동·생산·축적·실용성(實用性)'이라는 사회적 가치와 '가족과 번식'이라는 사회적 질서를 파괴하는 것들인데, 대체로 에로티즘은 '휴식·소비·낭비·무용성(無用性)'의 대명사인 동시에 가족 제도와 번식을 비웃는 행위로 여겨진다. 그렇기에 대체로 모든 사회에서 금기의 대상이다. 그런데 사실 이런 면에서 본다면, '죽음'도 에로티즘과 다를 게 없다. 그리고 에로티즘은 절정(絶頂)의 순간에 자아와 의식과 이성을 완전히 상실한다는 측면에서 죽음에 대한 인식을 전제하며, 실제로는 죽지 않으면서도 '죽음' 저편으로 넘어갔다가 오는 즉 죽음을 잠시나마 체험할 수 있는 유일한 방법이기도 하다.

에로티즘과 죽음은 늘 금기의 대상이고, 금기는 처벌의 공포와 금기의 파괴와 폭력이라는 위반을 동반하며, 위반은 쾌감[짜릿한/황홀경(恍惚境)]을 통반하므로, 공포와 파괴와 폭력도 쾌감을 동반한다. 공포와 파괴와 폭력의 정점(頂點)에 위치하는 것은 '죽음'이고, 종교가 존재할 수 있는 이유도 '죽음'이 있기 때문이므로 종교도 에로티즘처럼 죽음에 대한 인식을 전제한다. 그렇다면 결국 에로티즘과 종교는 '죽음으로 결합한 하나'인 동시에 '공포와 파괴와 폭력과 쾌감의 동의어'라는 것이 바타(이)유의 탁월한 통찰이다. 순화(純化)되고 절제된 폭력인 스포츠 선수들의 움직임 하나하나에 선수들뿐만 아니라 관중 모두 숨죽이듯 긴장하다가, 점수가 나면 터져 나오는 선수의 세레모니(ceremony)와 관중의 환호성은 에로티즘에서 발생하는 오르가슴(orgasm)[황홀경]과 다르지 않다. 긴장이 최고조에 이를수록 쾌감[에로티즘]도 최고조에 이른다. 긴장을 최고조로 끌어올리는 폭력은 바로 '죽음' 곧 '살인'이고, 그것이 무엇으로도 대체할 수 없는 그래서 멈출 수 없는 최고조의 쾌감을 동반하기에, 연쇄살인범은 결코 살인을 멈추지 못하는 것이다. '그보다 더 좋을 수 없을 만큼 끝내주게 좋다'는 최고조의 쾌감 표현이, 바로 '죽여준다' 또는 '죽인다'인 것과 같다.

육체적 쾌락만이 문제라면, 약물이나 과학기술로도 에로티즘 이상의 쾌락을 얻을 수 있다. 그러나 사람들은 에로티즘 특히 사랑을 위해선, 재산도 명예도 심지어 목숨도 내놓는다. 왜 그럴까? 그건 바로 에로티즘의 본질이 단순한 육체적 쾌락을 넘어 '존재의 연속성[완전성]에 대한 갈망'이기 때문이다. 불완전한 존재자이기에 필사적으로 '불멸·완전·하나'를 꿈꾸는 인간에게는, 세 단계의 에로티즘이 있다고 바타(이)유는 말한다. 서로 상대가 꾸민 존재의 불연속성과 폐쇄성을 상징하는 페르소나와 옷을 벗기고 파괴하고 더럽히는 것이 '육체의 에로티즘'이다. 그러나 여기에 만족한다면, 그것은 에로티즘이 아니라 오로지 상대를 성적인 대상이나 물건으로 취급하는 것일 뿐이다. 사랑하는 사람이 몸은 나와 함께 있는데 마음은 다른 사람에게 가 있다면 어떤 기분일까? 그래서 육체의 에로티즘을 전후(前後)해서 또는 육체의 에로티즘과 동시에, 정신과 마음도 하나가 되기를 바라는 게 '마음[감정]의 에로티즘'이다. 대개는 여기에서 멈추지만, 극소수는 인간이라는 존재마저 뛰어넘어 우주 만물과도 하나가 되고자 한다. 그것이 동양의 '물아일체(物我一體)'에 해당하는 '신성(神性)의 에로티즘'인데, 그리스도교도나 무속인이 신을 영접하는 순간 경험하는 감정이 에로티즘을 경험하는 감정과 같기 때문이다. 이탈리아 조각가 조반니[잔 로렌초] 베르니니의 조각 〈성녀 테레사의 환희〉(1647~1652)가 보여주는 표정은 오르가슴을 느끼는 여성의 표정과 차이를 찾을 수 없다.

바타(이)유는 에로티즘과 관련해서 결혼제도가 지닌 단점을 '습관화[익숙함]'라고 지적한다. 결혼은 성생활을 습관화하고, 습관화된 성생활은 위반의 느낌을 약화하며, 위반의 부재(不在)는 에로티즘 즉 쾌감의 부재를 초래한다. 배우자보다 불륜 상대가 훨씬 더 깅렬한 에로티즘[흥분]을 불러일으키는 이유는, 사회적이고 도덕적인 비난의 대상이라는 금기가 위반의 욕망에 불을 지르기 때문이다. 성매매는 사회의 법을 위반하는 것일 뿐, 에로티즘은 아니다. 육체는 어찌했다고 해도 '마음의 에로티즘'이 없기 때문이다. 성매매 여성도 불륜 상대처럼 이미 타인에 의해 더럽혀진 상태인 건 똑같지만, 육체의 욕구만이 있을 뿐 그녀와의 사랑 행위에는 어떤 의미와 가치도 없다. 반면에 불륜 상대는 그[그녀]를 소유한 특정인의 감시가 매 순간 존재하기에 금기에 대한 위반의 욕망이 샘솟을 뿐만 아니라, 그[그녀]를 소유하기 위해 투자한 시간과 돈과 노력이 바로 그만큼의 의미와 가치를 불륜 상대에게 부여하게 만든다. 인간의 삶을 이끌어 가는 건 의미와 가치와 희망이라는 사실이 또다시 반복된다. 그리고 많은 사람이 삶의 목표로 삼는 행복을 쾌감으로 대체할 수 있다면, 행복은 익숙하고 일상적이고 편안하고 안전하고 게으른 것에 있지 않다는 사실도 반복된다. 행복은 새로움에 있고, 새로움은 매 순간 모든 걸 '처음처럼' 대하는 자세다.

아름답다고 여기는 것은 소유하고 싶다는 것이고, 소유하고 싶다는 건 더럽히고 파괴하고 싶다는 것이다. 아름다움의 판단 기준은, 동물성으로부터의 거리다.

…… 조르주 바타(이)유, 『에로티즘』(1957)

아름다움에 관한 바타(이)유의 생각은, 앞에서 인용한 한병철의 생각과 일치한다. 신체 일부나 성행위를 노골적으로 드러내는 사람이 있다면, 그[그녀]는 이성(異性)의 욕망을 자극하지 못한다. 아름다운 여자 그러니까 동물성과 거리가 더 먼 여자를 탐내는 건, 그녀를 소유한 후 드러날 감춰두었던 그녀의 동물성이 더 큰 기쁨을 주기 때문이다. 낮에는 현모양처지만 밤에는 요부(妖婦)인 여자가 최고의 신붓감이라는 옛말과 다를 바 없다. 우리가 섹시하다고 말하는 여자는, 품위 있는 아름다움의 배후에 끈끈하고 은밀한 동물성을 감추고 있는 여자다. 만일 성적 결합의 순간에도 끝없이 정숙한 태도를 보이는 여자가 있다면, 그녀는 진정한 욕망의 대상이 될 수 없다. 평소의 정숙한 신성과 성행위에 불타는 동물성의 대비가 크면 클수록 에로티즘은 증폭되기 때문이다.

'모순'과 '역설'은 에로티즘의 본성이기에 앞서, 세상과 인간의 본성이다. 우리는 연속성의 쾌락을 희망하면서도, 불연속성의 고독도 절대 놓지 않는다. 죽지 않으면서도 죽음 저편의 세계로 살짝 넘어갔다가 오는 길, 그리하여 욕망도 살리고 우리도 살리는 길, 그것이 에로티즘이라는 게 바타(이)유의 결론이다. 인간의 욕망은 '사회적 차이화에 대한 욕망'이기에, 인간이 사회적 동물로 존재하는 한 욕망을 채울 수 있다는 것이 '허구'이듯 욕망을 비울 수 있다는 것 역시 '오만(傲慢)'이리라. 하나의 차이를 [결핍을] 해소하면 또 다른 차이가 등장하기 때문이다. 욕망과 관련해서 이제 바타(이)유의 첫 번째 아내와 결혼한 것으로 유명한 라캉의 생각을 엿볼 차례다.

의미 찾기에 천착(穿鑿)하는 욕망, 주이상스

'욕망'은 지라르나 바타(이)유만의 관심사가 아니다. 오히려 정신분석학자들에게 더 큰 관심사다. 글 자체가 지저분하기로 유명한 프랑스 정신분석학자 자크 라캉이 그중 한 명이다. 라캉의 여러 논문을 모은 『에크리』(1966)는 프랑스어로 '글 모음집'이라는 뜻이다. 마치 내가 이상(李箱)을 핑계 삼아 나의 형편 없는 띄어쓰기 실력을 감추려는 것처럼, 라캉도 무의식이 논리를 모르듯 무의식을 탐구하는 자기의 글도 체계가 없고 언어유희를 통해 반복되고 빗나가면서 고정된 의미화를 벗어난다며 자기 글의 지저분함에 관해 변명한다.

스위스 언어학자 페르디낭 드 소쉬르는 언어의 최소 단위는, 음성이나 문자로 표현되는 기표(記標, signifier)인 '시니피앙(signifiant)'과 그것이 지시하는 대상이나 의미를 가리키는 기의(記意, signified)인 '시니피에(signifié)'로 구성된 '기호(記號, sign)'라는 언어의 기본 개념을 확립했다[57]. 러시아계 미국 언어학자 로만 야콥슨은 기호[어휘]의 선택 그리고 문법 규칙에 따른 기호들의 결합이라는 두 가지 법칙하에서만 의미 있는 말이 형성된다며 소쉬르의 이론을 심화했다. 기의보다는 기표[시니피앙]가 더 중요하다는 것이다. 러시아계 프랑스 철학자 알렉상드르 코제브는 헤겔의 '주인과 노예의 변증법'을 재해석했다. 주인과 노예의 상호 인정 투쟁은 욕망의 만족을 위한 것인데, 그것은 결국 욕망의 만족이 실현되기 위해서는 타자로부터의 인정이 절대적이라는 것이고, 따라서 욕망은 자의적인 주관적 욕망이 아니라 '타자의 욕망에 대한 욕망'으로 구조화될 수밖에 없다는 것이다. 지라르의 모방 욕망의 삼각형도 코제브에게서 영감을 얻은 것이다. 뜬금없이 이런 이야기를 한 이유는, 이들의 사상이 라캉 사상의 뼈대이기 때문이고, 『에크리』의 핵심이기도 한 '욕망' 관련 부분의 사전(事前) 지식이기 때문이다. 라캉은 지라르의 '모방 욕망'에서 '욕망'에 초점을 맞춘다.

우리가 태어나서 언어를 습득하기 전까지의 시기는 이미지의 세계, 즉 '거울 단계(mirror phase)'라고도 불리는 '상상계(想像界, The Imaginary)'다. 거울에 비친 모습이 무엇이든 사진처럼 하나의 이미지로 포착해서 '자아(自我)'로 인식하고, 주변 대상들도 그렇게 인식한다. 거울에 비친 모습이 반드시 자기 자신이라는 보장은 없다. 부모·가족·친구 또는 이상형으로 삼은 사

---

57 페르디낭 드 소쉬르, 『일반언어학 강의』(1916)

람 등 무의식에서 동일시된 그 누구일 수도 있다. 거울에 다른 이미지가 비치면, 이전의 이미지는 깨끗이 지워진다. 그래서 자아는 (융의 주장처럼) 페르소나이자 (불교에서 말하듯) 일시적이라는 결론이 나온다. 라캉의 이런 결론은, 모르고 가도 서울은 간 셈이다. 그런데 거울은 우리 모습을 거의 그대로 보여주지만, 샤워 후 남자는 거울에 비친 자기의 모습을 '정우성'으로 여성은 '무수리'로 받아들인다. 우리 뇌 자체가 세상을 있는 그대로 보는 게 아니라, 늘 과대평가하거나 과소평가해서 인식하는 자기만의 고집이 있기 때문이다. 그래서 거울에 비친 자기의 이미지는 '자아'인 동시에 뇌에 의해 왜곡된 것이기에 '타자(他者)'이기도 하다. 라캉은 이것을 '소타자(小他者, other)'라고 한다.

> 무의식은 대타자의 담론(談論)[대화/전체 체계]이고, 인간의 욕망은 대타자의 욕망이다.
>
> ⋯⋯ 자크 라캉, 『에크리』(1966)

언어를 습득하면서 우리의 이미지적 자아는 '언어적 주체(主體)'로 변한다. 생리적인 '욕구(needs)'만 갖고 있던 자아가, 추상적인 언어를 통해 발생하고 표현되는 '욕망(desire)'을 지닌 주체가 되는 것이다. 우리가 태어나기 전부터 이미 존재하고 있던 프로이트의 초자아에 해당하는 선험적이고 절대적인 사회적·문화적·언어적 그물망으로 짜인 세계 즉 '상징계(象徵界, The Symbolic)'는, 주체를 지배하고 통제하므로 주체에겐 '대타자(大他者, Other)'가 된다. 상징계가 언어 체계 전체인 '랑그(langue)'라면, 주체는 개별 발화(發話) 행위인 '파롤(parole)'인 셈이다[58].

보통 하나의 기표[단어]에는 여러 개의 기의[의미]가 있지만, 상황마다 하나의 기표는 하나의 기의만 가질 수도 있다. 데리다의 '차연(差延)'처럼, 하나의 기표가 하나의 기의에만 연결되는 순간 필연적으로 다른 기의들은 배제될 수밖에 없는 게 언어의 본질적인 한계. 그래서 잃어버린 의미를 조금이나마 더 살려내고자 계속해서 다른 말을 보충하는 언어 반복[순환]이 일어날 수밖에 없다. 일상생활의 대화가 오해와 변명의 연속인 이유다. 그렇게 언어의 한계에 의해 배제된 기의들의 세계가 리캉에게는 '진리의 세계'이자 '현실 세계'인 '실재계(實在界, The Real)'다. 상징계와 쌍둥이인 실재계는 상징계와 동등하면서도 전혀 다른 영역에 존재하는 세계고, 상상계는 상징계의 지배를 받는 이미지들[표상들]의 세계다. 무의식의 실체가 리비도가 아니라 언어적 구조라는 건, 신선한 해석임에는 분명하다.

언어로써는 도저히 알 수 없는 무의식[실재계]의 '접근 불가

---

58 페르디낭 드 소쉬르, 『일반언어학 강의』(1916)

능성'이 주체에게는 '금기'로 인식되면서, 그 금기를 '위반'하려는 '욕망'을 불러일으킨다. 지라르의 표현으로 말하자면, 무의식의 세계는 무관심[접근 불가능성]을 통해 우리를 욕망하는 주체로 만드는 모델이라는 것이다. 성(性)을 향한 맹목적 욕망이 프로이트의 '리비도(libido)'라면, 이렇게 무의식의 세계로 뛰어들어 '잃어버린 시니피에들'을 찾고 회복하려는 맹목적인 욕망이 라캉의 '주이상스(jouissance)'다. 언어가 개입해서 발생하는 생물학적이고 본능적 필요성인 '욕구(needs)'와 그런 욕구를 충족시켜달라는 언어적 표현인 '요구(demand)'의 불일치에서 욕망[주이상스]이 발생한다는 것이다. 그러나 실제로는 그렇지 않은 듯하다. 여하튼 라캉은 헤겔의 인정 투쟁과 지라르의 모방 욕망의 삼각형을 차용(借用)한다. 인정에 대한 욕망 때문에 타자의 욕망이 자신의 욕망이 된다고 말이다.

주이상스는 대부분 사람에게는 알 수 없는 공허함 또는 불안으로 다가온다. 주이상스가 '잃어버린 의미와 정체성을 찾으려는 욕망'임을 알지 못한 채, 대부분 사람은 그 공허함을 전혀 다른 범주인 '물질적 대상'의 소유로 채우려 한다. 이런 '범주의 오류'로 인해, 공허함은 더 커지는 악순환이 반복된다. 그렇다면 주이상스를 충족시킬 방법은 없을까? 라캉이 제시하는 한 가지 방법은, 바로 쇼펜하우어와 니체가 제시했던 '예술'이다. 평범한 대상에 '잃어버린 의미와 정체성'의 색채를 덧칠하는 예술이 지닌 '승화(昇華, sublimation)'의 힘을 통해 무의식과 다소나마 관계를 맺는 체험이 가능하다는 것이다. 프랑스 예술가 마르셀 뒤샹이 평범한 남자 소변기를 〈샘〉(1917)이라는 예술작품으로 끌어올린 것, 돈키호테(Don Quixote)가 평범한 농부의 딸인 둘시네아 델 토보소(Dulcinea del Toboso)를 자신이 기사로 활동할 수 있게 해주는 원천인 공주로 여긴 것 등이 승화의 예(例)다. 이때도 관계를 맺는 자체만 중요할 뿐, 예술작품에 대한 해석이나 분석은 필요 없다. 무의식의 세계는 언어의 밖에 있기 때문이다. 하지만 이 역시 가짜 만족이고 환상이라는 사실 또한 분명하다.

모방에 편승한
두 번째 복제자, 밈

유전자는 긴 세대에 걸쳐 존속하는 동안[장수(長壽, longevity)] 높은 정확도로[복제의 정확성(fidelity)] 수많은 사본을 퍼뜨릴 수 있는[다산성(多産性, fecundity)], 충분히 작은 '유전 단위'이고 자연선택에 성공하는 단위인 자기 복제자가 가져야 할 위의 세 가지 특징을 모두 지닌 최초의 존재라고 정의할 수 있다. (…) 오늘날 자기 복제자는 개체라는 거대한 로봇 속에서 바깥세상과 차단된 채 안전하게 (세포 속 세포핵에) 살면서, (신경계라는) 복잡한 간접 경로로 바깥세상과 의사소통하고 (두뇌라는) 원격 조정기로 바깥세상을 조종한다. 그들은 우리의 몸과 마음을 창조했다. 이제 그들은 '유전자'라는 이름으로 계속 나아갈 것이며, 우리는 그들의 '생존 기계'다.

…… 리처드 도킨스, 『이기적 유전자』(1976)

라캉이 지라르의 '모방 욕망'에서 '욕망'에 초점을 맞췄다면, 영국 저널리스트 수전 블랙모어는 '모방'에 초점을 맞춘다. 오로지 '이기적 유전자'만 유일한 '복제자'라는 생각에 매몰(埋沒)되지 말라고 도킨스가 가볍게 하나의 사례로 제시했던 '밈(meme)'

[59]을, '문화적 진화의 주체(主體)'로 자리매김한다. 책의 부제(副題)도 '문화를 창조하는 새로운 복제자'다. 블랙모어는 이 책이 밈에 관한 학문 즉 '밈학(memetics)'의 시작일 뿐이고, 밈학의 기본 원리는 유전자와 밈은 둘 다 복제자이되 다른 면에서는 차이가 있다는 것이라고 강조한다. 그래서인지 '밈·모방·복제자'라는 세 가지 핵심 개념을 이렇게 저렇게 가능한 한 많이 제시한다. 물론 고맙지만, 그런 노력이 우리에게 약간의 혼란을 일으키는 것도 사실이다. 블랙모어는 '뇌·언어·성(性)·이타성·초자연·자아[의식]'라는 여섯 가지 주제를 통해서 자신의 주장을 전개한다. 이 책의 장점은, 저자가 주장하는 핵심 내용이 아니라 그 주장까지 도달하는 과정의 풍요로움이다. 그런 과정의 풍요로움을 여기에선 모두 다룰 수 없다는 아쉬움을 뒤로한 채, 간단하게만 소개하겠다.

'밈'은 대중문화에서 몹시 성공한 밈이 되었다. 하지만 과학자들은 무심한 정보 조각들이 인간의 문화와 마음을 현재 상태로 이끌어 왔다는 주장을 이해하려 들지 않는다. 또 다른 사람들은 겁을 먹는 듯하다. 우리의 자아는 귀중한 영혼이 아니라 '밈들의 집합'일 뿐이라는 것, 우리와 다른 종(種)을 구별 짓는 것은 지능이 아니라 우리의 '모방 능력'이라는 것, 우리 인간은 '밈 머신(meme machine)'일 뿐이라는 것

---

59 리처드 도킨스, 『이기적 유전자』(1976) 중 11장

에 대해서 말이다. 나는 여러분이 이 책을 읽음으로써 밈의 시각에서 세상을 바라보게 되기를, 인간 본성에 관한 생각을 철저히 뒤바꾸게 되기를 바란다.

…… 수전 블랙모어, 『밈』(2000) 중 한국의 독자들에게(2010년 3월)

'뭔가가 복사되어 전달되는 과정'인 '모방[따라 하기]'을 통해 남에게서 배운 새로운 것은 무엇이든 '밈'이다. 가령 친구가 이야기를 들려주었는데, 당신이 그 내용을 기억했다가 다른 사람에게 다시 들려준다면, 그것이 내가 말하는 '넓은 의미의 모방'이다. 당신이 아는 모든 단어·개념·이야기·정보·지침·기술·습관·행동·놀이·노래·규칙들도 모두 밈이다.

…… 수전 블랙모어, 『밈』(2000)

도킨스의 주장처럼, 자연선택의 단위는 '복제자'다. 스스로 사본(寫本)을 많이 만들어 내고 복사 중에 종종 실수도 하면서 오래도록 살아남는 것이면, 그 종류가 무엇이든 '복제자'다. 다시 말해서 다윈의 주장처럼 '자연선택에 따른 변이의 누적'이라는 세 가지 조건만 갖춰지면, 어떤 존재의 개입이나 설계 없이도 진화의 과정이 시작될 수 있다. 이 세 가지 조건이 알고리즘(algorism)으로 작동하기 때문이다[60]. 영국 컴퓨터과학자 앨런 튜링의

60　대니얼 데닛, 『다윈의 위험한 생각』(1995)

이름을 딴 '튜링 기계(Turing machine)'가 간단한 논리 과정만으로도 고차원적인 의식이 탄생할 수 있음을 의미한다면, 미국 신경생리학자 윌리엄 캘빈이 제안한 '다윈 기계(Darwin machine)'(1987)는 간단한 '선택·변이·유전'의 과정만으로도 복잡하고 다양한 생명체가 탄생할 수 있음을 의미한다. 이후 뇌와 면역계도 다윈 기계라는 사실이 밝혀졌다[61]. 앞서 살펴본 카오스적인 수도꼭지에서 흐르는 물이나 기체의 확산도 단순하고 무심한 알고리즘을 따르지만, 최종적인 결과는 예측 불가능하다. 복잡계 역시 최초 조건들에 극도로 민감해서, 처음에 아주 작은 차이만 있어도 전혀 다른 결과를 산출한다.

우리의 '마음'과 '자아'는 밈들이 상호작용한 결과물이다. 인간의 의식 자체도 밈의 산물이다. 모든 밈이 도달하고자 하는 안식처는 인간의 마음이다. 그런데 인간의 마음 그 자체가, 밈들이 인간의 뇌를 재편해서 자신들에게 더 나은 서식처로 만드는 과정에서 탄생한 인공물이다.

…… 대니얼 데닛, 『의식의 수수께끼를 풀다』(1991)

밈과 유전자 모두 복제자이기에 공통점이 참 많다. 첫째 밈은 우리에게 유용한 것이든, 필요 없는 것이든, 심지어 해로운 것이든, 무차별적으로 전파된다. 밈은 유전자처럼 이기적이기

---

61 헨리 플로트킨, 『다윈 기계와 지식의 본성』(1994)

때문에, 우리 인간의 손익(損益)과는 상관없이 그저 최선을 다해 퍼질 뿐이다. 그래서 니체의 계보학과 푸코의 고고학이 묻는 '왜?'라는 질문의 의도와 매우 비슷한, '쿠이 보노?(Cui bono)' 즉 '누구의 이익인가?'라는 '수혜자 질문'은 매우 중요하다. 둘째 자연선택처럼 언제나 그 시점에 주어진 것들에 기초해서 작업하기 때문에 완벽함과는 거리가 멀고, 한 번 방향이 정해지면 되돌아갈 수 없다[불가역성(不可逆性)]. 셋째 생물계의 창조적 업적들이 모두 (의식적인) 지도자 없이 이루어진 유전적 진화의 산물이듯, 인간 문화의 창조적 업적들도 모두 의식적인 지도자 없이 이루어진 밈 진화의 산물이다. 넷째 각개전투보다는 집단을 이룰 때 개체에 더 많은 이득이 돌아오기에 유전자가 협력하듯, 밈도 '밈플렉스(memeplex)'를 이뤄 협력한다. 우리가 밈의 숙주(宿主)가 된 이유는, 우리의 뇌가 '모방 능력'을 지녔다는 단 한 가지 사실 때문이다. 텃밭의 흙이 씨앗의 종류가 무엇이든 모두 받아들일 준비가 되어 있듯, 우리도 태생적으로 밈의 종류가 무엇이든 모두 받아들일 준비가 되어 있다는 것이다. 왜? '모방 능력'과 '뇌'와 '언어' 때문에.

먼저 '모방'의 정확한 개념을 짚어봐야 할 텐데, 그게 만만치가 않다. 일단 '개인적인 학습'과 '감정의 사회적인 전염' 그리고 '사회적인 학습' 세 가지 중 앞의 두 가지는 모방이 아니란다. 그리고 모방도 남을 관찰해서 뭔가를 배우는 '사회적인 학습'의 한 형태이지만, '모방'은 특정 행동에 관해서 뭔가를 배우는 것이고 '사회적인 학습'은 환경에 관해서 뭔가를 배우는 것이라는 차이가 있다고 한다. 그러면서 새들의 노래만이 유별난 예외이고 돌고래들도 가능성은 있지만, 그 외에는 사람이 아닌 다른 동물에게서 진정한 모방이 일어난다는 증거는 거의 없다고 블랙모어는 단언한다. 그러나 사실 이렇게 정확한 구별이 우리에게 필요할까? 그저 모방은 타인을 '복사[따라 하기]'해서 '문화적'으로 '새로운 행동을 습득'하는 행위라는 개념 정도면 우리에게는 충분할 듯하다[62].

연구소의 인위적인 환경 속에서, 유인원은 '창조적 사유'라는 놀라운 힘을 가졌다. 그러나 이런 지적(知的) 특성은 자연환경 속에서 살아가는 같은 동물의 행동에서는 찾아볼 수 없다. 이것이 영장류 연구에 내재하는 역실인데, 원인은 '사회적 동맹 관계를 관찰하고 판단해야 하는 정신적 급박성'에 있다. 사람 역시 예외가 아니다. 먹고살기에 바빴다면, 아인슈타인도 자신의 천재성을 거의 발휘하지 못했을 것이다. 그럴 필요가 없었을 테니까. 극히 실제적인 문제만이 일어나는 일상적인 자연 세계에서는 굳이 천재성을 발휘할 필요가 없는 것이다.

…… 니콜라스 험프리, 『감정의 도서관』(1986)

영국 심리학자 니콜라스 험프리는 초기 유인원들이 남의 행

---

62 에드워드 손다이크, 「동물 지능에 관한 몇 가지 실험」(1898)

동을 예측하는 수단으로 자신의 마음을 들여다보기 시작하면
서부터 완전히 다른 존재가 되었다고 주장한다. 타인의 마음
을 이해하는 능력인 '마음 이론(ToM, theory of mind)'을 갖춘 '호
모 사이콜로지쿠스(Homo psychologicus)'가 탄생했다는 것이다. 언
제 우리에게 모방 능력이 생겼는지 확언(確言)할 수는 없다. 블
랙모어는 모방의 최초 증거로 250만 년 전 호모 하빌리스(Homo
habilis)의 석기를 거론하지만, 그 정도 수준을 모방이라고 한다
면 유인원 모두와 영장류 대다수에게도 모방 능력이 있다고 인
정해야 할 것이다. 대충 호모 하빌리스를 기점으로 호모속(屬)
이 등장하면서, '뛰어난 기억력'과 '문제 해결 능력' 그리고 '친
족[혈연] 선택(kin selection)'[63]과 '호혜적(互惠的) 이타주의(reciprocal
altruism)'[64]와 '마키아벨리적 지능(machiavellian intelligence)'[65] 등이 발
달한 건 일반적으로 받아들여지는 사실이다.

이런 요소들의 상호작용 결과, '모방 능력'과 함께 '밈'이 탄
생한 것이리라. 협력자에게는 협력하고 배신자에게는 배신하는
'남의 (직전) 행동을 그대로 따라 하라'는 '팃포탯(Tit-for-Tat)' 전략
은 진화적으로 매우 안정된 전략이다[66]. 악한 사람에게조차 최선

---

63 윌리엄 해밀턴, 「사회적 행동의 유전적 진화」(1964)

64 로버트 트리버스, 「호혜적 이타주의의 진화」(1971)

65 프란스 드 발, 『침팬지 폴리틱스』(1982)

66 리처드 도킨스, 『이기적 유전자』(1976)

을 다해 착하게 대하는 자세를, 개인적으로 매우 싫어한다. 그렇다면 착한 사람은 어떻게 대할 것인가? 똑같이? 그건 착한 사람을 악한 사람으로 만들려는 시도나 다름없다. 그건 착한 사람에게는 자괴감을, 악한 사람에게는 면죄부를 주는 나쁜 행동이다. 따라서 인간관계에서도 팃포탯 전략이 가장 무난하리라 생각한다.

여하튼 호모 하빌리스 이후 또는 호모 에렉투스 때부터 밈과 유전자가 공진화하다가 어느 순간 세력을 확장한 밈이 드디어 유전자를 밀어내고 진화의 왕좌(王座)를 차지하고선, 이제부터는 자신의 확산을 보조하라고 유전자를 압박했고 그 결과가 지금의 '커다란 뇌'와 '언어'로 나타난 건 아닐지 하는 것이 블랙모어의 생각이다. 그렇다면 뇌와 언어 그리고 모방 능력을 갖추기까지 200만 년 이상의 너무도 긴 준비 기간이 필요했던 셈이고, 따라서 이런 특징을 갖춘 종(種)이 지구상에서 인간 하나라는 것도 어느 정도 이해는 된다. 그런데 여기서 한 가지 의문이 든다. '모방 능력'이 어느 정도나 수준까지를 의미하는지 그리고 '커다란 뇌'가 의미하는 건 무엇인지에 관한 개념 정의가 필요한 데, 블랙모어는 이에 관해선 함구(緘口)한다. 우리보다 훨씬 작은 뇌를 가진 외계인이 UFO를 타고 온다면 어쩌려고. 특히 '커다란 뇌'가 단순히 뇌의 크기나 용량인지, 대뇌 비율 지수인지, 뇌 속 뉴런의 개수인지, 아니면 뉴런의 연결 정도와 방식인지를 언급하지 않는다면 이후의 주장은 매우 부실해질 수밖에 없다.

언어에 의해서만, 마음 즉 지성(知性)의 존재가 가능할 수 있다. 언어에 의해서만 생각이 발생하기 때문이다. 언어에 의해 개인이 자신과 나누는 내재화된 혹은 내적 대화인 사유(思惟)가 발생하기 때문이다. 인간이 자기 경험 중에 '자아'로서 그리고 '개인'으로서 등장하는 것은, 먼저 그 자신이 스스로 객체가 될 때만이다. 스스로 객체가 된다는 것은, 타자가 자신에 대해 취할 태도를 자신이 자신에게 취함으로써만 가능하다. 나는 언어적 행위 외에 인간이 자신에 대해 객체가 되는 방식을 알지 못한다. 또 내가 아는 한, 자신에 대해 객체가 되지 않고서, 인간은 반성(反省)이라는 의미에서의 자아가 될 수 없다.

…… 조지 허버트 미드, 『마음, 자아 그리고 사회』(1934)

언어는 말하는 자신과 상대방 모두에게 의미가 있고, 그런 언어를 사용하는 대화가 자신에게 향할 때 '생각 즉 사유(思惟)'가 되며, 그것이 우리가 전통적으로 말하는 '마음' 또는 '의식'을 구성한다고 미드는 말한다. 그렇다면 언어 그리고 어휘의 폭을 넓히는 게, 생각과 세계의 폭을 넓히는 게 된다. 똑같은 맥락에서 비트겐슈타인은 "내 언어의 한계는 내 세계의 한계(The limits of my language are the limits of my world)"라고 말했고, 프랑크 왕국의 샤를마뉴 대제는 "외국어를 배운다는 건, 두 번째 영혼을 소유하는 것과 같다(To have another language is to possess a second soul)"고 말했다. 미드는 개인이 사용하는 언어는 개인의 정신을 이루고, 민족이 사용하는 언어는 그 민족의 혼(魂)[넋]이 된다고 말한다. 우리나라 사람 대다수가 습관적으로 사용하는 언어를 생각해 보면, 부디 미드의 이런 주장이 사실이 아니기를 바랄 뿐이다. 영어와 한국어의 말도 안 되는 혼용, 맞춤법과 표준어가 사라진 한국어, 알아듣지 못할 만큼의 줄임말이 넘쳐난다. 발음이 부드럽거나, 의미에 무게가 있거나, 신중하게 디자인된 말은 거의 들어볼 수 없다. 대부분 어휘가 천박하고 감각적이고 자극적이다. 뉴스를 도배하는 사건 사고들을 보면, 그런 언어로 인해 우리의 정신과 혼이 얼마만큼 썩어가고 있는지 여실히 드러난다.

미국 언어학사 노엄 촘스키는 뇌의 발달 덕분에 언어가 탄생했다고 하고, 미국 언어학자 스티븐 핑커는 언어 발달의 결과로 뇌의 용량이 커졌다고 주장한다. "언어를 탄생시킨 것은 뇌의 크기나 형태, 뉴런의 집적도가 아니라 뇌 속에 들어있는 미세 회로의 정확한 배열"이라는 것이다[67]. 무엇이 먼저인지는 그 둘에게 맡겨 두자. 언어를 독자적인 적응의 결과가 아니라 다른 인지 기능의 진화와 확장에 따른 '부산물'로 생각한다는 점에서는 둘 다 동의하니까.

67 스티븐 핑커, 『언어 본능』(1994)

영장류 집단에서 사회적 상호작용을 조절하는 중요한 역할을 하는 게 '털 고르기(grooming)'다. 우리 몸에서 생성되는[내인성(內因性)] 모르핀(morphine)인 '엔케팔린(enkephalin)'과 '엔도르핀(endorphin)'이 방출되기에, 털 고르기를 받는 개체는 포근한 행복감에 빠진다. 영국 영장류학자 로빈 던바는 50명 내의 집단에서는 털 고르기가 제 기능을 수행했지만, 집단의 규모가 더 커지면서 털 고르기를 대체할 다른 수단이 필요하게 되었고 그것이 '언어'라고 주장한다. 언어가 호모 사피엔스의 등장과 함께 나타났다고 생각하는 던바는 "언어는 털 고르기에 비해 두 가지 흥미로운 특성이 있다. 당신은 동시에 여러 사람을 상대로 이야기를 할 수 있다. 그리고 길을 걷거나 식사하면서 또는 회사에서 일하면서도 말을 할 수 있다"고 한다[68]. 우리가 동시에 대화를 무리 없이 진행해 나갈 수 있는 인원수는 평균 3명이다. 일대일 털 고르기의 한계인 50명에 3을 곱한 수, 즉 개인적으로 안정적인 관계를 맺을 수 있는 자연적인 집단 형성의 최대 인원수는 150명이 되고 이것을 '던바의 수(Dunbar's number)'라고 한다. 그럼 150명을 넘어서는 집단[조직]과 도시와 국가의 형성은 무엇으로 설명할 수 있을까? 종류가 무엇이건 간에 특정 집단에 공통적인 '허구' 즉 '상상의 질서'가 그 토대라는 게 하라리의 분석

---

68 로빈 던바, 『털 고르기, 뒷담화, 그리고 언어의 진화』(1997)

이다[69].

유전자가 다음 세대로 전달되려고 노력하는 과정에서 생물학적 설계가 생겨났듯, 밈이 전달되려고 노력하는 과정에서 정신적 설계[언어]와 문화적 설계[기술(技術)]가 생겨났다. 그래서 밈의 가장 큰 추진력 두 가지는, '언어'와 '기술'이라고 블랙모어는 말한다. 우리가 말을 많이 하는 이유는, 행복하기 위해서 또는 유전자를 위해서가 아니다. 어떤 씨앗이든 흙에 심어지면 자라듯, 언어를 통한 정보 기억과 전달에 최적화되어 있다는 우리 뇌의 태생적 특징 때문일 뿐이다. 우리의 입맛은 우리가 선택한 게 아니다. 장내 미생물들의 종류와 분포에 따라, 당시 왕좌를 차지한 미생물들이 원하는 종류의 음식이 우리의 입맛이 되는 것이다. 그래서 입맛은 수시로 변한다. 마찬가지로 우리가 (의식적으로) 판단해서 말한나고 생각하지만, 사실은 밈의 요구에 따라 밈을 퍼뜨리기 위해서 쉬지 않고 말할 뿐이다. 다만 유전자를 아예 무시할 수는 없기에, '흥미진진한 스캔들·뒷담화·끔찍한 뉴스·희망과 용기를 주는 생각·유용한 지침' 등 변연계(邊緣系, limbic system)가 담당하는 '감정' 그리고 전두엽(前頭葉, frontal lobes)이 담당하는 '효용성'과 맞아떨어지는 밈들이 다른 밈들보다 훨씬 더 성공적이고 파급력이 큰 것뿐이다. 기술도 마찬가지다. 일단 새로운 기술이 퍼지기 시작하면, 그것의 쓸모를 떠나 이후부터

69 유발 하라리, 『사피엔스』(2014)

는 그것을 따라 해야 한다는 사회적·문화적·경제적 압력 때문에 기술 습득 그 자체가 매우 중요한 문제가 된다. 그것도 맹목적으로 말이다.

'멋있거나 좋아 보이거나 인기가 있으면 모방한다.' 바로 이것이 모방 능력을 통한 밈 확산의 핵심이다. 일단 모방이 시작되면, 첫 번째는 최고의 밈을 따라 하려는 모방이 일어나고[밈 선택], 두 번째는 최고의 밈을 지닌 사람의 모든 것을 따라 하려는 모방이 일어나며[모방 능력의 유전자 선택], 세 번째는 그런 최고의 밈을 지닌 사람을 배우자로 삼아서 후손에게도 그의 모든 밈을 물려주고자 한다[모방 능력의 유전자를 지닌 배우자[성(性)]선택]. 종교는 그저 어떤 행동이나 사상이나 이야기로서, 세상을 이해하고자 하는 인류의 오랜 노력에 끼어들어 한 사람에게서 다른 사람에게로 계속 복사되었을 뿐이다. 종교는 집단 내 편차를 줄이지만, 집단 간 편차를 늘리고 집단의 멸종률을 높이는 메커니즘이다.

…… 수전 블랙모어, 『밈』(2000)

잘생긴 사람은 말투·패션·먹는 모습·그가 좋아하는 음식·심지어 기침하는 모습까지도 멋있어 보이고, 그래서 그 모든 것이 모방의 대상이 된다. 나아가 그를 배우자로 삼으려는 추종자들이 줄을 선다. 한마디로 지라르의 '모델'인 셈이다. 이것이 밈들이 밈플렉스를 이루는 이유이기도 하다. 이타적인 행동을 진짜 하든 아니면 하는 척하든, 그것은 공동체 생활을 하는 모든 종(種)에게 이득이 되는 행위일 뿐만 아니라 '멋있고 좋아 보이기도' 한다. 종교가 힘든 삶을 위로해 주는 기능도 있겠지만, 종교의 교리 역시 일관성과 패턴과 확실한 인과관계를 원하는 우리가 보기에 '깔끔하고 멋있고 좋아 보이기' 때문에 널리 퍼졌고, 그래서 인류가 멸종하는 순간까지 인류와 함께 지속하리라고 예측할 수 있는 것이다. 외계인·UFO·초자연적인 현상·귀신과 관련된 밈들도 마찬가지다. '멋있거나 좋아 보이거나 인기가 있어 보이는 것' 이것이 오로지 유전자의 이익이라는 관점에서만 바라보는 생물학자들이 자연선택이 미처 근절(根絶)하지 못한 실수라거나 아니면 겉보기에만 그럴 뿐 실제로는 유전자의 이득을 꾀하는 것이라는 식으로 명쾌하게 설명하시 못하는 '이타성'에 관한 설명이라고 블랙모어는 말한다. 뭔가를 멋있고 좋아 보이게 만드는 건 SNS와 유튜브를 포함한 대중매체고, 그런 대중매체는 빅데이터를 활용해서 사람들이 가장 많이 찾는 것을 제안한다. 악순환의 반복이고, 앞을 못 보는 사람들끼리 서로 나서서 길을 안내하는 셈이다.

'자아 복합체(self-plex)'는 우리의 뇌가 (태생적으로) 그것을 구축하기에 알맞은 기계이기 때문에, 그리고 우리의 사회가 그것의 번영에 알맞은 환경이기 때문에 생겨났을 뿐이다. 일단 몇몇 밈들이 한데 뭉친 후에는 곧 자기 조직적이고 자기 보호적인 구조를 형성한다. 그러고서는 자기 집단과 양립하는 밈은 환영해서 보호하고, 양립할 수 없는 밈은 배척한다. 자아 복합체 안에 성공적으로 편입된 밈들의 산물인 '자아'는, (거꾸로) 밈들의 강력한 보호자다.

…… 수전 블랙모어, 『밈』(2000)

우리가 밈에 우리의 뇌를 장악당한 '밈 머신'이라면, 우리의 '자아·의식·마음'은 거대한 밈플렉스인 '자아 복합체' 즉 밈들이 만들어 낸 결과물일 뿐이라는 게 블랙모어의 분석이다. 행위는 존재하고 그 결과도 존재하지만, 행위를 행하는 인간은 존재하지 않는다는 불교의 '제법무아(諸法無我)'에 동의하는 셈이다. 아이들이 놀 때, 사람들이 대화에 빠져 있을 때, 스포츠에 열중할 때, 사랑을 나눌 때처럼, 사람들은 모두 자의식[자아]를 상실하는 순간 행복감을 느끼는 듯하다[70]. 우리는 고통을 '의식하기 전에' 불에서 손을 떼고, 어떤 물체가 날아오는 것을 '의식하기 전에' 눈을 감거나 몸을 피한다. 이렇듯 의식은 자신의 선택과 행동을 합리화하고 정당화하기 위해 '나중에' 등장하는 것임에도 불구하고, 우리는 '나'라는 존재가 의식적으로 그렇게 한다고 느낀다. 블랙모어가 우리의 '자아·의식·마음'의 참모습[본질]을 밈들의 전쟁터로 본 건, 불교가 집착들의 전쟁터로, 쇼펜하우어와 니체가 힘에의 의지들의 전쟁터로, 지라르가 모방

---

70   미하이 칙센트미하이, 『몰입』(1990)

욕망의 전쟁터로 본 것과 같은 의미라고 할 수 있다.

나는 한발 더 나아간 주장들을 하고자 한다. 첫째 유전자는 지구에
등장한 최초의 복제자였고, 밈은 두 번째 복제자다. 그리고 이제 우
리는 세 번째 복제자의 탄생을 목격하고 있다. 디지털 기술에 의존한
세 번째 밈을 나는 '팀(teme)' 또는 '트림(treme)'이라고 부른다. 둘째
혹시 밈이 끝없이 더 큰 뇌를 요구해서 지나치게 많은 대가를 치르게
함으로써, 유전자를 멸종 위기로 몰아넣은 사례가 있지 않았을까? 다
른 유인원들이 그런 식으로 사라졌던 게 아닐까? 네안데르탈인은 실
제로 현생 인류보다 뇌가 더 컸다. 이것은 물론 아주 엉뚱한 추론이
다. 하지만 큰 뇌·지능·그에 수반되는 온갖 것이 반드시 유전자에 좋
은 것만은 아닐지도 모른다는 걸 알려주는 점에서만큼은 진지한 가
실이 아닐까? 셋째 신정한 노녁성은 어쩌면 거장하고 고귀한 행위에
있는 게 아니라, 거짓된 '자아' 때문에 일상적으로 남에게 피해를 주
는 행동을 그만두는 데 있는지도 모른다. 자아 복합체의 희생자이기
를 그만둘 때 — 즉 '제법무아'를 인정할 때 — 우리가 진정으로 자유
로워지는 것인지도 모른다.

······ 수전 블랙모어, 『밈』(2000)

블랙모어는 세 가지 독특한 예측을 하면서 책을 끝맺는다.
첫 번째는 '창발'에 의해 지구에 등장해서 생명체를 창조한 유
전자[DNA]는 최초의 복제자이고, 언어에 의해 등장해서 문화

를 창조한 밈은 두 번째 복제자며, 이제 디지털 기술에 의한 세 번째 복제자 '팀[트림]'의 탄생 과정을 목격하고 있다는 것이다. 두 번째는 밈의 이기적이고 맹목적인 특성의 어두운 결과에 대한 예측이다. 매우 타당한 추론이다. 세 번째는 우리가 끝내 놓지 못하는 '자아'에 관한 것이다. 자아가 강할수록, 그것이 점차 확장되어 '내집단'에 대한 무한 순응과 '외집단'에 대한 무한 배척으로 이어지기 쉽다는 점을 생각하면, 역시 타당한 추론이다.

소유하려 하지 말고,
매 순간 존재하라!

그대의 존재가 적으면 적을수록 그대가 그대의 삶을 덜 표출할수록,

그만큼 그대는 더 많이 소유하게 되고 그만큼 그대의 소외된 삶은 더

커진다. (…) 우리는 '많이 소유하는 것'이 아니라 '풍요롭게 존재하는

것'을 목표로 해야 한다.

…… 카를 마르크스, 『자본론』 제3권(1894)

'생성 과정(becoming)'과 '활동(acting)'이 존재(자)의 구성요소다. (…)

유아는 가지고 싶은 것은 무작정 입에 넣는 성향을 보인다. 이것은

식인풍습에서도 찾아볼 수 있다. 다른 존재를 먹어버림으로써 그 존

재가 지녔던 능력을 내 것으로 할 수 있다고 믿는 것이다. 소비는 소

유의 한 형태이다. 현대사회의 소비자는 '나＝내가 가진 것＝내가 소

비하는 것'이라는 등식에서 자신의 존재와 실체[주체성]를 확인한다.

'나는 무엇을 가지고 있다'라는 진술은, 객체를 소유하고 있음을 빌려

나의 자아를 정의하는 것이다.

…… 에리히 프롬, 『소유냐 존재냐』(1976)

우리의 뇌는 '우연적이고 무질서하며 무의미하고 불확실한 것'을 조금도 참지 못한다. 그런데 사실은 이런 것들 모두가 세상이 돌아가는 원리다. 세상과 우리는 달라도 너무 다르다. 그래서 불안과 스트레스와 고통은, 마치 호흡처럼 생명이 그리고 생명체가 존재하기 위한 필수조건과도 같다. 그런데도 대부분이 '앞으론 좋은 일만 있을 거야' 같은 소위 거짓말로 서로를 속이고 마비시킨다. 그것이 애초에 불가능한 것인 줄도 모른 채, 진심으로 그렇게 되리라고 확신한 채 말이다. 그런 확신은 일종의 마약이다. 마약에 중독되면 될수록 약효가 떨어졌을 때 찾아오는 고통은 더욱 심해지고, 그래서 어느 새부턴가 마약이 건강을 해치건 말건 마약 복용이 불법이건 말건 그런 나로 인해 주위 사람들이 아파하건 말건 오로지 고통에서 벗어나기 위해 더 많은 마약을 투약하는 것에만 혈안이 되며, 그것이 다시 더 큰 고통으로 다가오는 악순환에서 허우적거리게 되듯이 말이다. 지금까지 살펴본 세상과 우리의 근원적 삐걱거림에 관한 결론 격으로, 그런 세상 속에서 인간으로서 살아가야 하는 우리가 선택할 수 있는 상승[도약]과 하강[퇴보]의 길을 제시하며 선택과 결단을 종용한 독일계 미국 사회심리학자 에리히 프롬의 외침을 살펴보고자 한다.

'사랑'이라는 사물은 없다. 존재하는 것은 '사랑의 행위'뿐이다. 사랑이란 배려하고 알고자 하며, 상대를 보고 즐거워하고 자기와 상대의 동반 성장을 추구하는 모든 '활동'이다. 그러나 소유(적 실존)양식으로서의 사랑은, 사랑하는 대상을 구속하고 가두며 지배한다. 연애 기간에는 서로 상대의 마음을 사려고 온 힘을 기울인다. 아직은 어느 쪽도 상대를 소유하고 있지 않기 때문이다. 그러나 결혼과 더불어 상황은 근본적으로 변한다. 결혼의 약속은 쌍방에게 상대의 육체, 감정, 관심을 독점할 권리를 부여한다. 이제 그 어느 쪽도 상대의 마음을 사려고 애쓸 필요가 없다. 그들은 권태로워지고, 각자 지녔던 아름다움도 소멸한다. 흔히 그들은 변해버린 관계의 원인을 상대방에게서 찾으려고 들며, 자신이 속았다는 느낌에 젖는다. 사랑을 소유할 수 있으리라는 그릇된 기대감이 결국 사랑을 정지시킨 것임을 모르고서 말이다. 본질적으로 존재인 '사랑'이 오염되면, '좋아함[선호]'이 된다. 고양이는 쥐를 좋아하지만 사랑하지는 않는다.

소유양식 즉 재신과 이윤을 지향하는 태도는, 필연적으로 권력에의 욕구와 의존성을 낳는다. 자기의 소유물을 지키는 동시에 상대의 저항을 부숴야만, 뺏고 지배할 수 있기 때문이다. 소유양식의 인간은 남들과 비교해 자신이 우월하다는 데서, 힘을 지니고 있다는 의식에서, 그리고 결국 정복하고 약탈하고 죽일 수 있는 자기의 능력에서 행복을 발견한다. 소유양식에 근거한 인간관계는 '경쟁심·적대감·두려움'으로 특징지어진다. 이것은 개인뿐만 아니라 민족 간에도 해당한다. 그러나 존재(적 실존)양식에서의 행복은, 사랑하고 나누며 베푸는 것에 있다.

…… 에리히 프롬, 『소유냐 존재냐』(1976)

프롬이 제시하는 하강[퇴보]의 길은 '소유(적 실존)양식'이고, 상승[도약]의 길은 '존재(적 실존)양식'이다. 일단 그 두 가지 길의 차이점 세 가지부터 살펴보자. 첫째는 단어의 사전적 정의다. 돈과 물질과 권력과 명예를 포함해 모든 걸 '소유'하려는 것이 소유양식이고, 자기 능력을 끌어내 생산적으로 사용하면서 모든 대상과 '공존'하려는 것이 존재양식이다. 둘째는 구심점(求心點)이다. 고정되고 불변하는 '개체'를 표현하는 '명사'를 중심으로 삶이 돌아가면 소유양식이고, 변화하고 행동하는 '상태'를 표현하는 '동사'를 중심으로 삶이 돌아가면 존재양식이다. 셋째는 목적이다. '더 많이' 알려고만 하는 게 소유양식이고, '더 깊이' 알고자 하는 게 존재양식이다. 그래서 공부나 독서할 때도 소유양식의 삶을 사는 사람은 내용이나 줄거리를 무조건 외우려 들고 그것만이 진리인 양 말하지만, 존재양식의 삶을 사는 사람은 기존 지식과의 연상(聯想)을 통해 생각하고 이해하면서 내용을 취사선택한다.

프롬의 말이 옳다면, 깊이가 없는 쓰레기 책들을 제외하고는 독서는 '취미'가 될 수 없다. 오랜 시간을 두고 식은땀이 흐를 정도로 매 문장을 깊이 고민해야 하는 '고통스러운 일'이기 때문이다. 또 그래야만 비로소 그 독서를 통해 행동과 삶이 바뀔 수 있다. 소유양식적인 믿음은 특정 종교 교리를 맹목적으로 믿고 복종하고 심지어 지도자를 우상처럼 여기기도 하지만,

존재양식적인 믿음은 자기의 마음가짐과 행동의 변화에 관심을 둔다.

성경은 안식일(安息日, Sabbath)에 해야 하는 일의 예로 기도하고 함께 식사하고 성경 읽고 함께 하나님과 인간에 관해 대화하는 것들을, 금지된 일의 예로 개인의 이익이나 이윤과 관련된 것들을 든다. 안식일은 모든 사적 행위가 금지된 거룩한 날이다. 일주일 중 그날 하루만큼은 소유양식을 중지한 채 존재양식으로 보내라는 명령이고, 그런 존재양식적인 삶이 바로 천국에서의 삶이라는 것이다. 바로 이런 시각에서 안식일을 봐야만 예수의 말을 이해할 수 있다. 당시 성직자[바리새파]와 신학자[사두개파]들은 안식일을 비롯해 모든 성경 구절을 글자 그대로 지켜야 한다고 생각했고, 지금도 많은 성직자와 대부분의 사이비 종교 교주들이 그렇게 주장한다. 엄마의 의중(意中)은 헤아리지 못한 채 글자 그대로 개울가에 묻은 청개구리처럼, 본질과 이유는 관심조차 없는 태도다.

성직자와 신학자들이 예수와 제자들의 일거수일투족에 딴지를 건다. 안식일엔 아무것도 하지 말라고 했는데 왜 너희는 그러지 않냐면서. 그러자 예수는 '구약의 해당 사항은 세례요한까지'[71]이고, 이제 자신을 통해서 하나님의 새로운 약속[신약

---

71 〈마태복음〉 11:13

(新約)]이 시작되었다는 혁명 또는 혁명적인 해석을 선언한다. 그렇다고 특별히 새롭거나 대단한 건 아니다. '구약을 없애려는 게 아니라 완전하게' 그래서 '구약의 일점일획도 없어지지 않고 다 이루어질 수 있게'[72] 하는 게 예수가 꿈꾼 혁명의 목표였다. 내용이나 본질적인 부분은 고칠 게 없지만, 시간이 흐르고 상황도 많이 변한 만큼 형식적인 부분은 이곳저곳 '수정 및 보완'이 필요하다는 말이다. 공자의 유학을 수정 및 보완하겠다며 12세기에 등장한 주희의 신유학(新儒學)[성리학]도 그리고 수많은 사상과 예술 사조에 '신(新)'자가 붙는 것도, 예수의 그런 언행이 세상의 변화에 따라 반드시 거쳐야만 과정임을 증명한다.

예수가 성경에서 수정 및 보완하려 했던 것은 무엇이었을까? 바로 '사람'을 하나님 아래에 그러나 성경 구절과 율법의 위에 두는, 타인을 돕고 베풀고 살리는 존재양식이다. 한 신학자가 예수에게 율법 중 가장 최우선의 계명이 무엇이냐고 묻자 예수가 답한다. "'네 마음을 다하고 목숨을 다하고 뜻을 다해 주 너의 하나님을 사랑하라'[73] 하신 것이 가장 크고 첫째 되는 계명이요, 둘째도 그만큼 중요한 것으로 '네 이웃을 네 몸같이 사랑하라'[74] 하셨으니, 이 두 계명이 모든 율법과 선지자의 강령(綱

---

72 〈마태복음〉 5:17~18
73 〈신명기〉 6:5

領)이다."[75] 그래서 성직자와 신학자들의 딴지에 '안식일에 선을 행하는 것과 악을 행하는 것 그리고 생명을 구하는 것과 죽이는 것 중 어느 것이 옳으냐'고[76] 반문(反問)하면서, '사람이 안식일의 주인'[77]이라는 혁명적인 선언을 한 것이다. 이것은 예수의 선언대로 구약을 완전하게 만든 것이기도 하다.

프롬은 사탄[악마]을 소유양식의 대표자로, 예수를 존재양식의 대표자로 규정한다. 누군가 오른쪽 뺨을 치면 왼쪽 뺨까지 돌려 대라는 말로 시작하는 마태복음 5장 39~42절의 내용은, 통속적인 상식에 어긋나는 역설(逆說)들이다. 43~48절까지는, '이웃 사랑하기를 네 몸과 같이 하라'는 계명의 강도를 더 끌어올려 원수까지도 사랑하라고 명령한다. 하다못해 소유를 팔아 가난한 이들을 구제하라고까지 명령한다[78]. 가난한 자는 복이 있을 뿐만 아니라 모두가 그토록 가고 싶어 하는 하나님 나라의 주인[79]이기 때문이다. 마침내 사람 특히 경제적으로 심적으로 고통받는 사람이, 하나님 나라의 주인이라는 최고의 위치로 격

74 《레위기》 19:18
75 《마태복음》 22:37~40
76 《마태복음》 12:12, 《마가복음》 3:4, 《누가복음》 6:9
77 《마태복음》 12:8, 《마가복음》 2:28, 《누가복음》 6:5
78 《누가복음》 12:33
79 《마태복음》 5:3

상된 셈이다. 많은 성직자는 성경의 내용은 일점일획도 오류가 없는 하나님의 말씀이라고 그래서 헌금 관련 내용만 줄기차게 찾아 그대로 따라야 한다고 설교하면서도, 위와 같은 종류의 수도 없는 예수의 외침들은 애써 외면한다. 그대로 적용하기에는 (교인과 그들의 헌금이 없다면 교회의 운영이 불가능하다는 의미에서) '현실적으로' 맞지 않는다면서 말이다. 그렇다면 그들에게는 죽음을 불사할 만큼 사랑하고 따르겠다는 '예수의 말'과 '지금의 현실' 중, 어느 것이 더 우위에 있는 걸까?

소유양식을 거부하는 데 성공한 소수의 사람도, '~로부터의 자유'라는 '소극적인 자유'만을 획득하려 할 뿐 '~를 향한 자유'라는 '적극적인 자유'는 꿈도 꾸지 못한다고 프롬은 말한다. 쉽게 말해서 주인공이 '자신'이냐 '타인(들)'이냐는 것이다. 사회적 억압과 경제적 제약들로부터의 자유를 획득해서 즐겁고 재미있고 행복한 삶을 살겠다는 대다수 사람이 추구하는 자유가, 소위 소극적인 자유다. 일제 강점기에 우리나라의 올곧은 지식인들은 우리나라 전체의 독립과 주권을 향한 자유를 추구했다. 나라와 국민을 위해 자신의 목숨을 초개(草芥)처럼 생각하면서 말이다. 그런 이들이 추구하던 자유가, 소위 적극적인 자유다.

프로이트는 모든 어린이는 성인이 되기 전 이른바 '항문기'를 거친다고 했다. 이 시기는 물질적인 것뿐만 아니라 감정과 몸짓과 마음까지도 소유하고 지키려는 성향으로 특징지어진다. 여기서 중요한 것은 소유지향의 지배적 특성은 완전한 성숙기 이전에 나타나며, 그 특성이 이후의 삶에도 계속 두드러지면 그것은 병적인 것으로 간주된다는 것이다. 따라서 이런 성향이 두드러진 사회는 병든 사회라는 결론이 나온다. (…) 끊임없이 포기와 단념에 몰입하는 금욕행위는 어쩌면 소유와 소비에 대한 강렬한 욕구와 동전의 양면일 수 있다. 모든 광신적 태도는, 흔히 그것과는 정반대되는 충동을 감추려는 태도이기 때문이다. 경제적 및 정치적 분야에서 제기되는 '절대적 평등'의 문제도 마찬가지다. 그것은 그 주장의 배후에 도사린 (누구도 나보다 더 많이 가져서는 안 된다는) '시기심'이라는 진짜 동기의 역설적 표출이다.

…… 에리히 프롬, 『소유냐 존재냐』(1976)

본격적으로 소유와 존재에 관한 분석을 보자. 소유는 주먹을 꽉 쥐고 있는 상태고, 존재는 손을 쫙 편 상태다. 소유는 고정되고 불변하며 감각적인 사물만을 원하는 건데, 그런 것들은 시간의 흐름 속에서 마모되어 사라지고 고여 있기에 종국엔 썩어버린다. 반대로 존재는 쫙 편 손가락들 사이로 시원한 바람이 자유롭게 드나들 듯, 항상 변화하고 흐르며 매 순간 새로움의 연속으로 다가오는 상태다. 소유가 외부에서 만들어진 것을 의도적으로 내 안에 들여오는 것이라면, 존재는 나의 내면에서 만들어진 것이 자연스럽게 외부로 흘러 나가는 것이다. 소유를 유지하려는 데서 필연적으로 경쟁심과 폭력과 상실에의 두려움과 타인에 대한 적대감과 억누름과 착취가 싹트지만, 존재를 유지하려는 데서는 필연적으로 사랑과 나눔과 공유와 배려와 성장이 동반된다. 소유는 사용할수록 줄어들지만, 존재는 실천할수록 풍성해진다. 소유는 '사물'과 관계하기에 현재는 등한시한 채 과거에 소유했던 것과 미래에 소유하고자 하는 것에 집착하지만, 존재는 '경험[체험]'과 관계하기에 지금 바로 여기 이 순간에 집중한다. 소유에 대한 집착에서 벗어나는 만큼 특히 자아에 대한 집착에서 벗어날수록, 죽음에 대한 두려움도 줄어든다. 그만큼 잃을까 봐 조바심 낼 게 없으니까. 그래서 잃을 게 없는 사람이 가장 무서운 사람이라는 말도 있는 게다.

내가 소유하고 있는 것은 이미 내가 아는 것이다. 나는 그 안에서 안정감을 느낄 수 있다. 우리는 미지의 것, 불확실한 것으로 발걸음을 내딛는 데 불안을 느끼며, 그래서 그렇게 하기를 피한다. 옛것, 이미 겪어본 것만이 안전하다. 아니, 최소한 안전한 듯하다. 새로 내딛는 발걸음은 실패의 위험이 있고, 이것이야말로 사람들이 '자유'를 두려워하는 이유 중 하나다. 그러나 소유가 주는 안정성에도 불구하고, 우리는 새로운 것에 대한 비전을 지니고 새로운 길을 개척하는 사람들 그리고 앞으로 내디딜 용기를 가진 사람들을 찬양하고 감탄한다. 영웅은 자신이 소유하고 있는 것을 버릴 수 있는 그리고 물론 두려움은 있더라도 그 두려움에 굴하지 않고 낯선 곳으로 떠날 용기를 지닌 인간이다. 석가모니가 그랬고, 아브라함과 모세와 예수가 그랬다. 우리가 이런 영웅들을 찬탄(讚歎)하는 이유는, 우리의 마음 깊숙한 곳에는 (그 길로 접어들 수만 있다면) 우리의 길도 그들이 걷는 길과 같아야 한다는 느낌이 자리 잡고 있기 때문이다. 그러나 우리는 두려움 때문에, 우리에게는 그런 능력이 없고 영웅만이 그런 일을 할 수 있다고 생각한다. 그리하여 영웅은 우상이 된다. 전진할 수 있는 우리의 잠재력을 그에게 떠넘기고, 우리 자신은 있는 그 자리에 머문다.

…… 에리히 프롬, 『소유냐 존재냐』(1976)

키르케고르와 니체와 하이데거와 사르트르가 지적했듯이 소유하고 있는 건 이미 알고 있는 것이라 편안함과 안정감을 주지만, 지라르와 바타(이)유와 라캉이 지적했듯이 항상 권태와 사라짐의 두려움도 동반한다. 반대로 존재양식은 미지의 불확실한 것을 경험하고자 하기에 불안과 두려움을 주지만, 칙센트미하이가 지적했듯이 그 속엔 언제나 주의 깊은 관찰과 감동과 성취감과 행복감이 들어 있다. 책임을 기꺼이 떠맡는 영웅과 책임을 전가하기에 급급한 우리의 모습을, 프롬처럼 짧지만 명쾌하게 설명하기는 거의 불가능해 보인다. 소유양식에 얽매여 있는 대다수조차도 그런 영웅들을 동경하고 존경하고 부러워하는 걸 보면, 존재양식이 '정답'인 게 분명하다. 부러워하면 지는 거니까. 그럼에도 불구하고 대다수 사람이 소유양식에 똬리를 틀고 그곳에 뼈를 묻으려고 하는 이유는, 미지의 것에 대한 두려움 때문에 자기 잠재력에 대한 확신의 결여 때문에 내면적 게으름 때문에 자기 삶에 관한 모든 결정을 대중(大衆)이라는 실체 없는 타인들의 평균값에 헌납하려는 퇴행적 성향 때문이라는 게 프롬의 명쾌한 분석이다. 프롬이 말하는 존재양식의 전제조건인 '독립성·자율성[자유]·비판적인 이성·능동성'을 지니지 못했기 때문이다.

현대사회는, 소유양식은 인간의 본성에 뿌리를 두고 있으며 사실상 그 점을 변화시킬 수 없다는 생각을 출발점으로 한다. 그러나 그것은 (결과론적으로) 인간의 본성적 요구에 부응하는 점을 사회제도에 투영시킴으로써 우리의 사회제도가 가치 있다고 입증하려는 소망의 표출일 뿐이다. 실제로는 소유양식과 존재양식 모두 인간의 본성에 잠재해 있는 가능성이다. 인간의 내부에는 두 가지 성향이 있다. 하나는 생물학적 소망에서 뻗어 나온 소유하려는 힘이고, 다른 하나는 타자와 하나가 됨으로써 자신의 고립을 극복하려는 인간 실존 특유의 조건에서 뻗어 나온 나눠 가지고 베풀고 희생하려는 성향이다. 그러나 양극단의 형태는 극소수이고, 압도적 다수의 인간에게는 이 두 가능성이 공존하며, 어느 쪽이 우세하며 어느 쪽이 억압당하고 있는지는 환경적 요인[상황]에 달려 있다.

탐욕과 시기심은 어차피 인간 본성에 뿌리내리고 있다는 주장은, 엄밀히 살펴보면 상당 부분 설득력을 잃는다. 탐욕과 시기심이 강하게 노출되는 현상은 천성에 의한 것이라기보다는 늑대들 틈에서 늑대가되어야 한다는 보편화된 압력의 결과이기 때문이다. 따라서 일단 사회적 풍조가 바뀌면 즉 보편적으로 통용되던 가치관이 바뀌면, 이기심으로부터 이타심으로의 이행도 한결 쉬워지리라고 믿는다. 개종하기 전 바울로서의 요소를 이미 갖추고 있지 않았다면, 사울이 바울이 될 수는 없었을 테니까. 우리가 생각하는 새로운 인간은 하늘과 땅 차이만큼이나 기존의 인간과 동떨어진 인간이 아니다. 문제는 다만 방향의 전환이다.

…… 에리히 프롬, 『소유냐 존재냐』(1976)

지금 이 순간에도 '그렇다면 아무것도 가지지 말란 말인가?' 하는 궁금증이 드는 사람이 있다면, 아직은 극단적인 양자택일적 사고방식 속에 있는 셈이다. 프롬의 말처럼, 양극단은 극히 드문 경우일 뿐이다. 법정 스님이 『무소유』(1976)에서 말한 것과 똑같이, 프롬도 우리의 육체와 의식주 그리고 우리의 필연적인 기본적 욕구를 채우기에 필요한 사물들은 소유하고 유지하고 보존하려고 노력해야 한다고 말한다. 이런 종류의 '기능적 소유'는, 존재와의 갈등에 빠지지 않는 '실존적 소유'이기 때문이다. 프롬의 탁월한 통찰은, 드넓은 바다가 푸르게 보이는 이유가 푸른색만 자유롭게 통과 또는 반사하고 나머지 색들은 흡수해서 단단히 움켜쥐고 소유하기 때문이라는 비유에서도 빛을 발한다. 다시 말해서 특정 대상의 색깔이나 사람의 아름다움은, 그 대상이나 사람이 '소유한 것'에 있지 않고 '자유롭게 통과시킨 것'에 '무소유'에 '외부로 다시 반사한 것'에 '주위에 나눠 준 것'에 있다. 참으로 멋지지 않은가?

창세기 2장 25절은 에덴동산에서 남자와 여자는 둘 다 알몸이었지만 부끄러워하지 않았다고 말한다. 그들은 서로 알몸으로 마주하고 있었지만 부끄러워하지 않았을뿐더러 그럴 수도 없었다. 그들은 서로를 타인으로 서로 분리된 개체로서가 아니라 한 몸으로 경험하고 있었기 때문이다. 이와 같은 상황은 그들의 타락 이후 근본적으로 변한다. 그들은 완전한 의미에서 인간이 된다. 다시 말하면 이성을 갖추게 되고, 선과 악을 인식하게 되며, 그들 자신이 서로 분리된 존재임을, 원래의 한 몸이 쪼개져 각자 낯선 존재가 되었음을 알게 된다. 그런데 그들은 육체적으로는 서로를 갈망했을는지 모르지만, 서로 사랑하지는 않았다. 육체적 결합이 인간의 소외감을 치유할 수는 없는 법이다. 그들이 서로 사랑하지 않았다는 점은 서로를 대하는 태도에서 드러난다. 이브는 자기 잘못을 시인하는 대신 뱀에게 핑계를 전가(轉嫁)했고, 아담은 이브에게 모든 잘못을 전가했다. 어떤 죄가 그들을 죄인으로 만들었을까? 선악과를 따먹지 말라는 신의 말에 대한 불복종일까 아니면 서로 사랑으로 하나가 되려 하지 않은 모습일까?

…… 에리히 프롬, 『소유냐 존재냐』(1976)

프롬은 '기쁨(joy)[즐거움]'과 '쾌락(pleasure)[감각적인 자극]'도 구분한다. 기쁨은 정서적인 느낌 또는 경험이기에 '능동성'을 필요로 하지만, 쾌락은 욕망이자 욕구이기에 '외부적인 충족'을 필요로

한다. 그래서 '성적인 쾌락'은 육체만 탐하면 충족되지만, '성적인 기쁨'은 육체적 감각과 사랑의 감정이 일치할 때 비로소 느낄 수 있는 거라고 말한다. 바타(이)유의 주장과도 일치한다. 그리스도교에서 사용하는 '복음(福音)'은 '기쁜 소식'이다. '내가 이것[복음]을 너희에게 말하는 이유는, 내 기쁨이 너희 안에 들어가 너희 기쁨을 충만하게 하려 함이라'[80]. 아담과 이브의 선악과(善惡果) 사건에 대한 프롬의 해석을 접하는 순간, 그것은 내 머리를 내리치는 도끼와도 같았다. 내가 종교에 관심이 깊어서 더 그렇게 느낀 것이겠지만, 완전히 새로운 관점을 제시한 해석이라는 사실은 분명하다. 다시 한번 강조하지만, 프롬의 해석이 고정되고 불변하는 '정답'이라서가 아니라 우리가 조금 더 폭넓고 깊고 새롭게 고민할 수 있는 관점 또는 질문을 던져주었다는 사실에 감사를 표하는 것이다.

악(惡)의
평범성

시간의 제약이 있는 우리의 삶에서 가장 중요한 문제는, 어떻게 사느냐다. 어떻게 사는 것이 과연 자신의 시간을 제대로 사는 것일까? 실존? 좋다. 실존하고 싶다. 그러나 현실의 삶에서 개인은 항상 특정한 조직이나 공동체 속의 수많은 구성원 중 하나일 뿐, 단독성[각자성]을 띤 개별적 존재로 살지는 못한다. 하이데거가 강조하는 '실존'과 '존재 이행'을 과연 학교와 군대와 회사와 그 외 기타 조직 내의 개인이 실천할 수 있을까? 이리저리 인연과 학연과 지연(地緣)이라는 끈으로 포박된 개인이 자신의 의지대로 매우 작은 뭔가라도 할 수 있을까? 특히 스스로 결단을 내리는 것 자체가 봉쇄되어 있고 상황이 어떻게 돌아가든 말든 명령에 살고 명령에 죽어야 하는 검찰과 군대 같은 상명하복(上命下服)의 조직 내에서, 개인은 어디까지 실존해야 하고 어디까지 복종해야 하는가? 이런 고민을 계속하다 보면 하이데거의 제자이자 연인이었던 독일계 미국 정치철학자 한나 아렌트의 『예루살렘의 아이히만 : 악의 평범성에 대한 보고』(1963)까지 나아가게 된다. **하이데거와 사르트르 등**

대부분 사람이 '실존'의 어려움을 개인의 외부 즉 '타인들'에게서 찾는다면, 아렌트는 '실존'의 어려움을 개인의 내면에서 찾는다.

그렇다고 아렌트가 명쾌한 답을 들려주리라고 기대한다면 오산(誤算)이다. 아렌트의 문체(文體) 역시 하이데거와 맞먹을 정도로 지저분하면서 장황(張皇)하기 때문이다. 게다가 첫 장부터 끝장까지 아렌트의 의도와 우리의 기대는 완벽히 어긋나 있다. 아렌트는 재판의 시작과 끝까지 그리고 관련 내용 거의 모두를 특파원의 관점에서 저널리스트로서 기록하고 보여줄 뿐이다. 반면에 우리는 이 책이 마치 논문처럼 명확한 주장과 그에 따른 근거들로 열거되어 있으리라 기대한다. 우리가 원했던 건, 전반부의 아이히만 개인에 관한 시시콜콜한 이야기나 후반부의 나치의 성책과 유대인 학살 과정의 사세한 이야기가 아니기 때문이다. 따라서 이 책을 누군가에게 추천하고 싶다면, 책 속에 포함된 김선욱의 '역자 서문'과 핵심 설명인 정화열의 '해제(解題)'만 읽으면 된다고 조언하라. 물론 이것은 필요조건일 뿐, 충분조건은 아니다. 그 둘의 설명 역시 친절함과는 거리가 있기 때문이다.

유대인 학살의 실무 책임자이자 주범인 오토 아돌프 아이히만은, 600만 유대인의 목숨을 앗아간 희대의 살인마라는 죄목으로 예루살렘 법정에 세워졌다. '그런 악마는 과연 얼마나 무섭고 흉악하게 생겼을까?' 우리는 이렇게 속과 겉이 똑같을 거라는 착각을 하며 산다. 특히 진화적으로 시각에 가장 많이 의존하는 존재인 까닭에, 겉이 잘생긴 남자나 예쁜 여자는 속도 그와 똑같은 속성을 가지고 있을 거라는 착각 말이다. 이런 착각 때문에 질이 나쁜 사람과 사기꾼을 구별해 내기가 어려운 것이다. 여하튼 법정에 모인 사람들이 상상할 수 있는 한 가장 일그러진 모습과 누추한 차림새를 떠올리고 있던 순간, 그들의 눈에 비친 아이히만의 모습은 충격 그 자체였다. 중간 체격에 희끗희끗한 머리카락의 중년 신사가 말끔하게 차려입은 채 등장했으니까. 아렌트가 지켜본 아이히만은 너무도 정상적이고 평범했다.

아이히만은 유대인을 혐오하는 반(反)유대주의자도 아니었고, 객관적인 사실관계만 따져 본다면 죄목과는 달리 유대인 학살의 주범도 아니었다. 정확히 팩트만 따져 보자. 그가 유대인을 아우슈비츠로 이송시킨 건 사실이지만 아우슈비츠에 도착한 모든 유대인을 그가 주도적으로 이송시킨 건 아니었고, '직접' 학살을 지시했거나 학살을 실행했다는 증거도 찾을 수 없었다고 최종 판결문은 밝히고 있다. 현대 대부분 국가에서, '범죄 성립의 3요소'는 '구성요건 해당성·위법성·책임능력'이다. 그러나 사실 범죄의 성립엔 살인죄에는 살인이라는 행위가, 절도죄에는 타인의 물건을 훔친 행위가 있어야만 한다는 '구성요건 해당성' 하나면 충분하다. 나머지 두 요소는 예외 사항을 두기 위해서일 뿐이다. 구성요건에는 해당하지만, 정당방위나 긴급피난이나 급박한 상황에서 자기의 권리를 지키기 위해 어쩔 수 없었다면 범죄가 아니라는 것이 '위법성' 조항이다. 이 두 요소를 충족하더라도 만 14세 미만의 미성년자이거나 도저히 저항할 수 없는 폭력에 의해 어쩔 수 없었다면 범죄가 아니라는 것이 그리고 심신미약자라면 범죄이기는 하지만 형을 감면해 준다는 것이 '책임능력' 조항이다. '책임능력'은 '의도(意圖)'와 관련 있다. 살인 사건이라도 정말 죽이려 한 '고의(故意)'냐, 그건 아니더라도 상대방이 죽을 수도 있다는 사실을 인지하고서도 행위를 멈추지 않은 '미필적 고의(未必的故意)'냐, 아니면 실수인 '과실'이냐에 따라 형량에 큰 차이가 있다.

아이히만에게 유대인 학살에 대한 고의는 없었다는 게 아렌트가 도달한 결론이고, 그래서 수많은 이스라엘인에게 깊은 욕을 오랫동안 들어야 했다. 아렌트도 유대인의 후손이었기 때문이다. 아이히만 역시 재판 과정에서 일관되게 미필적 고의에 해당한다고 볼 수 있는 '교사죄(敎唆罪)'만 인정했다. 그렇다면 쉽게 말해서 중개업자(브로커, broker)였던 아이히만이 왜 모든 죄를 뒤집어쓴 걸까? 아렌트는 그 이유를 그의 성격에서 찾는다. 탁월한 '협상 능력'을 바탕으로 소위 '유대인 문제 전문가'로 불릴 만큼 수많은 유대인과 좋게 때로는 나쁘게 얽히고설켜서 유대인 문제에서는 거의 빠짐없이 그의 이름이 언급되었고, 거기에 자신의 성과를 부풀리고 자랑하는 그의 허세(虛勢)도 한

몫했다는 것이다. 그러나 뭔가 부족한 설명이라는 느낌을 지울 수가 없다.

아이히만의 최후 모습은, 독립운동가의 모습과 흡사할 정도로 매우 당당하고 영웅적이기까지 했다. 방에서 나와 형장(刑場)에 이르는 약 50m를 조용히 그리고 꼿꼿이 걸어갔고, 똑바로 선 채 죽을 수 있도록 헐렁하게 묶어달라고 부탁했으며, 공포를 느끼지 못하게 얼굴을 가리는 검은색 두건도 거부했다. 자신의 최후를 똑바로 응시하겠다면서 말이다. "그는 자신을 완전히 통제하고 있었다. 아니 그 이상"이었다고 아렌트는 전한다. '잘못했다, 살려달라, 왜 한참 지난 일 갖고 이러느냐, 죽어서도 너희들을 저주하겠다' 등 우리가 예상할 수 있는 애원(哀願)과 협박과 저주는 없었다. "잠시 후면 우리는 모두 다시 만날 겁니다. 그것이 사람의 운명이니까요. 독일 만세, 아르헨티나 만세, 오스트리아 만세!" 이것의 그의 마지막 말이었다. 의미와 가치라는 측면에서는 천지 차이지만, 마지막 모습만 보면 아이히만과 안중근 의사가 지녔던 신념의 무게 그리고 그 둘이 맞이한 결과는 똑같다고 할 수 있다. 그렇기에 사람의 일과 사람이 만들어 가는 역사의 사건은, 결과도 결과지만 '과정'에 더욱 무게를 둬야 한다. 그리고 신념이라는 상상의 질서 즉 인간만이 가지고 있는 '정신세계'는, '살아남는 것이 최고의 가치'라는 본능의 명령조차 간단히 뭉개버릴 정도로 매우 강력하다. 따라서 잘못에 대해 본능이라서 어쩔 수 없었다고 말하는 건, 인간이라면

'핑계'에 불과하고 동물이라면 '사실'에 해당한다.

아이히만의 생각에 따르면, '이상주의자'란 자신의 이상을 삶을 통해 실천하는 사람이었고, 자신의 이상을 위해서라면 어떤 것, 특히 (가족을 포함해) 그 누구라도 희생시킬 각오가 된 사람이었다. 완벽한 이상주의자라도 다른 사람들과 마찬가지로 당연히 개인적인 느낌과 감정을 지니고 있지만, 만일 그것들이 그의 이상과 충돌하게 된다면 그것들이 그의 행동을 방해하도록 절대로 용납하지 않는 사람이 아이히만이 생각한 이상주의자였다. (…) 그는 결코 유대인 혐오자가 아니었다. 그의 죄는 그의 '복종'에서 나왔고, 복종은 '덕목'이었다. 그리고 그는 지배 집단의 일원이 아니었고 희생자였으며, 다른 수많은 낮은 계급의 전범들만큼 그렇게 지나치지도 않았다. "나는 괴물이 아니다. 나는 그렇게 만들어졌을 뿐이다."라고 아이히만은 말했다.

…… 한나 아렌트, 『예루살렘의 아이히만』(1963)

아이히만은 성공 지향적인 사람으로서, 공무원인 자신에게 맡겨진 '의무와 명령과 법을 충실히 준수했을 뿐'이다. 그런 그에게 죄가 있다면 '맹목적인 복종'을 한 죄밖에 없는 셈이라고 아렌트는 말한다. 아이히만 역시 그런 식으로 항변했고. 아이히만에게 '양심의 가책'은 '명령 불복종'과 동의어일 뿐이었다. 우리 주위에도 이런 공무원들이 수두룩하다. 기꺼이 자기라는 전체를 버리고 조직이라는 집단의 일부가 된 사람들 말이다. 아무 생각도 없고 뭔가를 알고 싶은 욕구도 없던 아이히만에게도 유일한 신념이 하나 있었는데, 그것은 '이상주의(理想主義)'였다. 사람의 삶에서 '이상(理想)' 즉 '생각할 수 있는 가장 완전한 상태'는 반드시 존재해야 하지만, 그로 인해 현실을 부정하거나 자신의 이상만이 유일한 진리라고 맹신하는 '이상주의'는 위험하다.

아렌트가 지적하는 아이히만의 잘못 내지 '악의 평범성(The Banality of Evil)'의 근원은 세 가지의 무능함, 즉 '말하기의 무능함·생각하기의 무능함·타인의 관점에서 옳고 그름을 판단하기의 무능함'이다. 아렌트는 필요할 때 그 상황에 필요한 말을 반드시 하는 걸 매우 중요하게 생각한다. 독일인 목사 하인리히 그뤼버는 유대인을 구하기 위해 아이히만과 협상을 벌이기도 했던 사람이다. 독일인으로는 유일하게 검찰 측의 증인으로 섰다. "당신은 아이히만의 행동을 바꾸기 위해, 그를 설득하기 위한 말을 한 번이라도 한 적이 있습니까?"라고 묻는 아이히만의 변호사에게 그는 이렇게 답했다. "행동이 말보다 더 효과적이라고 생각했습니다. 그리고 말해 봤자 소용없었을 거고요." 바로 이것이 아렌트가 그뤼버를 탓한 이유다. 만약 당시에 그뤼버가 아이히만에게 유대인 학살에 동참하는 건 잘못된 일이라고 한마디만 정확히 했더라면 어땠을까? 그렇다고 뭐가 크게 바뀌지는 않았겠지만, "그 누구도 제 임무에 대해서 저를 책망한 적이 없었습니다. 그뤼버조차도 유대인의 고통을 줄일 방법을 찾았을 뿐, 제 임무 수행 자체를 반대하는 말은 한 번도 한 적이 없었습니다"라는 아이히만의 변명은 원천 봉쇄할 수도 있었을 것이다.

첫째 '말하기의 무능함'은, 아이히만이 나치의 '언어규칙'을 아무 의심 없이 따른 결과다. 나치의 언어규칙이란, 듣기 좋고 불쾌감이 덜한 어휘를 사용하는 '완곡어법(婉曲語法, euphemism)'의 일종이었다. 담배는 직설적으로 '마약'이라고 하면서도 술은 완곡어법으로 '약주(藥酒)'라고 표현하면, 흡연자는 쓰레기로 음주자는 풍류를 즐길 줄 아는 멋쟁이로 인식된다. '알코올 중독자'가 자신을 '애주가(愛酒家)'라고 생각하면, 자기가 건강하다고 생각하는 환자처럼 그를 도울 방법이 전혀 없다. 영국 작가 조지 오웰의 소설 『1984』(1949)에서도 독재자 빅브라더(Big Brother)는 일명 '신어(新語, Newspeak)'를 강요해 사람들의 생각을 마비시킨다.

어휘와 언어의 힘은, 우리의 생각 그 이상으로 엄청나다. 언위심성(言爲心聲)이라는 말처럼, 어떤 어휘와 언어를 사용하느냐에 따라 여러분의 성격과 감정과 행동이 모두 그것에 맞게 바뀌기 때문이다. 나치가 '제거' 대신 '특별 취급' 그리고 '학살' 대신 '최종 해결책(the final solution)'이라는 완곡어법을 악의적으로 사용한 가장 큰 이유는, 우리가 흔히 생각하듯 자신들의 일을 외부인들이 모르도록 하기 위한 게 아니라 나치와 독일인들의 정상적인 사람으로서의 본능적인 반감(反感)을 건드리지 않기 위해서였다. 그래야만 지라르의 '희생양 메커니즘'처럼 그들이 어떤 죄책감도 없이, 나아가서는 자신들의 행동을 정당화시키면서 '살인'과 '거짓말'을 할 수 있을 테니까 말이다. 그렇게 할 때 얻게 되는 또 하나의 장점은, 고통받는 타인을 보면서도 본능적인 동정심과 연민(憐憫)조차 느끼지 않게 된다는 것이다. 가장 무서운 점은, 이런 악의(惡意)의 완곡어법이 사람이라면 누구나 가진 측은지심(惻隱之心)의 대상을 쥐도 새도 모르게 거꾸로 뒤집는다는 사실이다.

왜곡된 완곡어법을 지속적으로 사용하면, 자기가 얼마나 끔찍한 일을 자행하고 있는지에 관한 판단 능력이 무뎌진다. 그리고 측은지심의 대상이 뒤집힌 결과, 아무리 지고(至高)의 명령이고 직업상의 의무라고 할지라도 그렇게 끔찍한 일을 행하고 지켜봐야 하는 '자기 자신'을 안쓰럽고 불쌍하게 여기게 된다. 나아가 그렇게 힘들고 어려운 일은, 역시 자기 같은 소수의 선택받은 사람만이 짊어질 수 있는 대단한 임무라는 망상에까지 이르게 된다. 이것은 비단 아이히만에게만 해당하는 게 아니다. 오늘날의 연쇄살인범 역시 정확히 똑같다. 자기의 살인 행위는 '신의 명령'이거나 '사회적 쓰레기 청소'이거나 '정의의 심판'이며, 죽어가는 피해자를 보면서 피해자에게 그 모습을 지켜보는 자기 마음은 얼마나 더 아플지 생각해 봤냐고 묻기까지 한다. 그런 상황이 우리 눈에는 악마보다 더한 잔인한 짓으로 보이지만, 나치나 연쇄살인범 본인에게는 정말로 그 말과 감정이 진심이다. 이보다 더 무서운 것이 있을까? 이것이 내가 물리적인 힘보다, 언어와 정신의 힘을 더 조심스러워하고 두려워하는 이유이기도 하다.

중요한 것은 '사실(事實)'이요, '이성(理性)'을 통해 그 '사실'을 삭여서 살로 만드는 '사색(思索)'이다. 그런 사색을 통해서라야 나오는 것이 '논리(理)로써 풀었다(解)'는 뜻의 '이해(理解)'다. (⋯) 조선 제17대 효종(孝宗) 때의 의기충천(意氣衝天)하던 북벌(北伐) 열정은 몇십 년이 못 가서 식기 시작했다. 그것은 그 열정이 '감정'에서 왔던 것이지 깊은 '사색(思索)'에서 온 것이 아니기 때문이다. 사람의 가장 귀한 것은 '자기를 돌아볼 줄을 아는 반성(反省)'이다.

…… 함석헌, 『뜻으로 본 한국 역사』(1948/1967)

아이히만의 유일한 특징은 '어리석음'이 아니라, '사유의 진정한 불능성' 즉 (키르케고르가 말한 '무정신(無精神)'에 해당하는) 100%의 '완전한 무사유(無思惟)(thoughtlessness)'였다. (왜곡된 완곡어법으로 인해 자기 행동에 무감각해지고, 개인의 양심을 공무원의 의무와 명령으로 대체하면서 모든 책임으로부터 도피하는 태도인) '현실로부터 멀리 떨어져 있다는 것'과 '완전한 무사유', 이 두 가지가 아마도 인간 속에 존재하는 모든 악을 합친 것보다도 더 큰 악일 것이다. 인간이라면 오로지 자신의 판단에 의지해서 자기의 삶을 끌어 나가야 한다. 이때의 판단은 옳고 그름을 구별할 수 있는 능력인데, 비록 자신의 판단이 주위 모든 사람과 사회와 문화 전체의 판단과 완전히 다를 때조차도 그래야만 한다.

…… 한나 아렌트, 『예루살렘의 아이히만』(1963)

둘째 '생각하기의 무능함'은 말 그대로다. 논리적인 생각 없이 외부에서 내 속으로 들어오는 순간의 기분인 '감흥(感興)'이나 계속해서 새로운 우물은 파지 않은 채 기존의 고여 있어 썩은 물만 퍼마시려는 '명상(瞑想)'도 일시적인 변화는 줄 수 있지만, 너무 단기적이고 허약하다. 논리와 깊은 생각 없이 감정적으로만 대처하고 곧 잊어버리는 우리의 이런 면을 확대해서 일본이 만들어 낸 말이, 바로 '한국인의 냄비근성'이라는 표현이다. 반성할 점은, 그것이 확대이긴 해도 거짓은 아니라는 것이다. '생각'이란 순우리말이지만, 굳이 한자(漢字)로 풀어보면 '살아 있기에(生) 깨달을 수 있는 것(覺)'이라고 할 수 있다. 몸이 가장 건강할 때 오감(五感)도 가장 예민한 법이다. 시체는 어떤 감각도 느끼지 못한다. 계속해서 같은 잘못을 저지르고 그 결과 삶과 가능성과 자유와 꿈이 계속해서 축소 되어가도 여전히 아무것도 깨닫지 못한다면, 그건 이미 죽은 것과 다름없다. 되돌아보면 무엇을 잘못해서 그런 화(禍)를 입었는지 알 수 있는 법이거늘, 되돌아보지 않아서 깨어 있지 못해서 살아 있지 못해서 아무것도 깨닫지 못한 채 같은 잘못을 수없이 되풀이하는 것이다. 꼭 지적하고 싶은 사실은, 우리의 두뇌는 하나를 저장하면 언제든 똑같은 모습으로 그 하나를 꺼낼 수 있는 컴퓨터의 하드디스크가 아니라는 사실이다. 생각은 암기로 쌓아가는 지식이 아니다. '바느질'인 동시에 '창발(emergence)'이다. 기존의 개별적이고 관련 없던 정보와 지식을 가져다 이리저리 기우고 짜깁기하는 과정인 동시에 새롭게 들어오는 정보들과의 지속적인 연상작용(聯想作用) 속에서 새로운 것이 갑자기 탄생하는 과정이라는 말이다.

셋째 아렌트가 가장 중요하게 생각한 '악의 평범성'의 근원은, 바로 '타인의 관점에서 옳고 그름을 판단하기의 무능함'이다. 타인의 관점에서 옳고 그름을 판단하지 못하는 무능함은 왜곡된 완곡어법으로 인해 자기 행동에 무감각해졌기 때문이고, 측은지심의 내상이 뒤집히면서 타인의 관점에 설 수 있는 능력이 사라진 결과다. 결국 첫째와 셋째는 둘째 요소인 '생각하기의 무능함'이라는 고리로 연결된다. 그와 동시에 자기 자신의 양심을 공무원의 의무와 명령으로 대체하면서 자연스럽게 모든 책임으로부터 도피할 수 있었던 것, 이것이 아이히만의 죄다. 정화열은 해제(解題)에서 "기술 특히 미디어 기술이 우리를 더욱 더 평범하게, 획일적으로, 그래서 생각 없이 만든다"고 지적한다. 무엇이든 '아무 생각 없이' '맹목적으로' '당연하게' 받아들이는 순간 우리는 익명의 그들과 똑같아지고, 그럴 때 우리 안에서는 또 하나의 아이히만이 살며시 기쁘게 고개를 쳐든다. 어리석다는 건 생각을 하긴 했는데 '깊이'와 '지향성'에 잘못이 있는 것이지만, 완전한 무사유는 아예 생각 자체가 없이 움직이는 기계 즉 '기능인'이라는 말이다.

최종 판결문에는 흥미로운 사실 두 가지가 등장한다. 첫째 "당시 8,000만 독일인이 피고처럼 행동했다고 해도, 그것이 피고에 대한 변명이 될 수는 없다. 우리는 여기에서 오직 피고가 한 일만 고려할 뿐"이라는 것이다. 드러나지 않은 건 법으로 처벌할 수 없으니 괜스레 물귀신처럼 이 사람 저 사람 물고 늘어지지 말라는 말일 수도 있고, 한편으로는 키르케고르와 하이데거가 강조한 '단독성'과 '각자성'을 판사가 정확하게 인식하고 있었던 것일 수도 있다. 어떻든 멋진 대답인데, 왜 이런 말이 나왔을까? 아이히만의 변명 때문이다. 자기는 '군인'으로서 명령에 복종했을 뿐이고, 그런 상황에선 굳이 자기가 아니더라도 누군가는 어차피 그런 일을 했을 테니 다른 사람이 아니라 자기가 그 일을 맡게 된 건 단지 '우연'일 뿐이며 '재수가 없었던 것'일 뿐이라고 말했기 때문이다. 마치 살인자가 피해자에게, 어차피 사람은 모두 죽을 운명인데 단지 자기가 그 시기만 앞당겼을 뿐이라고 말하는 것처럼 말이다. 찔리지 않는가? 이런 말 같지도 않은 말을 안 해본 사람이 없을 것이다.

둘째 유대인 학살의 주범이라고 하기에는 분명 법적으로 애매한 부분이 있었음에도 불구하고, 재판부가 아이히만에게 사형을 선고한 이유다. "원해서든 강제로든 당신이 다른 민족과 같은 세상에서 함께 살기를 거부한 행위인 유대인 학살을 지지하고 그에 조력(助力)했다는 사실은 분명하다. 그와 마찬가지로 이제는 다른 민족들이 당신이나 나치와 함께 같은 세상에서 살고 싶어 하지 않는다. 바로 이것이 당신에게 사형을 선고하는 유일한 이유"라는 것이다. 판결문치고는 논리적인 면에서 조금 부족한 듯싶어도, 나는 개인적으로 우리나라 사법부에도 이런 종류의 판결을 원한다. 심하게 말하자면, 현재 우리나라에서 발생하는 범죄의 원인 중 가장 큰 부분이, 사법부에 있다는 생각을 지울 수 없다. 스토킹(stalking)과 성범죄와 경제 사기가 살인에 맞먹는 범죄라는 걸 전혀 모르는 현실 감각의 부족, 서민들의 일반적인 삶이 주는 고통의 부재(不在), 뼛속까지 빅혀있는 엘리트 의식, 기득권의 유지를 위한 정권 눈치 보기가 사법부의 고질병이 아닐까? 그들의 무성의한 판결 하나에, 가해자는 죄책감이 말끔히 씻긴 자신감을 얻고, 일선의 경찰과 형사들은 수일 수주 간의 밤낮 고생이 물거품이 되며, 피해자와 유족은 평생 고통과 두려움에 떨게 되니 말이다.

아렌트는 '양심'이 인간에게 근원적인 게 아니라 환경과 사회적 여건 속에서 형성된 것이라고 말하는데, 나도 같은 생각이다. 흔히 '양심'을 '불변하는 윤리적 잣대'로 생각하지만, 사실 그렇지 않다. 예전엔 노예나 하인에게 그들이 일한 만큼의

10%에도 못 미치는 연봉을 주면서도, 그 누구 하나 양심의 가책을 느끼지 않았다. 여성의 사회적 활동을 금했고, 자녀들은 부모의 재산 즉 소유였다. 그러나 지금은 어떤가? 양심이란 시대마다 사람들이 공유하는 가치관이나 상식, 다시 말해서 '패러다임(paradigm)' 또는 '에피스테메(episteme)'다. 그래서 반(反)사회성 인격장애를 앓는 사람이나 연쇄살인범 또는 완전히 무사유한 사람에게는, 양심의 가책을 기대하는 것 자체가 잘못이다. 타인의 입장에 설 수 없고 그래서 '공감(共感)'할 수 없기 때문이다. 그러니 연쇄살인범에게 어떻게 사람이 그렇게 잔인할 수 있냐고, 그러고도 잠이 오고 밥이 넘어가고 웃음이 나오냐고 아무리 하소연해 봐야 소용없다.

아렌트가 지적한 아이히만의 잘못 또는 '악의 평범성'의 세 가지 근원을 거꾸로 표현하면 이렇다. 첫째 항상 정확하고 올바르게 개념 정의된 언어를 사용하고, 둘째 양심에 따라 깊이 생각하며, 셋째 역지사지(易地思之)를 통한 공감 능력을 잃지 말라는 것이다. 그런 사람만이 조직 속에서도 실존을 실천할 수 있다는 것이다. 그런데 잘 알겠지만, 그런 사람은 현대사회 속에서 소위 '성공'이라는 걸 절대 할 수 없다. 그렇다면 반대로, 넘쳐나는 경제적 부와 높은 사회적 지위를 획득한 사람들은 어떤 유형인지 충분히 짐작되리라. 가령 산천어나 열목어 또는 가재 같은 1급수 어종(魚種)은, 아무리 살고자 발버둥 쳐도 더러운 물에서는 생존 자체가 불가능하다. 지금 우리가 사는 사회는 몇 급수일까? 그 속에서 성공하기 위해서는 어떤 어종이 되어야 할까? 여러분 자신은 몇 급수 어종이 되고 싶은가? 그것부터 선택해야만, 이 세상에서 어떤 방식으로 살아갈지 선택할 수 있게 될 것이다. 어떤 것을 선택할 것인가는 철저히 개인적인 문제이자 자유이고, 그에 따르는 결과와 책임 역시 철저히 개인의 몫이다. 참고로, 나는 1급수 어종이 되고 싶다. 그래서 그렇게 되려고 노력하기를 선택했고, 그런 선택의 순간부터 돈·명성·사회적 지위·권력·명품·대중매체·레저 활동 등은 내게 기회비용(opportunity cost)이 되었다. 그 결과 그런 것들로 마음이 크게 상하는 일은 없다. 종종 불편할 때는 있지만.

Chapter
04

타인[타자(他者)]과 사회

사람이 자기 자신에 대해서 책임이 있다고 말할 때, 그것은 (자신의 고유한 개성에 대해 책임이 있다는 말이 아니라) 모든 타자에 대해 책임이 있다는 것을 의미한다. (…) 나는 나의 자유와 동시에 타자의 자유를 원하지 않을 수 없으며, 또한 내가 타자의 자유를 목적으로 삼아야만 나의 자유를 목적으로 삼을 수 있다. 한 사회에서 가장 혜택을 받지 못한 자들의 요구는 결국 그 사회의 진리[현재 상황]를 표현한다.

…… 장 폴 사르트르, 『실존주의는 휴머니즘이다』(1946)

자유는 언제나 타인 앞에서, 타인과의 관계성 속에서 이루어진다. 대자존재로서의 인간의 자유는 본질적으로 대타적이다. 그러므로 나의 자유의 실현은 반드시 타인의 자유의 실현을 요구한다. 타인의 자유는 나의 자유의 가능 조건이다.

…… 장 폴 사르트르, 『존재와 무』(1943)

자기의 모든 행위는 자기의 것이므로 당연히 자기의 책임이지만, 작은 행위 하나조차도 '의미와 가치의 네트워크인 세계' 속에 존재하는 타자와 연결되어 있고 동시에 '모든 사물이 존재하는 세상'과도 연결되어 있다. 따라서 자유에 따르는 책임은, 나의 책임임과 동시에 타자와 세상에 대한 책임이 된다.

대부분 환경운동은 이런 생각의 토대 위에서 행해진다. 그런데 이 말을 뒤집어 보면, 모든 사람이 자유롭지 못하다면 그 어떤 개인도 자유롭지 못하다는 말도 된다. 바로 여기에서 억압받는 사람들의 편에 서야만 한다는 사회참여, 즉 프랑스 지식인들의 실천을 이끌었던 '앙가주망(engagement)'이 도출된다. 그렇다면 내가 책임을 공유해야 하는 타자란 누구이고, 그들은 내게 어떤 의미일까?

타인들
[그들]이란…

현존재는 타인들[다른 현존재들]에게 예속(隸屬)되어 있다. 타인들의
의향이 현존재의 일상적인 존재 가능성을 좌우한다. 그런 타인들은
특정한 타인들이 아니다. 자기 자신도 타인에 속하고 (그럼으로써)
그들의 권력을 강화하고 있다. '그들[타인들]'은 이 사람도 저 사람도
아니고, 몇몇 사람들도 아니며, 모든 사람을 아우르는 말도 아니다.
불특정 다수의 '그들'이다. 모두가 타인이며 누구도 그 자신이 아니
다. 이 '아무도 아닌 사람들' 사이에 모든 현존재가 서로 섞여 있으면
서, 그때마다 자기를 드러내고 숨기를 반복한다. 타인들이란 곧 일상
적인 '함께-있음'에서 대체로 '거기에-있는-그들'이다. 우리는 그들
이 즐기듯이 즐기고 만족스러워하는 방식대로 만족스러워한다. 우리
는 그들이 보고 판단하는 것처럼 문학과 예술에 관해서 읽고 보고 판
단한다. '평균성[획일성]'은 그들의 실존적 성격 중 하나다.

…… 마르틴 하이데거, 『존재와 시간』(1927)

하이데거는 자기 자신을 제외한 타인들을 '더불어[함께]-있
는 존재(being-with)', 독일어로는 '미트-자인(Mit-sein)'이라고

정의한다. 사회적 존재인 우리는 본성상 타인들을 향한 안테나를 잠시도 접어 둘 수 없다. 그래서 그들의 일거수일투족에 늘 마음을 졸이며 신경을 쓴다. 이것이 내가 타인과 맺는 관계인 '심려(心慮, care)'고, 내가 나 스스로와 맺는 관계는 미래의 존재 가능성을 걱정하는 '염려(念慮, worry)'다. 우리는 이미 무엇을 하고 어떻게 살아야 하는지에 대한 기준과 규범이 확립된 사회 속에서 태어나 살아가고 있다. 그래서 알게 모르게 사회에서 요구하는 학벌과 직장과 외모의 기준대로, 실체도 없는 대중의 기준과 사회 시계에 맞춰 살아가고 있다. 타인들과의 거리가 매우 좁혀질 때 발생하는 큰 문제는, 자기 삶의 주도권을 잃거나 삶의 주도권을 자발적으로 대중(大衆)에 헌납한 채 대중의 삶의 방식과 똑같아진다는 점이다. 나아가 대중에 고유성과 주체성과 자유를 헌납한 대가로 그들의 일부가 될 때 발생하는 가장 무서운 점은, '그들'과 '자기 자신'을 구별해 내기가 어려워진다는 점이다. 어떤 생각과 선택과 판단과 행동이 애초에 그들 것이었고 자기 것이었는지 알 수 없게 된다는 말이다. 여기에 '그들[대중]'의 무서운 힘이 있다.

하이데거가 '그들'의 특성으로 제시하는 세 가지는 이렇다. 첫째는 압도적 다수임을 내세우는 '평균성[획일성]'이고, 둘째는 모든 사람이 하는 대로 하고 보는 대로 보라는 암묵적 명령인 '공공성[규범성]'이며, 셋째는 그런 공공성을 따를 때 스스로 어떤 책임도

질 필요가 없게 된다는 '무책임성'이다. 참으로 깔끔한 요약이다. 아이히만처럼 '나 말고 다른 사람들도 다 그렇게 하는데 왜 나 한테만 그래?'라며 물귀신처럼 타인들을 붙들고 늘어지면서 자기 자신을 정당화[합리화]하는 흔한 변명은, 두 번째와 세 번째에 모두 해당한다. 익숙하고 편하기에 남들에게 적당히 맞추고 적당히 만족하며 살면서, 사는 게 다 그렇다고 스스로를 위로한다. 주도(主導) 받고 명령받고 억압받을 때라야 안전하고 편하고 좋다고 느끼는 노예근성에 절은 하품(下品)의 사람들이 보기보다 매우 많다. 그런 사람들은 왕과 독재자에 열광한다. 자기를 지배할 주인을 원하기 때문이다. 평소에는 그렇게도 수많아 보이던 '그들'이지만, 책임질 일이 생길 때면 언제나 어디에서도 단 한 명의 흔적조차 찾아볼 수 없다. 자신만의 실존을 잃어버리고 살아가는 이런 사람들을 하이데거는 진정한 '본래적 – 자기(own-self)'가 아닌 '그들 – 자기(they-self)[비본래적 – 자기]'라고 부르고, 그런 사람들의 비본래적인 삶을 '퇴락(頹落, dilapidation)[무너져 내림]'이라며 경멸한다.

타인은
나의 지옥

나에 대한 진리[진실]를 얻기 위해선, 나는 타자(他者)를 거쳐야만 한
다. (나에게 있어서) 타인은 지옥이다.

······ 장 폴 사르트르, 『구토』(1938)

타자는 '나를 바라본다.' 그럼으로써 타자는 내 존재의 비밀을 간직하
게 된다. 그 비밀은 '내가 무엇인지'에 관한 비밀이다. 타자는 나를 존
재히게 하며, 바로 그 사실로 인해 나를 '소유'한다. 이렇게 해서 내 존
재의 심오한 의미는 나의 바깥에 있게 된다. 무엇이건 나에 관한 어
떤 진실을 얻으려면, 나는 (반드시) 타자를 통과해야만 한다. 타자는
나의 존재에 필수 불가결하다. 그뿐만 아니라 내가 나에 대해 갖는
인식에서도 마찬가지이다. (그래서) 타자는 나와 나 자신을 연결해 주
는 필수 불가결한 매개자인 동시에 나의 모든 가능성의 죽음[무덤]이
며, 나의 지옥이다.

······ 장 폴 사르트르, 『존재와 무』(1943)

대중과 같은 의견을 채택하는 것은 '기만적 위안'이다. 대중은 오직

추상적으로만 존재하기 때문이다. 대중은 전체이자 무(無)이며, 모든 힘 중에서 가장 위험한 동시에 가장 무의미하다. (…) 대중은 (여론(輿論)이라는) 개를 키운다. 뛰어난 인물이 출현하면 개를 부추겨 그를 공격하게 하면서 (한편 자신들은 그 모습을 구경하는) 놀이가 시작된다. 그에 대해 대중은 조금의 죄책감도 없다. 뛰어난 인물을 공격한 것은 대중이 아니라 개였기 때문이다. (그로 인해 소송이 벌어지면) 법정에서 대중[개개인]은 이렇게 말할 것이다. "그 개는 내 소유가 아니다. 그 개는 주인이 없다." 대중은 일종의 '수학적 착오[착각]'다.

…… 쇠렌 키르케고르, 『두 시대』(1846)

세상에 나만 존재한다면, 굳이 '나'라는 개념 없이 존재하면 그만이다. 그러나 그럴 수 없다. 음과 양이 서로를 전제함으로써만 존재할 수 있듯이, 나는 타인과 구별됨으로써 규정되고 존재할 수 있다. 사르트르는 '타인의 시선(視線)[바라봄]'에 주목한다. 나를 바라보는 타인의 시선과 평가가 축적된 결과물이 바로 '나'라는 것이다. 그래서 사르트르에게 '나'의 존재에 있어서 필요조건은, 바로 '나를 바라봐 주는 타인'이 된다. 모든 걸 즉자화[사물화]하는 힘인 '시선'은, 타인의 존재에 관한 비밀 일부를 뺏어오는 행위라고 사르트르는 말한다. 타인은 나를 쳐다봄으로써 나에 대한 어떤 이미지 그러니까 '내 존재에 관한 어떤 비밀'을 빼앗아 갖게 되는데, 그것이 무엇인지 나로서는 절대 알 수 없다. 그가 가져간 내 모습을 말해 줄 수도 있지만 그건 어디까지나 그의 선택에 달린 것이고, 또 말해 준다고 해도 (언어의 본질적인 한계 때문에) 온전한 의미 전달을 기대할 수는 없다. 따라서 세상은 수많은 인간이 서로 시선을 통해 세상의 중심이 되고자 타인들을 즉자화[사물화]하려는 갈등과 투쟁의 장이 된다. 이것이 '자신과 타인이 맺는 관계의 본질'이라고 사르트르는 말한다. 그래서 '타인은 나의 모든 가능성의 죽음이며, 나의 지옥'이 되고, 그러면서도 나 자신에 관한 온전한 진실을 알기 위해서 필수 불가결한 존재이기도 하다.

우리의 모든 인식이 의식으로 걸러낸 것이라면, 내가 타인에 대해 지닌 그에 대한 이미지와 그 사람의 본모습과 타인이 나에 대해 지닌 나에 대한 이미지와 나의 본모습은 분명히 다를 것이나. 바로 그런 간극(間隙)이 사물과는 달리 타인을 내 의지대로 소유하고 통제할 수 없는 대상이 되게 하고, 나 역시 타인의 의지대로 소유되고 통제될 수 없는 대상이 되게 하는 것이라고 사르트르는 말한다. 타인을 통제하거나 반대로 타인에게 통제받고 인정받고 싶은 욕망이 크면 클수록, 좌절감과 고통도 그만큼 클 수밖에 없다. 그런 좌절감과 고통이 타인을 지옥으로 느끼게 하는 것이다. 라캉이 설명한 언어 구조의 본질적 한계에 의한 상징계와 실재계[무의식]의 간극과도 연결되는 설명이다.

사르트르가 '타인의 시선'에 주목해서 타인을 필요조건으로 본 것까지는 좋았지만, 나를 바라보는 타인의 시선과 평가가 축적된 결과물이 바로 '나'라는 결론에 도달한 건 매우 아쉽다. 이 결론은 대중들의 의견과 사회적인 평판(評判) 속에 나의 주체성과 실존과 삶의 의미가 있다고 말하는 셈이기 때문이다. 앞서 사르트르 스스로 전개한 '실존'과 '자기기만'에 관한 설명과 상충(相沖)한다. 내가 내 존재에 관한 비밀을 즉 나 자신에 관한 진실을 알고 싶다고, 유치원 때부터 지금까지 내가 한 번이라도 만난 모든 사람을 찾아다니며 그들이 생각했던 당시 나의 이미지를 모두 수거할 수는 없는 노릇이다. 나를 몰래 훔쳐본 사람의 이미지는 또 어떻게 하란 말인가! '타인의 시선'에 관해 완전히 잘못 짚은 탓에, 사르트르에게 세상은 온통 서로의 존재에 관한 비밀과 진실을 강탈(强奪)하려는 '시선 투쟁'의 전쟁터가 된다. 그렇게 협력과 공감과 나눔이 사라진 인간관계는 언제나 비극적일 수밖에 없다. 그래서 사르트르에게 타인은 지옥이고, 그 결과 타인이 존재하는 세상에 태어났다는 사실 그 자체가 우리의 '원죄(原罪, original sin)'라는 말까지 서슴없이 할 수 있는 것이다.

인류가 멸망해서 홀로 살아남았거나 무인도에 홀로 남겨진 경우처럼, 단 한 명의 타인도 존재하지 않는다면? 사르트르의 논리대로라면, 그때의 나는 대자존재[인간]가 아니라 즉자-대자의 결합을 완성한 '신(神)'이 된다. 그러나 과연 그럴까? 아무리 홀로 신이 되었다고 외치고 웃어도 그것은 잠시일 뿐, 슬프

고 허하고 외롭고 눈물이 날 테고 의식의 지향성조차 가물가물
해질 것이다. 그래서 로빈슨 크루소는 프라이데이(Friday)를 만
나 안정을 찾고, 영화 〈캐스트 어웨이(Cast Away)〉(2000)에서 무
인도에 표류한 주인공 척 놀랜드는 윌슨 스포츠사의 배구공을
'윌슨(Wilson)'이라고 부르면서 친구처럼 대화를 나누며 그를 잃
었을 때는 목 놓아 울었던 것이다. 타자는 사르트르의 주장대
로, 나와 시선 투쟁을 하는 존재이자 나의 비밀을 훔쳐 가는 존
재가 맞다. 하지만 그보다 더욱 근본적인 타자의 본질은, 나의
존재에 꼭 필요한 '또 하나의 자아' 즉 '나의 분신(分身, alter ego)'
이 아닐까? 비록 혈연과 지연과 학연과 사회연의 순서로 그 친
밀성이 약해지긴 하겠지만.

자유의
종말

'자유의 종말'은 우리가 강제를 자유로 인식한다는 데 있다. 그러면 애초에 저항 자체가 불가능하기 때문이다. 구조상 지금 사회는 중세 봉건사회와 다르지 않다. 페이스북 같은 디지털 봉건 영주들은 우리에게 땅을 주며 말한다. 경작하라고, 그만큼 공짜로 주겠다고. 그리고 우리는 미친 듯이 경작한다. 그러나 수확을 걷어가는 건 봉건 영주들이다. 이것은 '소통의 착취'다.

오늘날에는 앎은 없고 정보만 있다. 앎은 경험에 기반을 둔다. '정신'은 '지능'과는 완전히 다른 무엇이다. 기계에는 정신이 없다. 어떤 기계도 입력받은 것 이상을 출력할 수 없다. 바로 이 점 때문에 즉 받았던 것보다 더 내놓을 수 있고 또 받았던 것과는 완전히 다른 무엇을 내놓을 수 있다는 점 때문에, 생명의 기적이 존재하는 것이다. 생명은 정신이다. 기술이 발전해서 불멸(不滅)이 이루어질지도 모르지만, 그 대가로 우리는 생명을 잃을 것이다.

자본[돈]이 제공하는 자유는 착취가 가능한 자유, 자본의 이해관계에 따라 선택된 자유다. 자본이 우리에게 자유를 주기 때문에 우리는 자유를 누리기 위해 자본에 의존하게 되고, 자본이 제공하는 자유는 상품의 형태를 취하기 때문에 우리는 돈을 주고 자유를 사야만 한다. 자본은 자유를 위해 돈을 쓰도록 유혹하고, 우리는 그 돈을 마련하기 위해 자기 자신을 최대한 착취함으로써 다시 자본에 봉사한다. 자유를 위해 자유를 희생시키는 것이다. 이것이 '자유의 예속성(隷屬性)'이라는 역설이다. 빅데이터를 통해 자본은 우리가 원할 것이라고 예상되는 옵션들을 눈앞에 제시한다. 이제 우리는 원하는 게 무엇인지를 스스로 생각할 필요도 없다. 자본은 인간을 착취가 가능한 다양한 부분적 욕망으로 해체한다. 이런 상황에서는 하고 싶은 것을 하는 것보다, 오히려 하지 않는 것이 자유의 실천일지도 모른다.

…… 한병철, 〈차이트(ZEIT)와의 대담〉(2014.9.)

대체로 사람들은 대중매체나 유튜브 또는 SNS나 주위 사람들의 말을 듣고, 특징 상품을 구매하고 특정 맛집을 찾아간다. 이것은 스스로 선택한 것 같지만, 스스로 선택한 게 아니다. 운동복을 하나 사려고 한다. 자신이 좋아하는 색과 디자인 그리고 사용할 용도에 맞는 옷감과 가격을 생각해서 그에 맞는 상품을 골라 산다면, 그것은 자기의 선택에 의한 것이다. 그러나 이미 하나의 특정 브랜드라는 정해진 틀 속에서 제한된 선택을 하는 자신을 발견한다. 운동복은 가령 내셔널지오그래픽이어야만 한다는 그렇지 않으면 남들과 다르게 보이고 유행에 뒤처져 보이고 가난해 보이고, 그렇게 되면 '그들' 속에 끼지 못한다는 불안감에 지배받기 때문에 그리고 그런 불안감조차

이겨내지 못할 정도로 나약하기 때문이다. 대학이나 직장 그리고 결혼도 마찬가지다. '가만히 있으면 중간이라도 간다'라는 말은, '그들' 즉 타인들의 논리가 세계를 지배하고 있음을 암시한다.

가시적인 억압 주체나 집단이 감각적인 핍박을 가할 땐, 사회 개혁 운동이나 종교적 선교는 더욱 활활 타오른다. 지라르와 바타(이)유가 밝혔듯이, '금지'하면 '위반'하고 싶은 게 인간의 본성이니까. 그러나 반대로 가시적인 억압 주체나 집단도 없고 감각적인 핍박도 느끼지 못할 땐, 사회 개혁 운동이나 종교적 선교는 쇠퇴와 부패의 길을 걷게 된다. 상황의 속을 볼 수 있는 분석적 능력이 크게 떨어져서 겉으로 보이는 대로만 판단하는 대중(大衆)의 지지와 동의를 얻을 수 없기 때문이다. "권력은 크면 클수록 더 조용히 작동한다"라는 한병철의 경고를 잊으면 안 된다. '소통의 착취'로 치자면, TV 예능 프로그램도 마찬가지다. 그들끼리 먹고 떠들고 여행가고 소개팅하고 부부싸움하고 애 키우는 모습을, 우리는 미친 듯이 좋다고 쳐다본다. 일종의 훔쳐보기, 즉 '관음증'의 욕망을 충족시켜 주기 때문이다. 그로 인해 돈을 버는 건 그들이고, 우리는 그만큼 정신이 썩어가고 생명을 잃어간다. 한병철의 마지막 말은, "'제(自)'가 곧 '까닭(由)'이다. 그래서 자유(自由)는 곧 '스스로 함'"이라는 함석헌의 설명과 놀랍도록 일치한다.

'명품(名品)'이 명품인 이유는, 어떤 상황에서도 할인이나 바겐

세일(bargain sale)을 하지 않기 때문이다. 힘들거나 외롭다고 한 두 번 대다수 '그들'의 세계와 삶의 방식에 발을 들여놓기 시작하면, 바늘 도둑이 소도둑 되듯 끝내 그들 중 하나가 되어 현존재로서의 사망에 이르게 된다. 게다가 명품은 타인들의 기준에 흔들리지 않는다. 자기만의 품질관리 프로세스를 가지고 있다. 모두가 아무리 좋다고 대단하다고 침 튀겨가며 칭찬해도, 자체 기준에 미달하면 결코 제품을 출시하지 않고 출시된 제품이라면 단호하게 리콜(recall)한다. 명품인 사람은 말과 행동에 신중해서 절대 허언(虛言)하지도 형식적인 말은 하지도 않고, '계포일낙(季布一諾)'처럼 한 번 내뱉은 말은 누가 보든 안 보든 지키려고 노력하며, 지키지 못했다면 반드시 (스스로 처벌 즉) 어떤 형태로든 스스로 책임을 진다. 성별과 나이에 상관없이 그런 사람 그리고 그런 사람과의 대화가 너무도 그리워, 늘 마음의 독감을 심하게 앓고 있다.

'삶'을 풀어쓰면 '살림'이고, 거기에서 참 멋진 순우리말 '살림살이'가 나왔다. '살았다(生)' 함은 결국 '살 이유를 알았음'이고, '할 일이 있음'이다. '생(生)'이 곧 '명(命)'이다.

⋯⋯ 함석헌, 『뜻으로 본 한국 역사』(1948/1967)

아렌트까지 살펴봤지만, 그럼에도 과연 어떻게 살아야 '실존적인 삶'을 사는 걸까 하는 질문에 '명쾌한' 답은 찾지 못했다. 우리의 노력이 부족해서? 그러면 얼마나 더 많은 학자의 조언을 참고해야 할까? 그래봐야 소용없다. 우리는 애초에 불가능한 것을 원한 거니까. 늘 변화하고 과정 중에 있는 세상과 삶 속에서, 우리는 '명쾌하고 분명하고 확실한 정답'을 찾으려 한 거니까. 다시 말해서 '명쾌한 정답'은 없다. 스스로 그리고 객관적으로도 옳다고 확신하고 신중한 계획을 세운 일이라면, 어떤 결정이든 내려라! 그 후 그 결정이 좋은 결정이 될 수 있도록 노력하는 것, 그것만이 불완전한 존재인 우리가 분명히 할 수 있는 일이다. 실존적인 삶을 향해 계속해서 다가가는 방법 중, 내가 알고 있는 건 단 하나밖에 없다. 니체의 조언처럼 가장 먼저 현재 자신의 모든 걸 기꺼이 인정하고 받아들이는 '아모르 파티(Amor Fati)'를 바탕으로, 언제든지 죽을 수 있음을 늘 기억함으로써 매 순간 죽음을 준비하며 감사함으로 사는 '메멘토 모리(Memento Mori)'의 마음으로, 현재 마주한 일에 최선을 다하면서 자투리 시간도 허투루 보내지 않는 '카르페 디엠(Carpe Diem)'의 자세를 지니는 것이다. 하지만 작은 것 하나라도 미리 준비하는 사람이 의외로 드물다. 하물며 새해마다 유서(遺書)를 작성하고 매년 그 내용을 갱신하며, 매일 저녁 죽음을 맞이하는 마음으로 잠들었다가 다음 날 눈을 뜨면 또다시 단 하루의 삶이 보너스로 주어졌다는 생각에 기쁘게 매 순간 최선을 다해 하루를 보내는 게 몸에 밴 사람은 더더욱 드물고.

우리는
'사이[관계]'의 존재

모든 매개물[방어벽]이 무너져 내린 곳에서만 '만남'이 일어난다. '당신'은 관계가 끝나면 하나의 '그것'이 될 수밖에 없다. '그것'은 영원한 번데기요, '당신'은 영원한 나비이다.

…… 마르틴 부버, 『나와 당신』(1923)

세상엔 사르트르의 과격한 타인만 있는 건 아니다. 데카르트의 'Cogito ergo sum'은 '나'의 존재를 너무 강조한 나머지 '타인'의 존재에 대한 이해와 관심을 심하게 축소해서, '대화'가 아니라 '독백'이 진리의 전부인 것처럼 여겨지게 되는 계기가 되었다. 이후로 인간은 지구의 문제아가 되었다. 자기중심적인 인간과 민족들은, 자연과 다른 민족들에 관심을 가지거나 이해하려고 하지 않았다. 이런 몰이해(沒理解)와 무관심의 극단적인 예가, 노예와 식민지 지배 그리고 환경 훼손과 종들의 멸종 등으로 나타났다. 이런 위기의식 속에서, 대화라는 서양[그리스]의 전통을 회복하려는 학자들이 나타났다. 그 중 대표적인 사람이 오스트리아 철학자 마르틴 부버다.

부버는 인간의 존재 상황을 '나-너(I-You)'와 '나-그것(I-It)'으로 정의한다. 버클리와 쇼펜하우어처럼 '나' 없이는 '당신'이나 '그것'은 절대 존재하지 않으며, 개인의 존재는 언제나 타자(他者)를 전제하고 있음을 뜻한다. 기본 개념이 두 가지이기에, '나'와 '나의 존재 방식' 그리고 내가 만나는 '세계' 모두 두 가지가 된다. 여기에 ('너'든 '그것'이든 '세계'이든) 상대를 '대상으로 삼고 경험하는 행위'와 '관계를 맺고 만나는 행위' 두 가지 더 첨가된다. 대상으로 삼고 경험한다는 건 상대를 '분석적'으로 이해해서 나의 기준에 따라 그중 특정 성질을 끄집어내 그 성질에 관한 판단을 그 상대 전체에 관한 판단으로 삼는 것이고, 관계를 맺고 만난다는 건 상대를 특정 성질이나 물질의 덩어리가 아니라 '우주적'으로 인식해서 그 속으로 들어가 서는 것이라는 게 부버의 분석이다. 그러나 '경험'과 '체험'을 혼동했다는 지적은 피할 수 없어 보인다. 부버가 말하는 '경험'은, 일반적인 용법으로는 잠깐 맛만 보는 '체험'이다. 그래서 이하 부버의 경험을 체험으로 대체하겠다. 여하튼 사랑하는 사람이 나와 함께 있으면 온 세계를 얻은 듯하고, 등을 돌리면 온 세계를 잃은 듯하며, 그[그녀]가 기쁘거나 슬프면 온 세계가 기쁘거나 슬프게 보이는 감정은 사랑하는 사람 외의 누구와도 가질 수 없는 성질의 것이다.

관계를 맺고 만난다는 건 '직접적(immediate)'이다. 그래서 부버는 관계에는 아무런 매개가 필요 없고, 관계를 맺고 있는 상대를 비교하거나 특정 질서[틀(frame)] 속에서 이해하거나 객관적으로 이해하는 것도 불가능하다고 말한다. 상대를 그 자체로 '인정[수용]'하라는 말이다. '상호적(reciprocal)'이라는 건 택함을 받는 것인 동시에 택하는 것이며, 수동인 동시에 능동이라는 것이다. 하나의 나무를 체험할 수도 있고 그 나무와 관계를 맺을 수도 있듯이 '체험함[분석적]'과 '관계 맺음[우주적]'이 서로 대립적인 것은 아닐지라도, 대체로 부버의 '체험'은 상대방을 나의 의도 속에 넣는 것이고 '만남'은 나를 상대방에 그리고 동시에 상대방을 나에게 넣는 것이다. 관계의 상호성 때문에 관계는 주체의 자의(自意)만으로는 성립하지 않는다. '관심(interest)'의 어원이 '사이에(inter) + 있다(esse)'라는 프롬의 지적은, 부버와 매슬로(우)의 통찰과도 통한다. 감정과 사랑에 관해 미국 심리학자 에이브러햄 매슬로(우)는 '결핍 사랑'과 '존재 사랑'이라는 구분을 제시한다. '결핍 사랑'이란 사랑에 대한 자기의 필요를 충족시키기 위해 하는 소유 지향적인 사랑이고, '존재 사랑'이란 능동적이고 자발적인 관심에서 하는 존재 지향적인 사랑이다.[81]

우리 삶의 또 하나의 큰 부분은 '그것'의 세계다. '그것'의 세계라는 막(幕)과 막(幕) 사이에, 하나의 에피소드(episode)로 '너'의 세계가 나타나는 것이라고 부버는 말한다. 매슬로(우) 또한

---

81 에이브러햄 매슬로(우), 『존재의 심리학』(1962)

인간의 최고 단계인 '자아실현'은, 극소수의 사람들만이 오랜 세월 끝에 들어갈 수 있는 어떤 단계가 아니라 '에피소드' 또는 '분출(噴出)'이라고 정의한다[82]. 즉 우리의 삶은 일반적으로 '그 것'이 지배하며, 그런 지배를 뚫고 '너'의 세계가 잠시 분출하는 것이다. '너'와 '그것'은 명확하게 분리되는 독자적인 것이 아니 다. 그래서 관계의 종말과 함께 '너'는 사라지고 '그것'이 등장 하게 된다.

부버는 '신'을 '영원한 너', '너'를 '타고난 너'라고 더 세밀하 게 정의한다. 세계 밖으로 나가도 세계 안에 머물러도, 우리 는 신을 결코 발견할 수 없다고 부버는 말한다. '타고난 너'와 의 '관계[사이]' 속에서만 신은 존재하기 때문이다. 언제 하나님 의 나라가 오느냐는 바리새인들의 질문에 "하나님의 나라는 볼 수 있게 오는 것이 아니다. 사람들이 '여기 있다!' '저기 있다!' 고 말하지 못하리니, 이는 하나님의 나라가 너희 안에[가운데/ 사이에] 있기 때문"[83]이라는 예수의 말이 생각난다. 부버에게 인 간과 신의 관계는, 섬기는 '주인'을 바꿈으로써 가능한 것이 아 니라 섬기는 '방식'을 바꿈으로써 가능해진다. 인간은 두 세계 의 시민이기는 하나, 일반적으로는 체험의 세계에서 살아간다. 그러나 인간은 마찬가지로 관계라는 세계의 시민이기도 한 까

---

82 에이브러햄 매슬로(우), 『동기와 성격』(1954)

83 〈누가복음〉 17:20~21

닭에, 이런 체험의 세계에 대해 순간순간 말로 설명할 수 없는 불안과 낯섦을 갖게 된다. 부버의 인간 이해를 특징짓는 개념은, 인간은 언제나 상대방과 더불어서만 존재할 수 있는 '사이[관계]의 존재'라는 것이다.

대화를 통한
타인에 대한 믿음

제한된 자기의 존재를 확장하려면, 타자에게 의존하지 않으면 안 된다. 유아는 자신의 상태를 엄마와의 접촉 중에서 또는 접촉을 통해 느낀다. 따라서 인간의 본질은 (현상학의 '지향성'처럼) '타자로의 정향(定向)(orientation toward others)'이다. '너'만이 나를 '나'로 만든다. 이것이 바로 '너'가 항상 '나'보다 오래된 존재라고 말하는 이유이다. 너는 나에게 주어지는 것이 아니라 오히려 나에게 주는 자이다. 나의 의식은 자율적으로 모든 것을 구성하는 절대적인 주권을 가질 수 없다. 어디까지나 의식은 '무엇을 필요로 하는 의식'이기 때문이다. '너'는 대상[도구나 물건]과 같은 방식으로 파악되지 않는다. '너'는 '믿어지는 것'이다.

…… 슈테판 슈트라서, 『현상학적 대화 철학』(1969)

불완전한 존재인 인간은 홀로 살아갈 수 없는 '사이의 존재'라는 부버의 주장은, 같은 오스트리아 철학자 슈테판 슈트라서에게 고스란히 전해진다. 현상학의 독백론적 한계를 자각한 슈트라서는, 대안으로 '대화적 현상학'을 제안한다. 현상학의 목표는, 현상을 객관적으로 서술함으로써 모두가 동의할 수 있는 '순수한 의식'을 찾아내자는 것이었다. 그러나 이 목표는 일반 인인 우리가 보기에도 불가능한 환상일 뿐이다. 모두가 좋아하고 모두가 싫어하는 사람이 있을 수 없듯이, 모두가 동의하는 '순수한 의식'도 있을 수 없으니까. 하이데거의 '처해 – 있음'이 의미하듯, 누구나 특정한 국가와 민족과 사회와 집안에서 태어난다. 태어나는 순간부터 수많은 색안경을 낀 상태라는 말이다. 이것이 슈트라서가 '대화적 현상학'을 제안한 이유다.

삶을 정직하게 들여다보자. 그러면 자아(自我)와 반성(反省)의 시작에 앞서서 (부모와 가족 같은) 타자와의 대화가 더 우선적이라는 걸 인정하지 않을 수 없고, 라캉의 주장과 비슷하게 그들의 언어를 통해 우리는 조금씩 인간이 된다. 슈트라서에게 '나'는 타자에 '의존적인 존재'이며, 타자는 나의 '보충적인 존재'다. 이런 지향의 대상인 타자가 본래 나와는 이질적이어서, 나의 지향에 대해 가끔 도움과 기쁨도 주지만 대개는 저항한다. 지구가 우주의 중심에 있는 것이 아니듯, 자아가 세계의 중심에 있는 게 아니다. 마르크스는 소외(疏外, alienation)가 자본주의적인 생산양식에서 비롯된다고 주장했지만, 소외는 자본주의든 사회주의든 또는 그 어떤 것이든 그것이 데카르트적인 사유 위에 설 때 언제든지 출현하게 되는 결과 즉 타자에 대한 존재론적 위치 부여가 잘못됨으로 인해서 생기는 결과라고 봐야 할 것이다. 타자는 내가 지배할 수 있는 대상[그것]이 아니라, 나와 동등한 존재론적 가치를 지닌 '또 다른 나'다.

슈트라서가 타인을 믿는다고 할 때의 '믿는다'라는 말은, 객관화하는 지식과는 다른 방식으로 타인의 실재(實在)를 긍정하고 인정한다는 뜻이다. 믿음은 신뢰할 만한 상황증거로부터 성립하는 믿음인 동시에 신뢰할 만한 상황증거를 성립시켜 주는 믿음이기도 하다. 결국 슈트라서의 주장대로라면, 우리의 모든 관계는 타자에 대한 믿음에 근거하고 있는 셈이다. 라캉의 '상상계'처럼, 생후 2~3개월 된 아기는 엄마를 통해 자신과 더불어 주변 세계까지 함께 느낀다. 이런 아기에게 자의식이 있을 리 만무하다. 슈트라서는 아기가 태어나서 엄마와 주변 세계를 자기 자신과 동일시하다가, 언어를 배우기 시작하면서 자신을 하나의 독립적인 중심으로 생각하게 되는 혁명적 전환의 시기가 온다고 말한다. 하지만 이에 관해서는 라캉의 설명이 훨씬 낫다. 여하튼 그런 전환의 결정적 동기가, 슈트라서는 바로 '타자와의 대화'라고 말한다. 결론적으로 부버나 슈트라서에게, 핵심 내용의 독창성과 전개 과정의 깊이라는 측면에서 좋은 점수를 주기는 어려울 듯하다.

비도덕적인
사회

그럼 나와 타인들이 모여 꾸려나가는 '사회'의 본성은 어떨까? 십중팔구 좋지는 않을 테다. 미국 개신교 신학자 라인홀드 니버[니부어]는 가장 간단명료하게 '도덕적인 인간과 비도덕적인 사회'라고 규정한다. 결론도 결론이지만, 니버가 자신의 논증(論證)을 풀어가는 과정도 매우 설득력이 있다.

지배자들은 '질서와 안정'을 위해, 피지배자들은 '정의(正義)'를 위해 행동한다고 주장한다. 하지만 사실 각 계급은 모두, 자신의 힘과 부를 위해 행동할 뿐이다. 하나는 그것을 지키기 위해, 다른 하나는 그것을 얻(거나 뺏)기 위해.

…… 라인홀드 니버, 『도덕적 인간과 비도덕적 사회』중

랭든 길키의 서문(1932)

개개인은 자신들의 이해관계뿐만 아니라 다른 사람들의 이해관계도 고려하며, 때에 따라서는 다른 사람들의 이익을 더욱 존중할 수도 있다는 의미에서 '도덕적'이다. 본성상 개인은 자신과 비슷한 사람들에

대한 공감과 이해심을 갖고 있기 때문이다. (…) (가족 같은) 가장 친밀한 사회 집단보다 규모가 큰 (집단 내에서의) 사회적 협력은 모두 일정한 '강제성'을 요구한다. 평화를 보장해 주는 강제력은, 동시에 불의를 위해 사용되기도 한다. 가장 명백한 형태의 강제력은 '군사력'과 '경제력'이다.

…… 라인홀드 니버, 『도덕적 인간과 비도덕적 사회』(1932)

모든 생명체와 다름없이 인간도 의존적이고 연약하며, 더 근본적으로는 불안해하는 존재다. 대부분에게 불안은 이기심의 토대다. 불안은 자기중심적인 행위를 낳고, 자기 중심성은 불의(不義)를 낳는다. 그 과정에서 개인은 다른 개인들에게 폭력적이고, 잔혹하고, 파괴적인 행위를 저지른다. 다른 한편, 인간은 타인을 향한 '공감'과 '이해심'이라는 감정의 영역 그리고 합리적인 '이성'도 갖고 있다. 자신의 이해와 타인의 이해를 '평등'하게 취급할 수 있고, 그래서 적어도 같은 공동체 내의 구성원과는 '대화'와 '타협[조정]'으로 갈등을 해결할 수 있다. 나아가 특별한 친구 관계나 가족 관계 내에선, 이해관계를 따지지 않고 베푸는 사랑까지 실천하기도 한다. 이런 이유로 개인은 특히 공통된 이해관계를 지닌 특정 집단 내의 개인과 개인 사이는 도덕적일 수 있지만, 집단과 개인 그리고 집단과 집단 사이에서는 '폭력'이라고 할 수 있는 '힘의 논리'가 기준이기에 근본적으로 비도덕적이라는 것이 니버의 주장이다. 앞서 블랙모어의 『밈』에서 언급했던 로빈 던바의 주장처럼, '규모의 문제' 때문에 서로 전혀 다른 삶의 영역이 돼버렸기 때문이다.

지금까지 그 어떤 국가도 자기의 이익과 무관한 이유로 조약을 맺은 적이 없다. 만일 있다면 그 조약을 맺은 정치가는 분명 매국노일 것이므로 교수형에 처해야 할 것이다.

…… 독일 중세학자 요하네스 할러

개인은 대가를 바라건 바라지 않건, 자신의 이익을 희생할 수 있다. 하지만 집단의 이해관계를 책임지고 있는 사람이 자기 집단의 이익을 버리고 다른 집단에 이익을 주는 행위를 할 수 있을까? 해도 될까? 역사적으로 순수한 개인적인 무욕(無欲)의 도덕을 집단의 범위에서 실현하려던 모든 시도는 실패로 돌아갔다. '을사오적(乙巳五賊)'(1905)은 개인적인 영역에선 양심에 따라 행동한 도덕주의자들일 수 있다. 그러나 국가라는 집단의 여러 기둥을 책임지고 있던 공인(公人)이기도 했기에, 그들은 매국노라는 손가락질도 감수해야만 한다. '개인적인 도덕이나 양심'이 곧 '집단에 대한 배신'이 되는 경우가 너무 많기 때문이다. 집단을 책임지고 있는 사람은 누구든, 상황에 따라 둘 중 무엇을 최우선 순위에 둬야 하는가를 고민해야만 한다. 서로 다른 영역에서는 서로 다른 기준과 해결책이 필요한 법이다.

도덕적 요인들과 사랑의 정신은, 사회적 경쟁과 갈등 및 투쟁을 막는 데는 역부족이다. 대화와 타협을 통한 설득이나 이성을 통한 논증만으로는, 어떤 집단도 기득권의 권좌(權座)에서 물러나게 할 수 없다. 인간의 '이성'은 사회적 상황에서는 늘 '이해관계의 노예'이기 때문에 갈등은 불가피하고, 그래서 갈등 상황에서는 힘에 대해 힘으로 맞설 수밖에 없다. (정치적·경제적·군사적으로) 통치 집단에 맞서고 도전하고 강제하는 힘만이, 통치 집단을 몰아내고 정의로운 상황을 만들 수 있다.

…… 라인홀드 니버, 『도덕적 인간과 비도덕적 사회』(1932)

집단은 저마다의 이해관계와 성장 배경이 다른 구성원 개개인의 연합과 협력을 얻어내는 동시에 갈등과 불화를 해결해서 질서와 안정을 유지하기 위한 강력한 수단으로써의 '폭력' 즉 '강제력'을 필연적으로 갖고 있다. 집단은 구성원 개개인의 도덕과 양심과는 전혀 관계없는 '집단 고유의 이해관계[이익]'를 갖고 있고 인간의 이성은 늘 (자신이 속한 계층·계급·집단의) 이해관계의 노예이기 때문에, 자신이 속한 집단이나 사회의 가치와 관습에 따라 도덕적으로 훌륭하게 행동하는 사람이라도 다른 집단이나 사회의 사람들과 관계를 맺을 때는 비윤리적으로 행동하곤 한다. 개개인은 지배계급의 일원이면서도 훌륭한 인격을 갖춘 인물일 수 있고, 탄압을 일삼는 국가의 구성원이면서도 도덕적인 사람일 수도 있다. 간디는 개인으로서의 영국인과 그들이 지지

하는 제국주의라는 제도를 구별했다. 경제적·물질적 하부구조가 추상적·정신적 상부구조를 결정한다[84]. 이것이 완전히 옳다고 말하는 건 틀린 말이지만, 이것이 완전히 틀렸다고 말하는 것도 틀린 말이다. 가장 이성적이고 합리적인 사람도, 자신이나 가족이나 '내집단(in-group)'의 이해관계가 걸린 일에는 거의 이성적이지 못하기 마련이다.

> 사회가 필요로 하는 것이 전문가들이라는 견해는, 또 다른 계급적 편견이다. 그것은 지식인 특유의 오만함을 드러내 보이는 것이다. 물론 정부는 전문가들의 전문적 지식을 활용해야 하지만, 전문적 지식이 국가의 공정성과 정의를 보장해 줄 것이라는 생각은 이성 자체의 공정성 그리고 특히 전문가들의 이성을 지나치게 과대평가한 것이다. 정치는 지배 집단의 이해관계에 따른 압력에 의해 대체적인 윤곽과 방향이 잡힌다. 전문가는 이미 결정된 방향에 합리적인 정당화와 효율적인 적용을 가할 뿐이다.
>
> ⋯⋯ 라인홀드 니버, 『도덕적 인간과 비도덕적 사회』(1932)

역사를 보면, 매우 이성적인 사람들이 집단 이기주의를 훨씬 더 자주 정당화해 왔다. 그리고 여전히 우리가 해결해야 할 문제점이기도 하다. 많은 사람이 줄세우기식의 학벌주의를 강

---

84 카를 마르크스, 『정치경제학 비판』 중 서문(1859)

하게 비판한다. 그러나 동시에 바로 그런 사람들이, 정치인의 최고 덕목을 '정직과 성실(誠實)'이 아니라 '좋은 학벌과 화려한 경력 그리고 (외모 또는) 인지도'라고 믿고 그에 근거해 투표한다. 국회의원은 국가의 정책을 다루는 자리이니, 그들에게 전문성은 꼭 필요하다. 문제는 '정도의 차이'다. 어느 정도 즉 전체적인 내용과 흐름 정도만 알면 되고, 그 정도는 대체로 대학 교육을 받은 사람이라면 갖추고 있다고 볼 수 있는 수준이다. 1등이 2등보다 그리고 2등이 3등보다 '훨씬 더 잘' 알고 대처하리라는 건 착각이다. 수능 과목 1등급 하위권과 2등급 상위권 학생들 간의 차이도, 대개는 '실수 여부'로 나뉠 뿐이다. 혹시 부족한 부분이 있다면, 보좌관이나 자문위원으로 인재(人才)를 고용하면 충분하다. 지도자의 자리는 '능력'이 아니라 '전체를 볼 수 있는 안목(眼目)'이, '지식'이 아니라 판단과 선택의 영역인 '지혜'가 필요한 자리다. 한 사람에게 전후 두 영역 모두를 바라는 게 무리라면, 우리는 후자의 두 가지를 선택해야 할 것이다. 해방 이후 전자의 두 가지를 주로 선택해 온 반세기 동안, 겪지 않아도 될 시행착오를 이미 수없이 반복해서 겪어왔고 지금도 겪고 있지 않은가!

'목적이 수단을 정당화한다'라는 원칙을 수용하는 것은 위험하다. 갈등과 강제력은 분명히 위험한 도구다. 그렇다고 해도 인간의 내적 동기들에 대해 올바른 판단을 내리는 건 더 어렵다. 따라서 어떤 행동이나 정책의 사회적 결과를 도덕성 평가의 기준으로 사용하는 편이, 은폐된 동기들을 억지로 찾아서 평가하기보다 훨씬 더 쉽고 또 타당성도 그만큼 클 것이다.

폭력이나 혁명을 본질상 (무조건) 비도덕적이라고 가정하는 건, 잘못된 견해에서 비롯된 오류다. 그것은 폭력은 '악의지(惡意志, ill-will)', 비폭력은 '선의지(善意志, good-will)'의 자연스러운 표현으로 간주하는 견해다. 이것은 개인들 간의 관계에서는 타당할지 몰라도 집단 간의 관계에서는 그렇지 않다. 직접적인 폭력의 결과가 비폭력의 결과와 구별할 수 없는 경우가 많다는 사실을 고려할 때 더욱더 그렇다. 생명과 재산에 결정적인 위협을 가하지 않고서, 잘못한 사람뿐만 아니라 잘못이 없는 사람도 함께 위협하지 않고서 한 집단을 강제하기란 사실상 불가능하다.

대체로 '징부에 대한 납세의 거부[시민 불복종 운동]·거부해야 할 사회 집단과의 거래 중단[불매 운동]·일상적인 작업의 거부[파업]'로 표현되는 비폭력은, 본질상 '비협력'이고 '무저항(nonresistance)'이 아니라 '비폭력(적) 저항(nonviolent resistance)'이다. 비폭력은 매우 수동적이고 소극적인 형태의 저항이지만, 전체적으로 폭력의 결과에 버금가는 사회적 결과를 초래할 때가 많다. (비폭력적인) 마하트마 간디의 영국 면화 배격 운동은 결과적으로 영국 맨체스터 지역의 어린이들이 영양실조에 걸리게끔 했고, 2차 세계대전 중 연합국의 (폭력적인) 독일 봉쇄로 인해 독일의 수많은 어린이도 기아에 시달렸다. 불매 운동과 파업은 전체 공동체의 생계와 재산을 앗아갈 수도 있다. (…) 폭력적 방법과 비폭력적 방법 간의 차이는 그리 절대적이지 않기에, 폭력은 도덕적으로 불가능한 사회 변혁의 수단으로 간주할 수 있다. 예를 들어 전쟁의 위험을 제거할 수 있을 만큼 빨리 승리를 거둘 가능성이 있다면, 폭력도 도덕적 선의지의 수단으로 사용될 수 있다.

…… 라인홀드 니버, 『도덕적 인간과 비도덕적 사회』(1932)

세상에 그 자체로 좋거나 나쁜 것은 없다. 무엇이든 그리고 어떤 사건이든, 우리가 어떻게 해석하고 어떤 의미를 부여하며 어떤 상황에 적용하느냐에 따라 비로소 '좋거나 나쁘다'라는 '가치'가 결정된다. 이와 비슷한 관점에서, 니버는 '폭력'과 '비폭력'의 맹목적이고 무비판적이며 절대적인 평가를 재고(再考)하자고 제안한다. 개인 간의 관계와 집단 간의 관계가 전혀 다른 영역이라는 사실을 인정한다면, 폭력과 비폭력의 구별은 그 개념 자체가 아니라 (어느 정도의 위험성이 있긴 하지만) 그것이 지향한 '목적의 정당성 여부'와 그것이 초래한 '결과'에 따라 판단해야 한다. 누구도 타인의 내면과 동기를 있는 그대로 파악할 수는 없기 때문이다. 그렇다면 합리적으로 표현되고 최대한 중용(中庸)을 준수하는 한, 이기주의도 이타주의와 동등한 도덕적 지위를 누릴 수 있다는 결론도 충분히 가능하다.

집단 내 그리고 집단들 사이에서의 '평화'와 '질서'는 언제나 강제력이라는 힘[폭력]을 통해 획득되기 때문에, 항상 불안정하고 불의(不

義)하며 일시적이고 잠정적이다. 폭력은 그 목적이 정의로울 때도 부정과 불의를 지속시키는 경향이 있지만, 폭력의 제거는 불가능한 이상(理想)이다. 따라서 강제력이라는 힘없이 완전한 평화와 정의로 충만한 이상적인 사회의 건설이 아니라, 충분한 정의는 있되 갈등이 전적으로 재앙이 되지 않도록 강제력이 충분히 비폭력적인 (즉 '폭력의 합리적 사용'이 가능한) 그런 사회의 건설을 추구해야 한다.

폭력이 자유와 평등을 획득하는 최선의 방법이 아닌 것은 분명한 사실이지만, (비록 고통을 수반하는 한이 있더라도) '평등'이 (불의와 불평등으로 무감각해지고 생명력을 잃은) '평화'보다 더 높은 사회적 목표인 것은 명백한 사실이다. 따라서 국가나 민족 혹은 계급의 해방을 위한 전쟁은, 제국주의적 지배나 계급적 지배의 영구화를 위해 사용되는 권력과는 다른 도덕적 범주에 넣어야 할 것이다.

개인의 자비심과 사회적 선의시는 결코 순수하거나 강력하지 않다는 것 그리고 우리 자신의 권리나 욕망에 비추어 다른 사람들의 권리와 욕망을 고려할 수 있는 합리적인 능력이 그렇게 충분히 발달해 있지는 못하다는 것, 이것이 (사회적) 유토피아와 (무정부주의적) 천년왕국이 실현 불가능하리라는 사실을 믿을 만한 충분한 이유가 된다.

…… 라인홀드 니버, 『도덕적 인간과 비도덕적 사회』(1932)

하나의 개체는, 정반대의 성질을 지닌 두 가지 요소가 충돌하는 동시에 통일성을 유지하고 있기에 존재한다. 원자는 '핵(+)과 전자(−)'로 이루어져 있고, 우주는 '물질(+)과 반(反)물질

(−)'로 가득하며, 고등생명체는 '수컷(+)과 암컷(−)'으로 짝을 이루고, 우리 몸의 자율신경계는 '교감신경(+)과 부교감신경(−)'의 협업이며, 우리의 성격도 '장점(+)과 단점(−)'이 어우러진 결과다. 이런 정반대 성질 중 하나를 완전히 제거하면 어떤 일이 벌어질까? 아쉽게도 대답할 수 없다. 두 가지 요소 중 하나를 최대한 억제하거나 최소화할 수는 있어도, 완전히 제거할 수는 없기 때문이다. 그럼에도 불구하고 극단적인 사고에 젖어 있는 우리는, 늘 무의식적으로 '완전함'과 '절대'와 '100% 확률'이라는 신기루를 좇는다. 그래서 개인적으로는 단점을 사회적으로는 빈민촌과 빈곤과 실업과 범죄를 완전히 없애는 데 집중하지만, 돌아오는 건 늘 의도하지 않은 결과인 '풍선효과(balloon effect)'뿐이다. '100 : 0'이 아니라 '70 : 30'이나 '60 : 40' 같은 상대적인 비율로 음과 양을 함께 끌고 가야 한다.

시뮬라크르와
소비사회

타인들이 모여 꾸려나가는 '사회'의 본성은 '개인'의 본성과는 완전히 다른 영역이고, 비도덕적인 사회는 독립적인 하나의 생명체처럼 독자적으로 진화한다. 그리고 그 중심엔 계급 간의 모순과 갈등이 '생산관계'에서 발생한다는 마르크스의 주장과는 달리, '소비'로 호흡하고 '대중'이라는 뼈대에 '대중매체'와 '여가'로 살을 찌우는 '자본주의'가 있다. 프랑스 사회학자 장 보드리야르는 현대사회를 '소비사회'로 규정한다.

'경제적 합리성'이라는 기준에 따라서 가시적이고 측정 가능한 요소 외에는 그 어떤 것도 고려하지 않는다는 사실, 이것이 바로 '경제성장이라는 환상'의 핵심 원칙이다. (각종) 연구조사와 문화(적인 현상들) 그리고 여성의 가사노동이 경제지표에서 제외되는 이유는, 그것들이 '가시적'이지도 않고 '측정 가능'하지도 않아서 (양적으로) 계산할 수 없기 때문이다. 이것이, 아무 근거도 없는 일부 항목이 단순히 측정 가능하다는 이유 하나만으로 (경제지표의) 계산에 포함되는 이유이기도 하다.
…… 장 보드리야르, 『소비사회』(1970)

정치·문화·종교·교육·철학·친교 등 그저 여러 분야 중 하나에 불과한 '경제'가 모든 분야를 철저히 지배하는 독재자, 더 정확히 말하자면 유일신(唯一神)이 되었다. 그런 경제의 사도(使徒)들인 '측정 가능성[계량화]·상품(화)·자본[돈]·동질성·광고·부분적이고 항시적인 외관 변경(페이스리프트, face lift)' 등이 숨돌릴 틈도 주지 않고 우리의 육체를 비롯해 모든 것의 '끊임없는 빠른 교체'를 전파한다. '눈에 보이지 않는 게 더 중요한 것'이라는 어린 왕자의 외침은 시대착오적인 메시지가 되었다. 보이지 않는 건 없는 것과 다름없다. 보이는 게 전부고, 그것만이 진리다. 이것이 지금 우리의 모습인 '소비사회'다. 보드리야르가 상품·키치(kitsch)·대중매체·광고·드라마·여가·육체·여성의 해방·서비스 등 다양한 관점에서 소비사회의 모습을 지적한 것 중 몇 가지만 살펴보자.

소비자의 구매력에는 평등이 존재하지 않는다. 그러나 광고는 '평등의 가능성'을 제공한다. 대중매체에 광고되는 상품은 웬만한 사람들이면 다 살 수 있는 소비재들이다. 그래서 나도 마음만 먹으면 저 상품을 살 수 있고, 그렇게 되면 광고 속의 모델 또는 그 상품을 소비하는 그 어떤 사람과도 동등해질 수 있다고 생각한다. 그래서 요즘 광고는 상품의 특성을 강조하지 않는다. 이미지를 판매할 뿐이다. 광고는 삶의 새로운 가능성에 대한 비전까지 제시해 준다. 모든 사회적 가치를 소비사회의 덕목에 종속시킨다. 광고가 보여주는 그 어떤 장

밋빛 미래든, 그건 광고되는 상품을 소비할 때만 가능하기 때문이다. 무엇을 할 것인가, 어떻게 살아야 할 것인가도 광고가 가르쳐준다. 유능하고 자상한 아버지가 되는 방법, 피곤을 푸는 방법, 이성 교제를 무난히 하는 방법, 자식의 성장을 지켜보는 방법까지 가르쳐준다.

······ 강준만, 『대중문화의 겉과 속』(1999)

광고의 단 하나의 목적은 상품[사물]의 '사용 가치'를 높이는 게 아니라, 상품을 '유행'에 따르게 만듦으로써 상품의 '시간가치[내구성(耐久性)]'를 없애서 그 어느 때보다 더 빨리 (새로운 상품에 의해 기존의 상품이) 교체되게 만드는 것이다. 소비사회가 존재하기 위해선 '상품[사물]'이, 더 정확히는 '상품의 파괴'가 필요하다. '소비'는 '생산'과 '낭비'라는 양극단 사이에 있는 것이지만, (본질상 '생산'보다는 '낭비'와 더 가까워서) 스스로 낭비로 탈바꿈하려는 경향이 강하다. 바로 낭비 속에서만, 소비가 의미를 획득할 수 있기 때문이다. (···) 광고란 '차이의 상업적 생산'이다. 광고의 주장은 참도 거짓도 아니다. 광고는 (마치 자기 말을 자신이 확신하는 사이비 교주처럼) 그것을 초월한다. 욕구는 결코 특정 재화[사물]에 대한 욕구가 아니라 '차이에 대한 욕구'라는 사실을 인정한다면, (어떤 것도 더는 바라지 않는) 완전히 성취된 만족은 있을 수 없다는 사실이 분명해질 것이다.

계급은 '차이'다. 상류계급은 TV를 거의 시청하지 않는다. 중류계급에서는 교육적 가치로 이용한다. 그들의 삶 속에 TV가 있기는 하지만 중심적이지는 않다. 하층계급에서는 영상이 가져다주는 즐거움을 만끽하기 위해 방 전체가 그것을 중심으로 조직되어 있다. (…) 하층 계급은 상품의 '실제적 기능[실용성]'을 강조하고 '양'을 중시하며 '소비 대상의 내용'을 중시한다. 반면에 중상층 계급은 '형식[아름다움]'을 강조하고 '질'을 중시하며 '소비의 방법과 매너'를 중시한다.

…… 장 보드리야르, 『소비사회』(1970)

특정 사물의 '사용 가치[필요]'에 대한 욕구(need)'라면 만족이 있겠지만, 사회적 의미 즉 '차이에 대한 욕망(desire)'이라면 만족도 한계(限界)도 있을 수 없다. '나는 소비한다. 그러므로 존재한다.' 선택의 자유란, 소비자에게 강요된 것이다. 자율적이거나 주체적인 '소비자'는 존재하지 않는다. 아무리 돈이 많고 넓은 집에 살고 있더라도, 대부분 가정의 거실이나 방은 'TV'와 '소파'와 '침대'를 중심으로 꾸며져 있다. 우리의 성장과 발전 그리고 타인과의 의사소통과 어울림을 방해하는 것들이, 생각을 차단하고 나태함과 안락함의 감옥에 우리를 얽어매는 것들이 우리 삶의 주인이 되어 있다. '네티즌'처럼, '대중' 역시 실체 없는 허상이요 신기루(蜃氣樓)다. 통계가 대중을 생산한다. 우리는 이미 삶의 아주 작은 부분까지도 모조리 그 허상의 기준만을 따르고, 그 허상의 결재를 받아야만 안심하면서 살고 있다.

(스무고개나 단답형 퀴즈 같은) 게임에서 중요한 것은, (생각할 시간이

필요한) '지적인 과정'이 아니라 단지 '(감각적이고) 즉각적인 반응'일 뿐이다. 중요한 것은 '참가 그 자체'다. 내용은 전혀 중요하지 않다. 대부분 참가자는 정답을 맞지 못해도 절대 실망하지 않는다. 그들은 이미 (참가 그 자체라는) 그들이 원하던 것을 얻었기 때문이다. 그것은 일종의 '성찬식(聖餐式)'이요, 기술적이며 생명력 없는 형태의 '접촉'이다. (…) (상징적·본질적·의미적·정신적·형이상학적 등을 의미하는) 초월성(超越性)이 사라진 현대사회의 특징은, 반성(反省) 즉 스스로 자기 자신을 되돌아보는 자세의 부재(不在)다.

소비와 유행이라는 현대 자본주의 체제의 논리에 참여하는 것은, 자신의 '존재'와 '(삶의) 지향성[가치관]'까지도 변화함을 의미한다. '타인지향적인 사람'은 (늘 그리고 모든 걸 타인과 대중을 따라 하면 되므로 '생존'의 측면에서는) 모든 곳에서 편히 쉴 수 있지만, (반대로 자기만의 고유한 것이고는 단 하나도 없기에 '존재'의 측면에서는) 어디에서도 편히 쉴 수 없다. (그런 사람들은 '하나의 고유한 존재'가 아니라 사회 전체적으로 연결된) 항목 중 하나가 되어, 이리저리 다르게 배치됨으로써 의미를 지녔다가 잃기를 반복할 뿐이다. 이것은 (사물을 배치하는) 인테리어에서 볼 수 있는 것과 조금도 다르지 않다.

…… 장 보드리야르, 『소비사회』(1970)

경제활동 인구 3명 중 1명이 같은 영화를 보고 1년에 1,000만 관객 영화가 한두 편씩 양산되는 우리나라, 겉보기엔 이만한 문화적 소양을 가진 국민이 없어 보인다. 그러나 그 속을 헤집고 들어가면 문화적 빈곤은 여전히 후진국 수준이다. 1,000만 관객의 국민적 행렬은 내적으로 획일화라는 문화 결핍을 반영하고, 외적으로 기획 자본의 문화 왜곡과 조작을 심화시킨다. 한국 문화 특유의 '쏠림 현상' 때문이다. 비단 영화뿐만이 아니라 음식과 여행도 그렇다. 이런 쏠림 현상은 인구의 사회 문화적 동질성·과도한 도시화·남들의 언행을 중요하게 여기는 타인지향성의 산물이다. 땅이 좁고 인구밀도도 높고 동질성이 강한 탓에, 한국인은 체질적으로 '타인 지향적 보여주기'에 강하다.

너무도 빨리 변하는 사회이기에 생각하고 심사숙고해서 결정하는 '대응'을 할 시간 자체가 없다. 즉각적이고 피상적인 '반응'만이 난무한다. 그래서 '자제'나 '조절'이라는 단어가 사라지고 있다. 많은 범죄의 원인이 '분노조절장애'다. "중요한 것은 '참가 그 자체'다". 그래서 남들이 하면 나도 해야 한다. 이유는 없다. 남들이 하니까 '해야만' 한다. SNS·스마트 워치 착용·맛집 탐방·명품 구매·해외여행 등등. 현대의 '성찬식'에 참가하지 않으면, 구원을 받을 수 없다는 불안감이 엄습하기 때문이다. 많은 사람이 이런 '참가'를 '소통'으로 착각하고 있다. 내면적이고 주체적인 동기 없이 본질이 '유희성'이며 따라 하는 것이기에, 오래 지속되지 못하고 몰입(沒入)할 수 없으며 삶에 변화를 촉발하지도 못한다.

우리나라 대중은 음악계의 문제들에서 면책(免責)받고 있다. 아무도 대중의 문제는 지적하지 않는다. 대중이야말로 모든 사태의 원인이자 책임자인데 말이다. 뮤지션이 반성할 게 없다는 뜻이 아니라, 대중의 책임에 대해서는 아무도 다루지 않는다는 의미의 문제 제기일 뿐이다. MP3 불법 다운로드 때문에 다른 나라 음반 시장도 작살나긴 했지만, 우리나라는 가장 먼저 그리고 가장 참혹하게 작살났다. 그게 오직 초고속 인터넷 때문일까? 뮤지션들의 역량이 떨어져서 음악을 조잡하게 만들기 때문일까? 아니다. 돌밭에 모내기했다면, 벼가 자라지 못하는 게 당연하다. (…) 우리나라 대중은 어디서 많이 듣던 멜로디가 아니면 안 들으려고 한다. 집요하리만큼 익숙함에 집착한다. 특이한 멜로디나 특이한 시도는 받아 주지 않는다. 그러면 작곡가들은 어디서 듣던 멜로디를 죽어라 찾아내야 하는데, 확률적으로 나올 수 있는 멜로디가 뻔하니까 표절하게 되는 것이다. 해당 뮤지션에게 표절에 대한 책임을 묻는 건 당연하다. 그러나 대중 역시 '표절 교사죄'에서 자유로울 수는 없다.

…… 가수 신해철, 〈오마이뉴스〉 인터뷰 중(2007.02.20.)

'인디(indie)'는 '독립적인(independent)'이라는 단어의 약어다. TV에서 갈수록 보기 힘든 뮤지션들을 총칭해서 우리는 인디라고 부른다. 과거 인디 밴드가 메이저 음반사에서 음반을 내는 건 '변절'로 간주했었다. 우리나라에서 인디 음악인은 너무 춥고 배고프다. 그 주된 이유 중 하나는, 우리나라 소비자의 획일성 때문이다. 우리나라에 심리학자는 김경일밖에 없고, 소아 청소년 전문의는 오은영밖에 없다. 모두의 정보 출처가 TV와 유튜브인 탓에 그리고 '아니 땐 굴뚝에 연기가 나랴?'라는 속담이 교묘히 결합한 탓에, TV에 나왔다면 그만큼 실력이 있고 자주 나올수록 더 월등하다고 확신한다. 2010년 최다 판매 음반 및 음원 순위의 90% 이상을 아이돌이 차지했으며, 장르는 댄스 아니면 발라드다. 우리나라의 음반 및 음원 시장은 세계 10위권 안에 드는 규모지만, 이토록 편중된 구조는 더 크거나 비슷한 규모의 시장을 가진 국가에서는 찾아보기 어렵다. 우리나라 사람들은 자기 정체성을 정신이 아니라 몸을 통해서 내세우고, 몸의 정체성은 어떤 브랜드를 소비하는가에 따라 결정된다. 한국에서는 비쌀수록 더 잘 팔린다는 법칙을 깨달은 세계 명품업체들은, 유독 우리나라에서만 가격을 올리거나 내리지 않는 마케팅 전략을 쓰고 있다. 아무리 명품이라도 품질 등 조건을 따지는 유럽 소비자와는 달리, 브랜드만으로 너도나도 구매하니 한국만큼 안전하고 매력적인 시장이 어디 있겠는가?

'젊은 층=반항[저항](세력)'이라는 식으로, '반항'을 젊은 층만의 전유물(專有物)로 지정함으로써 일석이조(一石二鳥)의 효과를 거둔다. 사회 전체에 걸쳐 어디에나 존재하는 반항을 (젊은 층이라는) 특정 계급에 할당함으로써 (대부분 사람의 시야와 관심에서) 사라지게 만드는 동시에, 젊은 층을 반항이라는 특정 역할에 가둠으로써 젊은 층의 모든 행동을 중화(中和)시킨다. (즉 젊은 층의 모든 행동은 어떤 '의도'나 '의미'도 없이 오로지 '반항을 위한 반항'일 뿐이라고 생각하게 만들어서, 젊은 층의 말과 행동에 무관심하게 그리고 결국엔 젊은 층을 거의 투명 인간 취급하게 한다) 이런 악순환은 '여성 = 육체'라는 도식(圖式)에서도 나타난다.

예전엔 (글자 그대로) '대중의 의사 표현'이었지만, 이제 '여론(輿論)'은 대중이 자신들의 생각을 꿰맞추고 수정하는 하나의 '이미지[기준점]'가 되었다. 우리는 TV 프로그램이 제시하는 '행복한 가정'이라는 이미지에 우리의 가정을 꿰맞추려고 안간힘을 쓴다. (하지만) 그런 '행복한 가정'의 이미지는, 단지 각 가정의 즐거운 모습들만을 뽑아 놓은 (현실에서는 존재하지 않는) 모습에 불과하다.

…… 장 보드리야르, 『소비사회』(1970)

이제는 문화와 사회의 모든 영역에서, 허구와 실재[현실(reality)]의 구별이 사라졌다. 존재하지 않는 걸 실제로 존재하는 것처럼 만드는 과정인 '시뮬라시옹(simulation)'을 통해 만들어진 '원본 자체가 없는 이미지'인 수많은 '시뮬라크르(simulacra)'가 현실을 대체하고 있다. 아니, 시뮬라크르가 현실보다 더 현실적이라고 할 수 있다. 보드리야르는 특히 '진짜 – 가짜, 허구 – 실재'라는 구별 자체가 불가능해진 (모호한) 상태 또는 '원본 자체가 없는 독자적인 실재[이미지가 곧 실체인 세계]'를 '하이퍼리얼리티(hyperreality)[파생실재(派生實在)]'라고 정의한다. 상황이 완전히 전도(顚倒)된 것이다. 상상적인 것에 의한 실재적인 것의 붕괴, 허구에 의한 진실의 붕괴다. '추상'은 원본에 근거한 종속적인 이미지를 만드는 과정이지만, 시뮬라시옹은 '원본과 완전히 단절된' 독자적인 이미지를 만드는 과정이라는 점에서 다르다. 시뮬라시옹을 통해 존재하지 않는 것을 존재하는 것처럼 만들어진 시뮬라크르는, 존재하는 것을 존재하지 않는 것처럼 감추는 '위장(僞裝, dissimulation)'도 아니고 따라 할 원래의 대상이 실제로 존재해야만 가능한 '모방(模倣, imitation)'도 아니다. 완전한 이미지인 동시에 독자적 현실인 '가장(假裝, pretense)'에 가깝다.

긍정사회, 피로사회, 투명사회

장 보드리야르가 현대사회를 '소비사회'로 규정했다면, 베를린 예술대학교 철학 및 문화학 교수 한병철은 겉으로 드러나는 독재적이고 강압적인 정치가 아니라 개인 스스로 결정하고 선택했다는 착각이 들게 만드는 '심리정치'를 통해 은밀히 지배되며 그래서 지쳐 쓰러질 때까지 모든 것을 할 수 있다며 자기가 자기를 끝없이 닦달하고 긍정하는 '피로사회'이자 대중매체를 통한 타인과의 소통이라는 착각 속에서 자기의 내면과 외면 등 모든 것이 남김없이 드러나 아름다움이 사라진 '투명사회'로 규정한다.

지배는 감시 임무를 개개인에게 떠넘김으로써 효율성을 높인다. '좋아요'는 디지털 '아멘'이다. 스마트폰은 효과적인 감시 도구일 뿐만 아니라 모바일 고해실(告解室)이기도 하다. 마음의 상태, 감정, 일상적 활동도 일일이 기록된다. 자아는 온갖 데이터로 분해되어 결국 의미의 진공(眞空) 상태에 이르고 만다. '양화(量化)된 자아(Quantified Self)'는 수치(數値)를 통해 자기를 인식한다. 하지만 수치는 자아에 대해 아무것도 이야기하지 못한다. 자아를 지탱하는 것은 '이야기[서사]'이기 때문이다. (…) 디지털 매체는 분출시키면 그만인 흥분(affect)의 매체다. 악플은 흥분의 물결이다. 기분[감성(emotion)]이나 흥분은 가만히 있지 않는다. 오늘날 우리는 '사물'이 아니라 '기분'을 소비한다. 기분은 반성(反省) 이전의 신체적이고 충동적인 층위(層位)에 속한다. 현대 자본주의는 세계를 게임화한다. 즉각적인 성공과 보상이 게임의 특징이다. 숙성(熟成)을 위해 오랜 시간이 필요한 일들은 게임화되지 않는다.

…… 한병철, 『심리정치』(2014)

TV와 컴퓨터와 휴대전화 등 모든 디지털 매체의 전원을 켜는 순간부터 끄는 순간까지, 우리가 찾아본 검색어와 방문한 사이트 및 횟수 그리고 집중적으로 사용한 시간과 우리의 위치 등 일거수일투족이 '디지털 발자국'이 되어 빠짐없이 기록된다. 이렇게 기록된 개인들의 정보는 어둠의 경로를 통해 매매되고, 이것을 통해 대중의 관심과 취향 등 심리 상태를 읽고 예측하는 빅데이터를 기반으로 해서 대중의 심리 특히 그중에서 신체적이고 충동적인 감성[기분]과 느낌을 착취의 대상으로 삼는 것이 '심리정치'다.

게임에서 '경쟁'은 지고(至高)의 선(善)이며, 그보다 더 높은 선은 '승리'다. 서로 화합하고 머리를 맞대서 전(全) 지구적인 문제들을 해결해 가야 하는 오늘날에, 온갖 게임 광고는 할 말을 잃게 할 정도로 시대 역행적이다. 서양의 중세 시대와 판타지를 혼합한 무대 위에서, 칼과 창을 들고 아니면 초능력을 사용해서 편을 만들어 싸우고 적들을 죽여서 승리하라고 외친다. 왜? 세계의 평화를 위해서, 난세의 영웅 또는 제1인자가 되기 위해서. 하지만 끝없이 흐르는 피의 바다에서 평화는 절대 피어나지 않고, 혹시 평화처럼 보이는 것이 생기더라도 그것은 폭풍전야의 고요함에 불과할 뿐이다. 무엇이 난세란 말인가? 난세를 해결하는 방법이 칼 들고 서로를 죽이는 것뿐일까? 그렇게 해서 왕좌를 차지한 사람을 누가 영웅이라고 부른다는 건가? 어떤 가치나 논리적인 설명도 없이, 그저 무조건 싸우고 죽이고 전리품을 마음껏 누리다가 또 다른 영웅의 칼에 죽으라는 주문(呪文)만이 있을 뿐이다. 이런 게임들의 안수(按手)에 흠뻑 적셔져 있는 사람들에게, 과연 평화·협동·공유·나눔·대화·타협·경청(傾聽) 등을 기대할 수 있을까?

빅데이터에는 개념도 없고 정신도 없다. 빅데이터가 약속하는 '절대지'는 '절대무지'와 다름없다. 오늘날에는 지각(知覺) 자체가 결론에 이를 능력을 상실했다. 지각은 완전히 산만해지고 말았다. 눈을 감는 것은 결론에 대한 상징적 이미지이다. 이미지와 정보의 빠른 교체는 눈 감기를, 사색적 결론을 불가능하게 한다. 모든 이성적인 것이 결론이라면, 빅데이터의 시대는 이성이 없는 시대인 셈이다. (…) 본질적인 것과 비본질적인 것을 구별하는 능력인 '분석적 능력'이야말로 사유의 본질을 이루는 부분이다. 사유는 배제하는 부정성(否定性, negativity)의 작용이다. 정보의 과다는 사유의 위축으로 귀결된다.

…… 한병철, 『심리정치』(2014)

빅데이터를 통해 자본주의는 우리에게 물어보지도 않고 물어볼 필요도 없이 우리가 원할 거라고 예상되는 옵션들을 눈앞에 제시한다. 그래서 이제 우리는 우리가 원하는 게 무엇인지조차 스스로 생각할 필요가 사라졌다. TV에서 책도 대신 읽어주고, 연애와 결혼과 육아 문제까지도 세세하게 상담해 주며, 요리와 맛집과 해외여행까지 대신 가준다. 생각과 사색이 사라진 이런 시대에서의 삶은, 내게는 전혀 살만하지 않다. 긍정사회가 제시하는 '무한한 긍정성' 즉 '완전한 자유'가 진정한 자유가 아닌 이유는, 그것이 우리가 쟁취한 게 아니라 자본주의가 제공한 자유이고 그래서 우리는 자유를 누리기 위해선 돈[자본]에 의존해야만 하기 때문이다. 자본주의가 제공하는 자유는 '상품'의 형태를 취하기 때문에 우리는 돈을 주고 자유를 사야만 하고, 그럴 수 있는 돈을 마련하기 위해서 자기 자신을 최대한 착취하는 지옥 속에서 그곳이 천국이라고 착각하며 살고 있다. 무지(無知) 때문에, '조작된 자유'를 위해 '진정한 자유'를 희생시킨다.

지식과 정보는 (새로운 것을) 쌓아가는 누계(累計)지만, '서사[이야기]'와 '사유[사색]'는 배제하고 덜어내는 작업이자 과정이다. 자기만의 인생 서사를 구성한다는 건 데이터와 정보를 선별한다는 것이고, 그것은 본질과 피상(皮相)을 구별하는 '분석적 능력'과 가치판단이라는 채를 통해서 배제하고 덜어내는 '사유 작용'이다. 이소룡도 같은 말을 했다. "만 개의 발차기를 연습한 사람은 두렵지 않지만, 하나의 발차기를 만 번 연습한 사람은 두렵다. / 인간은 쌓아가는 것이 아니라 없애 나가야 하는 존재다. 날마다 늘어나는 것이 아니라 날마다 줄어드는 것이다. 수련의 최고 단계가 항상 단순함으로 귀결되듯이 말이다." 미국 이론물리학자 리처드 파인만도 "현상은 복잡하고, 법칙은 단순하다. '버릴 게 무엇인지' 알아내라"고 말했다. 오일러의 '그래프 이론'도 그랬고 이중섭과 스페인 화가 파블로 피카소가 했던 일도, 아이디어를 더하는 게 아니라 빼고 또 빼서 본질만 남기는 것이었다. 프랑스 디자이너 코코 샤넬도 디자인한 옷에 온갖 액세서리를 붙인 후에 필요한 것만 남을 때까지 뺐다고 한다. 정보의 과잉은 '분석적 능력의 저하·주의산만·전반적인 불안감·무기력함' 같은 정신 질환을 초래한다. 데이터는 통계적[확률적] 평균값일 뿐이지만, 개인은 고유하며 유일무이한 값이다. 그래서 평균값은 참고의 대상일 뿐, 나 자신은 될 수 없다. 그러나 현대사회에서 이미 돌이킬 수 없을 만큼 양화(量化)된 개인은 '숫자'로 '자기 자신'을 인식하고 있다.

커뮤니케이션에서 언어의 비중은 매우 작다. 몸짓이나 표정과 같은 비언어적인 표현 형식이 커뮤니케이션에서 더 본질적이다. 그러나 디지털 매체는 커뮤니케이션에서 촉각성(觸覺性)과 육체성을 제거해 버린다. 디지털 커뮤니케이션은 시선(視線)이 결핍된 커뮤니케이션이다. 화상통화에서도 서로 눈을 맞추는 것이 불가능하다. 모니터 속 상대의 눈을 보고 있으면 상대는 우리가 약간 아래쪽을 보고 있다고 느낀다. 카메라가 모니터 위쪽에 설치되어 있기 때문이다. 문제는 시선의 근원적인 부재(不在), 타자의 부재에 있다. 시선은 (상처, 격한 감동, 당혹감 등을 낳는 순간인) '푼크툼(punctum)'이다. 푼크툼은 극도의 강렬함과 응축(凝縮)의 장소이고, 그 속에 뭔가 정의할 수 없는 것이 내재하는 균열이며, 그래서 고통이다. 긍정사회는 고통을 회피한다.

…… 한병철, 『무리 속에서』(2013)[85]

SNS의 약점은 역설적으로 '대중성의 부족'에 있다. 기본적으로 SNS는 온라인상의 친분이 우선되기 때문에, 나에게 호감을 느끼는 사람들만 반응한다. 그래서 SNS상에서 나의 견해는 늘 옳은 것처럼 보인다. (…) SNS에서 오가는 담론(談論)[대화]은 서로 같은 생각을 하는 사람들 사이에서 유통되고 소비되며, 한 가지 견해를 두고 모두가 옳다고 착각하는 '무오류성의 함정'에 (즉 '확증편향(確證偏向)'에) 빠지기 쉽다.

…… 박경철, 『시골 의사 박경철의 자기 혁명』(2011)

---

85 한병철, 『투명사회』(문학과 지성사)에 합본 되어 있음.

미국 심리학자 앨버트 메러비언은 그의 이름을 딴 '메러비언의 법칙'(1972), 즉 '7·38·55 법칙'으로 유명하다. 논쟁의 여지는 있지만, 처음 만나는 상대에 대한 호감의 여부를 결정하는 데 있어 어휘[단어]는 7%, 목소리의 톤은 38%, 바디랭귀지가 55%를 차지한다는 주장이다. 인간을 포함한 포유류는 어미나 동료들과의 스킨십·털고르기·손잡기·팔짱 끼기·껴안기 등의 신체 접촉 즉 '촉각성' 없이는 온전한 감정을 획득할 수 없다. 그런데 디지털 매체는 이것을 차단하고, 그래서 디지털 매체에 빠져들수록 사회 부적응적인 여러 정신 질환이 생길 수밖에 없다. 나아가 '따스한 눈길'이나 '차가운 시선'이라는 표현처럼 눈은 감정을 표현하는 마음의 창이고, '눈빛이 살아 있다'거나 '잡아먹을 듯한 눈빛' 또는 '불타는 눈빛'이라는 표현처럼 개인의 힘과 능력과 의지와 의도까지도 표현한다. 이것이 "시선은 '푼크툼'"이라는 말의 의미다. 그래서 대화 즉 의사소통은 반드시 얼굴과 얼굴을 맞대고 상대의 시선을 느껴야 하는 것이 필수적이다. 팔로워는 '숫자'고, 친구와 우정은 '서사'다.

타자에 의한 강제에서 해방된 21세기는 '성과사회(power society)'다. '자유'를 가장한 '자기 착취'의 사회다. '자기 착취'는 스스로 자유롭다고 착각하기 때문에 타자의 착취보다 더 효율적이고 그래서 더 치명적이다. 여기에서 자학성(自虐性)이 생겨나며 자살로까지 치닫는다. 규율사회의 부정성(否定性)이 광인(狂人)과 범죄자를 낳는다면, 성과 사회는 (끊임없는 '자기 착취'로 인해) 우울증 환자와 낙오자를 만들어 낸다. '할 수 있음'의 자유는 명령과 금지를 만들어 내는 '해야 함'의 규율보다 더 큰 강제를 낳는다. '해야 함'에는 제한이 있지만, '할 수 있음'에는 제한이 없기 때문이다.

'성과 주체'는 오직 자기 자신 외에는 그 누구에게도 예속되지 않는다. 성과 주체는 성과의 극대화를 위해 '자유'라는 환상 속에서 자신을 착취한다. 성과 주체는 가해자이자 희생자이며 주인이자 노예이다. 성과 주체는 자기 자신의 주권자를 자처하지만 한낱 '호모 사케르'일 뿐이며, 나치 강제수용소의 '무젤만(Muselmann)'과 유사한 증상을 나타낸다.

······ 한병철, 『피로사회』(2010)

누구도 드러내놓고 말하지 않지만, 적어도 연예 오락 프로그램의 경우 우리나라 PD들이 가정하는 시청자의 정신 연령은 초등학생이나 중학생 수준인 13세 정도라고 보면 크게 틀리지 않는다. 지적으로 수준이 낮은 프로그램은 지적 수준이 높은 사람도 볼 수 있지만, 그 반대는 성립되지 않기 때문이다. 오래전부터 미국의 제작자들은 이런 '최소 거부 프로그램 원칙(The principle of the Least objectionable programming)'에 따라 프로그램을 만들어왔다.

······ 강준만, 『대중문화의 겉과 속』(1999)

'무젤만'은 '이슬람교도'라는 뜻이지만, 영양실조로 피골이

상접(相接)한 강제수용소의 수감자들을 지칭하는 은어(隱語)로도 사용된다. '좋아요'를 외치는 '긍정사회'이자 '할 수 있음'을 외치는 '성과사회'인 현대사회는, 그래서 쉼 없는 '피로사회'다. 원하기만 하면 무엇이든 될 수 있고 무엇이든 가질 수 있으니, 쉬지 말고 이뤄내라고 탈진할 때까지 '자기 계발'을 하라고 개인들을 부추긴다. 하지만 이건 유발 하라리가 지적한 '농업혁명'처럼, 일종의 덫이다. 무한한 긍정성과 완전한 자유를 부여했으니, 실패와 성공은 이제 전적으로 개인의 책임이 되기 때문이다. 멀티태스킹(multitasking, 다중작업)으로 늘 바쁘고 멋있게 잘 사는 것처럼 보이지만, 그건 똑같은 것을 무한히 확대 재생산하는 '분주함'과 '산만함'일 뿐이고, 즉각적인 반응과 모든 충동을 그대로 따르는 '활동 과잉'이자 '충동[분노]조절장애'일 뿐이다. 분명 쉬고 있는데 더 피로해진다. 왜? TV나 휴대전화나 게임처럼 시각적인 폭격(爆擊)이나 감정의 고조(高潮)를 초래하는 건, 쉬는 게 아니기 때문이다.

긍정사회는 모든 종류의 부정성[이질성/차이]을 회피한다. 하지만 '사유(思惟)[사색]'와 '영감(靈感)[창의성]'은 빈자리가 있어야 한다. 정신은 느리다. '경험'뿐만 아니라 '인식'도 부정성을 특징으로 한다. 다의성을 특징으로 하는 '의미'도 커뮤니케이션의 속도를 늦추는 부정성이다. 그러나 '정보'에는 기존의 것을 뒤엎어 버리는 부정성이 없다. 따라서 의미가 없는 정보가 많다고 해서 더 좋은 결정이 내려지는 것이 아니다. 기억은 하나의 '이야기[서사(敍事)]'이며, 그것은 '망각(忘却)'을 필수적 구성요소로 포함한다. 반면 디지털 저장은 빈틈없는 덧붙이기이며 누계(累計)[누적]다. 디지털적인 '호출[불러오기]'은 서사적 과정인 '회상(回想)'과 근본적으로 구별된다. 기억은 부단한 고쳐쓰기와 재배치의 과정에서 형성되고 변화한다.

…… 한병철, 『투명사회』(2012)

휴식은 기존의 모든 것에 대한 '중단'이자 모든 의도와 목적을 떨쳐 낸 '무위(無爲)'다. 집중과 긴장을 이완시킨 상태에서 의식이 흘러가는 대로 놓아둔 채 그 의식의 흐름을 관조(觀照)하는 게 진정한 휴식이다. 커피 한잔하면서 멍하니 앉아 있거나 밖의 경치 감상하기, 시나 소설 같은 편한 책을 보는 둥 마는 둥 부담 없이 읽기, 슬슬 산책하기, 대청소하기 등이 그런 휴식에 해당한다. 그런 휴식에서라야 비로소 새로운 것의 창조 또는 다른 것으로의 전환을 이끄는 '깊은 관찰·깊은 주의(注意)·사색'이 가능해진다. 왜 우리는 잠시라도 가만히 있으면 불안해서 견디지를 못하는 걸까? '공백(空白, blank)에 대한 공포' 때문일 수 있다. 자기의 삶을 스스로 살아가는 '주체성'이 있다면, 일상에서 가끔 찾아오는 공백을 오히려 반긴다. 스스로 하고 싶었던 것을 드디어 할 수 있는 시간이니까. 운동이든 취미활동이든 명상이든 잠이든 독서든 육아든 집안일이든 상관없다. 그러나 대중의 마리오네트(marionette)로 사는 사람들에게 '공백'

은 대중의 세부적인 지시가 끊긴 상황이고, 그래서 어찌할 줄 모르는 상태에 빠지기 때문에 '공포'가 된다.

분주함은 어떤 새로운 것도 생산하지 못한다. 기존의 것을 재생하고 가속화할 따름이다. 진정 다른 것으로의 전환이 일어나려면, '중단'이라는 부정성이 필요하다. 정신은 타자를 대면할 때 깨어난다. 타자라는 부정성[이질성]이 정신의 생명을 유지한다. 자기 자신과의 관계를 넘어서지 못하는 사람, 자기 속에 틀어박혀 있는 사람은 정신을 가지지 못한 사람이다. 고통이 없고, 타자라는 부정성[이질성]이 없고, 긍정성만 과다한 경우엔 '경험'은 불가능하다. 온갖 정보를 얻지만 깨달음을 얻지는 못한다. 정신은 고통이다.

…… 한병철, 『피로사회』(2010)

알고 있고 익숙하고 습관적인 것들이 이어질 때 우리 두뇌는 정보 처리를 거부하고 작동을 멈춘다. 생존에 위협될 만한 게 하나도 없다고 판단하기 때문이다. 그래서 두뇌를 깨우는 건 '새로움'이고, 새로움은 익숙하지 않은 '낯선 것'이자 기존의 것과 다른 '이질성'이고 생존을 위협할 수도 있는 '고통'이며 '부정성'이다. 긍정사회이자 성과사회이고 피로사회인 현대사회는 모든 이질성과 차이와 휴식과 고통을 회피하지만, 정신의 작용인 '사유'와 '영감'은 부정성을 주식(主食)으로 삼는다. 한쪽에선 극단적으로 하이테크에 빠져들고, 다른 한쪽에선 극단적으로 초월주의적인 명상에 빠져든다. 앞으로 그 어떤 디지털 기술이 출현하건, 우리가 잊지 말아야 할 것은 우리 인간의 두뇌는 아날로그라는 사실이다. 세상이 아무리 단절적인 디지털 혁명으로 들끓어도, 우리의 삶은 연속적인 아날로그다. 이것이냐 저것이냐의 양자택일적인 사고에서, 모순되는 두 개의 이것과 저것 모두를 포용하는 사고가 필요하다.

투명성은 더 많은 민주주의, 더 많은 정보의 자유, 더 높은 효율성을 가져다줄 것으로 여겨지지만, 투명사회는 신뢰(信賴)가 아니라 오히려 '불신'과 '의심'의 사회다. '신뢰'는 '지(知)'와 '무지(無知)' 사이에서만 가능하기 때문이다. 내가 이미 모든 것을 알고 있다면 신뢰란 것은 아예 필요하지 않다. (그리고 전혀 몰라도 믿을 수 없다) 투명성은 폭력적인 방식으로 모든 것을 밖으로 표출시켜 '비밀·낯섦·이질성'을 제거하고, 그로 인해 초래된 '획일화'의 반복으로 귀결되는 '통제사회'다. (…) '아우라(Aura)'는 거리(distance)에서 발생한다. 디지털 커뮤니케이션은 모든 영역에서 거리를 파괴한다. 거리가 소멸한 결과, 공적인 것과 사적인 것이 뒤섞인다.

…… 한병철, 『투명사회』(2012)

개인의 모든 것이 숫자와 데이터로 분해되어 투명해진다. 투명성은 데이터와 정보의 본질이기에, '정보 사회'는 '투명사회'의 또 다른 이름이다. 투명사회는 디지털 매체를 활용해서 모든 것을 밖으로 표출시켜 '비밀·낯섦·이질성' 특히 '거리(距離)'를 제거한다. 그런데 우리는 '불완전한 존재' 그러니까 '중간적인 존재'고, 그래서 우리의 모든 것도 '극단적'이 아니라 '중간적'이다. 지(知)와 무지(無知) 사이에 '신뢰'가 있고, 누드(nude)와 엄폐(掩蔽) 사이에 '아름다움'이 있으며, 페르소나(persona)[가면] 뒤에 '개인(person)'이 있다. 따라서 모든 것이 제거된 투명사회에서는 '신뢰'도 '아름다움'도 '개인'도 존재할 수 없다. 공사(公私)의 구분이 사라진 탓에, 사적인 것이 실시간으로 직설적으로 공적인 영역에 노출되는 '전시(展示)사회'이기도 하다.

위선(僞善)이 나쁘기만 한 건 아니다. 우리가 소중하게 여기는 예의와 배려의 본질은 위선일 수 있다. 예의와 배려조차 없는 '만인의 만인에 내한 투쟁'만으로는 살아갈 수 없다. '내용'만큼 '형식'도 중요하다. '인체(人體)'를 넘어 '인격체(人格體)'가 되려면 때와 장소와 상황에 맞는 '격(格)' 즉 '품위'를 갖춰야 하고, 그것은 일정한 '거리 두기'에서 나온다. 신경 쓰고 배려하고 존중하는 건, (특히 문화적으로) 거리가 멀수록 증가하고 가까울수록 감소한다. 그래서 등잔 밑이 어두운 법이고, 가장 가까운 사이인 가족에게 가장 함부로 대하는 것이다. 벌거벗고 지내던 에덴동산은 우리가 꿈꾸는 천국이 아니다. 모든 게 투명하고 모든 게 공유되는 투명사회에서, 과연 우리가 타인을 신경 쓰고 배려하고 존중할 수 있을까? 관심받고 배려받고 존중받고 싶다면, 부부 사이에도 가족 간에도 친구 간에도 일정한 거리 즉 자기만의 비밀스럽고 가려진 사적인 영역이 있어야 한다.

매력이 유지되려면, 일부분은 불명확하고 비(非)가시적이어야 한다. 신성한 것은 비밀스러운 흐릿함을 특징으로 한다. '비밀·어둠·베일(veil)·은폐'와 같은 부정적 요소야말로 매력을 발산하고 욕망을 자극하고 유혹적인 에로티즘(erotism)을 강화한다. 직접적인 반응과 (직접적인) 욕구의 해소는 외설적이다. 그래서 즉각적인 감정의 분출을 허락하는 디지털 매체는, 외설적인 감정 매체다. (…) 아름다운 것은 베일도 아니고, 가려진 대상 자체도 아니다. 아름다운 것은 '베일 속의 대상'이다. 베일이 걷히고 난 대상은 이루 말할 수 없이 초라하다. 벌거벗은 (것의 직접적인) 전시(展示)에는 아름다움도 유혹적인 에로티즘도 존재하지 않는다. 몸에서 에로틱한 부분은 바로 옷의 벌어진 자리, 이를테면 장갑과 소매 사이에서 빛나는 피부다. 에로틱한 긴장감은 벌거벗은 몸을 지속적으로 전시할 때가 아니라 (중국의 전통 치마인 치파오(qipao)처럼) 빛의 점멸(點滅)을 연출할 때 생겨난다.

사물들은 오직 보이는 한에서만 가치를 획득한다. 투명사회는 그래서 '전시사회'다. 모든 주체가 자발적으로 자신의 모든 것을 남김없이 광고의 대상으로 삼아 전시하는 시장(市場)이다. 전시의 가치는 아름다운 외양(外樣)에 달려 있다. 그래서 전시의 강제는 성형수술과 몸매에 대한 강박을 낳는다. 건강에 대한 열광은 삶이 어떤 서사(敍事)도 어떤 가치도 갖지 못하게 되는 상황에서 발생한다. 이상적이고 초월적인 가치의 상실 이후에 남는 것은, 자아의 전시 가치와 더불어 건강 가치뿐이다. 무슨 수를 써서라도 보존해야 할 것은, 유일하게 남은 자신의 몸밖에 없다. 몸은 단순한 살(肉)의 사실성으로 축소될 때 외설(猥褻)이 된다. 의미가 없는 몸, 행동하지 않고 (구체적인) 상황 속에 놓이지 않은 (투명하고 벌거벗은) 몸은 외설적이다.

…… 한병철, 『투명사회』(2012)

모든 욕구와 충동에 대한 즉각적이고 직접적인 반응은, 천박하고 파괴적이며 외설적(pornographic)이다. 그래서 트림부터 방귀까지 생리현상을 즉각적으로 표현하거나 생각을 가감 없이 말하는 건 천박한 것이고, 충동과 분노를 조절하지 못하고 즉각적으로 터뜨리는 건 질병이자 범죄며, 아무리 몸매가 멋지더라도 장소 구별 없이 노출한다면 역겨운 '외설'이 된다. 몸매는 보일 듯 말 듯 해야 에로틱하고, 말은 비유의 옷을 입은 채 알 듯 모를 듯해야 유혹적이며, 성격과 능력은 드러낼 듯 감출 듯해야 매력적이다. 음양이 조화를 이뤄야 한다는 말이다.

노출이 심한 영화가 개봉할 때마다 '외설이냐 예술이냐' 하는 논쟁이 벌어지곤 하는데, 사실 무척 간단한 문제다. 결과적으로야 벌거벗고 성행위를 하는 건 똑같지만, 엄청난 차이가 있다. 바로 '의미를 담은 서사' 즉 '스토리텔링[이야기]'의 유무다. '기억'이 단순히 덧붙이고 쌓기만 하는 '저장'과 구별되는 지점이자, '회상(回想)'이 디지털적인 '호출[불러오기]'과 구별되는 지점이기도 하다. 오늘날의 문제를 '빨리빨리'나 '성장주의' 대신 '서사성의 상실'에서 찾는 한병철은, 삶의 순간순간마다 '의미'와 '가치'를 부여한 행위들이 연결되고 쌓여서 삶과 인생을 관통하는 자기만의 서사를 만들어 나가지 않으면 슬로우 라이프스타일(slow lifestyle)을 지향하더라도 공허와 허무로의 추락을 막을 수 없다고 지적한다.

지금까지 한병철이 언급한 현대사회를 규정하는 명칭(名稱)들로 서사[이야기]를 구성해 보면 다음과 같다. 무한한 긍정성만이 좋다고 강요하는 '긍정사회'는 그 긍정성을 바탕으로 무엇이든 할 수 있다며 성과를 재촉하는 '성과사회'고, 스스로가 스스로에 대한 착취자 겸 감시자가 된 '통제사회'며, 내면에서부터 쉼 없이 스스로 자기 착취를 부추기는 '피로사회'고, 쉼 없는 전진(前進)과 생산 및 소비의 극대화에 조금이라도 방해가 될 것 같은 일시 정지·중단·비밀·낯섦·이질성·일탈·고통 등은 모두 제거해 버린 '투명사회'며, 그래서 사적인 것이 실시간으로 직설적으로 공적인 영역에 노출되는 '전시(展示)사회'고, 의미 있는 서사가 빠진 채 몸과 행위만 남은 '외설사회'인데, 우리는 그런 투명성과 전시를 소통(疏通)으로 착각하기에 '친밀사회'라고 생각한다는 것이다.

세 영역과
각각의 기준

우측의 요소들에 대해서는 언제나 '그것이 무엇을 하고 있는
가?(What is it doing?)'를 물어야 하고, 좌측의 요소들에 대해서는 언
제나 '그것이 무엇을 의미하는가?(What does it mean?)'를 물어야 합
니다. 우측은 '결과'가 좌측은 '과정'이 판단의 기준이기 때문이죠.

…… 켄 윌버, 『모든 것의 역사』(1996)

이제야 비로소 윌버와 관련해 끝내지 못한 이야기를 이어
갈 차례가 됐다. 윌버는 네 영역[4분면]으로 구성된 좌표를 제
시한다. 좌표는 '개체'[위쪽 좌우]와 '집합'[아래쪽 좌우]의 '내면'
[왼쪽 위아래]과 '외면'[오른쪽 위아래]을 나타내고, 어떤 홀론이든
내면의 주관적인 '나(I)'[좌상]와 상호주관적인 '우리/그들(We/
They)'[좌하] 그리고 외면의 객관적인 '그것(It)'[우상]과 상호객관
적인 '그것들(Its)'[우하]의 네 영역 모두에 동시에 걸쳐 있다. 하
지만 각 영역에서의 능력은 어느 정도 독자적으로 발달한다.
예를 들어 학벌이나 IQ로 상징되는 지적 측면인 우상에서는 4
단계에 있는 사람이, 양심과 감정의 측면인 좌상에서는 1단계

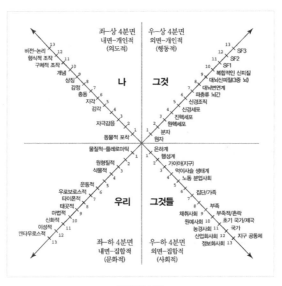

4분면의 구조

(출처 : 켄 윌버, 『모든 것의 역사』 (김영사))

에, 윤리적이고 준법적 측면인 좌하에서는 2단계에, 조직 내의 업무 능력 측면인 우하에서는 3단계에 머물 수 있다. 그래서 많이 배운 사람이라고 해도 사이비 종교에 충분히 현혹될 수 있고, 양심적이며 착한 사람이 잘못된 지식이나 신념을 가질 수도 있다.

오른쪽 위아래의 외면적 측면들은 '객관적'이고 보여질 수 있는 '표면'이며 '특정한 위치'를 갖고 있기에 '분석[분해]'한 후 '사실 (fact) 판단'을 할 수 있지만, 왼쪽 위아래의 내면적 측면들은 '주관적'이고 볼 수 없는 '깊이'이며 위치를 특정(特定)할 수 없는 '흐름'

이어서 '종합'한 후 '가치(value) 판단'을 해야 한다. 따라서 외면적 측면들은 대화의 필요 없이 단순히 감각을 통한 '관찰[주시(注視)]' 만 하면 충분하지만, 내면적 측면들은 대화 즉 의사소통을 통한 '해석'에 의해서만 다가갈 수 있다. 해석은 '의미'이고 '가치'이며, 해석의 의미 여부와 좋고 나쁨은 '상황 의존적[맥락 지향적]'이다. 더 많은 상황을 즉 네 영역을 모두 고려하면 할수록, 해석은 더 좋아지고 더 풍성해진다. 아는 만큼 보이기 때문이다. 하위 수준일수록 내면의 깊이가 얕고, 그래서 해석하고 공유할 수 있는 것 자체가 그만큼 더 적다. 그래서 아무리 대화하려 해도 '말이 안 통한다.' 이 얼마나 통찰력 있는 분석인가!

사람을 평가할 땐 영역별로 나눠서 또는 네 영역을 더 세분화한 분야벌로 평가하라! 사람에 관한 일반적 평가인 "누구누구는 좋은[착한] 사람 또는 나쁜 사람"이라는 건 알맹이 없는 헛소리일 뿐이고, 여자들이 사귀는 사람에 대해 흔히 하는 말인 "다른 건 모르겠고, 어쨌든 나한텐 잘 해줘"라는 건 평생을 손바닥으로 하늘을 가린 채 살겠다는 서약(誓約)과 다름없다. 그의 말과 행동이 진실한지[좌상], 그가 주위에 피해는 끼치지 않는지[좌하], 어떤 사실에 관해 얼마나 객관적이고 논리적으로 알고 있는지[우상], 직장에서는 어떻게 행동하고 어느 정도의 능력을 발휘하는지[우하]는 철저히 배제된 두루뭉술한 평가이기 때문이다. 착한 아빠가 직장에서는 못된 사장일 수 있고, 착한 사람인데 핑계만 늘어놓거나 거짓말쟁이거나 사기꾼일 수도 있다. 여기에서 다시 반복하지만, '절대적으로 옳은' 해석을 요구하는 건, 좌측의 자물쇠에 우측의 열쇠를 끼우려는 범주의 오류다.

네 영역은 독립적인 범주이기에, 영역마다 추구하는 것 또는 의미와 가치를 두는 부분이 다르다. 그것을 윌버는 '타당성 검증 기준들(validity claims)[네 가지 진리들]'이라고 정의한다. '그것[우상]'의 기준은 '객관적인 진리'다. 마치 지도를 제작하듯 외부 세계와 그에 대한 우리의 표상[이미지]이 일대일 대응하면 사실이고 진리이며, 그걸 기호나 글이나 말로 정의하면 명제(命題)가 된다[86]. '그것들'[우하]의 기준은 사회 전체가 유기적으로 작동할 수 있도록 돕는 '기능적 적합성(適合性)[적응력]'이다. '나'[좌상]의 기준은 '스스로에 대한 진실성(truthfulness)'이다. 자기의 신념과 말이 그리고 말과 행동이 일대일 대응(truth)하는 게 차고 넘치는(full) 상태(ness)를 의미한다. '하늘을 우러러 한 점 부끄러움조차 없기를' 바랐던 윤동주의 마음이 이러지 않았을까? '우리/당신'[좌하]의 기준은 구성원들의 상호이해에 바탕을 둔 도덕과 법률에 기반한 '사회적 공정성(公正性)'이고 목표는 '상호이해'다. 상대방을 '이해'한다는 건 그 자체를 '인정'한다는 것이고, 조금 더 나아가면 그 자체를 '존중'한다는 말이다. 더

---

86 루트비히 비트겐슈타인, 『논리철학 논고(論考)』(1922) 속 '그림 이론'이 여기에 해당한다.

나은 세상을 만들고 더 나은 세상을 자녀들에게 물려주고 싶다면, 약간 불편하고 힘겹더라도 반드시 그래야만 한다.

무한한 성장은 유한한 세계에 적합하지 않다. 경제가 삶의 내용이 되어서는 안 된다는 점은 인류의 모든 위대한 스승들이 가르쳐 온 바다. 이 치명적인 질병은 알코올 중독이나 마약 중독 같은 중독 증세와 유사한 형태라고 할 수 있다. 설령 그것이 은박지에 포장되어 있다고 해도, 독(毒)은 어디까지나 독이다.

…… 에른스트 슈마허, 『작은 것이 아름답다』(1973)

지금 우리 사회와 개인의 삶에서 겪고 있는 대다수 부조리의 근원적 이유 중 가장 큰 것은, 범주의 오류 때문이라고 할 수 있다. '경제적 부의 획득'이라는 외면의 일개 가치가 네 영역 모두의 유일한 지배자가 됐기 때문이고, 대학교 때까지 내면의 가치를 중시하는 교육과정 속에 있다가 사회에 진출하는 순간 그간의 모든 교육과정이 '경제적 부의 획득'이라는 지배자 아래에서 쓰레기가 되기 때문이다. 아니 더 정확히 말하자면, 이제는 학교도 가정도 아예 내면의 가치를 중시하는 교육이나 인성 교육은 염두에조차 두고 있지 않다. 착하게 살면서 돈도 많이 벌고 지위도 높아지고 싶은가? 꿈 깨시라! 돈도 많고 성공도 했지만, 명상과 철학 서적을 늘 곁에 두고 기부와 봉사도 하는가? 이제는 그만 자기 자신에게 진실해지시라!

'그것'과 '그것들'은 단수와 복수의 차이일 뿐 질적인 차이는 없기에, 크게 보면 세 영역이라고 할 수 있다. 객관적 진리를 탐구하는 과학은 '그것(들)', 공동체 생활을 조정하는 윤리는 '우리', 아름다움에 관심을 두는 예술은 '나'의 영역에 해당한다. 이게 바로 플라톤의 '진(과학)·선(윤리)·미(예술)'고, 칸트의 「순수이성비판」(과학)·「실천이성비판」(윤리)·「판단력비판」(예술)'이며, 독일 사회학자 위르겐 하버마스의 세 가지 타당성 검증 기준인 '객관적 진실(그것[들])·상호주관적 정당성(우리)·주관적 성실성(나)'이고, 불교의 삼보(三寶, Triranta)인 '법(法, Dharma)[그것(들)]·승(僧, Sangha)[우리]·불(佛, Buddha)[나]'이기도 하다.

감각 능력이 있는 모든 존재는 그 속에 불성(佛性)을, 그리스도를, 한울님을 지니고 있다. 그래서 모든 거짓과 위선을 없애 스스로에 대한 진실성이 온전해지는 순간, 여러분 자신이 곧 부처이고 한울님이고 그리스도라는 사실을 깨닫게 되는 것이다. "내 모든 거짓과 위선이 그리스도와 함께 십자가에 못박혀 죽었나니, 이제는 그런 예전의 내가 사는 게 아니라 (내 안에) 그리스도가 사는 것"[87]이고, "내가 그리스도 안에 그리스도가 내 안에"[88] 거하는 것이다. 그리고 그리스도와 하나님은 삼위일체(三位一體)이므로 여러분이 곧 하나님이고, "하나님은 영

---

87 〈갈라디아서〉 2:20
88 〈요한복음〉 15:4

이시니"[89] 여러분 자신이 곧 영이다. 그래서 "예배하는 자는 신령(神靈)[영혼]과 진정[자신에 대한 진실성]으로 예배"[90]해야 하는 것이다. 이런 책을 우연히 만나 나를 감싸고 있던 껍데기를 깨고 조금 더 넓은 세상을 바라보게 된다는 건, 즐거움을 넘어서 감사함이다.

'통합'과 '융합[미분화(未分化)]'은 엄청난 차이입니다. '통합'이 분화된 것들에 '자유'를 주는 것이라면, '융합'은 분화된 것들을 '감금'하는 셈이죠. 과학과 도덕[종교]과 예술이 무차별적으로 '융합'되어 있던 전(前)인습적 단계를 극복하고 세 가지 영역의 '온전한 분화'를 이뤄낸 건 근대가 이룩한 성취입니다. 그러나 여기에서 멈춰버렸다는 게 근대의 한계죠. 이제 세 영역의 진정한 통합은 근대 이후, 즉 지금에 해당하는 포스트모던 시대의 과세가 되었습니다.

…… 켄 윌버, 『모든 것의 역사』(1996)

각 영역의 홀라키마다 그 어떤 개인도 대체로 9가지 수준 중 어느 한 수준에만 온전히 속해 있지는 않다. 흐릿하게 번져 있는 구름과 비슷하다. 절반이 어디에 머물고 있느냐에 따라 '자기'의 수준이 결정되고, 그보다 더 높은 수준과 더 낮은

89 〈요한복음〉 4:24
90 〈요한복음〉 4:24

수준에는 각각 25% 정도 걸쳐 있으면서 영향을 받는다. 그렇게 걸쳐 있기에 어느 수준에서든 상위 수준에 관한 '일시적 체험'은 할 수 있다[돈오(頓悟)/즉각성]. 그러나 중요한 건 그런 맛보기식의 일시적인 체험을 영구적인 습관[특성]으로 전환하는 것이다. 그러기 위해선 지속적이고 고통스러운 노력이 수반되어야 한다[점수(漸修)/점진성]. 상위 수준에 관해 지적으로[우상과 우하] 아는 것과 실제 그 수준에서 도덕적으로[좌상과 좌하] 사는 것은 전혀 별개의 문제다.

이제 홀라키마다 존재하는 9가지 수준을 살펴보자. 갓 태어난 아기는 자기와 외부 세계를 구분하지 못한다. 물리적인 자기와 물리적인 외부 세계가 하나로 '융합'되어 있기 때문이다. 그러다가 생후 4개월 전후가 되면 자기의 신체와 외부 세계를 구분하기 시작한다. 담요를 물면 아프지 않고 자기 엄지손가락을 물면 아프다는 걸 알게 되는 것이다. 1세쯤 완료되는 이것이 1단계[분기점-1] '감각물리적 수준[물질권]'의 '신체적 자기'다. 이제 영아는 희로애락 같은 정서[감정]를 느끼기 시작하지만, 여전히 주변 세계 특히 엄마와 완전히 융합된 상태다. 그러다가 15개월에서 2세 사이에 정서[감정]도 분화된다. 사고 능력이 없어서 아직 현실은 구분할 수 없는 이것이 2단계[분기점-2] '환상적 정동(情動) 수준[생물권]'의 '심리적 자기'다. 윌버는 이렇게 감각[1단계]과 충동[2단계]만을 가진 상태에서 온우주를 느끼는 세계관을 '태곳적 세계관'이라고 말한다.

2~4세쯤 사이에 이미지처럼 외부 세계의 대상과 일대일 대응이라는 점에서는 같지만, 약간의 추상화 과정을 거친 '상징'이 생기기 시작한다. 그리고 4~7세까지 이어질 추상적 개념과 언어도 사용할 수 있게 된다. 이것이 의식[마음]의 첫 번째 단계인 3단계[분기점-3] '표상심(表象心) 수준[정신권]'의 '언어적 자기'다. 이후부터는 모두 '정신권'이고, 이때부터 태곳적 세계관에, 이미지와 상징과 개념과 언어가 추가된 '마법적[주술적] 세계관'이 등장한다. 아직은 타자(他者)라는 개념이 없는 자아 중심적인 세계라서, 모든 건 그 세계의 주인이자 신(神)인 아이 자신만의 의지[마음]대로 돌아간다. 자기가 누군가의 이미지를 만들어 바늘로 찌르면 정말로 그(녀)에게 나쁜 일이 일어난다고 믿고, 비는 자기 마음이 슬퍼서 내린다고 믿는 식이다. '바넘 효과(Barnum effect)'처럼 노래 가사나 운세나 점쟁이의 말이 마치 자기 이야기인 것처럼 느껴지기도 한다. 정신권이 물질권과 생물권을 억압하고 왜곡하면서 무의식의 내용물이 증가하기 시작한다. 여기까지는 라캉의 분석과 거의 같다.

6~7세쯤에 출현해서 11~14세까지의 인식을 지배하는 것이 마음[의식]의 두 번째 단계인 4단계[분기점-4] '규칙/역할심 수준'의 '사회적 자기'다. 사회의 규범과 타인의 처지에서 생각하는 법을 배우면서 사회 속의 일원이 되는 시기다. 관심과 시선이 자기에서 '자기가 속한 집단'으로 확대된 것이고, 그래서

정체성도 사회 중심적이고 역할 중심적인 것으로 전환된다. 마법적 세계관은 규칙과 역할이 추가된 '신화적 세계관'으로 대체된다. 이제 이전처럼 자기가 원하는 대로 할 수 없다는 사실을 알게 되지만, 자기보다 훨씬 강력한 다른 누군가는 이전의 자기처럼 할 수 있을 거라고 확신하면서 신들을 비롯해 온갖 초자연적 존재들과 위계를 만들어 낸다. 그러고는 "내가 이렇게까지 했으니 어떤 걸 해달라"는 식으로 초자연적인 존재들과 거래를 하기 위한 특정 의식(儀式)을 행하고, 자아 중심적인 기원(祈願)을 한다. 종교의 탄생인 셈이다. 윌버의 설명대로라면, 우리 대부분은 마법적 세계관과 신화적 세계관에 정확히 각각 절반씩 머문 채 살고 있는 듯하다. 정신적으로 청소년 시기조차 진입하지도 못한 이 두 가지 단계만으로도 우리의 거의 모든 행동이 적나라하게 설명된다는 게 창피하면서도 마음 아프다.

기적은 엄청나거나 특별한 게 아니다. 간단하게는 일상에서 '당연함'을 제거하면 된다. 모든 걸 당연하듯 지나치지 않고 하나하나 그 본연의 모습 그대로 바라보고 받아들이면 해가 뜨고 지고, 식물이 성장하고, 숨을 쉬고 움직이고, 주위 사람들과 감정을 교환하는 것, 이 모든 게 기적으로 다가온다. 하나님이 창조한 세상과 끊임없이 대화를 나누는 그러니까 쉬지 않고 기도하는 것이다. 그러면 모든 일에 감사(感謝)와 감동이 넘치는 삶이 시작되고, 그래서 항상 기뻐할 수밖에 없다. 항상 기뻐하고 쉬지 않고 기도 하며 범사에 감사하는 것이 바로 "그리스도 예수 안에서 우리를 향하신 하나님의 뜻"[91]이 아닌가!

달리 보자. 당신이 하나님의 아들이라는 사실을 믿을 수 있을 만한 기적을 보여달라는 사람들에게 예수는 말한다. "요나의 기적 외에는 보여줄 게 없다"고[92]. 이건 흔히들 생각하듯, 요나가 큰 바다 생물체 뱃속에서 3일 동안 갇혀 있다가 살아났듯이 예수도 부활할 거라는 말이 아니다. 그건 요나 부분만 보고 전체는 놓친 나쁜 해석이다. 자기가 발도 디디길 싫어하던 도시 니느웨(니네베, Nineveh)로 임무를 맡겨 보내는 하나님이 요나는 못마땅했다. 그래서 자기 판단과 뜻대로 요리조리 도망칠 궁리를 하다가 바다 생물체에 먹히기까지 했다. 하지만 하나님은 요나를 구해주었고, 결국 요나는 니느웨에 가게 되었으며, 그곳에서 하나님의 깊은 뜻을 깨닫는다. 바로 한낱 인간이 창조주 하나님의 뜻을 헤아리고 깨닫는 수준까지 도달할 수 있다는 것, 인간의 의식이 영 또는 정신의 단계까지 이를 수 있다는 것, 이것이 요나의 기적이자 하나님의 아들임을 증명할 수 있는 유일한 기적이라는 것이다. 마치 부처처럼, 그런 단계에 이르기 위해 끊임없이 노력하는 사람은 누구나 하나님의 아들이라는 말이기

91 〈데살로니가 전서〉 5:16~18
92 〈마태복음〉 16:1~4

도 하다. "아버지, 가능하다면 이 쓴 잔을 내가 짊어지지 않게 해주소서. 그러나 내 뜻대로 마옵시고 아버지 뜻대로 하옵소서."[93] 죽음까지도 하나님에게 온전히 맡긴 예수다. 그리스도 교인이라면 이조차도 따라 해야 하지 않을까? 잔소리가 길어졌다. 다시 윌버에게 가자.

사춘기에 해당하는 11~15세쯤이 마음[의식]의 세 번째 단계인 5단계[분기점-5] '형식적 반성(反省) 수준'의 '합리적[글로벌] 자기'다. 생각에 관한 생각 즉 메타인지를 통해, 자기 생각 자체를 검열하고 반성할 수 있는 시기다. 나의 집단과 민족과 신과 이데올로기가 우주에서 유일한 집단과 민족과 신과 이데올로기가 아니라는 사실을 깨닫는 것이고, 모든 중생(衆生)[생명체]과 자기를 동일시하는 단계다. 그러나 아직 인간 중심적인 편견을 벗어나지는 못해서, 자연이 자기의 일부라고 생각한다. 각성(覺醒)한 의식[마음]은 지금까지의 모든 것을 통합하기 시작한다. 보이는 몸[비전]과 보이지 않는 마음[논리]의 통합인데, 이것이 마음[의식]의 마지막인 네 번째 단계인 6단계[분기점-6] '비전/논리 수준'의 '실존적(實存的) 자기'다. 윌버는 이것을 하반신은 말이고 상반신은 사람인 '켄타우로스(centauros) 단계'라고도 부른다. 심신의 조화로 개인적인 수준에서는 더 추구할 가치가 없지만, 아직 트랜스퍼스널[초개인적] 수준에는 도달하

---

93 〈마태복음〉 26:39

지 못한 어정쩡한 상태다. 그러나 이 수준만 해도 불교의 '참 자기'인 '진아(眞我)' 또는 '여여(如如)한 의식[진여자성(眞如自性)]'에 해당한다. '여여하다'는 건, 나누고 구분하고 분별하는 마음의 모든 작용을 초월한 원래 그대로의 모습을 가리킨다. 윌버는 함구(緘口)하지만, 5단계와 6단계의 세계관은 '통합적 세계관'이라고 할 수 있다.

산책하면서 산을 보던 중 어느 순간 갑자기 바라보는 자기는 없고 오직 산만 있는 느낌, 그래서 자기가 곧 산이라고 느낄 수 있다. 주체[자기]와 객체[세상]를 나누고 구분하려는 분별심(分別心)을 초월해서 무속적인 환상이나 접신(接神)의 경험 등 자연과 하나가 되는 체험인데, 여기에서는 자연이 기준이나. 그러나 일시적인 체험일 뿐, 현실에서는 여전히 자기와 외부 세계의 구분이 있다. 즉 이제야 초개인적 영역에 한 발 담근 상태다. 이것이 '자연 신비주의 세계관'이 지배하는 혼(魂)의 첫 번째 단계인 7단계[분기점-7] '심령적(psychic)[심혼적] 수준'의 '생태 지성적 자기(Eco-Noetic Self)'다. 윌버는 혼(魂)과 영(靈)을 구분하면서도 혼용(混用)하지만, 일반적으로는 이렇다. '영'과 '육(肉)[물질]'을 좌우 극단에 위치시킨다면, 그 사이가 두뇌라는 물질에서 창발했으나 영에도 한 발을 걸치고 있는 의식[정신] 즉 '얼'이나 '넋'으로도 불리는 '혼'이다. '얼빠졌다'거나 '넋 놓고 있다'는 말에서 뉘앙스(nuance)를 느낄 수 있다. 이 단계가 불교에서 여러 몸으로 나타나 중생을 돕는 자비의 몸인 '응신(應身)[화신(化身), 니르마나카야(Nirmanakaya)]'이다.

  '유신론적[형상] 신비주의 세계관'이 지배하는 혼의 두 번째 단계인 8단계[분기점-8] '정묘적(精妙的, subtle) 수준'의 '범아일여(梵我一如)[물아일체(物我一體)]'는 신 또는 우주 만물과의 합일(合一)을 경험하게 된다. 이때부터 '자기'는 사라진다. '정묘'는 정밀하면서도 오묘하다는 뜻이다. 하지만 여전히 각 사물의 형태[형상]는 존재한다. 그것들이 '조화'를 이뤄 하나로 체험되는 것일 뿐, 포함되고 초월되어 진정한 하나로 '통합'된 건 아니다. 그래서 '유상삼매(有想三昧)'라고 부른다. '독서삼매경에 빠졌다'고 말할 때처럼, '삼매'란 고도로 정신을 집중해서 어떤 잡념도 없는[적정(寂靜)] 상태를 뜻한다. 이 단계가 부처의 깨달은 몸인 '보신(報身)[삼보가카야(Sambhogakaya)]'이다. 마지막으로는 의식 속에서 모든 '대상[형상]'마저 녹아 사라지는 '무신론적[무형상(formless)] 신비주의 세계관'이 지배하는 영(靈)의 단계인 9단계[분기점-9] '원인적(causal) 수준'의 '공(空) 그 자체'다. 그래서 구분되고 분별된 단편적인 대상들에 내재한 어떤 고통으로부터도 근본적으로 자유로워진다. 이 단계가 여덟 가지 하위 수준들의 토대이자 원인이기 때문이다. 이것이 '무상삼매(無相三昧)'로 알려진 '비현현(非現現)'의 상태, 모든 분별이 완전히 사라진 지멸(止滅)의 상태, 어떤 생멸(生滅)도 사라진 상태다. 분명히 자기가 보고 있긴 한데 '보고 있는 자기'를 찾을 수도 볼 수도 없다. 이 단계가 부처의 진리의 몸인 '법신(法身)[다르마카야(Dharmakaya)]'이다.

사실 아홉 번째 수준이 끝이 아니다. 그 이후로는 최후의 단계인 동시에 최초의 단계이며, 보고 있다는 느낌마저 사라지고 오로지 순수하게 '보는 것'만 남는 '비이원(非二元) 수준'의 '색즉시공(色卽是空) 공즉시색(空卽是色)'의 경지로 돌아간다. '한 손으로 손뼉 치는 소리'는 바로 여러분 자신이고 구름이고 꽃이고 강아지고 세상 만물이다. 한 손인 영은 한순간도 쉬지 않고 주체와 객체로 그리고 단수와 복수의 형태로 현현한다. 어디에도 종착점은 없다. 비이원을 깨달았다고 해도[즉각성], 새로운 형상들은 계속 생멸하고 있기에 깨달음 또한 진행 중인[점진성] 것이나. 사실 9가지 수준을 모두 언급할 생각은 없었지만, 소개하길 잘했다는 생각이 든다. 의식[정신]의 발전 단계를 이렇게 깔끔하고 폭넓게 볼 수 있는 기회는 거의 없기 때문이다. 나아가 이것은 개인뿐만 아니라 집단과 사회와 국가의 발전 단계와도 매우 비슷해서 많은 도움이 될 것이다. 자신이 어느 수준에 있는지 판단하는 좋은 척도도 될 테고.

언제나 정말로, '내세'란 곧 '올바르게 내다본 현세'입니다. 영을 부처를 그리스도를 한울님을 보고 싶다면, 여러분 자신을 또는 여러분 주위의 모든 걸 보면 됩니다. 그 모든 것에 영과 부처와 그리스도와 한울님이 각각 그것도 완전히 현현해 있으니까요. 나아가 이 말을 뒤집어 보면, 온우주에 관여하는 것이 곧 영과 신(神)과의 만남과 접촉이라는 말이 됩니다. 그래서 근원적인 자유는 자비심 넘치는 활동으로, 고뇌에 찬 연민[염려]과 근심으로 나타나기 마련이죠.

…… 켄 윌버, 『모든 것의 역사』(1996)

Chapter
05

우리와 그들

지금까지 우리는 '세상' 그리고 '나'와 '타인[타자]'과의 관계를 탐구해 왔다. 이제 관점을 조금 더 확대해 보자. 가장 크게는 '동양과 서양'이라는 두 영역이 어떻게 다른지가 될 테고, 조금 좁혀서 '우리와 그들'의 관계 그리고 더 좁혀서 '남자와 여자'의 차이점을 살펴보려 한다.

31   리처드 니스벳

동양과 서양의
차이

서양은 사람뿐만 아니라 물질 역시 서로 독립적이고 개별적인 실체(實體)로 간주했다. 늘 세상의 '본질(essence)'에 관심이 있었다. '본질'이란 한 사물의 가장 핵심적이고 필연적인 속성이다. 본질이 바뀌면 그것은 더는 그 사물이 아닌 게 되기 때문이다. 그래서 '단단한 물체'보다는 '단단함'이라는 속성[본질] 자체를 논하는 게 의미 있는 일이었다. 개별 사물에서 본질을 떼어내 '추상화'했고, 그 추상화된 본질에 근거해서 사물을 '범주화'했다. 그 후에 각각의 범주를 지배하는 법칙들을 발견해서, 그 법칙으로 각각의 범주에 속하는 사물들의 특징과 행위의 원인을 설명하고자 했다. 그리고 변화를 인정하지 않는 '직선적인' 사고와 이것 아니면 저것이라는 '이분법적인 사고방식'에 집착했다. '논쟁'을 중시하기에, '모순'이라는 개념에 강박적이라고 할 만큼 집착한다. 어떤 주장이 다른 주장과 모순 관계에 있다면, 둘 중 하나는 반드시 틀린 것이라는 게 (형식) 논리에서 가장 기본이다.

동양인들에게 세상은 늘 변하며 모순[역설]으로 가득 찬 곳이다. 지금은 옳다고 여겨지는 것이 나중에는 그렇지 않을 수도 있다. 음과 양은 서로 반복되고, 음은 양 때문에 존재하고 양은 음 때문에 존재한다. 그래서 '자연과 사람이 공존하는 길'인 '도(道)'의 상징은 흰색과 검은색 물결의 형태를 띤 두 힘으로 이루어져 있다. 그리고 검은색 물결 중앙엔 흰 점이 있고, 흰색 물결 중앙에도 검은색 점이 있다. 이는 '진정한 양은 음의 내부에 존재하는 양이고, 진정한 음은 양의 내부에 존재하는 음'이라는 진리를 나타낸다. 음양의 원리란 '서로 반대되면서 동시에 서로를 완전하게 만드는 힘'의 관계이다. 우주의 모든 요소가 서로 관련되어 있다는 믿음은, 만일 땅에서 왕이 나쁜 일을 하면 하늘과 우주의 상태 역시 나빠지고 그 반대도 마찬가지라고 믿는 것에서 분명하게 드러난다.

…… 리처드 니스벳, 『생각의 지도』(2003)

서양과 동양의 차이점을 최초로 체계화해서 우리의 안목을 넓혀 준 사람이 미국 사회심리학자 리처드 니스벳이다. 어떻게 손을 대서 요약해야 할지 감도 잡지 못할 정도로 한 문장 한 문장이 간결하면서도 알찬 책이지만, 눈 딱 감고 전체 내용을 단 하나의 문장으로 요약해 보면 서양과 동양의 가장 큰 차이점은 '개인[부분] vs. 공동체[전체]'라는 것이다. 놀랍게도 이후의 모든 차이점은 이것의 변주곡(變奏曲)이라고 해도 과언이 아니다.

인생 최대의 덕목이 뭐냐고 물으면, 서양인은 '개인의 자유 [자율성]'라고 대답하고 동양인은 '주변 환경 그리고 사람 모두 간의 조화로운 관계'라고 대답한다. 동양인들에게 자연과 사회는 하나의 커다란 유기체고, 개인은 그 유기체의 한 구성원 이기 때문이다. 이것이 서양 의학과 동양 한의학의 차이일 수도 있다. 그 결과 자신을 특별한 존재로 느끼도록 교육받은 서양인은 자신을 긍정적으로 바라보지만, 공동체 내 다른 구성원 들과 갈등 없이 더불어 살도록 교육받은 동양인은 안타깝게도 끊임없이 자기비판을 한다. 공동체에 소속되기 위해서는, 다른 구성원들을 불편하게 하거나 공동체의 목표 달성에 방해되는 개인의 단점이나 특성이 있다면 반드시 고쳐야 하기 때문이다. 개인의 권리라는 것도 서양에서는 자신이 원하는 대로 다할 수 있는 그러면서 '국가를 비롯해 그 누구도 침범할 수 없는 절대적이고 신성한 영역'이지만, 동양에서는 '공동체 전체의 권리 중 자신에게 할당된 몫을 담당하는 것'으로 여겨진다. 갈등이 발생했을 때도 서양인은 '모순(矛盾)을 거부한 채 논쟁을 통해 잘잘못을 명확하게 가려내려' 한다. 모든 개인은 평등[형평성]하므로, 그런 개인 간의 갈등에서는 정의(正義)의 실현이 가장 중요하니까. 하지만, 동양인은 '모순을 인정하면서 중용과 타협을 추구'한다. 논쟁을 통해서 아무리 정의가 실현된다고 해도, 논쟁은 공동체의 질서와 안녕 그리고 인간관계를 해치는 위험 요소로 여기기 때문에.

개인의 자유가 최대의 덕목이기에 서양은 분야에 상관없이 '순수한 의미에서의 앎과 진리[법칙]의 발견'을 중시하지만, 동양은 공동체의 유지에 도움이 되는지 아닌지에 따라 지원하거나 억입한다. 인생 최대의 목표는 대부분 사람에게 행복일 테니, 행복이 과연 무엇이라고 생각하는지 물어보자. 그러면 서양인은 '어떤 제약도 없는 상태에서 자기의 능력을 최대한 발휘해서 자기의 목표를 성취하는 것'이라고 대답하지만, 동양인은 '화목하고 조화로운 인간관계 속에서 주위 다른 사람들처럼 평범하게 사는 것'이라고 대답한다. 그래서 성공은 동양에서는 공동체 전체의 영광이 되지만, 서양에서는 개인의 업적일 뿐이다. 정체성에 관한 질문에서도 서양인은 '스스로 확립하는 것'이라고 대답하고, 동양인은 '공동체 내 다른 구성원들과의 관계 맺음과 공동체 속에서 자신이 맡은 역할[지위]에 의해 형성되는 것'이라고 대답한다. 그 결과 서양인은 자신이 바꾸지 않는 한 변하지 않는다고 생각하지만, 동양인은 관계 맺음과 역할[지위]의 변화에 따라 정체성도 변할 수 있다고 생각한다. 그다지 타인을 신경 쓰지 않는 서양인은 '자기의 장점을 극대화해서 공동체에 선한 영향력을 끼치려' 하고, 매 순간 타인을 신경 쓰는 동양인은 '자기의 단점을 보완해서 공동체에 끼치는 불편을 최소화하려' 한다.

서양은 독립적(independent)이며 개인주의적 사회인 '이익사회' 즉 '게젤샤프트(Gesellschaft)'고, 동양은 상호의존적(interdependent)이며 집합주의적 사회인 '공동사회' 즉 '게마인샤프트(Gemeinschaft)'다[94]. 달리 말하자면 서양은 개인의 자율성을 중시하는 '저맥락 사회(low context society)'고, 동양은 전체와의 조화로운 관계를 중시하는 '고맥락 사회(high context society)'라는 것이다[95]. 서양은 평등[형평성]을 강조하고 개인의 자유를 선호하지만, 동양은 사회 내의 위계질서를 인정하고 집단의 통제를 수용한다. 서양은 전체로부터 독립된 개별적인 실체[존재]로 여기고, 동양은 개인을 전체[조직]라는 유기체의 한 구성원으로 여기기 때문이다.

---

94 페르디난트 퇴니스, 『공동사회와 이익사회』(1887)

95 에드워드 홀, 『침묵의 언어』(1959)

서양인들은 세상을 분석적이고 원자론적인 시각으로 바라본다. 사물을 주변 환경과 떨어진 독립적이고 개별적인 것으로 이해하고, 변화가 일어난다면 한 방향으로 일정하게 진행될 것이라고 믿는다. 그리고 개인이 그런 일들을 통제할 수 있다고 믿는다. 반대로, 동양인들은 세상을 종합적으로 이해한다. 세상의 구성요소들은 서로 얽혀 있고, 세상사는 양극단 사이에서 순환을 반복하는 형태로 진행되며 그런 사건들을 통제하기 위해서는 다른 사람과의 협동과 조정이 꼭 필요하다고 믿는다. 동양인들은 자신이 세상을 통제할 수 있다는 믿음보다 자신을 통제해 줄 사람이 주변에 있다고 믿을 때 더 행복감을 느낀다. 동양인에게는 누군가와 같은 배에 타고 있다는 일체감이 중요하기 때문이다. 사건의 원인을 설명하는 과정 역시 서양인들은 사물 자체의 속성으로만 설명하려 들지만, 동양인들은 수많은 요인 간의 복잡한 상호 작용을 원인으로 본다.

…… 리처드 니스벳, 『생각의 지도』(2003)

동일한 살인 사건에 대해 미국 신문들은 범인의 심리적 약점들과 개인적인 태도 같은 인격적인 결함을 부각하는 보도를 하는 반면, 중국 신문들은 범인의 생활 환경과 인간관계 그리고 범인이 처했던 사회적 상황에 초점을 맞춘다. 사람의 행동을 설명할 때 서양인은 그 사람의 '성향[본성]'을 가장 중요하게 생각하는 반면, 동양인은 그 사람의 행동에 영향을 미친 '상황의 힘'을 훨씬 더 중요하게 생각하기 때문이다. 바로 이런 차이 때문에 동양인들보다는 서양인들이, '성향주의(dispositionism)'라고도 불리는 '기본적[근본적] 귀인(歸因) 오류(FAE, Fundamental Attribution Error)'를 더 자주 범하곤 한다.

'기본적[근본적]'이라는 건 선천적이고 무의식적인 과정이라는 의미이고, '귀인'이라는 건 원인 또는 인과관계 찾기를 뜻한다. 이 오류는 일상생활에서 매우 빈번하게 발생한다. 면접관이 긴장한 응시자를 보면서 자신도 모르게 원래 소심한 사람이라고 판단하는 것, 아는 사람이 없는 첫 모임이라 조용히 있을 뿐인데 그런 상황은 생각도 하지 않은 채 그 사람을 원래 내성적이고 수줍음이 많다거나 아니면 내숭을 떤다고 판단하는 것 등을 예로 들 수 있다. 하지만 기본적 귀인 오류는 주로 자신이 타인의 행동을 지켜보는 '관찰자'일 때 그리고 자신이 '행위자'인 경우엔 성공했을 때만 저지른다. 자신이 '행위자'이면서 실패했을 땐, 보통 '상황 탓'을 하기 때문이다. 소위 '내로남불'인 셈이다. 시험에서 타인이 불합격했을 땐 그 사람이 열심히 공부하지 않았기 때문이라고 생각하지만, 자신이 불합격했을 땐 시험 문제가 너무 어려워서 그렇다며 확신에 차서 침을 튀기며 강변(強辯)하는 게 사람의 간사함이다. 이렇게 자신이 행위자냐 관찰자냐에 따라서 귀인의 방향을 바꾸는 것을 '행위자-관찰자 편향(actor-observer bias)'이라고 한다.

서양인들은 '공통의 속성을 지닌 것'을 같은 범주로 분류하지만, 동양인들은 '서로 영향을 주고받는 것'을 같은 범주로 분류한다. 왼쪽 그림을 보고 셋 중 둘을 하나로 묶어보자. 서양인이라면 아마도 닭과 소를 묶을 것이다. 둘 다 포유류에 속하기 때문이다. 그러나 동양인이라면 소는 풀을 먹는다는 관계적 이유로 소와 풀을 하나로 묶을 것이다. 한국과 미국 대학생들에게 오른쪽 그림을 보여주고 표적 사물이 '집단 1'과 '집단 2' 중 어느 것과 더 비슷한지 조사했다. 그 결과 대부분 한국 대학생은 '집단 1'을, 대부분 미국 대학생은 '집단 2'를 선택했다. 한국 학생들은 '외형적인 유사성' 때문이었고, 미국 학생들은 줄기가 직선이라는 '규칙' 때문이었다.

…… 리처드 니스벳, 『생각의 지도』(2003)

서양은 '개별 사물과 분석적 사고'에 초점을 두고, 동양은 '전체 맥락과 종합적 사고'에 초점을 둔다. 그래서 사건이 발생했을 때 본질이 '개별 사물 속'에 있다고 보는 서양인들은 '불변

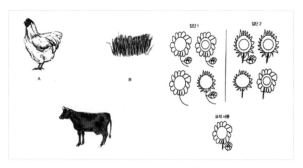

동양과 서양의 범주 분류 차이 사례

(출처 : 리처드 니스벳, 『생각의 지도』(김영사))

하는 개인의 성향[본성]'에 집중하고, 본질이 '사건들 사이의 관계 속'에 있다고 보는 동양인들은 '가변하는 여러 상황'에 집중한다. 즉 서양에서는 속성과 관련된 '범주'를 중시하고, 동양에서는 행위와 관련된 '관계'를 중시한다는 말이다. 바로 이런 이유로 서양은 '명사'를 통해서 세상을 보고, 동양은 '동사'를 통해서 세상을 본다고 말할 수 있다. 가령 다른 사람에게 커피를 더 마실 건지 묻는 상황에서도 서양인들은 '커피 더 할래?(More tea?)'라고 묻지만, 동양인들은 '더 마실래?(Drink more?)'라고 묻는다. 서양인들은 커피를 '마시고 있는 것'이 분명하기에 동사인 '마실래?'를 또다시 언급할 필요가 없다고 생각하지만, 동양인들의 관점에서는 그 상황에서 마시고 있는 것이 분명히 '커피'이기 때문에 맥락[문맥]상 명사인 '커피'를 또다시 언급할 필요가 없다고 느끼는 것이다.

그렇다면 과연 이런 차이의 기원은 무엇이고, 앞으로는 어떨까? 많은 사람이 근본적인 원인으로 공자와 아리스토텔레스를 꼽지만, 니스벳은 그렇지 않다고 오히려 그 둘은 동서양 사고방식의 산물이라고 말한다. 만일 두 사람의 사상 안에 각각 동양과 서양의 사고방식이 반영되어 있지 않았다면, 그들의 사상이 각각의 사회에 그렇게 큰 영향을 끼쳤을 리가 없기 때문이라는 게 그 이유다. 그러면서 '지리적·기후적·생태적 환경의 차이'를 진정한 근본 원인으로 제시한다. 그런 환경적인 차이가 경제적인 차이를 가져왔고, 경제적인 차이가 사회구조의 차이를 초래했으며, 사회구조의 차이가 사회적 규범과 교육 방식을 다르게 만들어 냈고, 그것이 집중해야 하는 부분을 결정했으며, 그에 따라 우주 만물에 대한 서로 다른 이해가 생겨났고, 그로 인해 인식과 사고 과정의 차이가 발생했다는 것이다. 하부구조가 상부구조를 결정한다는 마르크스의 주장과 일맥상통하는 결론이다. 다르면 다를수록 서로가 서로에게 더 도움이 될 여지가 큰 법이다. 서로의 장점으로 서로의 단점을 보완할 수만 있다면, 앞으로의 세계는 '통섭(通涉, consilience)'을 통해 좀 더 질적으로 발전한 그러면서도 여전히 다양성을 잃지 않은 모습이 될 수 있지 않을까? 현실적으로야 거의 가능성이 없음을 잘 알지만, 그래도 마음속 바람만큼은 버리지 않으련다.

사람일까?
상황일까?

고전 물리학이 (원자 규모나 실험실이나 우주 공간처럼) 일상생활을 벗어나는 경우엔 심각한 결함을 드러내듯, 우리의 선천적인 직관적 사고도 일상적인 상황을 벗어나는 경우엔 심각한 결함을 드러낸다. (…) 문화가 객관적 상황 압력과 제약으로 작용한다는 게 사회심리학을 지탱하는 삼각대의 첫 번째 다리라면, 문화적 가치와 신념이 사람들이 자신의 환경과 경험을 어떻게 해석할지 결정한다는 것이 두 번째 다리이다. 세 번째 다리는, 일상적이고 사회적인 활동에서 자아 중심성을 인식하는 일이다.

…… 리처드 니스벳 & 리 로스, 『사람일까 상황일까』(1991)

대학입시나 기업의 신입사원 채용 시, 면접은 필수요소로 여겨진다. 면접을 통해 지원자의 성향에 관한 정보를 많이 알 수 있고, 그럴수록 더 좋은 인재를 선발할 가능성도 커진다고 믿기 때문이다. 그러나 이것은 착각이라고 니스벳과 미국 사회심리학자 리 로스는 단언한다. 면접의 예측 타당도를 다룬 연구 결과들을 살펴보면, 상관관계가 10~15%를 넘는 경우가 거의 없기 때문이다. 대다수 연구는 사실 10% 미만을 나타낸다. 오히려 고등학교 성적 하나만으로, 면접보다 훨씬 높은 30~45% 범위에서 대학에서 받을 학점을 효과적으로 예측할 수 있다. 따라서 선발을 위해 면접에 의존하는 건, 이중으로 비용이 드는 셈이다. 한 번은 면접 비용이고, 그보다 더 큰 대가는 면접 과정에서 나온 평가 자료를 종합해서 최종 선발까지 이르는 데 들어가는 비용이다.

개인의 성향이나 과거의 정보를 근거로 해서 특정 개인의 행동을 정확히 예측할 확률도 10%를 넘지 못한다. 개인의 성향에 근거한 예측이 타당하고 정확한 전망으로 이어질 수 있으려면, 그 개인을 아주 잘 알아야 하고, 오랜 기간에 걸친 그의 행동들에 관한 평균을 알아야 하며, 그 개인이 극단적인 사건에서 극단적인 행동을 보였던 경우도 고려해야 한다. 이것이 과연 얼마나 가능할까? 나아가 대다수 사례에서, 어린 시절에 겪은 신체적·정서적·성적(性的) 학대는, 통념과는 달리 장기간에 걸쳐 상대적으로 영향이 적은 것으로 나타났다.

누가 출입구에 쓰러져 있는 사람을 도울 것인지 예측할 때, 놀랍게도 그 사람의 개인 정보는 별로 도움을 주지 못한다. 오히려 쓰러져 있는 사람의 성별과 외모와 행색 같은 상황과 관련된 정보가 더 큰 도움을 준다. 미국 사회심리학자 존 달리와 대니얼 뱃슨은 프린스턴대학교의 신학생들을 대상으로 '선한 사마리아인[96] 실험(Good Samaritan experiment)'(1973)을 진행했다. 실험 참여자들이 설교 시간에 늦었다는 정보를 받고 급하게 길을 갈 때는 강의동 현관에 쓰러져 있는 사람을 약 10%만 도왔지만, 설교 시간까지 충분히 여유 있다는 정보를 받고 천천히 길을 갈 때는 약 63%가 도움을 주었다. '약속 시각에 늦었다는 상황'이 신학생들이 멈춰 서서 돕는 것을 주저하도록 만든 것이다. 쓰러져 있는 사람은 한 명이고 그를 돕는 것은 사적인 일이지만, 자기를 기다리는 사람은 수십 명이고 그것은 공적인 약속이었다. 성경 속 사제와 레위인은 단지 일정에 또는 공적인 약속에 늦었을 뿐이다! 그 후 이뤄진 수많은 연구도, '죄책감'이나 '행복감' 같은 참여자의 특정 기분이 참여자가 이타적 행동을 보이는 정도를 눈에 띄게 높이는 것으로 나타났다.

"어떤 지적인 존재(라플라스의 악마, Laplace's demon)가 우주에 존재하는 모든 원자의 위치와 운동량(모멘텀, momentum)을 알 수 있다면, 과거와 현재의 모든 현상을 설명하고 미래까지 예측할 수 있다"[97]는 프랑스 수학자 피에르-시몽 라플라스의 확신은, 성향주의 즉 기본적[근본적] 귀인 오류다. 오류라는 건, 잘못되고 틀렸다는 말이다. 그런데도 우리는 한 개인의 행동을

---

96 〈누가복음〉 10:30~37
97 피에르-시몽 라플라스, 『가능성에 관한 철학적 에세이』(1814)

판단할 때, '상황이나 맥락의 영향력'은 무시한 채 여전히 '개인의 기질(器質)이나 성향'이 가장 중요한 원인이라고 생각한다. 우리는 보통 길거리에서 구걸하는 사람이나 출근 시간에 늦은 사람의 '상황'은 거의 고려하지 않은 채, 그들이 '원래' 일하기 싫어하는 사람이나 게으른 '성향'의 사람이라고 판단한다. 과연 그럴까? 고전 물리학의 결함을 '현대 물리학'이 보완하듯 우리의 선천적 결함인 성향주의를 '상황주의'로 보완하자는 게, 그럼으로써 개인의 행동 나아가 사회를 변화시키자는 게 니스벳과 로스의 주장이다.

상황은 상당히 복잡하고 그 해석도 매우 복잡하다. 따라서 사회문제의 해결책은 보통 처음에는 작은 규모로 시도해야 한다. 얼마나 일찍 진행되든 혹은 얼마나 강력해 보이든 상관없이, 공동체가 개인에게 영향을 미치는 긍정적이고 대대적인 개입은 평균 이상의 효과를 내지 못한다.

…… 리처드 니스벳 & 리 로스, 『사람일까 상황일까』(1991)

사회를 변화시키는 데 있어서 가장 중요한 점은, 사소해 보이지만 실은 매우 중요한 '경로(channel)' 즉 상황적인 세부 요소라고 니스벳과 로스는 말한다. 경로란, 사람들의 인식과 의도가 마치 스스로 선택한 것처럼 자연스럽게 행동으로 이어질 수 있도록 구체적으로 제시된 방법을 말한다. 가끔은 대규모의 큰 개입보다는, 소규모의 작은 경로 한두 개가 더 큰 변화를 일으킬 수 있다. 이런 개인의 구성에 가장 큰 영향을 끼치는 것이 '타인' 즉 '대중'이다.

많은 연구가, 높은 지위와 인지도 또는 매력이나 권력 등을 갖추고 있어서 경로 역할을 하게 되는 지라르의 '모델'에 해당하는 타인의 존재 또는 그들의 솔선수범이나 칭찬에 사람들이 큰 영향을 받는다는 사실을 입증한다. 우리 욕망의 속성이 '모방'이기 때문이다. 무엇보다 모범이 되는 타인의 행동이나 칭찬이 결과와 관련된 실질적인 정보를 전달하지 못할 때조차 영향을 줄 수 있다. 이것을 미국 심리학자 로버트 치알디니는 '사회적 증거의 원칙(principle of social proof)'이라고 부른다[98]. 1977년의 한 실험에 의하면, 주변에 헌혈 관련 모범 사례가 없는 상황에서 대면으로 헌혈을 요청했을 때는 25%만 응했으나, 주변의 친한 동료가 실험자의 요청에 응해 헌혈했을 때는 긍정 반응이 67%에 이르렀다. 적은 금액의 돈을 빌리면서 착실히 갚는 것을 반복한 후에는 더 큰 금액의 돈을 빌리기가 쉬운 것처럼, 들어주기 쉬운 일을 부탁한 후 점차 진짜 목적인 어려운 일을 요구해서 경로를 만드는 미국 작가 조녀선 프리드먼의 '문에 발 들여놓기 기법(FITD, foot-in-the-door technique)[단계적 설득법]'(1966) 또는 올바른 행동 유도를 위한 부드러운 개입인 '넛지'[99]인 셈이

---

98   로버트 치알디니, 『설득의 심리학』(1984)

다. 참여자가 처음에 동의한 것이 이후에 요청한 것과 관련이 없을 때마저 요청에 응하는 비율은, 곧바로 어려운 일을 요구했을 때 나온 동의(同意) 비율의 거의 3배에 이른다. 그래서 사기꾼들이 전형적으로 사용하는 수법이다.

그러나 '문에 발 들여놓기 기법'이 만능열쇠는 아니다. 만약 첫 요청에 충분히 의미를 둬서 요청받은 사람이 이미 자기 할 일을 했다는 느낌을 받는다면, 첫 요청에 응한 것이 후속 요청에 순응하는 것을 꺼리게 만들기도 한다. 같은 이유로 사람들은 가치 있는 대의명분을 돕는 일을 거절하고 난 바로 뒤에 제시되는 그보다 작은 차선책에 응함으로써, 자신이 그렇게 냉담하거나 불합리한 사람이 아니라는 것을 보여주려 한다. 이것이 '문에 발 들여놓기 기법'의 반대인 '대비 효과(contrast effect)|양보적 설득법'다. 가격을 흥정하는 과정에서 처음에는 반액을 할인해 달라는 어려운 요청을 한 뒤 양보해 가면서 합의를 보는 것처럼, 들어주기 어려운 일부터 부탁한 뒤 상대가 거절하면 조금씩 들어주기 쉬운 일로 바꿔서 요청하는 것이다. 가스라이팅(gaslighting) 사례 중 절반가량의 시작이 이렇다.

특정 행동에 보상하는 건, 실제로 마음을 움직이게 하지도

---

99 리처드 탈러[세일러] & 캐스 선스타인, 『넛지』(2017)

않고 그래서 변화의 가능성도 줄인다. 니스벳과 미국 사회심리학자 마크 레퍼는 1973년에 이와 관련한 실험을 진행했다. 아이들은 외부 유인책이 없어도 그림 그리기 자체를 상당히 즐거운 놀이로 생각한다. 그런데 보상을 받고 싶어 하는 아이들에게 보상을 주자, 그 아이들은 곧바로 그림 그리는 것에 상대적으로 흥미가 감소했다. 반대로 보상을 기대하지 않고 받지도 않은 아이들 그리고 보상을 기대하지 않았으나 보상을 받은 아이들은 이후에도 흥미가 감소하지 않았다. 보상을 기대하는 순간부터, 아이들의 의식 속에서 '놀이'가 '일'로 바뀐 것이다. 긍정적인 변화는, 특정 행동을 하는 이유를 외부의 보상이나 강요에 의해서가 아니라 개인이 자신의 가치와 능력과 동기로 귀인할 수 있도록 유도했을 때 가장 분명하고 오래 지속된다. 그리고 보상이 지나치게 큰 뇌물이 아니라 받는 사람의 성취 크기에 알맞은 적절한 수준일 경우, 보상은 개인의 마음속에 본질적인 흥미와 온전한 동기를 내재화한다. 그러나 이렇게 '상황의 힘'을 깨달았다고 모든 게 끝난 건 아니다.

개인의 행동을 예측하는 데 성공하려면, 행위자가 상황을 전체적으로 해석하고 이해[구성]하는 방식을 알아야 한다. 개선과 변화의 효과는, 행위자가 그 상황에 부여하는 개인적이고 주관적인 '의미'에 달려 있기 때문이다. 그래서 아무리 의도가 좋고 잘 계획한 사회적 개입이라고 해도, 그 대상 집단의 사람들이 상황을 구성하는 방식에 따라 성공하기도 하고 실패하기도 한다.

······ 리처드 니스벳 & 리 로스, 『사람일까 상황일까』(1991)

　행위자가 자신의 상황을 해석하고 이해하고 나름의 의미를 부여하는 것을 니스벳과 로스는 '구성(構成)'이라고 정의하는데, 개인의 구성 방식은 대체로 '도식(圖式, schema)' 즉 '휴리스틱(heuristic)'에 근거한다. '성직자에게는 경건함과 배려심을 기대하고, 과학자에게는 지성과 살짝 별난 태도를 기대하듯이', 개인의 사회적 지위와 직업에 따라 '···라면 ···해야지'라고 생각하는 게 가장 흔한 구성의 사례다. 특히 휴리스틱은 문제 해결의 논리적 절차나 방법인 '알고리즘(algorism)'과는 반대로, 경험·습관·상식·직관 등에 근거한 어림짐작과 판단이다. '생존'에 모든 에너지를 쏟아야 할 필요성 때문에, '정확성'은 포기한 채 '속도'에 집중했던 자연선택이 택한 일종의 귀차니즘이라고 할 수 있다. 대체로 '점화 효과(priming effect)'처럼 가능한 한 많은 정보를 검토하지 않은 채 쉽게 떠오르거나 최근 또는 직전에 접한 판단이나 직관에 의존하는 '가용성 휴리스틱(availability heuristic)' 그리고 '성급한 일반화의 오류(fallacy of hasty generalization)'처럼 개인이 경험한 전형적이거나 대표적인 사례로 전체를 판단하는 '대표성 휴리스틱(representativeness heuristic)' 두 가지가 있다.

　'구성'이나 '휴리스틱'과 매우 비슷한 개념이 '프레이밍 효과(framing effect)[100]다. 특정 판단에 관한 기준이 되는 '준거틀(framework)'을 어떻게 설정하느냐에 따라서 완전히 다른 대답이나 결론이 나온다는 것이다. 준거틀을 쉽게 말하자면 '관점(viewpoint)'이라고 할 수 있고, 있어 보이게 말하자면 프랑스 철학자 루이 알튀세르의 '문제설정(problematique, problem posing)'이라고 할 수 있다. 사람들은 선택해야 할 상황과 비슷했던 자신의 과거 경험을 준거틀로, 자신과 사회적으로 비슷하다고 여기는 사람들을 '준거집단(準據集團, reference group)'으로 사용한다. 준거집단은 개인이 자기의 능력·태도·신념 등을 결정할 때 기준으로 삼는 집단인데, 공식적일 수도 비공식적일 수도 있고 상상의 집단일 수도 있으며 심지어는 자신이 속하기를 거부하는 집단일 수도 있다.

이와 관련해서 등장하는 것이 '상대적 박탈(감)(relative deprivation)'[101]이다. 스토퍼는 제2차 세계대전 중 미국 남부에 주둔한 흑인 병사와 북부에 주둔한 흑인 병사의 사기(士氣)에 놀라운 차이가 있다는 점을 밝혀냈다. 인종차별이 심했던 남부에 주둔한 흑인 병사는 출신과 상관없이 자신의 운명에 만족했는데, 이는 자신보다 더 가혹한 상황에 있는 그곳의 흑인과 자신을 비교했기 때문이다. 반대로 북부에 주둔한 흑인 병사는 자

---

100 스콧 플러스, 『판단과 의사결정의 심리학』(1993)

101 새뮤얼 스토퍼, 『미국 병사』(1950)

신이 불행하다고 생각했는데, 흑인들이 높은 임금을 받으며 과거에 백인만 취업할 수 있던 공장이나 업체에서 일하는 모습을 보았기 때문이다. 사람들은 자신에게 재능이 있는지 없는지, 부자인지 가난한지, 건강한지 그렇지 않은지를 다른 사람이나 준거집단과 비교하고 그 결과를 믿는다.

1964년 3월 13일 새벽 3시경 미국 뉴욕의 주택가에서 28세의 키티[캐서린] 제노비스(Kitty[Catherine] Genovese)라는 여성이 살해당했다. 그녀가 살려달라고 소리치며 숨을 거둘 때까지 약 30분이 걸렸고 38명의 목격자가 있었지만, 도와준 사람은 물론 경찰에 신고한 사람조차 없었다. 언론은 도시 생활이 가져온 소외와 무관심 탓으로 돌렸지만, 미국 사회심리학자 빕 라타네와 선한 사마리아인 실험을 진행한 달리는 '제노비스 증후군(Genovese syndrome)'이기도 한 '방관자 효과(bystander effect)'라는 해석을 내놓았다. '괜한 일에 말려들고 싶지 않다'는 생각 외에도, '내가 하지 않아도 다른 사람이 하겠지'라는 방관자적인 태도가 깔려 있었다. 개인적 성향인 무관심이 아니라, 사회적 상황이 그 원인이었다는 것이다. 이와 비슷한 것이 프랑스 농업공학자 막스 링겔만의 '링겔만 효과(Ringelmann effect)'(1913)다. 집단에 소속된 사람의 수가 늘어날수록, 집단 내 개인이 내는 성과의 수준은 오히려 줄어든다. 집단의 구성원 수만큼 책임감이 분산되기 때문이다.

어려운 사람을 도와주고자 하는 행동은, 관련된 사람의 수와 밀접한 관련이 있다. 관련된 사람 즉 자기 외 주변 사람의 수가 적을수록 도움의 손길을 내밀 확률이 더 높다. 다른 사람의 존재가 개인이 느끼는 책임감을 희석하거나 없애서 특정 개인의 빠른 개입을 막고, 그렇게 초기에 개입하지 않은 상황이 스스로 '인지 부조화'를 줄이기 위해 처음부터 개입이 불필요하고 부적절했기 때문에 개입하지 않았다는 합리화를 낳으며, 이것이 다시 개입을 더 주저하게 만든다. 하지만 서로 안면이 있는 사이라면, 관련된 사람의 수와는 상관없이 돕는 행동이 일어난다. 만약 제노비스가 주변 사람들과 친분이 있었다면, 모두 못 본 척하지는 않았을 것이다. 대체 왜 사람들은 다른 사람들의 태도나 행동에도 그토록 많은 영향을 받는 걸까?

첫째 타인은 세상에 관한 좋은 정보의 원천 중 하나이고, 장기적으로 보면 보다 많은 사람이 내놓은 의견일수록 평균적으로 한 사람의 의견보다 더 맞을 가능성이 그만큼 크기 때문이다. 둘째 집단[조직]의 유지를 위해서다. 집단의 다수 의견에는 '규범'이나 '도덕'이라는 힘이 부여되고, 그것을 거부하는 건 집단으로부터의 처벌과 추방을 각오해야 하기 때문이다. 셋째 자신의 판단에 대한 확신이 없는 상태에서는, 어쩔 수 없이 집단 구성원들의 다수 의견을 자기 삶의 기준으로 삼을 수밖에 없기 때문이다. 다만 '동조(同調) 현상(sync phenomenon)'을 통해 자연스럽게 하나의 결론에 도달한 것일 뿐, 그

들이라고 확실한 삶의 기준이 있는 건 아니라는 사실이 안타까울 뿐
이다.

…… 리처드 니스벳 & 리 로스, 『사람일까 상황일까』(1991)

개인이 자신의 상황을 구성하는 방식은 논리적이지도 고정
적이지도 않다. '초두(初頭) 효과(primacy effect)' 즉 첫인상에 의
해[102], 개인의 몸과 마음 상태나 주변 상황에 따라, 그리고 어휘
[용어]에 관한 기본적인 개념 정의에 따라 상황을 구성하는 방
식에 상당한 가변성이 있기 때문이다. 니스벳과 로스는 개인이
나 집단 모두의 상황을 '긴장 시스템(tension system)'으로 이해해
야 한다고 말한다. 이 책 처음에서 살펴본 헤라클레이토스의
'대립물의 투쟁과 통합이라는 끊임없는 변화의 과정'과 같은 말
이다. 우리의 마음을 포함해서 신체의 변화까지 양극단을 오르
락내리락하는 현상을 생물학에서는 '항상성(恒常性, homeostasis)'
이라고 부르고, 심리학에서는 '평균 회귀 효과(mean regresssion
effect)'라고 부른다. 양쪽의 극단으로 치닫는 경우는 드물고, 보
통은 늘 평균값 가까이에서 균형과 조화를 이룬다는 뜻이다.
그렇다면 세상의 참모습부터 인간의 삶 그리고 심지어 몸과 마음
조차, 모든 게 어쩌면 이리도 똑같을까!

---

102 헤르만 에빙하우스, 「기억에 관하여」(1913)

어떤 종류든 개인적 성향 때문인 듯한 행동을 마주할 때, 우리는 잠시 판단을 중지하고 상황을 생각해 보라고 자신에게 말해야 한다. '객관적인 상황의 특징·(행위자는 상황을 어떻게 해석했는가 하는) 주관적 구성·(행위자가 속한 사회적 맥락은 무엇인가 하는) 긴장 시스템'에 관해서 말이다.

…… 리처드 니스벳 & 리 로스, 『사람일까 상황일까』(1991)

대립하는 힘 사이의 역동적인 엎치락뒤치락 즉 긴장 시스템을 가장 인상적으로 설명한 것은, 미국 사회심리학자 레온 페스팅거의 '인지(적) 부조화(認知不調和, cognitive dissonance)' (1956) 이론이다. 사람들은 '태도[생각]'와 '행동'의 일관성을 추구한다. 그래서 타인과 불일치 상태에 있을 땐, 자기의 의견을 바꾸거나 타인의 의견을 바꾸거나 아니면 타인을 배척하는 세 가지 중 하나로 '인지적 일관성[균형]'을 회복하려 한다는 것이다. 이것은 '자기 합리화'에 가까운 '합리성 추구'라고도 할 수 있다. 싫어하는 사람과 억지로 함께 앉아 있거나 사랑하지 않는 사람과 결혼하게 된 경우, 우리는 대체로 우리의 '행동'보다는 '태도[생각]'를 바꾼다. 이미 앉아 있거나 이미 결혼한 상황 [자기의 행동]은 바꾸기가 매우 어렵지만, 생각 그러니까 자기 합리화는 그야말로 식은 죽 먹기이니까. 세상과 우리의 근원적 삐걱거림으로, 다시 '귀인(歸因)' 즉 '원인 또는 인과관계 찾기'로 돌아간 셈이다.

그렇다면 '방관자 효과'와는 반대로, 책임을 경감시키거나 합리화를 정당화해 줄 타인 없이 혼자라면 결과는 어떨까? 완전히 달라진다. 4년 후인 1968년 라타네와 달리는 컬럼비아대학교 학생들을 대상으로 방문 틈을 통해 유독 가스처럼 보이는 연기가 흘러들어오는 상황을 설정한 후, '혼자·세 명·참여자 한 명과 협조자 두 명'이 설문지를 작성하는 세 가지 상황을 조사했다. 혼자 있던 참가자는 75%가 방을 나와 연기가 흘러들어온다고 신고했지만, 세 명 때는 38%만이 그리고 아무것도 모른 척하고 있던 협조자 두 명과 함께 있던 참가자는 10%만 신고했다. 이후 10여 년간 40여 개의 후속 연구가 이뤄졌지만, 결론은 똑같았다.

터키계 미국 사회심리학자 무자퍼 셰리프는 실험 참여자들을 그기를 알 수 없는 완전히 이두운 빙에 앉게 한 후, 그들 앞에 정확한 거리를 알 수 없는 지점에서 작은 불빛이 빛나게 했다. 그 불빛은 움직이다가 사라지기를 반복했다. 셰리프는 참여자들에게 불빛이 얼마나 멀리 움직였는지 물었다. 한 명씩 실험에 참여할 때는 추정치의 폭이 사람마다 매우 컸지만, 두세 명이 집단으로 과제를 수행할 때는 참여자들의 추정치가 수렴되기 시작했고 집단규범이 빠르게 확립되었다. 게다가 서로 다른 집단은 서로 다른 집단규범으로 수렴되었다[103]. 개인에게

---

103 무자퍼 셰리프, 『사회적 규범의 심리학』(1936)

객관적인 기준이 없던 상태에서, 집단 구성원이 기준이 되어버린 것이다. 폴란드계 미국 심리학자 솔로몬 애쉬[애시]도 같은 집단에 소속된 사람들이 이미 틀린 대답을 했다면, 최대 75%의 사람들이 틀린 줄 알면서도 같은 대답을 한다는 사실을 보여주었다[104]. 미국 사회심리학자 스탠리 밀그램은 한 명의 실험 협조자에게 뉴욕 번화가에 서서 빌딩 위를 1분 동안 계속 바라보게 했다. 그 결과 옆을 지나가는 사람 중 80% 이상이 같은 곳을 바라보면서 지나갔고, 특히 가던 길을 멈추고 위를 쳐다본 사람도 50%나 되었다(1963).

집단 구성원들은 자신들이 도덕적으로 우월하며 절대 잘못된 결정을 내리지 않는다는 믿음을 서로 강화한다. 집단 내부의 합의된 의견을 반박하는 정보는 차단된다. 그렇게 해서 집단은 현실로부터 고립되어 자신들의 편견에 맞춰 증거를 해석하는 '확증편향(確證偏向, confirmation bias)' 즉 '선택적 지각(selective perception)'을 통해 '명명(命名) 효과(labeling effect)'라고도 불리는 로버트 머튼의 '자기충족적 예언(self-fulfilling prophecy)'(1948)을 만들어 낸다. 그렇다고 '집단 동조(同調) 현상(group conformity phenomenon)' 또는 '군중심리(herd mentality)'가 늘 발생하는 건 아니다. 동조가 일어나는 이유는 '정보의 부족·집단의 화합 존중·거부당하는 것에 대한 불안·확신의 부족·수적 우세 속에서의

---

104 솔로몬 애쉬[애시], 『사회심리학 내에서의 해석』(1958)

안정감' 등을 들 수 있다. 집단 따돌림을 당하는 친구나 동료의 손을 선뜻 잡아주지 못하는 이유이기도 하다. 로스의 실험 결과, 사람들은 거의 언제나 다수와는 다른 자신의 의견에 이유[근거]를 댈 수 있는 조건이나 상황이 있을 때만 반대 의견을 제시했다.

사람들이 잘못된 결론에 이르는 진짜 이유는, 상황의 가변성과 예측 불가능성을 인지하지 못하거나 적절한 구성과 추론에 실패하는 데 있다. (⋯) 우리는 어떻게 이토록 심각한 오류를 저지를 수 있을까? 종종 타인에 관한 판단이 생존에 중요하기 때문이라는 진화론적 답변이 제시되지만, 어떤 능력이 명백히 생존에 도움을 준다는 사실이 유기체가 그 능력을 반드시 보유해야 함을 입증하는 건 아니다.

⋯⋯ 리처드 니스벳 & 리 로스, 『사람일까 상황일까』(1991)

앞에서 맥락에 따라 사회를 구분했던 미국 문화인류학자 홀은, 사람들 사이의 물리적 거리 즉 사적 공간(private space)을 네 가지로 분류했다[105]. 연인이나 부부 같은 친밀한 관계일 때만 허락되는 '밀접 거리(intimate distance/~46cm)'·손을 뻗으면 닿을 수 있고 개인적인 의사소통이 가능한 '개인적 거리(personal distance/46cm~1.2m)'·업무 등 사회적인 모임에서 사용되는 거리로 상대의 미묘한 표정은 알기 어렵지만 언어적인 의사소통은

---

105 에드워드 홀, 『숨겨진 차원』(1966)

가능한 '사회적[사교] 거리(social distance / 1.2m~3.6m)'·강연 등 공적인 자리에서의 거리로, 개인적인 의사소통이 불가능한 '공적 거리(public distance / 3.6m~)'가 그것이다. 사적 공간의 범위는 '연령(중학생부터 점차 넓어짐)·성별(일반적으로 여성이 남성보다 넓다)·성격(외향적인 성격이 넓다)·상대에 대한 호감도와 문화' 등에 따라 달라진다.

구별
짓기

개인적으로 그리고 의식적으로 '나와 너' '우리와 너희들[그
들]'을 구분하기 이전에, 우리는 이미 대체로 '상류·중산·하류'
라는 세 가지 부류로 구분된 특정 계급과 특정 계층에 속한 특
정 부모에게서 태어난다. 집단과 마찬가지로, 이런 부류 역시
유기체처럼 자신만의 독자적인 특성을 보이고 보존하며 계승
한다. 지금 우리가 대략 상식적으로 세 가지 부류의 특성이라
고 알고 있는 사실늘은, 지금부터 50년도 더 된 1960년대 프랑
스의 직업·교육과정·음식·음악·미술·문학·여가 활동 등에 관
해 1,500페이지에 달하는 앙케트 조사를 시행한 프랑스 사회
학자 피에르 부르디외 덕택이다.

부르디외가 '사회적인 경쟁에서 타인을 향한 힘과 영향력의 도
구로 사용할 수 있는 모든 에너지이자 권력이며 권위'로 정의하는
'자본(capital)'은, 사람들이 사회 공간에서 경쟁하는 이유이자 목
표다. 부르디외가 의미하는 '권위'는, 베버의 개념을 그대로 수
용한 것이다. 국가가 유지되기 위해서는 누구나 이해할 수 있
는 최소한의 '정당성(正當性, correctness)'이 있어야 하는데, 그것

은 종교적 관습에 의한 '정통적 권위(Traditional authority)'도 영웅적인 개인의 능력에 의한 '카리스마적 권위(Charismatic authority)'도 아닌 합리적으로 제정된 법과 규칙이 규정한 타당성에 근거한 '합법적 권위(Legal authority)'에 근거한 것이라야 한다고 베버는 말한다[106].

재산[돈]을 의미하는 '경제자본(economical capital)', 가치관·몸가짐·취향·지식·학력 같은 정신적 가치인 '문화자본(cultural capital)', 혈연·지연·학연 같은 인맥을 의미하는 '사회(관계)자본(social capital)', 위대한 업적을 남긴 사람이나 연예인 또는 성직자들에게 부여되는 무형(無形)의 권위인 '상징자본(symbolic capital)' 네 가지로 구분하면서도, 부르디외는 주로 '경제자본'과 '문화자본' 두 가지에 초점을 맞춘다.

출산율은 저소득 집단에서 높이 나타나고 중간소득 집단에서는 가장 낮게 나타나며 고소득 집단에서 다시 높게 나타난다. 그것은 상대적인 육아비용이 중간소득 집단, 즉 사회적 야망으로 인해 자원에 비해 상대적으로 많은 교육투자를 하게 되는 중간계급의 경우에 가장 높기 때문이다. 저소득 집단에서는 자녀들의 미래가 자신들의 현재와 달라지지 않으리라는 예측으로 투자를 줄이기 때문에, 고소득 집단에서는 그런 투자에 부응하는 소득을 갖고 있기에 상대적 육아비용

---

106 막스 베버, 『직업으로서의 정치』(1919)

이 낮아진다. 쁘띠 부르주아지는 자신들이 열망하는 세계에서 살아남기 위해 그들은 자신들이 부여한 이미지가 남에게 어떻게 받아들여지는지를 나타내는 신호라면 아주 작은 것까지도 신경을 쓰고 과도하게 민감해진다.

…… 피에르 부르디외, 『구별 짓기』(1979)

'계급(hierarchy/rank)'을 한마디로 정의하기는 불가능하다. 이한 단어를 풀어내고자 수많은 학자가 수많은 저서를 남겼을 정도니까. '계층(class)'과의 명확한 구별조차 쉽지 않다. 그래도 하나의 계급 내에 많은 계층이 포함돼 있다고 생각하면 될 듯하다. 부르디외 역시 상속(相續)을 통해 계승되는 상류층인 '부르주아지', 자수성가한 중산층인 '쁘띠[프티] 부르주아지(Petite bourgeois)', 그리고 일반 서민인 '민중 계급' 세 부류로 구분한다. 생산수단을 소유한 개인을 뜻하는 단수형 '부르주아'와 복수형 '부르주아지'는 프랑스어에서 유래했고, 생산수단을 소유하지 못한 개인을 뜻하는 단수형 '프롤레타리아(proletarier)'와 복수형 '프롤레타리아트(proletariat)'는 독일어에서 유래했다.

경제자본만 풍부한 벼락부자들이 상류층으로 진입하기가 어려운 이유는, 상류층의 문화가 '태어나면서부터 오랜 시간에 걸쳐 자연스럽게 체화(體化)된 것'이기 때문이다. 세계 10위 안에 드는 경제 대국인 우리나라가 선진국이 아닌 이유라고나 할까? 중간적 존재인 쁘띠 부르주아지는, 상류층으로의 진입이라는 욕망과 민중 계급으로의 추락이라는 두려움 사이에서 늘 긴장한 채로 살아갈 수밖에 없다. 이들은 상류 문화에 대한 외경(畏敬)으로 가득 차 있어서, 상류 문화라는 꼬리표만 붙으면 그것이 무엇이든 순응하고 무비판적으로 수용하려고 한다고 부르디외는 말한다. 부르주아지와 쁘띠 부르주아지가 상류 문화를 대하는 태도의 차이를 요약하면, 부르주아지는 상류 문화를 '감상'하고 쁘띠 부르주아지는 익히려고 '훈련'하며, 부르주아지는 온몸으로 '체험'하고 쁘띠 부르주아지는 지적(知的)으로 '논의'한다고 할 수 있다. 구별을 위해 노력한다는 건 스스로 뭔가 부족하다는 것을 증명하는 셈이다.

민중 계급은 휴식을 즐기는 법을 모르며, 항상 지배계급에 의해 날조된 문화적 대량생산의 여가 활동에 모든 것을 맡긴다. 그날그날 주어지는 눈앞의 만족 즉 소소하지만 확실한 행복을 추구하는 이들의 '쾌락주의'는, 미래가 없거나 미래에 대해 기대할 게 별로 없는 그들에게는 유일한 철학이다. '나는 대중매체 메시지의 본질이 그런 거라는 사실을 이미 알고 있어서 속지 않아. 그냥 심심해서 보는 것뿐'이라고 생각할 수도 있지만, 단순히 그런 종류의 게임에 참여하고 있다는 사실만으로도 지배계급이 전파하는 목표의 정당성을 암묵적으로 인정하는 셈이다. (…) 학교 문화는 지배계급의 문화이다.

…… 피에르 부르디외, 『구별 짓기』(1979)

그러나 민중 계급은 부르주아지를 자신들과는 아예 다른 존재로 취급하기 때문에, 부르주아지처럼 자신들만의 문화를 누리는 데 만족한다. '필요성에의 종속'과 '최소 비용 최대 효과' 그리고 '순응(順應)의 원리'가 민중 계급의 문화를 규정하는 모토(motto)라고 부르디외는 말한다. 무엇이든 '효용성'의 측면에서 가치를 따지고, '공짜'와 '사은품'에 집착하며, 다수의 의견이나 행동에서 벗어나는 소수를 용납하지 못하는 이유이기도 하다. 부르주아지와 민중 계급의 차이를 요약하면, 부르주아지는 '형식'을 따지고 민중 계급은 '실용성'을 따지며, 부르주아지는 '상황'을 중시하고 민중 계급은 '윤리[도덕]'를 중시하며, 부르주아지가 '유미주의(唯美主義)'라면 민중 계급은 '기능주의(機能主義)'이고, 부르주아지가 '사치 취향'이라면 민중 계급은 '필요 취향'이라고 할 수 있나.

"인생 뭐 있어?"라는 태도로 현실이 어떻든 그 속에 안주하기 때문에, 민중 계급의 문화는 '대자적'이기보다는 감각의 만족에만 머무르는 '즉자적'인 성격을 띤다. 부르디외는 바로 여기에서 불평등한 사회질서의 유지를 담당하는 '상징 폭력(symbolic violence)'이 작용한다고 말한다. 상징 폭력은 문화적 생활양식을 통해 전파되기에 쉽게 가시화되지 않고 그래서 인식되지 않은 채 무의식적으로 자행되고 강요되는 불평등과 권력과 복종과 폭력을 의미한다. 한병철의 '피로사회'처럼 말이다. 이런 상징 폭력은 권위를 부여받은 제도 특히 학교에 의해 강화된다. 학교는 특정한 도덕과 규범에 기초한 교육을 제공하는데, 그 교육이 본질적으로 지배계급의 세계관을 반영하고 있기 때문이다.

학교는 교양 있는 행동·성실한 태도·바른 자세·규칙적이고 질서 있는 생활·경쟁의 미덕 등을 체화할 것을 강요한다. 그리고 이런 규범에 대한 적응 가능성은 학생들의 출신 성분에 기인한다. 지배계급의 자녀들은 이미 가정에서 그런 방식으로 교육받아 왔기 때문에 쉽게 적응하지만, 하층계급의 자녀들은 그런 도덕과 규범에 적응하기가 쉽지 않다. 그러면 학교는 그런 학생들에게 능력이 부족하다고 평가하고, 이들은 뛰어난 학생들에 비추어 스스로 무능력하고 적응하지 못하는 존재로 인식한 채 사회에 나가서도 자기의 부모들이 그랬듯 주변인의 위치에 만족하며 살아가게 된다. 그럼에도 불구하고 학교가 공정한 기관으로 오인되는 이유는, 국가로부터 권위를 부여받았기 때문이라고 부르디외는 말한다.

부르디외는 왜 민중 계급을 신랄하게 비판할까? 그 자신도 민중 계급 출신이고, 죽을 때까지 부르주아지에 진입하지 못했다. 그런데도 민중 계급을 강하게 비판한 이유는, 그만큼 사랑하기 때문이라는 게 내 생각이다. 대한민국을 사랑한 함석헌씨가 그랬듯, 부모가 잘못된 길로 가는 자녀를 심하게 혼내는 이유가 자녀를 목숨처럼 사랑하기 때문이듯, 나 역시 같은 이유에서 우리나라 사람들을 향해 매우 심한 말을 하곤 한다. 정신 차리라는 것이다. 합리적인 생각에 근거해서 잘못된 것들은 고치라는 것이고, 제대로 된 길로 돌아오라는 것이다. 절대 싫거나 미워해서가 아니다. 그랬다면 아직도 애국가만 들으면 가슴이 복받쳐 눈물을 흘리거나, 독립운동가들에 관한 방송을 보면 너무도 미안해서 잠을 설치지는 않을 테니까 말이다. 여하튼 부르디외의 계급 구분과 그에 관한 설명은, 각각의 계급이 그래야만 한다는 '당위(當爲)'가 아니라 (50여 년 전의 프랑스에서) 단지 그렇다는 '사실(事實)'을 기술(記述)한 것일 뿐이다. 지금 우리나라의 상황에서는 많은 부분이 뒤섞여 있다.

직접적이고 본능적으로 미적 가치를 판단하는 능력인 '취향'은, 실제로 문화를 통해 형성됨에도 불구하고 마치 타고난 것으로 여겨진다. 아비투스는 취향을 생산할 수 있는 능력과 생산된 취향을 구별하고 평가할 수 있는 능력으로 이루어지고, 특히 후자의 능력은 '구별 짓기'의 원천으로 작용한다. 아비투스는 지향하는 목적을 의식적으로 설정하지 않고도 그리고 그 목적을 달성하는 데 필요한 과정들을 의도적으로 준비하지 않고도 객관적으로 목적에 부합할 수 있도록 하는, 객관적으로 통제되고 규칙화될 수 있으며 집단적으로 조화될 수 있는 원리이다. (…) 사랑은 다른 사람 속에서 자신의 운명[아비투스]을 사랑하는 방식이며, 따라서 자신의 운명[아비투스]이 사랑받고 있다고 느끼는 방식이기도 하다.

…… 피에르 부르디외, 『구별 짓기』(1979)

부르디외의 가장 유명한 개념이 '아비투스(habitus)'다. '취향'이나 '가치관' 또는 '습관'을 의미하는 '행동 체계'를 뜻한다. 다만 자신의 아비투스가 무엇인지 의식하고 있다는 점에서, 무의식적인 습관과 약간의 차이는 있다. 아비투스만 보면, 그 사람이 어떤 계급의 구성원인지 단번에 알 수 있다. 모든 문화적 실천·문학·회화·음악에 대한 선호도는 교육 수준 및 출신 계급과 밀접하게 관련되어 있어서, '취향'이 계급의 표지로 기능하기 때문이다. 특히 취향을 근거로 사랑을 정의한 대목은 매우 인상적이다. 자신과 취향·가치관·행동 체계를 공유하는 사람을 사랑해야 한다고 부르디외는 말한다. 그래야만 같은 목표를 향해 친구처럼 함께 걸어가면서 서로를 다독여 주는 '대화'를 할 수 있기 때문이다. 물론 부르디외의 정의(定義)에 종교도 첨부하면 금상첨화(錦上添花)일 것이다.

'경제 문제'는 이혼 사유에서 두 번째다. 의외로 첫 번째는 '성격 차이'다. 성격에 차이가 있는 건 두말하면 입 아프다. 나와 성격이 똑같은 사람이 어디 있겠는가! 수십 년 동안 자라온 환경과 처해 온 상황과 형성해 온 성격이 다른 건 너무도 당연하다. 그런 다른 성격의 차이를 좁히고 양보하는 데 필요한 것이 '대화'다. 따라서 성격 차이라는 이혼 사유는, 사실 대화가 통하지 않는다는 말이다. 대화가 통하려면 지적 수준과 관심 분야가 비슷해야 하고, 대화가 오래 지속되려면 취향과 가치관이 비슷해야 한다. 그런데 이런 것들은 거의 염두에 두지 않은 채 외모와 학벌과 경제력만 보고 결혼했으니, 대화가 통할 리 만무다.

강남구와 강북구는 단순한 행정 지명이 아니며, 샤넬·구찌·루이뷔통·프라다·벤츠는 단순히 생활의 필요에 부응하는 상품들이 아니다. 그것들의 본질은 바로 '구별의 기호(sign of distinction)'라고 부르디외는 말한다. TV만 켜면 '다름'과 '차이'를 추구하는 수많은 광고를 볼 수 있다. 광고는 그 시대와 문화의 거울이다. '구별 짓기'란, 단순히 나의 문화와 너의 문화가 다르다는 것을 말하는 것이 아니라 나의 문화는 가치 있고 영위할 만한 것이지만 너의 문화는 쓸모없고 가치 없다는 식의 규범적인 차이를 의미하는 것이다. 하나의 개별적인 언어나 문화가 보편성을 획득하는 순산, 다른 모든 것은 특수한 것으로 규정되어 배척된다. 이것은 결국 하나의 문화만을 진정한 의미의 정당한 문화로 삼으면서 다른 모든 문화를 문화의 영역 밖으로 밀어내버리는 논리이며, 가치를 인정받은 정당한 문화는 사회의 문화적 표준이 되어 다른 모든 문화의 위상과 가치를 규정하게 된다.

이런 분류 작업과 반드시 동반되는 것이 언어를 통한 의미 부여다. 정당성을 획득한 정당한 문화는 '고급문화·고전문화·귀족문화' 등의 이름이 붙게 되고, 다른 문화들은 자연스럽게 '저급문화·대중문화·하층문화'와 같은 반대의 의미에 연결된다. 모든 문화는 보편적인 문화의 자리를 차지하기 위해 경쟁한다. 경제자본과 문화자본을 더 많이 소유하고 있는 집단이 이런 경쟁에서 승리할 가능성도 더 크다. 여기에 희소성의 원칙이 결합하면서, 많은 경제적 비용을 감수해야 영위할 수 있거나 골프·요트·오페라·갤러리·연주회·명품·보석·사교클럽 등 높은 교육 및 교양 수준이 있어야 하는 문화가 더 쉽게 보편적인 문화로 자리 잡게 된다. 일주일에 한두 번 이상은 외식하고, 연휴 때면 교외로 나가고, 1년에 한 번 이상은 해외여행도 하고, 속이 꽉꽉 찬 큼지막한 냉장고와 비싼 자동차가 두 대 이상은 있고, 한 집안에 TV와 휴대용 컴퓨터가 여러 대 있고, 건조기에 공기청정기까지 없는 집을 찾기가 더 어려운 게 지금 우리의 삶이다. 그럼에도 불구하고 개인이든 국가든 도대체 어느 정도까지 '경제적으로 성장'해야만, '성장' 대신 '정신·여유·나눔·공생(共生)·삶의 질' 같은 개념들을 강조하는 시대가 올까?

'우리와 그들'이라는 구분의 허약함

'X'라는 특징을 가진 사람은 'Y'라는 부류의 인간이며, 따라서 'Z'처럼 행동할 것이라는 생각은, 단지 가정(假定)에 지나지 않는다. 끊임없이 변하는 경험에 맞춰 우리 뇌의 반응 역시 끊임없이 변하므로, 우리가 지닌 범주들이 불변한다는 생각은 착각이다. 범주란 마음과 세계가 만나 빚어지는 우리의 생각과 인식일 뿐이기 때문이다. 우리는 프랑스·무슬림 세계·노인 같은 '명사(名詞)의 세계'에 산다고 생각하지만, 우리 마음이 사는 환경은 지각하고 느끼고 사고하는 '동사(動詞)의 세계'다. 범주란 경험에 색을 입히는 부사(副詞)와도 같다. (…) 우리의 범주·사고·감정·인식은, 철저히 '평균화' 혹은 '단순화[요약화]'를 통해서 이루어진다. 지난 500년 동안 과학이 이룬 성취를 한 문장으로 요약할 수 있다면, 바로 '이 세상은 당신이 믿는 그대로의 세상이 아니다'가 될 것이다.

…… 데이비드 베레비, 『우리와 그들』(2005)

우리는 진화적으로 생존을 위해 프로그램된 '생존 기계'다. 자연적이든 사회적이든 늘 수많은 위험을 내포하고 있는 세상

속에선, 에너지와 시간 사용을 최소화해야 한다. 맹수가 덤벼드는 상황에서 천천히 오랫동안 생각한다는 건, 생존을 포기하는 셈이다. 생존이 최우선인 결과, 우리는 '고정관념(stereotype)'이나 '대표성 휴리스틱'을 삶의 잣대로 삼도록 진화했다. 명확한 질서와 분명한 인과관계 그리고 신속한 판단을 원하는 우리 본성의 필연적 결과물이다. 핵심만 강조하는 '첨예화'와 세부 사항은 삭제하는 '단순화'를 통해 이뤄지는 '패턴화' 또는 '구별 짓기'인 셈이다. 이것이 우리의 삶이 '착각'의 연속인 이유이기도 하다. 미국 과학저술가 데이비드 베레비는 이 모든 개념을 통틀어 '부류적(部類的) 사고(tribal mind)'라고 지칭한다.

인간 부류[유형]가 진짜가 되는 방식은, 돈이 진짜가 되는 방식과 다를 바 없다. 인간 부류는 단순히 착각이나 허구가 아니다. 당신이 그것을 사용하고 믿는 한 사라지지 않기 때문이다. 인간 부류는 순수한 환상도 아니다. 피부색·태도·각종 검사 결과 등은 실제로 눈에 보이는 것들이기 때문이다. 집단 간의 차이는, 절대적인 본질의 차이가 아니라 집단 평균 간의 차이일 뿐이다. 평균적인 남성은 평균적인 여성보다 근육량이 더 많지만, 그렇다고 해서 내가 올림픽에 출전한 여자선수보다 빨리 달릴 수 있다는 이야기는 아니다.

…… 데이비드 베레비, 『우리와 그들』(2005)

특정한 조건이 갖춰질 때 일어나는 현상인 파도가 절벽을

깎아내는 분명한 작용을 일으키는 것처럼, 우리 마음이 실제 세계와 만날 때 생기는 부류적 사고도 추상적 개념이긴 하지만 분명하게 가시적인 작용을 남긴다. "서로 잘 아는 사람들 간의 호혜성[상호성]이 대규모 국가·종교·군대·사회운동처럼 서로 알지 못하는 구성원들의 집단으로 자연스럽게 이어지기 위해서는, '상징'으로 연결되어야 한다"는 베레비의 주장은, 하라리의 주장과 일치한다. 하라리 역시 동물과는 달리 인간의 삶을 이끌어 가는 '상상의 질서' 중에서, 경제적인 '화폐의 질서'·정치적인 '제국의 질서'·종교적인 '신앙의 질서'라는 세 가지가 보편적인 질서로 자리매김하면서 인류의 통합을 이뤄냈다고 말한다[107].

베레비는 부류적 사고의 특징으로 네 가지를 제시한다. 첫째 부류적 사고는 '평균[표준]의 오류(error of the mean)'라는 단점을 필연적으로 포함한다. 누군가를 신속하게 어떤 범주로 구별짓는 것은, 바쁜 삶 속에서 시간과 주의력과 에너지를 절약해 줄 뿐만 아니라 혼란으로부터 우리를 보호해 주는 매우 유용한 수단이다. 애매함과 복잡함 그리고 깊은 생각을 본능적으로 싫어하는 우리이기에, 눈이 가늘고 길게 찢어져 있으면 사기꾼·비쩍 말랐으면 신경질적인 사람·뚱뚱하면 게으른 사람이라는 식으로 칼로 무 자르듯 이런저런 범주에 척척 위치시키면 편하

107　유발 하라리, 『사피엔스』(2014)

고 깔끔하고 뿌듯하다. 그러나 통념과는 다르게 범주에는 '명확한 경계'가 없고, 범주라는 '평균값'과 개인이라는 '고유의 값'도 전혀 다르다. 그래서 '오류'다. '한국 사람은 똑똑하다'고 말하지만, 내 주위를 둘러보면 그게 누구를 지칭하는지 알 길이 없다.

둘째 부류적 사고 속에는 누군가의 필요와 목적이 감춰져 있을 수 있다. 사람들 간에 존재하는 무수한 차이 중에서, 왜 하필이면 다른 모든 것은 무시한 채 한두 가지에만 매달릴까? 즉 부류적 사고의 종류가 무엇이냐가 아니라 왜 모든 것 중에서 그 한두 가지를 택했으며 왜 굳이 구분하려 하는가가 문제이며, 이것은 (니체 부분에서 언급한) 니체의 계보학(系譜學)과 푸코의 고고학(考古學)이 파헤치고자 한 것이다. 아이를 매몰차게 혼내던 교사가 애인을 만날 땐 상냥해지듯, '필요'와 '목적'은 '상황'에 따라 변하기 마련이다. 따라서 누가 '우리'에 속하고 누가 '그들'에 속하는가 하는 것은, 타고난 것도 아니고 불가피한 구분도 아닌, 임의적이고 일시적인 선택일 뿐이다. 베레비도 사람이 아니라 상황의 힘을 절감한 셈이다.

셋째 부류적 사고가 먼저이고, 그 후에 의식적으로 그에 맞는 정보를 수집하고 행동을 변화시킨다. 처음 본 사람에 대해 알고 싶다면, 그 사람과 잠시나마 이런저런 이야기쯤은 해 봐야 한다. 그래야 조금이라도 그 사람을 알고 이해할 수 있기 때문이다. 그런데 어떤 주제의 이야기부터 시작해야 할지 결정하기 위해선, 처음 본 사람이 어떤 부류나 범주에 속하는지부터 알아내야 한다. 따라서 처음 본 사람에 대한 최초의 인식, 즉 우리의 첫인상은 '부류적 사고'인 셈이다. 우리는 서로에게 부류로서 처음 인식된다. 사람들은 자신들이 어떻게 또는 무엇으로 불리는지 의식한 후, 선택적 지각[확증편향]에 따라 자신의 판단에 맞는 정보를 수집하고 그에 맞춰 변한다. 그럼으로써 사실은 수정되고, 사실에 대한 지식도 수정된다. 이것을 '고리 효과(Looping effect)'라고 한다[108]. 자신과 비슷한 사람들과 한패가 되는 게 아니라 한패가 되고 나서야 그들과 자신의 비슷한 점을 찾고, 자기의 행동까지 정해진 범주 또는 부류적 사고에 맞추는 것이다. 사회적 동물로서 '배척'과 '추방'의 위험을 가장 예민히게 느끼는지라, '소속감'을 쟁취하기 위해서 말이다. 대부분 여성은 어떤 엄마가 되어야겠다고 생각하기도 전에 엄마가 된다. 그런 상태에서 어떤 문제에 직면할 때마다, '좋은 엄마라면 이런 상황에서 어떻게 할까?'처럼 자기의 행동을 한 가지의 부류적 사고에만 맞춰 나가려 한다.

문화란 하나를 포기하고 다른 하나를 얻는 거래다. (평균값에 해당하는 정상인을 뜻하는) '우리'가 따르는 규칙을 전하고 배운다는 의미이

---

108 이언 해킹, 『인과관계의 인지』(1995)

다. 강렬한 감정은 규칙을 중요한 것으로 만든다. 그래서 규칙을 어기면 구성원들은 규칙을 어긴 사람이 수치·죄의식·두려움·고통을 느끼게 만든다. 이렇게 해서 실제적인 삶의 지침은 '도덕'이라는 감정적 기운을 띠게 된다.

······ 데이비드 베레비, 『우리와 그들』(2005)

넷째 부류적 사고에는 늘 옳고 그름에 관한 감정인 도덕과 윤리적인 잣대가 따라다닌다. 뭔가를 가리키고 표현하려면, 그것의 여러 범주 중 특정한 하나에 초점을 맞춰 이름을 붙여야 한다. 그러나 그렇게 하는 순간 나머지 범주들은 우리의 시야에서 사라져 버린다. '명명(命名)' 또는 '구별 짓기'의 본질적인 단점이다. 라캉이 지적한 언어의 본질적인 한계이고, 데리다의 '차연(差延, 디페랑스)'이며, 노자가 『도덕경』 첫 문장에서 말한 '도가도 비상도(道可道 非常道) 명가명 비상명(名可名 非常名)'의 의미이기도 하다. 자신이 속해 있다고 생각하는 부류를 비판하는 기사를 읽으면 마음이 불편하다. 우리나라 선수들이 올림픽에서 금메달을 땄거나 우리나라 사람이 칭송받을 만한 행동을 했다는 소식을 접하면, 긍지를 느끼고 뿌듯해한다. 인간 부류에 관한 생각은 감정과 분리될 수 없음이다. 그래서 '당연하다'는 생각이 '좋거나 나쁘다'는 감정적인 형용사와 결합함으로써, '도덕성'을 획득하게 되는 것이다.

만일 내가 당신이 뭔가를 싫어하기를 바란다고 해보자. 그렇게 만들기 위한 최선의 전략은 그것이 '도덕적으로 나쁘다'는 확신을 주는 것이다. 도덕적 판단에서 이성의 역할은 생각보다 그렇게 크지 않다. 미국 철학자 피터 웅거는 사고실험을 제시한다. 데이브는 은퇴 후 포르쉐를 끌며 멋지게 살고 있었다. 어느 날 제동이 걸리지 않는 기차가 기찻길 위에서 놀고 있는 아이를 향해 달려오는 것을 발견했다. 아이를 구할 수 있는 유일한 방법은 기차의 선로 변경 스위치를 잡아당기는 것인데, 그렇게 하면 기차가 자신의 포르쉐를 덮치게 된다. 그래서 데이브는 누군지도 모르는 아이가 죽든 말든, 포르쉐를 몰고 그곳을 벗어났다고 하자. 많은 사람이 데이브가 나쁘다고 생각할 것이다. 그러나 그렇게 생각하는 사람들에게, 제3세계의 굶주린 아이들의 식량과 건강을 위한 자선기금에 당장 20만 원을 기부하라고 하면, 싫다고 할 사람이 많을 것이다. 그리고 제의를 거부한 사람들을 비난할 이도 별로 없을 테고. 웅거는 데이브가 자기 차를 구하는 상황과 여러분이 자신의 삶을 위해 20만 원을 내놓지 않는 상황이 논리적으로 다르지 않다고 지적한다[109].

이 두 상황의 차이를 설명하고자 한 학자들은 이타심이 자신과 가까이 있는 것은 밝게 비추지만, 거리가 멀어질수록 점점 희미해진다는 식으로 말한다. 그러나 거리에 비례해서 자비

109　피터 웅거, 『멋지게 살다 죽기』(1996)

심을 베푸는 사람은 거의 없다. 이런 설명의 문제점은, 이타심이 고정불변한다고 가정한다는 점이다. 많은 사람이 수재민·대중매체에서 본 안타까운 사연의 사람들·범죄 피해자처럼 멀리 떨어진 곳의 낯선 사람에게 기부금을 보낸 적이 있을 것이다. 그런가 하면 회사 근처의 노숙자나 거동이 힘든 이웃 노인처럼 자주 보는 사람들을 돕지 않고 지나치기도 했을 것이다. 사람들은 늘 도덕적 선택을 내리며 살아간다. 그리고 그 선택은 늘 종잡을 수 없다. 우리는 타인에 대한 도덕적 선택을 내릴 때, 그들을 규정하고 그들과 우리의 관계를 규정하는 인간 부류를 근거로 결정한다. 이것이 거리와는 상관없이 누구는 돕고 누구는 외면하는, 도덕적 선택이 변하는 이유 중 하나다. 뭄바이에 사는 힌두교도들에게 길거리의 벌거벗은 고행자는 성스러운 인간이지만, 외국에서 온 벌거벗은 여행객은 무례한 인간이다. 대부분 사람이 살인은 끔찍하지만, 적군을 죽이는 건 그렇지 않다고 여긴다. 즉 어떤 도덕적 기준 때문이 아니라, 단지 상대편[그들]이라는 이유로 부도덕하다고 확신하는 것이다. 옳고 그름에 관한 많은 감정이 사실은 '우리'와 '그들'에 관한 감정이다.

감정은 늘 미심쩍은 변덕쟁이 취급을 받아왔다. 그래서 도덕성을 결정하는 건 이성이라는 주장이 주류였다. 그러다가 21세기 들어 도덕성이라는 신전(神殿)의 책임자는 (사실은) 감정이고, 논리적 사고는 제사장으로 가장한 하인에 불과하다는 주장이 제기되기 시작했다[110]. '트롤리 딜레마(trolley dilemma)'를 예로 들면서 자신과 직접적인 연관성이 없는 도덕적 질문('다섯 명을 구하기 위해 한 명을 죽게 해도 좋은가?')과 직접적인 연관성이 있는 도덕적 질문('다섯 명을 구하기 위해 당신 옆에 있는 한 명을 직접 아래로 밀어서 떨어뜨릴 수 있는가?')은 서로 다른 정신적 코드와 연결된다는 주장도 있고[111], 언어에서 문법을 담당하는 코드가 있는 것처럼 우리 마음에도 이성이나 감정과는 분리된 도덕적 판단만을 전문적으로 담당하는 코드가 존재할 수도 있다는 주장도 있다[112]. 그러나 도덕적 사고와 감정 그리고 도덕적 사고와 이성은, 사실 본질적인 관련이 없다. 어떤 부류에도 속하지 않은 사람에 대해서는 아무런 도덕적 감정도 느끼지 않기 때문이다.

시회적 동물에게 스트레스 반응을 가장 강하게 유발하는 위험은, 바로 '소속감에 대한 위협'이다. 대부분 질병의 원인이 스트레스이고, 옛날 사회에서처럼 '사회적 낙인(烙印)'이 스트레스의 주된 원인이라면, 그것은 건강을 해치고 질병을 일으키는 직접적인 원인이 될 수도 있다. 지금도 하류 계층 사람들이 더 많이 아프고 더 자주 병에 걸리며 더 일찍 죽는 건, 부적절한 의식주 문제 외에도 스스로를 '패배자'

110 조너선 하이트, 「감정이라는 개와 이성이라는 꼬리」(2001)
111 조슈아 그린 & 조너선 하이트, 「어떻게 그리고 어디에서 도덕적 판단은 작동하는가?」 (2002)
112 마크 하우저, 『도덕적인 마음』(2006)

나 '소외 계층' 또는 '죄인'으로 인식하는 '자발적인 사회적 낙인' 때문이기도 하다.

…… 데이비드 베레비, 『우리와 그들』(2005)

도덕성은 일종의 '주홍 글씨' 즉 '낙인(烙印)'으로 작용한다. '패배자'나 '소외 계층' 또는 '죄인'이라는 사회적 낙인이 찍힌 사람들을 이탈리아 철학자 조르조 아감벤은 '정치적·사회적· 실존적 가치를 박탈당한 채 권력 주체로부터 추방당한 존재'라는 뜻의 '호모 사케르(Homo sacer)'(1995)라고 명명한다. 권력 주체는 호모 사케르라는 희생양을 앞세워 권력을 유지한다. 누가 호모 사케르가 될 것인지 그 경계선을 늘 재설정한다는 위협을 통해서 말이다. 살고 싶다면, 순종하고 알아서 기라는 것이다. 이것은 비단 국가 권력뿐만 아니라 '대중'으로 표현되는 집단의 힘에도 그대로 적용된다. 대부분 사람은 언제 배제되어 추방당할지 알 수 없기에, 늘 대중의 모든 걸 세심하게 살피면서 열심히 따라 한다. 물론 자기가 왜 그러는지 정확히 모른 채 말이다. 마음속이야 어떻든 집단 따돌림을 당하는 피해 학생을 돕지 못하고 주동자의 비위만 건드리지 않는 선에서 자신의 생명과 소속감을 지키려는 수많은 동조자의 모습이기도 하다.

지금도 이렇게 정신적이고 사회적인 낙인이 크게 작용하는데, 공동체가 삶의 전부였던 2000년 전 예수가 활동하던 시대에는 얼마나 더 심했을까? 이런 관점에서, 소경과 앉은뱅이를 비롯해 많은 환자를 치유한 예수의 기적을 바라볼 수도 있지 않을까? 글자 그대로에 얽매이지만 않는다면, 병명(病名)이야 무엇이었든 예수를 찾아온 사람들은 육체적으로 정신적으로 '아픈 사람들'이었고, 그들이 아픈 이유는 생활 조건상 공동체가 강조하는 규칙들을 지킬 수 없었기에 공동체의 지도자들로부터 '죄인'이라는 낙인이 찍혔기 때문이며, 그것은 그들에게 공동체로부터의 '배척'과 '추방' 즉 '사회적 죽음'을 의미했다. 그런 사람들에게 예수는 '죄 사함' 즉 '배척과 추방으로부터의 구원'과 '사회적 죽음으로부터의 부활'을 선포한 셈이다. 이것이 예수가 그들을 치유한 기적의 단면(斷面)일 수도 있지 않을까? 극심한 상사병(相思病)으로 인해 신체적으로도 분명한 질병의 징후를 보이던 사람이, 사랑하는 사람의 방문과 동시에 아무 일도 없었다는 듯 자리를 털고 일어나는 경우는 지금도 흔하듯이 말이다. 이와 같은 기적은 오늘도 우리의 일상에서 작용하고 있다. 하루하루 매 순간이 기적과 구원과 부활의 연속인 셈이다. 그런데도 우리는 옷장 가득한 옷을 보면서도 입을 옷이 없다고 불평하듯, 다른 곳만 쳐다보며 기적과 구원과 부활을 갈구하고 있는 건 아닌지 모르겠다.

세상과 우리의 삶에 고정불변하는 건 없듯이, 부류적 사고도 늘 변화한다. 그리고 백종원은 누군가의 아들이고, 소유진의 남편이며, 세 아이의 아빠이고, 요리 연구가이며, 방송인인 것처럼, 인간은 동시에 여러 개의 범주에 포함되는 복합적인 존재이기도 하다. 나아가 개인적으로 어떤 상황에서 어떤 경험을 하느냐에 따라 부류적 사고는 자주 변한다. '사람 좋게 봤는데 아니었구나!'라는 말을 수시로 하지 않는가. 자신을 '사장이나 연예인' 등 한 가지로만 프레이밍(framing)했다가 사업이 망하거나 인기를 잃게 되면, 그에게 남은 삶의 의미는 전혀 없게 된다. 모든 걸 잃은 셈이니까. 따라서 자신을 여러 부류로 프레이밍한 후 상황에 따라 적절한 프레이밍을 적용하는 사람은, 수많은 좌절을 능히 털고 일어설 능력을 갖춘 '복합적인 인격'의 소유자다.

'흑인'이라는 인종은 정치적·문화적 수준에서는 실재하지만, 유전적 수준에서는 존재하지 않는다. 과학이 일본인 유전자에 관한 진실이나 백인이 점프를 못 하는 이유를 알려주기를 기대해서는 안 된다. '일본인'과 '백인'은 유전자와 같은 종류의 개념이 결코 아니기 때문이다.

…… 데이비드 베레비, 『우리와 그들』(2005)

여러분이 친구보다는 가족을 위해 희생할 가능성이 클까? 생물학에서는 그렇다고 말하지만, 실제 삶 속에선 그렇지 않은 경우도 상당히 많다. "누가 당신의 형제이고 이웃인가? 내게 쓸모 있고 동시에 내 도움이 필요한 사람이 바로 내 형제이고 이웃"이라는 중동의 유목민족 베두인족(Bedouin)의 속담에서도 알 수 있듯이, 우리의 마음에서 더 높은 위치에 있는 건 '부류적 사고'지 '혈연'이 아니다. 그래서 그 둘이 대립할 때면, 부류적 사고가 피를 이긴다. '하나님의 명령'으로 아들 이삭을 제물로 바치려 했던 아브라함이 그랬고, '가문의 명예'를 더럽혔다는 이유로 '벤데타(Vendetta)' 즉 사적인 피의 복수를 자행하는 사람들이 지금도 있으며, 동성애자임을 밝힌 뒤 부모에게 외면당하는 사람들도 있다. 사이비 종교에 빠진 사람들을 봐도 그렇고. 반대로 좋은 사례도 많다. 많은 소방관과 경찰과 군인이 혈연이 아닌 사람들을 위해 기꺼이 목숨을 걸고, 입양한 아이를 친자녀 이상으로 키워내는 위대한 양부모들도 있다. 사람들은 사소하고 일시적이며 무의미해 보일지라도, 일단 '우리'라는 부류적 사고에 사로잡히면 자신이 속한 집단에 강한 편애(偏愛)를 드러낸다. 처음 보는 사람이라서 서먹서먹하다가, 지연과 학연 그리고 좋아하는 스포츠와 팀을 알게 됐을 때를 생각해 보라.

이타주의는 강렬한 감정과 변덕스러운 충성이 특징이다. 인간은 명예의 규율은 일관되게 지키지만, 그 규율을 누구에게 적용할지는 끊임없이 변덕을 부린다. 중요한 것은 내집단과 외집단의 구분이지만, 그 정확한 경계는 쉽게 바뀐다.

...... 에드워드 윌슨, 『인간 본성에 관하여』(1978)

'자민족중심주의(ethnocentrism)'라는 용어를 창안한 미국 사회과학자 윌리엄 섬너는 '내집단(in-group)에 대한 충성과 희생 vs. 외집단(out-group)에 대한 증오와 경멸'은 '내부적 형제애 vs. 외부적 호전성'과 똑같은 상황의 산물이라고 주장한다[113]. 하지만 '내부적 형제애'가 반드시 '외부적 호전성'을 의미하지는 않는다. 섬너의 주장이 지닌 근본적인 문제점은, 우리가 언제나 단일한 내집단에 속한다는 가정이다. 벌써 여러 번 반복된 것이지만, 뭔가가 고정불변하리라는 가정 바로 그것이 여러 문제의 핵심이다. 우리는 필요에 따라 적절하다고 느끼는 인간 부류를 선택해서 그 속에 자신을 위치시킨다. 인간은 동물과는 다르게 직접 대면하는 경험뿐만 아니라 누가 우리 부류에 속하는지를 말해 주는 일련의 상징들도 참고한다. 그렇게 받은 '우리라는 느낌(we-feeling)'은, 상대방이 사회적 삶을 구성하는 재화와 서비스와 정보와 감정을 정중하게 교환하기에 적합한 사람이라는 느낌으로 다가온다.

'이 사람은 누구지?'가 아니라 '이 사람은 어떤 사람이지?'라는 부류적 사고에 관한 대답이, 우리가 어떤 행동을 하고 어떤 규칙을 따를지를 결정한다고 베레비는 말한다. 하지만 '우리'라고 반드시 사이좋게 지내는 건 아니다. 말다툼도 할 수 있고, 싸울 수도 있다. 만약 적에게서 '우리'라는 느낌을 받는다

113 윌리엄 섬너, 『습속(習俗)』(1906)

면, 우리는 규칙에 따라 정중하게 싸운다. 반면 적이 '그들'로 느껴질 때는, 어떤 규칙도 필요치 않다. 유대인을 향한 히틀러의 시선처럼, '그들'에 속한다고 느껴지는 사람은 마치 벌레들처럼 '처리'의 대상이 된다. 살아 있는 것을 살아 있지 않다고 스스로 합리화하기는 어렵다. 대신 '그들'은 살아 있기는 해도 인간이 아닌 '짐승'일 뿐이고, 더러움과 질병의 원천인 '병원균'일 뿐이라고 생각하면 된다. 그런 인간 이하의 존재들에게 기대되는 건, 시선은 내리깔고 목소리와 몸은 낮추고 감정은 드러내지 않는 동물의 모습이다. 그럼으로써 '그들이라는 느낌'은 무자비함에 대한 감정적인 허가나 살인 면허와 동의어가 된다. '그들'은, 우리가 오늘은 싸우고, 다음 달에는 거래하고, 내년에는 결혼할지도 모르는 존중받는 적이 아니다. '그들'은 우리의 생각과 감정 속에 조금도 존재하지 않는다. 우리가 다른 사람들을 그토록 잘 이해하게 만드는 마음의 능력도 '그들' 앞에서는 작동을 멈춘다.

의심은 기분 좋은 일은 아니지만, 확신은 어리석은 일이다.

…… 볼테르

모든 인간이 타인의 권리를 똑같이 존중하는 이상적(理想的)인 상태에는 결코 도달할 수 없음이 분명해 보인다. 호모 사피엔스는 부류적 동물일 수밖에 없기 때문이다. 수많은 부류적 사고는 당신이 처하는 상황에 따라 늘 새롭게 만들어지고 수정될 것이다. 그러나 부류적 사고 자체는 결코 누구에게도 해를 끼친 일이 없으며 앞으로도 그럴 것이다. 해를 끼치는 것은 바로 (특정 상황에 특정 부류적 사고를 사용하는) 사람들이다. 부류적 사고는 마음에 설치된 일련의 버튼으로 생각할 수 있다. 그런 버튼은 당신이 선택한 것이 아니지만, 그것과 더불어 어떻게 (그러니까 어떤 상황에 어떤 버튼을 누르며) 살아갈지는 당신 스스로 선택할 수 있다. 당신 스스로 버튼을 누르지 않으면, 다른 사람들이 당신의 머릿속으로 들어와서 자기 것처럼 마구 눌러댈 것이다.

…… 데이비드 베레비, 『우리와 그들』(2005)

부류적 사고는 사람들의 속성에 관한 '객관적인 사실'이 아니라 우리가 그들을 범주화할 당시 그들과 어떤 '관계'에 있었는지에 대한 주관적인 인식에 근거한다[114]. '인간은 사회적 관계들의 앙상블[네트워크]'이라고 말한 마르크스의 주장과도 통한다. 우리의 행동이 '상황'에 좌우되고 상황이 '관계'에 의해 규정된다면, 상황과 관계가 변함에 따라 우리의 행동도 충분히 달라질 수 있다는 '희망'을 붙들 수 있게 된다. 수학 시험에서 부정행위를 한 사람이라도 국어 시험에서는 부정행위를 하지 않을 수 있다. 집에서는 숫기 없는 남동생이 학교 연극에서 열정적인 연기를 펼치기도 하고, 경기에서는 자신만만하던 운동선수가 미팅에서는

---

114 앨런 피스크, 「사회적 인지는 관계에 관한 생각이다」(1996)

어색하게 수줍어하기도 한다. 우리에게 기본적으로 프로그램된 부류적 사고는, '약'과 '독'이라는 두 가지 뜻을 모두 지닌 그리스어 '파르마콘(pharmakon)'인 셈이다. 상황에 따라 우리가 어떻게 사용하느냐에 달려 있다.

끝으로 이 책의 근간이 된 핵심적인 실험을 살펴보자. 셰리프는 1954년 여름 백인 기독교 중산층 가정 출신으로 최대한 비슷한 조건을 지닌 미국 오클라호마주 오클라호마시(市)의 5학년생 소년 22명을 선정해서, 수영할 수 있는 강·카누·야구장·서부 개척 시대의 전설적 강도인 제시 제임스(Jesse James, 1847~1882) 일당이 숨어 지내던 '로버스 케이브(Robbers Cave)'가 있는 상부아산(Mt. Sans Bois)의 캠프장에서 3주를 보내게 했다[115]. 이 실험을 통해, 셰리프는 부류적 사고나 감정이 고정불변하지 않음을 입증했다. 개념은 실체 없는 생각의 세계에 존재하는 것이 아니라, 특정한 사람들의 마음속에 존재하면서 특정한 시간과 장소에 따라 특정한 문제에 적용된다.

셰리프는 모집 때부터 소년들을 무작위로 11명씩 두 집단으로 나눠 캠프장으로 데려갔다. 첫 주에 각 집단은 자기들만의 상징·의식·용어·행동 규범을 형성해 갔다. 자신들만이 캠프에 참가했다고 생각했던 각 집단의 소년들은 6일째 저녁 식

---

115 무자퍼 셰리프, 『강도들의 동굴 실험』(1961)

사 후에야 비로소 보지는 못한 채 소리를 통해 그곳에 자신들만 있는 것이 아니라는 사실을 알게 되었다. 그 직후 양쪽 집단에서는 '우리' 수영 장소나 '우리' 야구장이라는 표현을 사용하기 시작했고, 한쪽은 '방울뱀' 그리고 다른 쪽은 '독수리'로 자신들을 명명했다. 지도원들은 트로피와 상품을 걸고서 각종 시합을 개최했다. 수적으로는 방울뱀이 우세했다. 첫 주에 독수리 소년 2명이 향수병으로 캠프를 떠났기 때문이다. 하지만 첫 승리는 독수리의 것이었고, 자존심이 상한 방울뱀은 독수리가 돌아오기 전에 그들의 숙소를 습격해서 난장판으로 만들었다. 그렇게 해서 둘째 주가 끝날 때까지, 두 소(小) 문명 간에는 눈에는 눈 이에는 이 식의 충돌이 이어졌다. 지도원들이 말려야 할 정도로 서로 주먹다짐했다. 서로 비슷한 시기에 태어나고 가정환경도 비슷한 소년들이 모르는 사이인 채로 캠프에 도착한 지 14일 뒤, 그들은 마주칠 때마다 소리치며 서로를 경멸하는 배타적인 두 집단으로 변해 있었다.

핑커는 이 실험을 오클라호마판 '파리 대왕(Lord of the Flies)'[116]으로 표현했다[117]. 그러나 핑커의 이런 평가는, 아쉽게도 실험의 핵심인 셋째 주는 간과한 채 주로 둘째 주에 발생한 집

---

116   윌리엄 골딩의 1954년 소설
117   스티븐 핑커, 『마음은 어떻게 작동하는가?』(1997)

단 간의 폭력성에만 초점을 맞춘 것이다. 셰리프의 통찰은, 부류적 사고가 주(主)가 아닌 종(從)이라는 것이다. 인간이 기본적으로 악하다는 가정에서 출발한다면, 대부분의 악행은 원죄(原罪)·이드·이기적 유전자 등 무엇을 악의 근원으로 부르던 시대와 장소가 변해도 여전히 지배적일 수밖에 없다. 그러나 부류적 사고와 감정이 부류 간의 '관계'에 달린 것이라면, 관계가 변함에 따라 생각과 감정도 변할 것이다.

셋째 주 초에 주어진 과제는, 양쪽 집단 모두가 협력해서 지도원들이 막아 놓은 캠프의 유일한 물탱크에 연결된 꼭지를 뚫는 일이었다. 하지만 협력해서 꼭지를 뚫은 후 저녁 식사 시간이 되자, 방울뱀과 독수리 간의 식사 전쟁은 다시 반복되었다. 셰리프는 협력이 필요한 또 다른 과제를 제시했다. 영화 〈보물섬〉을 대여해야 하는데 연구자들이 비용을 모두 충당할 능력이 없다면서, 소년들에게 얼마간의 돈을 내게 했다. 양쪽이 똑같은 액수를 분담하고, 나머지는 연구자들이 부담하기로 합의했다. 계산 결과, 11명인 방울뱀은 각각 31센트씩 내면 되지만, 9명인 독수리는 39센트씩 내야 했다. 그 누구도 이의를 제기하지 않았다. 그들에게 공평은, 개인이 아니라 각 집단에 해당하는 것이었기 때문이다. 소년들은 비록 집단별로 앉았지만, 하나의 관객이 되어 영화를 즐겼다. 그 이후부터 식사 전쟁은 협정으로 바뀌었다. 아침에는 방울뱀 먼저, 점심에는 독수리 먼저 하는 식으로 번갈아 가며 먼저 식사하기로 합의했다.

그날 늦게 소년들을 10km 떨어진 호숫가 야영장으로 데려가 몇 가지 곤란한 상황을 연출했다. 첫 번째는 점심을 나르는 트럭의 고장이었다. 20명 모두가 달려들어 운전석에서 됐다고 소리칠 때까지 트럭을 밀었다. 다음은 나른 음식을 먹을 수 있도록 준비하는 문제였다. 소년들은 어느 쪽이 무슨 일을 맡을지 의논한 뒤 다 함께 일을 해냈다. 식사를 마친 뒤 호수로 수영하러 간 소년들은 물장난을 즐겼다. 그런 다음엔 집단의 구분 없이 저녁 식사를 만들어 먹었다. 다음날 모두가 가보고 싶어 하던 100km 떨어진 아칸소주 경계까지 가야 했는데, 트럭은 한 대뿐이었다. 집단의 구별 없이 다 함께 트럭을 타거나 아니면 (공평하게) 모두 걸어서 갔다 오거나 둘 중 하나를 선택해야 했다. 엄청난 논쟁이 벌어졌다. 그들의 감정이 복잡해졌기 때문이다. 결국은 함께 트럭을 타고 가자는 소년들의 주장이 관철되었다. 그들을 격분하게 했던 모욕과 공격은, 그때부터 웃고 자랑할 만한 이야깃거리가 되었다. 캠프 마지막 날 아침과 점심 식사 땐, 구분 없이 뒤섞여 앉았다. 상대 집단에 극도로 적대적이던 감정은 극도로 호의적인 감정으로 변했다. 한편 자기 집단에 대한 평가는 덜 열광적으로 변했다. 적을 비하하려는 충동과 더불어 자기 집단을 부풀려야 할 필요성도 수그러든 것 같았다. 그날 오후 집으로 돌아가는 버스에 올라탄 소년들은 방울뱀과 독수리의 구분을 완전히 무시하고 섞여 앉았다.

레바논 심리학자 루트피 디아브도 11세 소년들을 대상으로 세리프의 실험을 재현했다. 8명은 기독교인이었고 10명은 무슬림이었으며, 각각 무슬림 5명과 기독교인 4명을 구성원으로 하는 '푸른 유령'과 '붉은 요정'으로 나눴다. 그러나 붉은 요정 3명이 주방에서 훔친 칼로 푸른 유령 1명을 위협하는 일이 벌어져, 화해 단계까지 가기도 전에 캠프를 해산할 수밖에 없었다. 소년들의 싸움이 종교적 구분에 따라 이루어진 것은 아니었다. 외부 세계와 격리된 캠프에 들어오자, 소년들은 '기독교인 대 무슬림' 대신 '유령 대 요정'을 택한 것이다(1970). 네덜란드 심리학자 야코프 라비의 실험에서도 비슷한 결과가 나왔다. 연구자들이 흰 팀은 인락사의 합법화에 찬성하는 사람들이었고, 다른 한 팀은 찬반양론으로 갈리는 사람들이었다. 자신의 견해에 반대하는 같은 팀 사람을 도울 것인지 아니면 정치적으로 같은 견해인 다른 팀 사람을 도울 것인지 택해야 하는 상황에서, 사람들은 같은 견해인 다른 팀 사람을 돕기보다는 다른 견해인 같은 팀의 동료를 선택했다(1974).

결론은, 집단 간 적대감은 다양한 사회 집단화의 '필연적 결과'가 아니라 부족한 자원을 놓고 벌이는 집단 간 경쟁이나 다른 실질적인 이해 충돌에서 발생한 '일시적인 결과'라는 것이다. 침팬지를 연구한 네덜란드 영장류학자 프란스 드 발도 정확히 똑같은 결론에 도달했다. "겨울이 되어 좁은 곳에 갇히면, 그들은 만원 버스에 탄 사람들이 큰 동작이나 소리 또는 시선의 마주침 등을 자제함으로써 마찰을 줄이려고 하는 것과 비슷한 행동을 보였다. 문화 전체가 축소된 공간에 맞춰 변할 수도 있음을 보여주는 것이다. 그러나 '자원 부족'과 '혼잡'이 결합하면 이야기가 전혀 달라질 수 있다."[118] 드 발의 마지막 말이 암시하듯 자원 부족과 혼잡이 각각 발생하면 어떻게든 해볼 수 있지만, 그 둘이 결합해서 발생하면 이야기는 전혀 달라진다. 지금 우리나라의 상황처럼 말이다. 폴란드 사회심리학자 헨리 타즈펠은 임의의 사람들을 그저 다른 집단으로 단순히 범주화하기만 해도, 내집단 구성원을 향한 편애와 외집단 구성원을 향한 차별을 끌어낼 수 있음을 입증했다.

---

118 프란스 드 발, 『내 안의 유인원』(2005)

남녀의
뇌 구조의 차이

이 시대는 '차이'를 말하기가 참 힘든 때다. '차이를 말하는 것'이 곧 '차별을 정당화하는 행위'로 오해되기 쉽기 때문이다. 그러나 명백하게 존재하는 차이를, 차이로서 인정하지 않는 태도가 자연스러울 리 없다. 포도주와 맥주는 같은 술이지만 차이가 있고, 그 차이는 사람들의 삶을 풍요롭게 만든다. 온갖 예술과 문화의 영원한 주제인 남녀 간의 사랑도, 결국 남녀 간의 차이에서 기원한다. 몸속을 흐르는 성호르몬 자제가 다르고, 뇌 구조 자제가 다르기에 헹동 빙식에서도 차이가 나는 것은 당연하다.

…… 앤 무어 & 데이비드 제슬,『브레인 섹스』(1989) 중 문용린의 해제(解題)

'우리 – 그들'이라는 구별 짓기 중, 가장 첨예한 분야는 아마도 '남자 – 여자'일 것이다. '우리 – 그들'에는 원래 차이가 있고, 왠지 노력하는 만큼 그 차이를 좁힐 수 있다는 막연한 느낌이 든다. 하지만 '남자 – 여자'는 원래 차이가 없고, 사랑하기만 한다면 관계를 위한 노력은 거의 필요하지 않다는 막연한 느낌이 드는 게 일반적이다. 바로 이런 막연한 느낌이, 남녀가 서로를 이해하고 차이를 좁혀나가는 데 가장 큰 장애가 된다[119]. 처음부터 쉬울 거로 생각하고 시작한 일은, 티끌도 태산으로 보이는 법이다. 남성과 여성에 대한 '다양성[차이]'은 생물학적 사실이지만, '평등'은 정치적·윤리적·사회적인 법칙이다. 범주가 다르다.

그렇다면 남녀의 차이를 만들어 내는 가장 큰 원인은 과연 뭘까? 흔히들 가정적·문화적·소위 '사회화 과정'이라고 불리는 사회적 영향력 때문이라는 대답을 떠올릴 것이다. 이것은 남녀의 마음은 처음엔 똑같이 '타불라 라사(tabula rasa)' 즉 백지[빈 서판(blank slate)] 상태로 태어나지만, 그 이후에 이런저런 의식적이고 무의식적인 수많은 정보의 입력으로 현재의 남자와 여자로 재구성된다는 생각이다. 남성과 여성의 역할에 대한 부모와 사회의 기대가 다르게 제공됨으로써, 어릴 때부터 남녀는 서로 다른 행동 방식을 학습할 수밖에 없었다는 것이다. 과연 그럴까? 부모가 성별에 대한 선입견을 심어준 게 아니라 아기의 요구에 그렇게 반응하는 건 아닐까? 다시 말해서, 오히려 아기가 부모를 조종해서 자신의 선천적 욕구를 충족시키게 만드는 건 아닐까? 물론 가정적·문화적·사회적 영향력을 부인할 수는 없지만, '성(性)호르몬과 뇌 구조의 상호 작용'에 비하면 그것들은 모두 조족지혈(鳥足之血)에 불과하다고 주장하는 사람들이 있

119 도널드 사이몬스, 『성(性)의 진화』(1979)

다. '그럴 수도 있지 않을까?'라는 합리적인 의심이 아니라 '그렇다'라는 확신으로 말이다. 미국 뇌과학자 앤 무어[모아]와 그녀의 남편인 아나운서 데이비드 제슬[야셀]이 그런 사람들의 선구자다.

함께 인간이라는 종(種)에 속한다는 것만이 유일한 공통점일 뿐, 남성과 여성은 다르다. 남성과 여성이 똑같은 재능·기술·행동을 보일 수 있다는 주장은, 생물학적으로 보았을 때 완전히 거짓말이다. 남성과 여성이 다른 이유는 그들의 삶을 주도하는 뇌가 다르기 때문이다. 남성과 여성의 신체 구조 및 종종 놀라울 정도로 행동의 차이를 보이는 것을 고려할 때, 남성과 여성의 뇌가 서로 다르지 않다면 오히려 그것이 더 놀라운 일이다. 이제 남녀가 똑같게 만들어졌다는 무의미한 주장을 멈출 때가 되었나. 남성과 여성이 똑같나는 수상은 남녀 관계를 더 긴장시킬 뿐이다. 유아는 성별에 따라 적절한 행동을 그려 넣을 수 있는 '백지[빈 서판]'가 아니다. 유아는 남성 또는 여성의 '마음'을 가지고 태어난다. 주사위는 자궁 속에서 이미 던져진다. 이때 뇌[마음]가 결정되고, 신체와 사회적 기대는 단순히 그것을 강화하거나 약화하는 역할만 담당할 뿐이다.

…… 앤 무어 & 데이비드 제슬, 『브레인 섹스』(1989)

임신 6주 정도가 되면, 유전적 프로그램에 따라 남아에게는 남성의 생식기가 여아에게는 여성의 생식기가 만들어진다. 남자 태아의 생식기 형성이 남자 태아의 뇌 형성에 앞서는 이유는, 생식기가 갖춰진 후에야 그곳으로부터 남성 호르몬이 분비되기 때문이다. 임신 8주 정도가 되면 뇌가 형태를 갖추는데, 그 기본값은 '여성형'이다. 그래서 남아의 경우, 남성 생식기에서 만들어진 아동기의 4배에 달하는 양의 남성 호르몬인 테스토스테론(testosterone)이 뇌를 흠뻑 적신 채 극적인 재편 과정에 돌입한다. 여성 호르몬은 남성 호르몬의 기능을 억제한다. 따라서 기본값인 여성 호르몬의 억압을 극복하고 뇌를 재편하기 위해선, 남성 호르몬이 그만큼 많이 필요한 것이다. 남성의 생식기를 만드는 남성 유전자와 함께 남성의 뇌를 만드는 남성 호르몬이 충분해서 여성 호르몬의 통제를 극복할 때는 남자가 되고, 여성의 생식기를 만드는 여성 유전자는 있지만 남성 호르몬이 미미해서 여성 호르몬의 통제하에 있을 때는 여자가 된다. 임신 동안에 어머니의 여성 호르몬의 수준은 평소보다 100배 정도나 상승한다. 하지만 일단 아기가 태어나면 어머니의 여성 호르몬 수준은 급격하게 줄어든다. 특히 프로게스테론(progesterone) 분비의 급격한 중단으로, 출산한 여성들의 84%가 출산 직후 '산후 우울증(postpartum depression)'을 겪는다.

남성의 뇌를 가질 것인지 아니면 여성의 뇌를 가질 것인지는, 유전자에 의해 결정되지 않는다. 뇌의 성별은, 신체가 발달하는 과정에서 분비되거나 자궁 속에서 태아를 둘러싸고 있는 호르몬에 의해 결정되는 것이다.

…… 앤 무어 & 데이비드 제슬, 『브레인 섹스』(1989)

뇌의 재편은 '호르몬들의 관제탑 격인 시상하부(視床下部, Hypothalamus) 뉴런들의 형태와 구조와 기능·뇌량(腦梁, corpus callosum)의 끝부분인 스플레넘(splenum)의 크기와 두께·비슷한 기능의 뉴런들을 조밀하게 모아 특정 모듈(module, 구획)을 이루게 하는 것' 등의 상호 작용이다. 남성은 감정[정서]과 언어를 담당하는 부분이 대체로 구분되어 있어서 그 경계를 허물어 주는 알코올의 도움을 받기 전에는 자신의 감정을 언어로 표현하는 데 어려움을 겪는다. 하지만 여성은 감정과 언어를 담당하는 부분이 중첩되어 있어서, 자신의 감정을 고스란히 언어로 표현하는 데 능숙하다. 여성이 남성보다 스플레넘이 더 크고 두껍기 때문이다. 여성이 남성보다 더 많은 정보를 서로 연결하고 교환할 수 있는 건, 마법이 아니라 더 뛰어난 연결 장치를 갖추고 있어서다. 그래서 남성은 할 말만 하지만, 여성은 끊임없이 대화한다.

남성 호르몬이 기본값인 여성형 뇌를 대대적으로 재편하는 과정은, 확률적으로 많은 오류가 발생할 수밖에 없다. 태아가 남성 호르몬에 어느 정도로 그리고 얼마나 일찍부터 노출되었는가가 출생 이후 발생하는 여러 문제의 경중(輕重)을 결정한다. 일단 뇌가 남성이나 여성의 형태를 완전히 갖추게 되면,

이후에는 성호르몬에 크게 영향을 받지 않기 때문이다. 요약하자면, '유전자'에 의해 '생물학적인 성(sex)' 즉 남성의 몸과 여성의 몸이 결정되고, '성호르몬'에 의해 '사회적인 성(gender)' 즉 '마음'에 해당하는 남성의 뇌와 여성의 뇌가 결정되며, 출생 후의 '성적(性的) 취향'은 임신 중 모체(母體)의 화학적 불균형에 크게 영향을 받는다[120]. 바로 이런 사실에 동성애를 향한 이해와 공감의 문을 열 수 있는 열쇠가 있을지도 모른다. 모체의 높은 스트레스 수준은, 자궁에서 남성 호르몬의 수준을 떨어뜨린다.

제인은 세 아이의 엄마이다. 그러나 그녀는 완전히 발달하지 않은, 남성의 것도 여성의 것도 아닌 애매한 생식기를 가지고 태어났다. 유전자 검사 결과, 제인은 'XX' 유전자를 가졌기 때문에 분명히 여성이었다. 그래서 수술 후 여자아이로 길러졌다. 그러나 제인은 결코 전형적인 여성은 아니었다. 어린 시절 그녀는 거칠게 놀았고 힘도 셌으며, 특히 야외에서 벌이는 신체적 활동을 좋아했다. 10대 때는 학교에서도 자주 싸웠고, 아기에게 특별한 관심을 보이지도 않았으며, 여자 옷은 절대 입지 않으려고 했다. 결혼 당시에도 대부분 여성이 갖는 로망도 없었다. 그녀는 남편을 '가장 친한 친구'로 여겼다. 같은 환경에서 자랐지만. 제인의 여동생은 제인과 닮은 점이 전혀 없었다.

…… 앤 무어 & 데이비드 제슬, 『브레인 섹스』(1989)

---

120   군터 되르너, 『호르몬과 뇌의 차이』(1976)

사실 제인은 태아일 때, 좌우 신장[콩팥] 위에 한 개씩 있는 작은 삼각형 모양의 부신(副腎, adrenal glands)이 비정상적으로 커짐으로써 남성 호르몬의 총칭인 '안드로겐(androgen)'이 지나치게 많이 분비되어 생식기에 이상이 생기는 '부신성기증후군(副腎性器症候群, adrenogenital syndrome)'을 앓았다. 이런 경우 외적으로는 완전히 발달하지 않은 남성의 생식기를 갖게 되고, 내적으로는 여성의 생식기를 갖게 된다. 수술로 필요하지 않은 남성의 생식기는 제거할 수 있었지만, 뇌에 미친 영향을 돌이킬 수는 없었다. 제인은 여성의 몸에 남성의 뇌를 가지게 된 것이다. 그래서 그녀는 아기는 가질 수 있었지만, 여성처럼 행동할 수 없었고 자신이 여성이라고 느끼지도 않았다. 제인의 경우보다 남성 호르몬이 더 많이 분비되면, 유전적으로 여자인 태아도 분명한 남자의 생식기를 가진 채로 태어날 수 있나. 그러면 그 아기는 당연히 남자아이로 길러지겠지만, 사춘기에 이르러서야 정상적인 남성으로서 기능할 수 없음을 깨닫게 되면서 비로소 자기가 유전적으로 여성이라는 사실을 알게 된다. 이런 경우 남성 호르몬을 보충해 주면 정상적인 남성으로서 기능할 수 있고 그래서 결혼도 할 수 있지만, 자녀를 가질 수는 없다. 유전적으로 여성이라서 정자를 생산하지 못하기 때문이다. 그러나 유전자와 관계없이 그는 항상 남성의 마음을 갖고 생활하게 될 것이다.

당뇨병이 있어서 임신 중 여성 호르몬을 투여받은 어머니들의 16세 된 아이들을 조사한 적이 있는데, 그중 한 사내아이가 지미다. 지미는 수줍음을 잘 타고 내성적이었다. 낮은 자아존중감, 즉 자신이 능력이 있고 성공할 수 있으며 가치 있다는 믿음이 부족했다. 지미는 이성에 대한 감정은 별로 없었지만, 동성에 대한 감정은 그보다는 약간 더 있었다. 그의 어머니는 지미가 운동을 전혀 하지 못하고, 다른 남자아이들로부터 겁쟁이라고 놀림을 받는다는 것을 알고 있었다. 지미의 형인 래리를 임신했을 때는 호르몬 치료를 받지 않았다. 래리와 지미 둘 다 같은 문화적 환경에서 자란 한 가정의 아이들임에도 불구하고 전혀 달랐다.

…… 앤 무어 & 데이비드 제슬, 『브레인 섹스』(1989)

당뇨병(糖尿病, diabetes)이 있는 임산부들은 여성 호르몬의 부족으로 인해 자주 유산(流産)했다. 그래서 의사들은 합성 여성 호르몬인 '디에틸스틸베스트롤(diethylstilbestrol)'을 투여했다. 이로써 유산의 문제는 해결되었지만, 시간이 지남에 따라 다른 부작용이 나타났다. 여성 호르몬이 그녀들에게서 태어난 남자아이의 뇌와 행동에 변화를 준 것이다. 여성 호르몬은 남성 호르몬을 억제하거나 중화하는 작용을 한다. 지미에게는 남성의 생식기를 발달시킬 수 있을 정도의 남성 호르몬은 있었지만, 주입된 여성 호르몬 때문에 뇌가 남성의 형태로까지 발달하지는 못했다. 마찬가지로 임신 후기에 고혈압이나 부종(浮腫)의 증상을 보이는 '임신중독증(toxaemia)'을 앓는 임신부에게는 남성 호르몬이 투여되는데, 이것도 고통을 덜어 줄 수는 있지만 태어나는 여자아이에게 영향을 끼친다. 그 상태에서 태어나는 여자아이들은 제인과 아주 유사한 행동을 보인다. 무어와 제슬의 연구 결과처럼, 임신 중 자녀의 세포나 호르몬이 모체로 들어가거나 모체의 세포나 호르몬이 자녀의 몸 안으로 들어가는 일은 생각보다 그리 드물지 않게 일어난다.

사회에서 '자연스러운 것'으로 인정하는 전통적인 성별과 마찬가지로, '성적 이상(性的異常, sexual deviancy)'도 생물학적인 자연의 산물임을 확실하게 결론 내려 둔다. 단일 성별로 구성된 학교나 교도소는 동성애의 온상이 될 수는 있지만, 동성애의 조건을 만드는 곳은 아니다. 즉 다고닌 동성애가 발현되는 곳일 수는 있지만, 동성애를 주입할 수 있는 곳은 아니라는 말이다. 동성애에 대한 중요한 문제는, 그들에게 있는 게 아니라 '정상'이라고 자부하는 사람들로부터 발생한다.

…… 앤 무어 & 데이비드 제슬, 『브레인 섹스』(1989)

무어와 제슬은 전통적인 남성과 여성으로 나누는 것 이외에, 다른 성별이 존재함을 분명히 밝힌다. 양극단 사이에는 수많은 중간 지점이 있음을 인정하는 것이다. 다양성에 관한 이런 확신으로부터, 매우 민감한 문제인 동성애에 관해서도 거침없이 발언한다. 이성애자들이 만들어 놓은 틀에 일치하지 않는

'다름'을 '잘못'으로 치부하는 건 편협한 인식이라는 것이다. 문화와 가치는 시대와 상황에 따라 늘 달라지기 때문이다. 아직은 나도 동성애에 대해선, 여전히 긍정적인 시각보다는 부정적인 시각이 더 많다. 내가 이성애자이고, 그래서 나와 다른 부류를 정확하게 이해하려고 노력하지 않은 탓이리라. 다만, 우리 모두 '정답'의 오류에 빠지는 일은 없었으면 한다. 살아가는 일과 관련해서 정답이란 없다. 조금이나마 더 좋은 쪽으로 시행착오의 고통을 겪으면서 구성원 모두가 '합의해 나가는 과정'만이 올바른 자세일 것이다. 뭔가를 결정하기 전까지는 수많은 비판과 잘못되었을 때의 대비책을 고민하는 게 바람직하지만, 일단 결정한 후라면 적극적으로 실천하고 그 과정에서 발생하는 문제들을 피드백하면서 수정하는 자세가 필요하다. 단, 그 과정에서 비판을 위한 비판만큼은 절대 삼가야 한다.

남녀가 성장하는 과정에서 인지하는 것과 사고하는 모든 경험은, 운동이 신체의 근육을 변형시키듯이 뇌 구조에 영향을 미친다. 기능을 자주 실행시키지 않으면 뇌는 제대로 사용하지 않은 근육처럼 약해지고 쇠퇴하게 된다. 성장 중인 아이는 (뇌가 발달하는 결정적 시기에) 뇌의 기능이 발달할 수 있도록 다양한 자극과 훈련이 필요하다.

…… 앤 무어 & 데이비드 제슬, 『브레인 섹스』(1989)

성호르몬은 태아 때 성별에 맞는 뇌 회로를 설치해 놓은 후 10

여 년을 쉬고 있다가, 사춘기 무렵이 되면 그동안 비축해 놓았던 모든 힘을 분출시켜서 성별에 맞는 몸을 형성하는 동시에 뇌에 설치해 둔 회로들을 풀(full)로 가동한다. 이때 남성의 호르몬 분비는 대체로 일정하지만, 여성은 생리 주기에 따라 성호르몬의 분비 그리고 그에 따른 감정의 기복이 굉장히 큰 폭으로 변한다. 사춘기 때 남자의 몸에서 여아의 20배까지 치솟은 테스토스테론은, 몸을 커지게 해서 근육과 뼈의 복구 및 성장에 중요한 칼슘·인·기타 영양소의 저장 용량을 증가시킨다. 그 결과, 10대 남아의 몸에 단백질과 지방의 비율은 40% 대 15% 정도가 된다. 여자는 남자와 달리 신체의 단백질과 지방의 비율이 23% 대 25%이다. 시상하부는 그 아래 두 개의 작은 방울 모양으로 매달려 있는 호르몬 주머니인 뇌하수체(腦下垂體, pituitary gland)에 성호르몬이 흐르는 밸브를 열거나 닫으라고 지시한다. 남성의 경우에는 호르몬의 양이 너무 많으면 그만큼 밸브를 잠그고, 너무 적으면 그만큼 밸브를 열어 일정하게 유지하는 '음성피드백'이 일어난다. 그러나 여성의 경우에는 호르몬의 양이 많을수록 밸브를 열고, 적을수록 잠그는 '양성피드백'이 일어난다. 이것이 여성 호르몬의 양과 여성의 행동이 대략 28일마다 주기를 띠며 큰 폭으로 변하는 이유다.

여성의 뇌하수체에서 '여포자극호르몬(FSH, Follicle-stimulating hormone)'이 분비되면, 수많은 호르몬으로 가득 찬 난자 주머니인 여포(濾胞, follicle)가 난소에 형성되기 시작한다. 가장 빨리

성숙한 여포는 에스트로겐(estrogen)을 분비해서 경쟁자인 다른 여포의 성숙을 억제한다. 재화(財貨)를 선점하기 위해서다. 모든 준비를 마치면 에스트로겐은 뇌하수체에 신호를 보내 '황체형성호르몬(LH, Luteinizing hormone)'을 분비하게 하고, 분비된 황체형성호르몬은 가장 먼저 여포를 부숴 난자를 배출하게[배란] 한 후 배란을 마치고 껍데기만 남은 여포를 황체(黃體)로 변형시킨다. 그러면 황체는 프로게스테론을 분비해 자궁벽을 더 두껍게 만들고 단단히 붙잡은 채 초긴장 상태로 임신하기만을 고대한다. 그러나 배란된 난자가 수정되지 않으면, 힘이 풀린 황체는 퇴화하고 프로게스테론 분비도 급격히 감소한다. 그로 인해 자궁벽이 무너지면서 생리가 시작된다. 여성호르몬 중 생리 주기 전반부에 대량으로 분비되는 에스트로겐은 뇌를 흥분시켜서 감각을 예민하게 하는 동시에 행복감과 자아존중감을 느끼게 하지만, 후반부에 다량 분비되는 프로게스테론은 뇌를 진정시키므로 그 결과 불안감이나 피로감 또는 우울증을 느끼게 한다.

남성의 경우 테스토스테론의 분비는 하루에 6~7회 절정에 이른다. 테스토스테론의 분비는 아침에, 잠자는 동안, 그리고 계절적으로는 초가을에 가장 많다. 옛사람들의 지혜가 놀라울 뿐이다. 옛사람들도 여자는 봄에 싱숭생숭해지고, 남자는 가을에 싱숭생숭해진다는 사실을 경험으로 잘 알고 있었나 보다. 그러나 여성의 경우 부신에서 소량 생성되고 집중력 및 성욕(性慾)을 담당하는 테스토스테론은, 늘 여성호르몬에 눌려 기도 못 펴고 살지만 그렇다고 혁명의 꿈을 포기한 건 아니다. 호시탐탐 기회를 엿보다가 잠시나마 크게 들고 일어날 때가 두 번 있다. 첫 번째는 생리 주기의 가운데에 해당하는 동시에 임신 가능성이 가장 큰 '배란기(생리 후 14~21일)' 때인데, 에스트로겐 분비는 정점을 찍은 후 내려오고 프로게스테론 분비는 본격적인 궤도에 들어서려 하면서 생기는 작은 틈이다. 그래서 이때 여성은 가장 큰 성욕(性慾)을 느낀다. 난소를 떼어내도 그리고 폐경이 된 후에도 여성은 성욕을 잃지 않지만, 부신에 이상이 생겨 테스토스테론이 분비되지 않으면 성욕을 잃게 된다. 두 번째는 두 가지 여성호르몬이 모두 빠르게 감소하기 시작하는 '생리 4~5일 전부터 생리 때까지'다. 그러나 이때는 갑작스럽게 여성호르몬이 모두 사라져 테스토스테론의 천하(天下)가 되는 바람에, 성욕보다는 적대감과 공격성 또는 심한 우울증이 주로 찾아온다.

성호르몬 때문에 여성이 늘 잘 대처해야 하는 것이 '월경전증후군(PMS, premenstrual syndrome)'이라면, 남성이 늘 잘 대처해야 하는 것은 '공격성'이다. 쇠는 자석에 반응할 '필요'를 느끼지는 않지만, 물리적 특성상 자석에 반응하게 되어 있다. 마찬가지로 남성도 생물학적 특성 때문에 여성보다 더 공격적인 행동을 보일 수밖에 없다. 이런 차이를 줄인다는 것은, 여성 혹은 남성이라는 인간 존재의 핵심을 부정하는 일이다. 남성과 여성은 서로에 대해서, 자녀 양육에 대해서,

직업에 대해서 그리고 가치관에 대해서 선천적으로 서로 다른 관점을 가지고 있다. 이런 차이를 인정하지 않아서 스트레스와 싸움이 일어나는 것이다.

…… 앤 무어 & 데이비드 제슬, 『브레인 섹스』(1989)

이런 주장을 바탕으로, 무어와 제슬은 남성과 여성의 차이점을 설명한다. 남성은 '성(性)과 육체'를, 여성은 '관계와 사랑'을 원한다. 남성은 태어날 때부터 시각에 가장 크게 의존해 사물의 모양과 형태에 몰두하기 때문에 여성의 아름다움과 몸매를 더 중요시한다. 그래서 남성은 여성보다 더 많이 불을 켜고 관계를 맺고 싶어 한다. 남성이 여성보다 툭하면 '첫눈에 반했다'는 표현을 쓰는 이유이기도 하다. 하지만 여성은 모든 감각이 예민하다. 그래서 여성은 어둠 속에서 관계를 맺는 것을 좋아한다. 시각적 자극이 없기에 다른 모든 감각이 더 예민해지기 때문이다. 이것이 남자들과는 달리, 여성은 대체로 나체 사진을 보고 흥분하지 않는 이유다. 설령 흥분한다고 해도 옷을 벗은 주인공의 성별은 관계없다. 여성은 대상의 아름다움에 관심을 두기 때문이다. 그러나 나체 사진이나 동영상의 주인공들이 연인이라면 흥분을 느낄 수 있다. 여성들이 보는 것은 사랑하는 남녀가 '애정을 갖고' 관계를 맺는 것이기 때문이다. 그러나 남성은 성행위에 개인적인 감정을 거의 섞지 않는다. 유아기 때부터 남성은 사물의 세계 속에서 살아왔기 때문이다.

남성은 '사물과 이론과 권력'에 몰두하지만, 여성은 '사람과 관계와 감정'에 몰두한다. 남성은 타인의 고통에 대해 '해결책'을 찾지만, 여성은 '공감' 즉 함께 아파한다. 남성은 자신의 마음을 '행위'로 표현하는 데 집중하지만, 여성은 친밀감과 감정을 공유하고 있다는 '상태'에 집중한다. 남성은 뇌의 기능이 '전문화[모듈화]'되어 있고, 여성은 '통합화[분산화]'되어 있다. 그래서 남성은 정확한 구분에는 능숙하지만 정보 간의 연결에는 어려움을 겪고, 여성은 정보 간의 연결에는 능숙하지만 정확한 구분에는 어려움을 겪는다. 테스토스테론에는 공간지각이나 수학 능력에 끼치는 영향 외에도, 임상적으로 기록된 또 하나의 강점이 있다. 그것은 바로 뇌가 쉽게 피로하지 않게 하면서 한 가지 일에 집중할 수 있도록 하는 기능이다. 남성의 뇌는 각 기능을 특정 영역에서 담당하도록 조직적으로 구성되어 있어서 쉽게 주의가 분산되지 않는다. 이렇게 차이를 말한다고, 차이를 정당화하려는 건 아니라는 사실은 늘 염두에 둬야 한다.

결혼이 전 세계를 통틀어 하나의 규범이 되었다는 사실은, 여성의 뇌와 의지가 승리했음을 보여주는 증거다. 남성의 성향은 결혼이라는 제도에 잘 맞지 않기 때문이다. 성(性)과 진화의 관점에서 보자면 남성이 결혼을 통해 얻을 수 있는 것은 별로 없다. 그럼에도 불구하고 남성은 대부분 결혼과 부부 간의 신의를 즐기고 존중한다. 부분적인 이유는 여러 상대와 관계를 맺는 것이 허용되었을 때 대혼란이 발생할 수 있다는 점을 남성도 알고 있기 때문이다. 다른 이유로는 결혼도 일종의 계약이라고 할 수 있는데, 남성의 뇌는 규칙을 매우 중시하기 때문이다. 또 어느 정도는 단순한 이기심 때문일 수도 있다. 결혼이라는 제도가 유지되는 것은 여성이 복종적이거나 지배욕이 강한 남성에게 적응하기 때문이 아니다. 사회지능이라 부르는 타고난 대인(對人) 기술 덕분에 여성이 남성보다 관계를 더 잘 관리할 수 있기 때문이다. 남성이 배의 엔진에 해당한다면, 여성은 방향을 조종하는 키와 같다.

······ 앤 무어 & 데이비드 제슬, 『브레인 섹스』(1989)

여자의
뇌

여성과 남성의 차이에 대한 열쇠는 서로 다른 뇌 구조와 성호르몬의 화학작용에 있다. 뇌는 우리의 모든 현실을 좌지우지한다. 그래서 뇌의 구조가 다르면 현실을 인식하는 방식이 달라지고, 그에 따라 행동도 달라지리라는 점은 의문의 여지가 없다. 하나의 수정란이 3.5kg의 신생아로 자라는 데는 정확히 38주가 필요하다. 처음 8주간 모든 태아의 뇌는 여성형이다. 그것이 자연의 기본적인 뇌 설정값이다. 그러나 8주가 지나면서 남아의 고환(睾丸)에서 테스토스테론이 분비되면, 태아의 뇌는 남성의 뇌로 재편된다. 이렇게 여성과 남성의 성별 차이는 주로 생물학적 본성에 의해 결정되고, 사회문화적 교육이나 경험 그리고 타인과의 상호 작용으로 수정되거나 강화된다. 다만 그 본성에 우리가 인위적으로 얼마만큼의 수정을 가할 수 있는지는 아직도 정확히 알지 못한다. 그렇다고 우리의 생물학적 뇌가 불변의 상태로 결정되어 있다는 말은 절대 아니다. 우리의 뇌는 '가소성(可塑性, plasticity)'이라는 뛰어난 유연성을 지닌 평생 학습 프로그램이기 때문이다.

…… 루안 브리젠딘, 『여자의 뇌』(2006)

미국 신경정신과 의사 루안 브리젠딘은 아예 한 발 더 나가, 여자의 뇌와 남자의 뇌만을 각각 다른 두 권의 책을 썼다. 그러나 핵심 내용은 무어와 제슬의 책과 똑같다고 해도 과언이 아니다. 물론 세부적인 내용에서는 조금 더 풍부하긴 하지만.

일반적으로 남성의 뇌가 9%가량 크다. 하지만 여성과 남성의 뇌는 크기에서만 약간 차이가 있을 뿐, 뉴런의 수는 똑같다. 여성 뇌의 크기가 상대적으로 작은 것은 뇌세포들이 좀 더 밀집되어 있기 때문이다. 여아는 상대방이 표정이 없거나 자기와 눈을 맞추지 않으면, 자기의 말을 듣지 않고 자신을 무시하는 것으로 해석한다. 그러나 남아는 상대방이 표정이 없거나 자기와 눈을 맞추면, 자신을 공격할 잠재적인 적으로 간주한다. 여자가 가능한 한 분노를 피하려고 하듯, 남자는 가능한 한 감정을 피하려고 한다.

…… 루안 브리젠딘, 『여자의 뇌』(2006)

인간의 뇌는 무게로 따지자면 몸무게의 2%에 지나지 않지만, 총 신진대사 에너지의 25%와 혈중 포도당의 40%를 소비한다. 첫돌이 될 때까지는, 뇌의 메커니즘을 생성하고 다듬는 일에만 신진대사 에너지의 50%가 사용된다. 첫돌이 지나면서 남아는 1년 여아는 2년 정도 사춘기에 버금가는 성호르몬이 분비되어, 태아 때 설치해 놓은 남성과 여성의 뇌를 시험 가동해서 프로그램들의 상태를 꼼꼼히 체크한다. 그 후엔 6세 정도까지 점검기록을 검토하는 시간인 '휴지기'에 들어간다. 사춘기가 남녀 모두에게 힘든 시기인 이유는, 향후 삶을 이끌어갈 '호르몬과 이성(理性)'이라는 두 개의 하이브리드(hybrid) 엔진을 풀(full) 가동하면서 길을 들이는 시기이기 때문이다. 이성[초자아]은 휴지기 이후 꾸준히 길을 들여온 거지만, 본성이 아니라서 20대 초반까지는 계속 노력해야 비로소 완전히 자신[자아]과 하나가 된다. 반면에 호르몬[이드]은 조금도 노력할 필요가 없는 본성이다. 그것은 사춘기에 들어서면서 폭발적으로 굉음을 내며 작동하기 시작한다. 사춘기가 예민하고 감정의 기복이 심하고 충동적일 수밖에 없는 이유다.

10대 소녀의 뇌는 모든 관심을 '외모'에 집중한다. 이 시기 소녀들의 생물학적인 존재 이유는, 오로지 인기 있는 남학생들에게 성적(性的)으로 매력적인 대상이 되는 데 있다. 10대 소녀의 뇌는 사회적 약속을 지키는 데는 거의 반응을 보이지 않는다. 한 반에 정말 예쁜 여학생이 있으면, 다른 여학생들이 나쁜 소문을 지어내서라도 그녀를 질투하고 집단 따돌림을 시키곤 한다. 그 여학생이 남학생들의 관심을 한 몸에 받기 때문이다. 물론 10대 소녀의 뇌는 여성들 고유의 기술과 능력, 예를 들어 관계를 잘 유지하기 위한 커뮤니케이션의 기술과 주변 사람을 따뜻하게 보살피는 능력 개발에도 최선을 다한다. 이 시기부터 소녀의 뇌는 매달 반복되는 에스트로겐-프로게스테론의 파도를 경험하게 된다. 감정을 감지해 내는 스펙트럼도 더 넓어진다. 그래서 10대 소녀의 하루하루는 변화무쌍하다.

…… 루안 브리젠딘, 『여자의 뇌』(2006)

하지만 기대와 달리 멋진 남자친구와 친밀한 관계를 맺으려는 시도는 실망스러운 결과로 끝날 때가 더 많다. 남자친구는 대화를 지루해하면서 게임이나 했으면 좋겠다고 생각하고 있을 가능성이 크기 때문이다. 남자는 사교에 그다지 관심이 없고, 오랜 시간 이야기하는 것도 좋아하지 않는다. 하지만 그것은 그의 잘못이 아니다. 테스토스테론이 소년의 뇌를 장악하고 있기 때문이다. 말을 곧잘 하던 소년이 10대가 되면서 갑자기 과묵해지고 자폐증 수준의 단음절로 말하게 되는 이유이기도 하다. 테스토스테론은 10대 소년들을 사회화에 관한 관심에서 멀어지게 만드는 대신, 성적(性的) 호기심에 집중하게 만든다. 10대 소년들은 또래 소녀들보다 3배 이상의 성욕(性慾)을 느끼고, 이와 같은 성욕(性慾)의 차이는 평생 이어진다.

남성이 갈등과 경쟁을 즐기고 그것을 통해 오히려 활력을 얻는다면, 여성은 갈등이 발생하면 스트레스를 받고 상심하고 두려워한다. 10대 소녀가 외톨이가 되는 것에 강한 공포를 느끼는 것은 결코 이상한 일이 아니다. 그래서 소녀들은 동성 친구들끼리 끊임없이 수다를 떤다. 그런데 소녀들이 은밀히 수다를 떠는 장소가 왜 하필 화장실일까? 왜 걸핏하면 방문을 걸어

잠그고 전화기에 매달려 소곤거리는 걸까? 소녀들은 더욱 친밀한 관계를 위해 또래 친구들과 '비밀'을 만든다. 성적(性的)이고 낭만적인 일들을 속삭이면서 비밀을 공유하면, 옥시토신과 도파민이 대량 분비되어 쾌감의 정도가 높아진다. 이런 쾌감은 여성에게 오르가슴을 제외하면, 가장 크고 빠른 신경 화학적인 보상이다. 따라서 10대의 딸이 전화통에 매달려 살거나 친구와 메시지를 끊임없이 주고받는다고 해서 크게 걱정할 필요는 없다. 하지만 그렇다고 정상적인 생활이 지장을 받을 정도로 내버려 둬서도 안 된다.

사춘기를 지나면서부터 남성은 주로 '테스토스테론'과 '바소프레신(vasopressin)'의 안내로, 여성은 주로 부신에서 분비되는 아드레날린과 뇌에서 분비되는 노르아드레날린(noradrenaline)의 진구체(前驅體, precursor)로 의욕·행복·기억·인지·운동 조절 등 다방면에 관여하는 '도파민(dopamine)'과 '옥시토신(oxytocin)'의 안내로 사랑에 빠진다. 사랑에 빠지면 '콩깍지가 씌었다'고 표현하는데, 과학적으로도 사실이다. 마약에 중독된 것처럼, 전전두엽은 거의 마비 상태가 되면서 뇌의 통제권을 주로 감정을 담당하는 변연계(邊緣系, limbic system)가 움켜쥐기 때문이다. 그래서 사랑에 빠지기 전에 상대방을 철저하게 부분별로 평가해봐야 하지만, 생각과 달리 매우 어려운 일이다. 하지만 어려우니까 노력하고 훈련해야 한다. 사랑하는 사람을 단 몇 시간이라도 못 보면 죽을 것 같지만, 그런 상태가 평생 지속될 순 없다. 밤이 낮이 되고 낮이 밤이 되듯, 사랑은 '감정'이고, 모든 감정은 '호르몬'에 의해서 조절되므로, 모든 감정은 저마다 소위 '유통기한'이 정해져 있다. 죽을 것 같은 사랑의 유통기한도, 대략 길게 잡아야 평균 1년을 넘지 않는다. 그때부터 고요하고 깊은 '정(情)'의 세계가 시작되는데, 이것이 '진정한 사랑'이라고 할 수 있다. 이것을 브리젠딘은 '욕망과 갈망'의 신경회로에서 '애착과 유대'의 신경회로로 전환된다고 표현한다. 만일 그렇지 않고 시종일관 열정과 짜릿함의 흥분으로만 들떠 있다면, 아이를 낳고 보살피는 일은 거의 불가능하다.

소위 텐션(tension)이 높은 매우 열정적인 사람은, 오로지 호르몬이 절정에 이른 흥분의 감정에만 충실한 경향이 있다. 소위 바람둥이의 전형이다. 이런 사람들은 대체로 키가 크고 잘생기고 언변(言辯)이 좋은데, 이것이 바로 여성들이 본능적으로 원하는 이상형이다. 그래서 브리젠딘도 여성이 자상하고 친절하고 경제적으로 풍요로워서 가정을 잘 지켜줄 수 있는 남성과 결혼하지만, 다른 한편으로는 여성에게 성적(性的) 만족을 줄 수 있는 바람둥이를 찾는 경우도 많다고 지적한다. "아주 오랫동안 여성들은 이 두 부류가 하나로 합쳐지기를 갈망했지만, 슬프게도 과학은 이것이 소망에 불과하다는 것을 확인시켜준다"는 말도 덧붙이면서 말이다. 손뼉은 마주쳐야 소리가 난다. 대다수 남성이 바람을 피운다면, 그들이 동성애자가 아닌 다음에야 그만큼 바람을 피우는 여성도 있다는 증거다.

남성이 성관계와 관련해서 여성을 오해하듯, 여성도 대화와 관련해서 남성을 오해한다. 낭만적인 사랑과 모성애는 모두 도파민과 옥시토신의 수치를 높이기 때문에, 엄마의 뇌는 낭만적인 사랑에 빠졌을 때와 매우 흡사하다. 표정을 읽어내고, 목소리의 톤을 해석하고, 감정적 뉘앙스를 평가하고, 타인의 내면 깊숙한 곳에서 뿜어져 나오는 비언어적인 신호를 해석하는 것, 이것이야말로 여성만의 뛰어난 능력이다. 이런 재능은 말 못 하는 아기들의 욕구를 예측할 수 있어야 하는 여성들에게는 꼭 필요한 것이다.

임신 기간 내내 여성의 뇌는 태아와 태반에 의해 만들어지는 호르몬에 흠뻑 잠기고, 몸에도 많은 변화가 찾아온다. 프로게스테론 수치가 정상보다 무려 10~100배나 치솟고, 가슴은 부드러워지며, 뇌 회로는 졸음에 취한 듯 기분 좋은 상태에 빠진다. 이로 인해 이전보다 더 많은 휴식과 음식을 원하게 된다. 특정 냄새에 과도하게 민감해지면서 토할 것 같은 느낌의 입덧은 태아에게 해가 될지도 모르는 음식을 먹지 말라는 뇌의 신호이기도 하다. 임신 4개월 무렵이 되면 호르몬 변화에 익숙해지면서 정상적으로 심지어는 게걸스럽게 먹기 시작한다. 5개월 무렵이면 복부에서 가스가 보글거리는 느낌이 드는데, 뇌가 아이의 움직임을 기록하고 있다는 신호이다.

포유류의 세계에서 출산에 따른 뇌의 변화만큼 특이한 현상은 없다. 새끼 양이 어미의 산도(産道)를 통과할 때, 옥시토신은 어미 양의 뇌를 한순간에 재설정해서 새끼 냄새에 절묘할 만큼 민감하게 만든다. 새끼가 태어난 직후 채 5분이 안 되는 순간에 어미 양은 갓 태어난 새끼의 냄새를 각인한다. 그 후부터 어미 양은 오로지 자기 새끼만을 보살피면서 다른 양의 새끼는 밀쳐낸다. 인간도 이와 비슷하다. 그래서 엄마들은 여러 아기 중에서 자기 아기 냄새를 90% 이상 정확하게 구별해 낼 수 있다. 아기의 울음과 움직임도 마찬가지이다. 작은 손가락과 발가락 모양·숨넘어갈 듯한 울음·헐떡임 등은 엄마 뇌에 문신처럼 새겨진다. 한번 엄마의 뇌로 변화하게 되면, 이는 평생 지속된다. 놀라운 건, 자녀를 입양한 때도 마찬가지라는 사실이다.

…… 루안 브리젠딘, 『여자의 뇌』(2006)

남성은 성관계에서의 만족과 횟수로, 여성은 정서적인 대화와 평소의 스킨십으로 배우자의 사랑을 판단한다. 그래서 남성이 주로 바람을 피우는 시기는, 아이가 태어나서 유치원에 들어갈 때까지의 양육기와 상당 부분 겹친다. 모유 수유하면서 아이를 양육하는 엄마는, 성관계에서는 가끔만 느낄 수 있는 사랑 받고 있다는 느낌과 깊은 유대감 그리고 육체적·정신적 만족을 넘칠 정도로 날마다 맛보는 셈이다. 이 시기에 자기는 안중에도 없냐는 남성의 하소연은 매우 타당하다. 이 시기에 여성은 정서적으로 남성의 필요성을 거의 느끼지 못하기 때문이다. 하지만 장단점은 종이 한 장 차이다. 소중하다고 여겨지는 대상에게 자신의 모든 신경 체계를 통합한다는 것이, 바로 여성의 가장 큰 단점이다. 즉 어릴 때는 엄마를, 커서는 사랑하는 남성을, 출산 후에는 자녀를 자신의 자아로 받아들여서 정신적으로 한 몸이 된다. 그래서 자녀를 먼저 떠나보낸 엄마는, 마치 자신이 죽은 것처럼 실신하고 극한의 슬픔을 경험한다. 자녀를 가슴에 묻은 엄마의 삶은 10년이 아니라 100년이 지나도, 살아 있지만 사는 게 아니다.

공격성은 여성과 남성 모두에게 중요한 생존 수단이다. 여성이 남성보다 더 착한 특성이 많다는 사회적·과학적 관점은 왜곡된 신화일 뿐이다. 여성도 공격성을 드러낸다. 다만 대부분은 직접적이기보다 은근한 방식으로 공격성을 발현할 뿐이다. 그래서 상대적으로 거칠게 공격성을 드러내는 남성에 비해 덜 공격적인 것처럼 보일 뿐이다.

…… 루안 브리젠딘, 『여자의 뇌』(2006)

브리젠딘도 남성과 여성의 영역별 차이를 제시한다. 여성은 언어와 청각 피질에 남성보다 11%나 더 많은 뉴런을 갖고 있다. 여성이 1분당 250개의 단어를 사용하는 반면, 남성은 1분당 125개의 단어밖에 사용하지 않는다. 남아들은 여아들의 어휘력을 따라잡기는 하지만, 말하는 속도는 좀처럼 따라잡지 못한다. 정서와 단기 기억을 담당하는 영역인 '해마(海馬, hippocampus)'는 여성이 남성보다 조금 더 크지만, 시상하부에서 성적(性的) 충동에 할애된 뉴런들이 밀집해 있는 영역은 남성보다

2.5배 더 작고, 부정적인 감정과 공격성을 담당하는 영역인 '편도체(扁桃體, amygdala)'도 남성보다 조금 더 작다. 게다가 남성의 편도체에는 테스토스테론 수용기들이 여성보다 더 많다. 그래서 남성이 여성보다 더 쉽게 흥분하고 더 쉽게 물리적인 폭력을 사용할 확률이 높다. 사고나 위협 혹은 사건들에 편도체가 강하게 반응하면 할수록, 해마는 경험에 더욱 상세한 꼬리표를 붙이게 된다. 부정적인 사건들과 보기 싫은 사람의 얼굴이 훨씬 더 오래 기억되는 이유다.

하지만 이것들은 특정 영역이 상대적으로 약간 더 크거나[많거나] 작다는[적다는] 것일 뿐, 전체적으로 가감(加減)하면 남녀 모두 저마다의 독특함을 비슷하게 가지고 있는 셈이다. 따라서 이것을 어떤 특성이 누구에게는 있고 누구에게는 없다는 식의 극단적인 사고방식으로 받아들이거나 아니면 누구는 착하고 누구는 구제 불능이라는 식의 가치판단으로 받아들이면 절대 안 된다. 남성이 여성에게 화를 분출하면서 폭력을 행사하면, 그 폭력은 대개 가시적인 흔적과 육체적인 고통을 남긴다. 반대로 여성은 가시적인 흔적이 남지 않는 말로써 남성의 능력과 자존감을 짓뭉갠다. 그것이 남성에게는 정신적인 죽음과 다름없는 고통이라는 사실을 너무도 잘 알고 있으면서도, 여성은 "내가 뭐라고 했길래? 다 사실이잖아. 안 그래?"라며 확인 사살하고 발뺌하는 여유까지 보인다. 둘 다 똑같은 폭력이다.

여성들은 평균적으로 자신보다 키가 10cm 정도 더 크고 3세 이상 나이가 많은 파트너를 찾으려는 경향을 보인다. 여성들에게 가장 안전한 선택은, 오랫동안 자기 곁에 머물 수 있는 남성을 고름으로써 아이와 자신을 보호하고 식량·은신처·다른 자원에 접근할 기회를 높이는 것이다. 그렇다면 남성의 뇌는 어떤 방식으로 배우자를 고를까? 대부분 남성은 육체적으로 매력적이면서 자신보다 2세 정도 어린 여성을 선호한다. 모든 문화권에서 깨끗한 피부·도톰한 입술·윤기 나는 긴 머리카락·'S'라인의 몸매를 가진 여성을 선호한다. 이 요소들이 나이·건강·다산성을 나타내는 강력한 표시이기 때문이다.

…… 루안 브리젠딘, 『여자의 뇌』(2006)

남성은 예쁜 얼굴과 몸매에 어리고 처음 만나는 여성에게 소위 말해서 한순간에 뿅 산나고 욕을 먹곤 한다. 욕먹어도 할 수 없다. 그렇게 생겨 먹었으니 말이다. 그러나 바로 이 지점에서, 그렇다면 여성은 어떤지는 쏙 빠진 채 대화가 마무리되곤 하기에 오해와 편견이 생기는 것이다. 여성은 키가 크고 잘생긴 남자에게 한순간에 뿅 간다. 남성 아이돌에게 열광하는 여성 팬들과 여성 아이돌에게 열광하는 남성 팬들을 비교해 보면, 여성 팬들의 집착과 열광은 상상을 초월한다. 남성들은 침을 질질 흘리다가도 뒤돌아서는 순간 웬만하면 일상으로 돌아오지만, 여성들은 아예 정신은 그곳에 놓은 채 몸만 일상으로 돌아온다. 이런 오해나 편견은 공격성뿐만이 아니라 사랑하는 배우자를 찾는 과정에서도 드러난다. 남성은 매우 단순하고 초지일관(初志一貫)한다. 예쁜 얼굴과 몸매에 어리면 더는 바라는 게 없다. 하지만 여성은 큰 키에 잘생긴 남성이 자신에게만 모든 신경을 쏟으며 자상하게 함께 있기를 원하는 동시에 직장에서도 성공을 거둬 경제적으로 풍요로움까지 선사해 주기를 바란다. "난 별로 큰 욕심은 없어. 그저 평범하게~"라는 말로 포장한다고 해도, 그건 몇몇 슈퍼맨만 가능한 조건일 뿐이다. 중년의 이혼녀는 중년의 이혼남들이 '돈 많은 간호사'를 찾는다는 점에 분개하지만, 그것은 바로 젊은 시절 그녀들이 찾으려고 했던 남성상이다. 누구를 욕하자는 게 아니다. 남녀가 서로의 생물학적 본성과 차이를 '인정'하지 않는 순간부터 문제가 발생한다는 말을 하고 있을 뿐이다.

계속해서 수많은 호르몬이 등장할 것이다. 그래서 미리 호르몬과 관련한 몇 가지 기본 사항을 살펴보는 게 도움이 될 것이다. 좁은 의미에서 정의하자면, 여성호르몬은 '에스트로겐'과 '프로게스테론'이고, 남성호르몬은 테스토스테론·항뮐러관호르몬(AMH, anti-Mullerian hormone)·디히드로에피안드로스테론(DHEA, dehydroepiandrosterone)의 총칭인 '안드로겐'이라고 할 수 있다. 넓은 의미에서는, 여성은 '옥시토신'과 '프로락틴(prolactin)'을 남성은 '바소프레신'과 '안드로스타디에논(androstadienone)'을 추가할 수 있다. 남성 호르몬이든 여성 호르몬이든 상관없이 모든 호르몬은, 남성은 고환과 부신에서 여성은 난소와 부신에서 분비된다. 다만, '8 : 2'나 '7 : 3' 같은 농도나 수치 또는 비율의 차이가 있다. 그리고 '안드로스테네디온(androstenedione) · 코르티솔(cortisol) · 도파민 · 노르아드레날린 · 세로토닌(serotonin)'은 남녀 모두에게 거의 똑같은 정도로 작용한다. 이제 하나씩 살펴보자.

'에스트로겐'은 여성의 골밀도를 강화하고, 혈압을 낮추고 혈류의 양을 일정하게 유지해서 뇌졸중을 예방하며, 지방의 손실을 최소화하고, 체모의 발달을 억제한다. 그래서 여성은 진한 수염이 거의 나지 않는다. '프로게스테론'은 난자를 배출한 여포가 황체로 변하면서 분비되어 수정란이 잘 착상해서 성장할 수 있도록 자궁 막을 개조하는 역할을 한다. 수정란이 자궁에 착상해서 태반을 형성하면, 태반에서도 분비되어 더는 수정하지 못하게 즉 배란이 일어나지 않도록 억제하고, 출산이 임박해서는 젖샘의 발달을 촉진한다. '옥시토신'은 스킨십과 포옹또는 성관계를 통해 분비되는 호르몬으로, 낭만적인 편안함 · 친밀감 · 신뢰감 · 애착 형성이 주된 역할이다. 그러나 다량 분비되면 판단력이 흐려지는데, 성관계 중 여성의 뇌에서 다량 방출된다. 출산 시 자궁을 수축시켜서 분만이 원활할 수 있도록돕지만, 성관계 직후 소량 분비되는 것만으로도 남성에게는 졸음을 퍼붓는 주범이 되기도 한다. 황체자극호르몬(LTH, luteotropic hormone)인 '프로락틴'은 아기가 젖을 잘 빨 수 있게 젖샘을 자극하고, 그런 아기를 잘 키울 수 있도록 아기에게 애착을 느끼게 하는 호르몬이다. 그래서 젖샘자극호르몬(lactogenic hormone)이라고도 불린다. 남성에게는 성적(性的) 욕구를 감소시켜서 아빠의 역할에 충실하게 만든다.

뮐러관호르몬을 억제하는 뮐러관억제물질(MIS, Müllerian inhibiting substance)인 '항뮐러관호르몬'은 테스토스테론과 함께 태아의 뇌와 몸을 남성화시킨다. 뮐러관호르몬이 여성의 생식기관 전반(全般)을 구성하는 물질이기 때문이다. '테스토스테론'의 주된 기능은 '성욕(性慾)·공격성·집중력'의 향상이다. 땀샘에서 남성의 페로몬인 '안드로스타디에논'을 발산하게 한다. 배란 직전의 여성이 안드로스타디에논에 노출되면, 6분이 채 지나지 않아 기분이 좋아지고 예민해진다. 여성에게 일에 몰두해 땀을 흘리는 남성이 멋있게 보이는 이유다. 오로지 여성의 뇌만이 남성의 안드로스타디에논 페로몬을 감지할 수 있다. 성관계 중 뇌에서 다량 분비되며 옥시토신이 여성에게 끼치는 것과 거의 흡사한 영향을 남성에게 끼치는 '바소프레신' 분비도 활성화한다. 테스토스테론은 근육 발달에도 관여하기 때문에, 운동선수들에겐 선악과(善惡果)나 다름없는 스테로이드 호르몬의 주원료이기도 하다. 부신·고환과 난소·뇌에서 분비되는 천연 스테로이드 호르몬이자 성호르몬의 전구체가 'DHEA'다. 여성의 자궁 속에서는 성호르몬보다 200배 이상 더 많다. 20대에 절정에 이르렀다가 빠른 속도로 감소해서 80대 후반이 되면 거의 사라진다. DHEA를 포함해서 에스트로겐과 테스토스테론을 만드는 또 다른 재료가 '안드로스테네디온'이다. 이것이 테스토스테론으로 전환되면 근육과 뼈의 생성을 돕고, 에스트로겐으로 전환되면 뼈의 손실을 늦춘다.

긴장하거나 스트레스를 받으면 가장 먼저 부신피질(副腎皮質)에서 '코르티솔'이 분비되어, 부신수질(副腎髓質)을 자극한 후 헐레벌떡 뇌의 시상하부로 이동해서 큰일 났다며 '노르아드레날린'의 분비를 자극한다. 그러는 사이 코르티솔에 의해 자극을 받은 부신수질은 서서히 '공격-도피' 호르몬인 아드레날린의 분비를 끌어올린다. 그런데 여기에 놀라운 사실이 있다. 그렇게 스트레스를 받고 긴장하는 순간이 동시에 쾌감과 흥분을 느끼게도 한다는 것이다. '티로신(tyrosine)'이라는 단백질의 아들이 성호르몬과 발맞춰 함께 높아지고 낮아지며 성취욕과 쾌락 중추(中樞)를 자극하는 '도파민'이고, 도파민의 아들이 바로 '노르아드레날린'이기 때문이다. 즉 노르아드레날린의 분비가 도파민의 분비를 촉진한다는 것이다. 그래서 고통-쾌감·행복-불행·성공-실패가 늘 함께 붙어 다니는 건지도 모르겠다. 주의력과 기억력을 높이고 활력을 불러일으키는 '세로토닌'은, 행복·안정감·자긍심을 주기 때문에 소위 호르몬들의 지휘자라고 불린다. 끝으로 엔케팔린(enkephalin)으로 대표되는 '엔도르핀(endor-

phin)'은 통증 완화효과를 지닌 아편성 단백질의 총칭이다. 식
욕을 조절하고, 뇌하수체를 통한 성호르몬의 분비를 촉진하며,
뇌의 쾌락 중추와 밀접하게 연결되어 있다.

남자의
뇌

여성의 뇌에서는 '에스트로겐·프로게스테론·옥시토신'이 뇌 회로에 작용해서 여성의 전형적인 행동을 유발한다. 남성 뇌에서 그런 역할을 하는 것은 '테스토스테론·바소프레신·(가장 일찍 시작해서 오랫동안 지속적인 영향을 미치는) 항뮐러관호르몬'이다. (…) 남아와 여아의 뇌 구분이 (유전자·신경 화학물질·호르몬 등) 생물학적으로 시작되긴 하지만, 그것은 단지 시작일 뿐이다. 뇌 구조는 한때 생각했던 것처럼 아동기 말기에 확정되는 것이 아니라 평생 계속, 생각보다 훨씬 뉴연하게 변한다.

태아가 남자라면, 임신 8주에서 18주까지 고환에서 분비되는 테스토스테론이 남성의 몸을 만들기 시작함과 동시에 여성형으로 출시된 뇌를 포맷한다. 포맷이 완료되면, 테스토스테론은 항뮐러관호르몬과의 협업을 통해 몸에서 여성의 생식기관을 제거하는 동시에 뇌에는 남성으로 성장하는 데 필요한 프로그램들을 하나씩 설치한다. 이런 생물학적인 이유로, 태어나자마자부터 아이들은 어떻게 놀아야 한다는 어른들의 생각과 교육과는 상관없이 남아는 '경쟁' 놀이에 더 관심을 두고 여아는 '협동' 놀이에 더 관심을 둔다. 남아에게는 작든 크든 승리가 매우 중요하다. '사회적 서열[위계]'이 '자아정체성', 곧 존재 이유이기 때문이다.

…… 루안 브리젠딘, 『남자의 뇌』(2010)

남아는 자신이 직접 움직이거나, 물건을 움직이게 하거나, 물건이 움직이는 것을 보는 걸 즐기도록 프로그램되어 있다. 남아에게서 발현된 유전자는 움직이는 물체를 찾아내 쫓아가고, 과녁을 맞히고, 자신의 힘을 시험하고, 적을 격퇴하는 놀이를 하고 싶은 욕구를 촉발한다. 아기가 울음을 터뜨릴 때, 여아는 곁에 있는 엄마와 눈을 마주치면 울음을 그치지만, 남아는 흔들리는 모빌을 발견하면 엄마가 옆에 있다는 사실조차 잊고 그 움직임에 온통 정신을 빼앗긴다. 이런 차이는 문화·양육·교육 등으로 강화되기도 하지만, 그 최초의 출발점은 바로 뇌다. 아이들은 어떻게 놀아야 한다는 어른들의 생각과 교육과는 상관없이, 남아는 '경쟁 놀이'에 더 관심이 있고 여아는 '협동 놀이'에 더 관심이 있다. 남아들은 손에 잡히는 건 무엇이든 무기로 활용할 확률이 여아들보다 6배나 높고, 여아들은 남아들보다 순서를 지키며 교대로 노는 데 20배나 더 능숙하다. 아기와 유대감을 키우는 열쇠는 '상호 응시', 즉 서로 상대의 눈을 쳐다보는 것이다. 그러나 그것은 여아들에게는 맞는 말이지만, 남아들은 그렇게 오랜 상호 응시 없이도 유대를 맺는다. 출생 직후부터 생후 1년까지, 남아의 뇌는 성인 남성과 똑같은 수준의 높은 테스토스테론 수치에 흠뻑 젖어 있다. 이후 테스토스테론 수치는 떨어지지만, 항뮐러관호르몬은 10세까지 여전히 높은 수준을 유지하면서 남성 특유의 뇌 회로를 형성하고 강화한다.

남아가 세 살 반 정도 되었을 때 듣는 제일 심한 욕이 '여자애'라고 불리는 것이다. 그리고 네 살이 넘어가면 여아와 함께 노는 남아는 다른 남아들에게 즉시 거부의 대상이 된다. 다섯 살 정도가 되면, 남아들은 이기기 위해서라면 무슨 짓이든 하려 한다. 속이는 일도 서슴지 않는다. 게임에 지기라도 하면 큰 충격을 받고 실의에 빠진다. 그래서 남아들의 게임은 싸움으로 끝나는 일이 대부분이다. 남아에게는 승리가 매우 중요하고, 남아들에게 놀이의 진정한 목적은 사회적 서열을 정하는 데 있기 때문이다. 스포츠든 다른 경쟁에서든, 성공과 실패는 남아의 자의식 형성에 큰 영향을 미친다. 남아는 신체적 한계를 시험하면서 세상에서의 자기 위치를 확인한다. 그래서 남아가 떠벌리는 목록에는 꼭 싸움뿐만이 아니라 하다못해 방귀나 트림을 가장 크게 혹은 가장 길게 하는 일까지도 포함된다. 고등학생이나 대학생이 되면 대개 주량(酒量)을 자랑하게 되는 것도 같은 이유이다.

7~8세쯤 된 남아는 힘과 공격성을 과시할 때 뇌에서 도파민이 분비되어 기분이 좋아진다. 완력과 욕설을 함께 사용하면 그 효과는 더욱 좋다. 남아들이 겁도 없이 서로 위험한 짓을 벌이는

이유는 다치고 싶어서가 아니다. 다만 다치는 것을 감수하고서라도 도파민이 주는 흥분과 쾌감을 맛보고 싶은 것이다. 이때의 남아는 무엇보다 다른 남아들이 하는 말에 가장 큰 관심을 보인다. 선생님은 두 번째, 여아들은 순위에 들어간다고 하더라도 가장 마지막인 세 번째다. 이 나이 때의 여아들 역시 남아들과 노는 걸 좋아하지 않는다. 또래에서 우두머리가 되는 남아는 다른 남아들보다 테스토스테론 수치가 높다. 놀라운 사실은 7세가 될 무렵 무리에서 차지한 순위로 그 아이가 15세가 되었을 때 남아들 서열에서 차지할 위치를 예측해 볼 수 있다는 점이다.

자신은 실제로 움직이지 않은 채, 운동선수나 게임 캐릭터의 움직임을 '지켜보는 것'만으로도 남아는 스릴을 느낀다. 실제로 몸을 움직이지 않아도 '거울 뉴런(mirror neuron)'의 영향으로 게임 캐릭터를 점프시킬 때마다 남아의 뇌에서도 점프할 때 쓰이는 근육을 제어하는 뉴런이 활성화되어 실제로 꿈틀거린다. 이것이 나이와 상관없이 남자들이 여자들보다 게임에 중독되는 확률이 압도적으로 높은 이유다. 예를 들어 처음으로 '달리다'라는 단어를 배우는 남아의 뇌는 자신의 다리 근육에 신호를 보내 꿈틀거리게 만든다. 과학자들은 이 과정을 '체화된 인지(embodied cognition)'라고 부른다. 이 현상은 인간의 뇌에 모두 해당하지만, 특히 남아에게 두드러지는 듯 보인다. 그렇기에 꼼지락대는 아이가 가만히 앉아 있는 아이보다 학습 능력이 뛰어나다. 5세쯤 된 남아는 뇌의 두정엽에 있는 공간 - 운동 영역을 양쪽 다 사용해 물체의 상을 머릿속에서 회전시킨다. 그러나 여아는 한쪽 영역만 사용한다. 흥미로운 점은 남성의 뇌에서는 공간 - 운동 영역이 항상 '켜진 상태'로 고정되어 있지만, 여성의 뇌에서는 '꺼진 상태'로 대기하고 있다가 필요할 때만 켜진다는 사실이다.

사춘기에 접어든 남아들에게 무엇보다 극적인 변화는, 시상하부에 있는 성적(性的) 욕구 회로가 여아들의 뇌에 있는 그것보다 2배가량 커진다는 점이다. 하지만 사춘기 소년의 마음속에 온통 성적인 생각만 들어차 있는 것은 아니다. 테스토스테론은 바소프레신의 분비도 자극한다. 이 둘은 힘을 합쳐 남아의 방(room)을 방어해야 할 자기만의 영토로 인식하도록, 그리고 또래의 혹평에 민감해지도록 만든다. 그리고 이 두 호르몬이 코르티솔과 섞여서 몸과 뇌를 흠뻑 적시면, 자기의 지위와 영역에 대한 도전들에 대해 '공격 - 도피(fight-or-flight)' 반응을 준비하게 만든다. 우리 뇌는 수십만 년 동안 지위를 의식한 계급사회 속에서 살아오면서 형성되었기 때문이다.

…… 루안 브리젠딘, 『남자의 뇌』(2010)

남아가 소년기를 지나 사춘기로 접어들고 있다는 가장 극적인 신호 중 하나는, 새로운 냄새를 발산하기 시작한다는 것이다. 암내[액취(腋臭)]까지는 아니고 땀에 젖은 양말 냄새 쪽에 더 가까운 그 냄새의 주범은, 남성의 땀샘이 테스토스테론의 영향을 받아 발산하는 소량의 페로몬인 안드로스타디에논이다. 이제 변화된 뇌 회로와 높아진 호르몬 수치 때문에 부모의 말마다 이의를 제기하며 복종하지 않고, 성적(性的) 파트너를 찾고, 자기 멋대로 행동하고, 남성들의 위계질서 속에서 자기 자리를 지키기 위해 투쟁하고, 배우자를 발견하게 될 것이다. 테스토스테론이 현실 감각을 지배하게 되면서 강하고, 용감하고, 절대 패배하지 않을 것 같은 느낌으로 충만해질 것이다. 무엇이 되었든 승리는 뇌 안에서 엄청난 호르몬을 분비하게 하고, 그것은 마치 마약과 같은 자연적인 흥분상태를 가져온다. 바로 이것이 아무리 사소한 일이라도 내기를 걸어서 그 일을 경쟁으로 탈바꿈시키려는 남성들의 행위를 설명해 주는 이유일 수 있다.

남아가 아동기 동안 부모와 얼마나 조화로운 관계를 유지했는지와는 관계없이, 사춘기는 모든 것을 바꿔 놓는다. 항뮐러관호르몬 수치는 떨어지는 대신, 바소프레신의 증가와 더불어 테스토스테론이 20배 정도 증가한다. 테스토스테론을 맥주라고 치면, 9세부터는 매일 700밀리리터 한 컵 정도를 마시다가 사춘기에 들어서는 15세부터는 매일 7리터에 달하는 양을 마시는 셈이라는 브리젠딘의 비유는 확 와닿는다. 이때를 '질풍노도(疾風怒濤)의 시기'라고 부르는 이유다. 분리와 독립을 향한 사춘기 소년들의 강렬한 충동은, 원시적이고 본능적이다. 사춘기에 이른 다른 영장류 수컷들에게서도 독립적이고 무모한 행동을 똑같이 볼 수 있다. 사춘기 소년들은 모든 것을 통제할 수 있다는 확신에 빠져 있다. 자기 혼자서도 얼마든지 훌륭한 결정을 내리고, 어른들 참견 없이 인생을 잘 살아갈 수 있다고 확신한다. 하지만 사실은 전혀 그렇지 못하다. 10대의 뇌는 완전히 다른 두 개의 시스템으로 운영된다. 하나는 가속 페달 같은 역할을 하는 '편도체의 충동 시스템'이고, 다른 하나는 브레이크 역할을 하는 '전전두엽의 억제 시스템'이다. 그런데 안타깝게도 억제 시스템의 완성과 함께 리모델링이 완성되는 시기는 (시작 이후 8~9년 정도가 흐른) 군대에서 제대할 무렵인 25세 정도다. 결국 10대 소년은 가속 페달은 멀쩡한데 브레이크에 결함이 있는 셈이다. 그래서 어느 정도 부모의 통제기 꼭 필요하다. 이이기 원한다는 이유를 핑게로, 아이가 원하는 것을 들어주는 것이 좋은 부모의 자세라는 착각을 핑계로, 10대 소년이 자신의 삶을 알아서 하게 내버려 두는 건 부모의 인생에서 가장 후회할 선택이 될 수 있음을 명심해야 한다.

앞서서 공부하고 있는 사춘기 소년의 뇌를 스캔해 보면, 전전두엽이 공부에 집중시키기 위해 깜빡거릴 것이다. 하지만 테스토스테론과 바소프레신은 전전두엽의 노력을 비웃듯 터지듯 분출되고, 마침 그때 재수 없거나 자신을 비웃은 친구의 얼굴이 떠오르면 코르티솔 수치가 올라가면서 공격-도피 회로가 활성화될 것이다. 그러면 위협 – 공포의 중추인 편도체도 활성화된다. 그러다가 학교에 꽉 끼는 옷을 입고 온 여학생의 모습이 스치고 지나가면, 성적(性的) 회로도 활성화되면서 더욱 주의가 산만해진다. 사춘기 소년들이 미래의 꿈이 없어서가 아니다. 다만 그들의 뇌가 아직은 미래에 대해 많은 생각을 하게끔 프로그램화되어 있지 않을 뿐이다. 모험적이고 자유를 추구하는 일을 하는 대신 공부를 한다는 건, 사실 사춘기 소년들에게는 거의 불가능한 일이다.

남아가 11~12세 무렵이 되면 뇌 속의 수면 시계가 변하기 시작한다. 테스토스테론 수용기가 뇌의 '시교차상핵(SCN, suprachiasmatic nucleus)' 속 시계 세포를 재설정해서 늦게까지 깨어 있고 아침에는 늦게 일어나게 한다. 14세가 되면 잠드는 시간이 또래 여아보다 1시간 정도 더 늦춰진다. 이때부터 여성이 폐경기에 이르는 때까지 남성은 여성보다 늦게 잠들고 늦게 일어난다. 그래서 사춘기 소년은 대부분 새벽 2시가 넘어서야 잠들고, 주말에는 늦잠을 잔다. 그것 때문에 늘 엄마와 싸운다. 우리가 가장 궁금한 이유에 대해서, 브리젠딘은 입을 다문다. 여러 이유가 있겠지만 그중 한 가지는, 잠은 체온이 떨어질 때 오는데, 사춘기 땐 신진대사가 가장 왕성하고 그 결과 활동하는 시간이 길어져서 체온이 떨어지는 속도가 더디기 때문이다. 뇌가 요구하는 사춘기 소년들의 수면시간은 최소 10시간이다. 만약 학교 시스템과 교사들이 정말 사춘기 소년들이 열심히 공

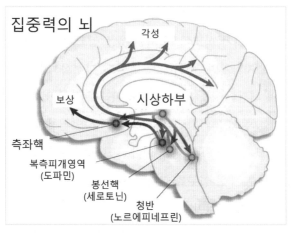

집중력의 뇌

각성

보상   시상하부

측좌핵

복측피개영역
(도파민)

봉선핵
(세로토닌)

청반
(노르에피네프린)

쾌락[보상] 중추의 위치

(출처 : 가톨릭대학교 의정부성모병원 소아청소년과 김영훈 교수의 PPT 〈스스로 생각하는 강한 아이 키우기〉)

부하길 원한다면, 수업을 몇 시간쯤 늦게 시작해야 할 것이다.

사춘기 소년들의 뇌에 있는 쾌락 중추는, 어른이나 아이와
비교했을 때 거의 중독 수준이다. 그래서 사춘기 소년들은 피
범벅의 특수 효과와 싸움과 총질이 난무하는 영화를 좋아한다.
사실 브리젠딘의 이 책뿐만 아니라 여러 책에서 '쾌락 중추'나
'보상 중추'라는 말을 사용하면서도, 정확히 그곳이 어디인지
는 아무런 설명 없이 지나가는 경우가 허다하다. 쉽게 말해서
두 용어는 동의어이고, 그곳은 반구(半球)마다 하나씩 있는 '측
좌핵(NA, nucleus accumbens)[중격핵/중격측좌핵/중격의지핵/기댐핵]'

과 '복측피개영역(VTA, ventral tegmental area)[배쪽덮개영역]' 그리고 '시상하부'를 잇는 삼각지대라고 보면 된다. 봐서 알겠지만, 용어의 통일이 절실하다.

성관계를 가질 때 남녀 모두 복측피개영역에서 도파민이 생성되는 동안 쾌감을 느끼고, 충분히 생성된 도파민이 측좌핵으로 이동해서 남성이라면 테스토스테론과 바소프레신, 여성이라면 에스트로겐과 옥시토신과 섞이면서 중독성 강한 물질이 되어 머리부터 발끝까지 사랑에 푹 빠진 행복한 상태로 만든다. 이런 중독이 반복 강화되면서 도파민이 종착역이자 사랑하는 사람의 모습과 특징을 기억하는 영역인 '꼬리핵(CN, caudate nucleus)[미상핵(尾狀核)]'에 도착하면, 상대방의 아주 작은 하나까지도 모두 기억 속에 영원히 각인된다. 문자 그대로 이제 상대방은 잊을 수 없는 사람이 되는 것이다. 브리젠딘이 콕 집어 말한 꼬리핵은, 특히 공포와 불안에 대한 감정의 학습 및 기억을 담당하는 아몬드 모양의 '편도체(扁桃體, amygdala)' 그리고 맥락 의존적인 장기기억[서술기억]을 담당할 뿐 감정에 관한 기억은 담당하지 않는 '해마(海馬, hippocampus)'와 하나의 통일된 영역을 구성하고 있다. 해마는 1cm 정도의 지름과 5cm 정도의 길이로, 10^7개의 뉴런으로 구성되어 있으며 한 개의 뉴런이 대략 2만~3만 개의 뉴런과 연결되어 있다. 따라서 뇌에는 두 가지 독립적인 기억 시스템이 있다고 할 수 있다. 하나는 감정이 개입되지 않은 사물이나 사건에 대한 기억이고, 다른 하나는 감정이 더해진 기억이다. 남성은 사실과 사물을 기억하지만, 여성은 사실뿐만 아니라 자신이 느낀 감정의 모든 세부 사항까지 기억한다.

사춘기 소년들의 특징은 말이 매우 짧아지고, 말하는 횟수도 줄어들며, 잔뜩 불만만 가득 찬 표정으로 툭하면 짜증을 내거나 성질을 부린다는 점이다. 말이 짧아지고 말하는 횟수도 줄어드는 건 테스토스테론 때문이고, 뭐 같은 표정에 짜증과 성질만 부리는 건 타인의 감정 없는 얼굴이나 지루해하는 얼굴을 비우호적이고 적대적인 표정으로 인식하게 하는 바소프레신 때문이다. 이 두 호르몬의 협업으로 사춘기 소년들은 거울을 보면서 더욱더 무뚝뚝하고 험상궂은 표정을 연습하기도 한다. 자기 얼굴을 포함해서 화가 난 얼굴을 쳐다보는 것만으로도 테스토스테론 수치가 증가하고, 그에 따라 투쟁심도 높아지며, 결과적으로 그것이 사회적 서열[위계]을 끌어올리고 권력을 획득하는 지름길이라서 그렇다. 그래서 테스토스테론 수치가 가장 높은 사춘기 소년들은 짜증이 더 심하고 참을성도 더 없다.

너무 더워서 계곡으로 놀러 갔다. 계곡을 따라 흐르는 물소리며 새소리에 10대 소녀는 감탄사를 연발하지만, 10대 소년의 귀엔 그저 물소리이고 새소리일 뿐이다. 듣고 싶지 않은 소리와 대체로 반복되는 자연의 소리인 백색 소음(white noise)은, 들리긴 들려도 뇌가 처리하지 않도록 테스토스테론이 그 회로를 억제해 놓아서 그렇다. 그래야만 필요할 때 집중력을 조금 더 높일 수 있으니까. 그렇다 보니 늘 똑같은 단어와 톤으로 반복되는 엄마의 잔소리는 10대 소년의 뇌에는 '소음'으로 인식되어 차단되는 셈이다. 빛의 흰색처럼 다양한 소리의 스펙트럼이 혼합되어 전체적으로 일정하고 편안함을 주는 소음이라고 해서 붙여진 '백색 소음'으로는, 바람 소리·파도 소리·빗소리·물 흐르는 소리 등이 있다. 백색 소음은 '랜덤 노이즈(random noise)'이기에, 특정한 음높이를 똑같이 유지하는 시계 소리는 포함되지 않는다. 다만 고정된 멜로디가 없고 50데시벨(dB) 이상이기에, 우리에게 좋은 백색 소음이라도 음악이 아니라 소음으로 분류되는 것이다.

코에 포착되는 무취의 냄새인 페로몬은 유전 정보를 전달한다. 유전적으로 잘 어울리는 남녀, 즉 가장 다른 유전자를 가진 남녀가 서로의 냄새를 가장 달콤하게 생각한다. 만약 상대방의 체취가 나쁜 냄새로 느껴진다면, 우리는 이유도 모른 채 갑자기 그(녀)에게 흥미를 잃을 것이다. 짝짓기 게임에서 키스는, 키스 이상의 의미를 내포한다. 그것은 유전적인 취향을 확인하는 일이다. 침에는 인체의 모든 분비선과 기관에서 나온 분자가 포함되어 있기 때문이다. 키스를 통해 받아들인 소량의 테스토스테론조차도 여성을 흥분시킬 수 있다.
여성에게 성적으로 매력을 느낀 남성은 가능한 한 빨리 그녀와 성관계를 갖고 싶어 하지만, 여성들은 남성들보다 3배나 더 긴 시간을 기다리고 싶어 한다. 영장류에서 기꺼이 고기를 제공할 의지가 있음을 보여주는 수컷들이 암컷과 교미할 기회를 더 많이 포착하고, 그들의 자손을 남길 확률이 높다. 마찬가지로 연구자들은, 여성의 성욕을 촉진하는 데 남성의 힘과 지배력을 과시하는 일만큼 효과적인 것은 없다고 말한다. 데이트하는 남성이 늘어놓는 거짓말의 목록은 전 세계적으로 공통된다. 남성들은 자신이 가진 부·지위·사회적 관계·사업적 성공 등을 과장한다.

…… 루안 브리젠딘, 『남자의 뇌』(2010)

소년이 자라서 사랑하는 여성을 찾을 때는, 후각과 촉각과 미각이 동원된다. 코로 자기와 유전적으로 잘 맞을 여성의 체취를 느끼고, 촉각으로 자기에게 편안함과 안정을 주는 여성의 피부를 느끼며, 키스를 통해 미각으로 성적(性的) 취향을 분석한다. 사랑 회로와 성(性) 회로가 점차 합쳐지게 되면, 특정 여성을 '자기만의 사람'으로 인식한다. 물론 남성들 모두가 그런 것은 아니지만, 대다수의 사랑에 빠진 남성들은 그렇다. 청년기 남성이 조심해야 할 것은, 자기 애인을 친구들에게 소개하고 자랑하고 싶은 마음이다. 남성들 사이에선 종종 김건모의 〈잘못된 만남〉이 현실이 되는 경우가 적지 않기 때문이다. 정말로 친구의 애인이 자기가 찾던 이상형일 수도 있겠지만, 브리젠딘은 다음처럼 이유를 설명한다. "짝을 가로채는 남성은 성취감이 두 배가 된다. 여성의 원래 애인이던 남성을 꺾었다는 승리감과 동시에 여성도 차지하는 성취감까지 누릴 수 있기 때문"
이라고 말이다. 부인하기 쉽지 않은 설명이다.

'게이(gay, 남성 동성애자)'와 이성애자의 뇌 사이에 기능적인
차이가 있다는 증거가 여럿 발견되었다. 뇌가 성장하면서 테스
토스테론과 상호작용하는 방식에서 비롯되는 생체시계[수면시
계]의 중추인 시교차상핵의 크기는, 게이가 일반 남성보다 두
배 정도 크다. 뇌의 양쪽 반구를 연결하는 신경 다발인 뇌량
도, 게이는 여성보다는 작지만 일반 남성보다는 더 크다. 이것
은 게이가 여성들처럼 언어 능력이 뛰어나다는 발견과도 일치
한다. 그리고 여성처럼, 게이의 시상하부는 동성(同性)인 남성
의 페로몬에 자극받는다. 남자와 여자라는 양극단 사이엔, 수
많은 중간 지점이 존재할 수 있음을 인정해야 한다.

아침에 햇빛이 시교차상핵을 자극하면, 시교차상핵은 햇빛
의 양과 세기에 관한 정보를 뇌의 배터리라고 할 수 있는 뇌간
(brainstem)의 '망상체(reticular formation)[그물체]'에 전달해서 뇌를
깨우는 동시에 세로토닌을 통해서 뇌의 정중앙에 있는 '송과선
(pineal gland)[솔방울샘]'으로 정보를 전달해 '멜라토닌(melatonin)'
분비를 중지하게 한다. 그 결과 잠에서 깨고, 그렇게 깬 시간
은 자동으로 업데이트되어 생체시계의 알람이 재설정된다. 잠
에서 깬 후 보통 8시간 주기로 다시 멜라토닌이 분비되면서 졸음

이 찾아온다. 식곤증의 이유는, 바로 그때가 잠에서 깬 지 8시간쯤 되기 때문이다. 섭취한 점심을 소화하느라 뇌에 공급되는 혈액의 양이 줄어들어서 그런 건 아니다. 식사 후에도 뇌로 가는 혈류량은 항상 일정하다. 식사 후에는 일시적으로 혈당이 높아진다. 고혈당을 유발하는 단순당[단당류(simple sugar)]을 과다 섭취했다면 혈당은 더 급격히 오르고, 그에 따라 혈액 내의 포도당[글루코스(glucose)]을 에너지 저장 형태인 다당류 글리코젠[글리코겐(glycogen)]으로 변환하는 인슐린(insulin)도 과다 분비되면서 일시적인 저혈당이 일어나 졸음이 쏟아지기도 한다. 그럴 땐 식사 후 바로 몸을 움직여서 인슐린이 과다 분비되지 않도록 하는 게 좋다. 물론 고혈당인 경우에도 졸음이 쏟아지긴 한다. 글루코스가 당장 직접적으로 사용할 수 있는 손에 쥐고 있는 현금이라면, 글리코젠은 주머니 속 지갑이나 집안 금고에 넣어둬 몇 번의 중간 과정을 거쳐야만 사용할 수 있는 현금이라고 생각하면 된다.

출생 후 몇 주 만에 아기는 모습·냄새·소리·느낌을 통해 엄마와 아빠의 차이점을 구별한다. 아빠들은 양육 초기에 엄마와 아기 사이의 생물학적 유대관계에서 감히 적수가 되기 어렵다. 하지만 생후 3개월 정도 되어 아기의 수면시간이 줄어들고 상호작용하는 시간이 늘어나면서부터, 아빠가 아기의 인생에 등장하기 시작한다. 아빠가 놀아주는 특별한 방식이 자녀의 호기심을 더욱 북돋우고 학습 능력을 향상시킨다. 엄마들의 놀이와 달리 아빠들의 놀이는 좀 더 신체 중심적이며 거칠다. 아빠의 놀이가 훨씬 창의적이고 예측 불가능하기 때문에 아이에게는 여러모로 자극이 된다. 아빠의 창의성은 놀이할 때뿐만 아니라 아기에게 말을 하거나 노래를 할 때도 (가사를 즉흥적으로 바꾸는 것 등에서) 드러난다. 연구자들은 이런 종류의 놀이가, 다른 사람의 생각을 짐작하는 능력 그리고 정신적인 책략과 속임수를 알아채는 능력을 향상시킨다는 것을 발견했다. 그리고 아빠가 엄마보다 자녀에게 좀 더 직접적인 명령을 내린다. 아빠의 말투는 실제 세상에서 사람들과 의사소통하기 위한 중요한 가교(假橋)가 된다. 세상으로 나간 아이는 다른 사람들이 엄마처럼 자기 마음을 읽고 모든 필요를 만족시켜 줄 수 없다는 사실을 곧 깨닫게 될 테니 말이다. 현대적인 양육 스타일은 자상한 아빠를 더 훌륭하다고 규정하는 경향이 있지만, 연구 결과는 그 반대가 진실이라고 말한다. 대부분 아빠는 딸을 도울 때 가장 큰 친밀감을 느낀다. 아들을 도와주면서도 친밀감을 느끼기는 하지만, 아들의 경우엔 더욱 강하고 굳세게 성장시키는 게 주된 목적일 때가 많다.

…… 루안 브리젠딘, 『남자의 뇌』(2010)

결혼 후 예비 아빠가 된 남성 모두가 공감 임신(共感妊娠)인 '쿠바드증후군(Couvade syndrome)'을 겪는 건 아니지만, 대부분 예비 아빠는 여러 가지 복합적인 감정을 겪는다고 브리젠딘은 말한다. 리투아니아계 캐나다 영장류학자 비루테 갈디카

스의 『에덴의 벌거숭이들』(1996)에서도 볼 수 있듯이, 비루테가
아들 빈티를 출산하자 그녀의 남편 로드는 혼란에 빠졌다. 여
성인 비루테에게 있어서 어머니가 되는 건 여성스러움의 자연
스러운 표출이었지만, 남성인 로드에게 있어서 아버지가 되는
건 남성다움의 시험대였기 때문이다. 로드에게 아버지가 된다
는 건, 빈티를 안아 주고 함께 놀아주며 사랑하는 문제가 아니
라 경제적인 문제임을 비루테는 이해하지 못했다. 남성은 태어
난 자기 아이와 아내를 자기 힘으로 부양할 수 없다면, 남성으
로는 모르겠지만 아버지로서는 실패자라고 느낄 수밖에 없음
을 여성인 비루테는 이해하지 못한 것이다. 이 위기를 잘 극복
한 아빠들은 '아이와의 말장난·조금은 위험한 놀이·규칙'이라
는 울타리를 치고 늘 경계 태세를 갖추고 있는 모습을 보임으
로써, 이이의 성징에 큰 영향을 끼치게 된다.

일단 화가 나면 멈추기가 어려운 남성들이 있다. 그런 남성
들의 분노는 테스토스테론과 바소프레신과 코르티솔이 혼합된
가장 강력한 연료를 공급받기 때문이다. 남성들은 보통 테스토
스테론 수치가 높은 상태에서 분노가 폭발 직전에 이르면, 왠
지 기쁨을 느끼면서 스스로 더욱 흥분한다. 이런 남성들은 지
배적인 성향이 강하기 때문에 도전을 받았을 때 훨씬 과도한
반응을 보이지만, 그러는 동안 자기의 행동은 잘 인식하지 못
한다. 이런 남편에게 맞서서 같이 소리를 지르고 분노를 표출

하는 아내는, 자신도 모르게 남편의 테스토스테론 분비를 더욱 증가시키는 꼴이 된다. 그래서 싸움을 더 격렬하고 오래가게 만든다.

그런데 사실 남편의 이런 성향은 데이트 초반부터 드러나게 마련이다. 당시에 여성은 그런 남성의 태도가 믿음직스럽게 느껴졌을 것이다. 그래서 결혼했을 테고. 얄궂게도 처음에는 테스토스테론 수치가 높은 성격에 매력을 느꼈던 여성이 시간이 흐른 후엔 바로 그 점 때문에 헤어지고 싶어 한다. 장점이 단점이 되고, 단점이 장점이 되는 게 세상의 이치다. 매너(manner) 있는 남성이 좋아서 결혼했는데 결혼 후에도 남편이 다른 여성들에게 똑같이 행동하는 게 문제가 될 수 있고, 터프(tough)한 게 멋져 보여서 결혼했는데 결혼 후 그 터프함이 가정 폭력으로 돌아올 수도 있다. 그러니 여러 페르소나 중 하나에만 꽂히지 않도록 조심하는 게 좋다. 배우자를 선택할 땐 '논리적으로 말할 줄 아는지, 타인의 말을 인정하고 수용할 줄 아는지, 자기 말에 책임을 질 줄 아는지' 적어도 이 세 가지는 꼭 따져 보길 바란다. 만약 그렇다면 그 사람은 스스로 생각해서 판단할 줄 알고, 언제든 잘못된 점을 고칠 가능성이 있으며, 변명과 핑계를 대지 않는 믿을 수 있는 사람일 확률이 높다고 볼 수 있으니까. 사람은 변하지 않고, 고쳐서 쓸 수도 없다는 말을 무슨 진리인 양 말하는 사람이 많다. 나도 충분히 동의한다. 다만 변하는 사람도 분명히 있다. 만약 변할 수 있는 사람과 변하지 않을 사람을 미리 구별할 수 있다면 얼마나 좋을까? 위에서 언급한 세 가지 조건이 바로 변할 수 있는 사람을 알아볼 수 있는 기준이라고 할 수 있다.

남성과 여성 사이에 존재하는 분쟁의 상당 부분은 서로의 선천적인 차이점을 파악하지 못하는 데서 기인한 비현실적인 기대 때문에 발생한다.

…… 루안 브리젠딘, 『남자의 뇌』(2010)

아이를 키워 독립시킨 노년의 남성은 여생(餘生)을 '외로움'이라는 보이지 않는 적과 힘겹게 싸워가야 한다. 그때 든든히 곁을 지켜주는 아내마저 없다면 즉 소위 독거노인이라면, 그 싸움은 더욱 힘겨울 수밖에 없다. 그래도 어쩌겠는가? 그것이 삶이라면, 즐겁게 받아들이고 묵묵히 살아낼 수밖에. 억지로라도 밖으로 나가 동호회 활동도 하고 지역 봉사도 하는 게 많은 도움이 될 것이다. 남성들은 외로움을 약함과 동일시하는 경우가 많지만, 사실 외로움은 매우 중요한 생존 방법이다. 자연은 일부러 외로움이 남성의 뇌에 고통을 유발하게 만들어 놓았다. 그래서 외로움을 피하도록 최선을 다하게 말이다. 외로운 사람들은 그렇지 않은 동년배보다 1.7년 더 일찍 사망한다. 장기적으로 봤을 때, 외로움은 흡연만큼이나 건강에 해로울 수 있다. 남성이 고립되어 혼자 살아가면 일상생활이 반복적인 습관이 되어 뇌 회로에 각인된다. 얼마 지나지 않아 누군가 일상을 방해하면 남성은 짜증을 낸다. 그래서 심술궂은 노인, 즉 소위 '꼰대'가 되는 것이다. 100년 전에는 남성 갱년기가 매우 드물었다. 20세기 초반까지도 미국 남성의 평균 수명은 45세 정도였기 때문이다. 평균적으로 남성은 50~65세 사이에 '남성 갱년기'라는 호르몬의 변화를 겪는다. 남성 갱년기 동안 남성의 고환은 20대의 3분의 1에서 절반 정도의 테스토스테론밖에 생산하지 못한다.

우리가 사랑에
빠지는 이유

너무 남녀의 차이에만 집중했다는 생각이 든다. 그래서 남녀의 사랑을 집중적으로 탐구한 캐나다계 미국 인류학자 헬렌 피셔의 이야기를 잠시 살펴보며 마음을 진정시켜 보자. 어차피 남녀의 가장 현실적인 차이는 바로 이어서 정리할 생각이니까.

사랑을 얻는 데 따르는 어려움이야말로, 사랑을 값지게 만드는 것이다.

…… 헬렌 피셔, 『왜 우리는 사랑에 빠지는가?』(2004)

사랑에 빠지면 눈이 멀고 콩깍지가 씐다. 사랑하는 사람과 육체적·정서적·심리적으로 온전한 하나가 되고 싶어 하는 욕구가 너무 강해서, 자아의 경계조차 허물어지기 때문이다. 그래서 사랑하는 사람의 사랑을 얻기 위해 자신의 습관·버릇·가치관·삶의 우선순위들조차 자발적으로 싹 다 바꾸고 재정립한다. 이것이 사랑의 위대함인가 보다. 그러나 사랑이 원할 때마다 쉽게 얻어지면, 재미없다. 첩첩산중으로 자신의 사랑을 가로막는 고통과 장애

물을 극복해 가는 것이 제맛이라는 사실을 모르는 사람은 없을 것이다. '로미오와 줄리엣 효과(Romeo and Juliet Effect)'다. 특히 남성들은 자기의 고백을 덥석 받아 주는 여성보다는, 완전한 거절도 아니고 완전한 승낙도 아니면서 애간장을 태우는 여성에게 제대로 사랑의 불길이 활활 타오른다. 그래서 '여자는 튕기는 맛이 있어야 한다'는 시쳇말도 있는 것이다. 왜 그럴까? 자신이 원하는 사랑, 즉 보상을 너무도 빠르고 쉽게 획득하면 도파민이 분비될 시간이 부족해서다. 도파민은 '완료 행위'가 아니라 '예측 행위' 그러니까 '애간장이 타면서 노심초사하는 과정'에서 콸콸 분비되기 때문이다. 고통 없는 행복도 없고, 노력 없는 성취도 없으며, 땀 없는 만족감도 없다는 것이 삶의 진리임을 다시 느낀다.

뇌 속의 도파민 수치가 올라가면, 절대 흔들리지 않는 '동기부여'와 '목적 지향적인 행동'이 생긴다. 도파민 수치가 높아지면, 흥분뿐만 아니라 강해진 에너지·신경과민·불면·식욕 상실·두근거림·가빠지는 호흡 그리고 때에 따라서는 광증(狂症)과 두려움도 생겨난다. 의존과 갈망은 중독의 징후이고, 인간에게 대부분 중독은 모두 도파민 증가와 관련 있다. 도파민 수치가 올라가면, 테스토스테론의 수치도 높아진다. 도파민에서 만들어지는 노르에피네프린의 효과는 그 물질이 작용하는 뇌의 부위가 어디냐에 따라 다양하게 나타난다.

…… 헬렌 피셔, 『왜 우리는 사랑에 빠지는가?』(2004)

사랑이라는 불꽃의 주원료인 도파민은 테스토스테론과 밀접히 관련되어 있고, 테스토스테론은 성욕(性慾)과 함께 공격성도 담당하고 있다. 그러나 사랑과 분노가 비록 밀접히 연결되어 있다고 하더라도, 분명히 서로 다른 별개의 체계다. 그래서 '애증(愛憎)'이라는 말처럼 무서울 정도로 화를 내면서도 여전히 매우 사랑할 수 있다. 러시아 작가 안톤 체호프의 단편소설 「곰」(1888)의 중년의 악덕 지주(地主) 스미르노프(Smirnov)는 젊은 과부 포포바(Popova)의 집을 찾아간다. 그녀의 죽은 남편이 빌려 간 돈을 받기 위해서였다. 스미르노프는 돈을 내놓으라고 포포바는 그럴 형편이 안 된다며 가져갈 게 있으면 다 가져가라고 피 튀기는 욕설을 퍼붓다가 마침내 스미르노프가 총까지 꺼내 들지만, 그렇게 싸우는 사이 그들은 서로에게 끌리기 시작했고 급기야 서로에게 사랑을 고백한다. 고대 수메르의 여왕으로 바빌로니아에서는 이슈타르(Ishtar)라고 불리는 이난나(Inanna)가 바빌로니아에서는 탐무즈(Tammuz)라고 불리는 목동 두무지(Dumuzi)와 처음 사랑에 빠졌을 때도 말다툼하던 중이었다. 드라마에서도 잘생긴 남성 상사와 예쁜 여성 신입사원이 허구한 날 의견대립을 일으키며 으르렁대다가 연인 관계로 발전하는 게 흔한 소재인 이유다.

사랑하고 싶은 사람을 발견하면, 가장 먼저 꼬리핵이 사랑하고 싶다는 욕망을 수줍게 넌지시 표현한다. 그러면 도파민이 복측피개영역에서 분비되어 알았으니까 조금만 기다리라며 꼬리핵을 진정시키고, 측좌핵을 어루만져 기분 좋은 흥분을 느끼게 하면서, 앞으로 어떤 보상이 있을지 기대하고 우선순위를 정하는 '안와전두피질(OFC, orbitofrontal cortex)'을 거쳐, 계획했던 보상에 대한 점검 시스템이자 관제탑인 '복내측전전두피질(vmPFC, ventromedial prefrontal cortex)'에 도착한다. 테스토스테론은 더 열정적으로 행동하게 만들고, 테스토스테론이 자극한 도파민은 사랑을 위한 행동에서 피곤함을 잊게 하며, 도파민에서 만들어진 노르아드레날린은 사랑하는 사람과 있었던 일들을 세세한 것까지 빠짐없이 기억할 수 있도록 편도체와 해마를 자극해서 가장 진하고 눈에 띄는 꼬리표를 만들어 붙인다.

최대한 많은 후손을 낳기 위한 기본적인 욕구 시스템인 '성적(性的) 욕망'은 남녀 모두 주로 테스토스테론과 관계가 있고, 그중에서도 특별히 좋아하는 개인에게 모든 관심을 집중하게 해서 구애의 시간과 에너지를 최소화하기 위해 진화된 '낭만적인 사랑'은 뇌 속 천연 흥분제인 도파민·노르에피네프린·세로토닌과 연결되어 있으며, 적어도 아이 하나를 기를 수 있을 동안 만큼은 그 아이를 낳은 짝과 함께 살 수 있도록 진화된 '애착'은 주로 옥시토신과 바소프레신에 의해 생겨난다.

우리가 누군가를 사랑할 때 욕정(欲情)을 느끼는 이유는, 낭만적인 사랑의 화학물질인 도파민과 노르에피네프린이 테스토스테론의 분비

를 자극할 수 있기 때문이다. 물론 테스토스테론도 도파민과 노르에

피네프린의 분비를 자극할 수 있다. 그렇다면 거꾸로 욕정이 낭만적

인 사랑을 자극할 수도 있을까? 가능하긴 하지만, 가끔일 뿐이다.

······ 헬렌 피셔, 『왜 우리는 사랑에 빠지는가?』(2004)

피셔는 사랑의 종류를 세 가지로 구분한다. 오로지 성적(性的)

욕망만을 의미하는 '정욕(情慾)'과 가장 일반적인 사랑에 해당하는

'낭만적인 사랑' 그리고 우리말의 정(情)에 해당하는 '애착'이 그것

이다. 사랑이 본능과 호르몬에 압도당한 상태라면, 정은 그것

들과 이성이 조화를 이룬 상태라고 할 수 있다. 그러나 사랑의

원동력이 호르몬이고 호르몬들은 밀접하게 연결되어 있어서

서로를 자극하기 때문에, 세 가지 사랑이 겹치거나 아니면 하

나의 대상에게 번갈아 가면서 등장할 수 있음도 당연하다. 피

셔는 특정 상대와 사랑에 빠지는 '환경적 조건'과 '유전적 조건' 그

리고 '심리적 조건'을 제시한다. 막 새로운 환경에 놓였거나 충분

히 돈을 벌기 시작했거나 아니면 외롭거나 힘든 경험으로 고통을

받고 있거나 시간적인 여유가 많아진 상황이 '환경적 조건'이고,

스위스 생물학자 클라우스 베데킨트의 '땀에 젖은 티셔츠 실험

(sweaty T-shirt experiment)'(1995)[121]으로 확인된 것처럼 사회적·

종교적·교육적·경제적 배경이 비슷하고 좌우 균형이 잘 잡힌 신

---

121 https://youtu.be/qgeZnuevxnA

체를 가지고 있되 잠재적이고 다양한 질병에 강한 저항성을 가질 수 있도록 면역반응 조절 유전자인 '항원복합체(MHC, major his-tocompatibility complex)[주요 조직적합성 복합체]'는 가능한 한 많이 다른 상대가 '유전적 조건'이며, 신비감 또는 새로움이 '심리적 조건'이다.

44명의 남성에게 깨끗한 티셔츠를 이틀간 입게 하면서 샤워와 향수 사용은 금지했다. 이틀 후 회수한 티셔츠를 49명의 여성에게 1인당 7장씩 냄새를 맡고 평가하게 했다. 그 결과 여성 참여자들은 자신들과 모든 면에서 비슷하면서도 특정 유전자의 차이가 가장 큰 남성의 땀 냄새를 선호하는 것으로 나타났다. 그래서인지 중세 유럽에서는, 무도회에서 여성들이 얇게 자른 사과를 자기의 겨드랑이 사이에 끼워뒀다가 마음에 드는 남성에게 건넸다고도 한다.

어느 문화권에서나 남성은 젊고 아름다운 여성을 선호한다. '젊음'은 번식과 관련되고, '아름다움'은 남성이 주로 사용하는 도구인 시각 및 공간지각 능력과 관련되기 때문이다. 이에 맞춰 여성은 본능적으로 아름다워 보이는 것에 목을 매게 되었다. 한편, 여성들은 모든 감각이 예민하다. 이 말은, 여성들을 유혹하는 방법이 그만큼 다양할 수 있다는 뜻이다. 바로 이런 점에 착안해서 여성을 유혹하기 위해, 즉 적자생존(適者生存)의 자연선택이 아니라 성(性)선택을 위해 최초의 화가·미술가·음악가·시인·작가·개그맨 등 인류가 쌓은 문명 대부분이 시작되었다고 주장하는 것이 미국 진화심리학자 제프리 밀러의 『연애』(2000)다.

특히 심리적 조건과 관련해서 피셔는 캐나다 심리학자 도널드 듀턴과 미국 심리학자 아서 애런이 캐나다 브리티시컬럼비아주의 밴쿠버에 있는 카필라노(Capilano)강의 두 다리에서 진행한 '흔들다리[현수교] 효과(suspension effect)'(1974)를 예로 들면서, 특이하거나 조금은 무섭고 위험하거나 흥분되거나 극적인 경험을 함께하라고 조언한다. 그러면 테스토스테론이 과다 분비되면서 도파민을 자극해 피곤함을 잊게 하고, 도파민에서 만들어진 노르아드레날린이 세세한 것까지 빠짐없이 기억할 수 있도록 편도체와 해마를 자극해서 가장 진하고 눈에 띄는 꼬리표를 민들이 붙일 테니 밀이다. 모험도 좋고, 해외여행도 좋고, 낯선 음식점이나 장소를 찾아가도 좋고, 저녁에 함께 오솔길을 걸어도 좋고, 판매 종료 직전에 티켓을 구매해서 영화나 스포츠 경기를 관람해도 좋고, 축제에 참여해도 좋다. '변화'와 '새로움'이야말로 뇌의 쾌락 중추를 자극해서 로맨스를 지속시켜 주는 요소이자, 낭만적인 사랑뿐만 아니라 삶의 순간순간을 '행복'으로 바꿔주는 묘약(妙藥)이기도 하기 때문이다. 그렇다면 삶이 소중하고 아름다운 이유는, 세상과 삶의 모든 것이 매 순간 끊임없이 변하기 때문일지도 모른다.

세계적으로 이혼을 하는 커플은 20대 중반에 하거나, 결혼하고 나서 4년이 되는 해쯤에 하거나, 아니면 자녀가 하나일 때 이혼하는 경향이 높다. 새끼가 홀로 삶을 살아갈 수 있을 때까지만 짝을 이뤄 생활하는 동물의 원칙이 사람에게도 적용되는 듯하다. 여성은 얼굴을 마주 보면서 그러나 남성은 옆으로 나란히 앉아서, 대화하고 일하고 놀 때 정서적으로 친밀감을 느낀다.

…… 헬렌 피셔, 『왜 우리는 사랑에 빠지는가?』(2004)

브리젠딘의 말처럼 전두엽이 제대로 성숙하지 못한 20대 초반에 성호르몬이 주도하는 본능이 사랑이라고 생각해서 결혼한 커플은, 20대 중반쯤 이성적으로 생각하고 사회적 상황을 종합적으로 검토하면서 자신들이 실수했음을 깨닫는 경우가 많다. 결혼 후 4년 이내에 이혼하는 경향이 높은 이유는, 활활 불타던 낭만적인 사랑이 완전히 꺼질 때쯤 그 사랑의 불씨를 '정(情)'으로 승화(昇華)해야 한다는 사실도 승화하는 방법도 알지 못하기 때문이다. 그리고 자녀가 하나일 때 이혼하는 경향이 높다는 건, 우리나라의 민담(民譚)인 〈선녀와 나무꾼〉을 떠올리게 한다.

피셔는 친밀감, 즉 애착 형성에 있어서 '자세'의 문제도 지적한다. 여성들은 진화의 초기 때부터 주거지에서 서로를 마주 보며 모여 앉아 대화하고 일했다. 아기를 양육할 때도 늘 가슴에 안고서 눈을 마주치며 쉼 없이 대화하고 어르고 자장가를 불러줬다. 그래서 여성은 눈을 맞추고 대화할 때 친밀감을 느낀다. 그러나 남성은 진화의 초기 때부터 동료들과 나란히 서서 들판을 돌아다니며 사냥했다. 눈앞에 보이는 건 모두 사냥감이나 적뿐이었다. 그래서 남성은 누군가와 눈을 마주치면 '공격-도피' 태세로 전환한다. 엘리베이터 내에서 낯선 남성 둘이 눈이 마주쳤다고 상상해 보면 충분히 이해될 것이다. 남성들이 스포츠와 야외 활동에 열광하는 건 그것이 공간을 탐색하면서 사냥하던 본능을 깨우는 동시에 함께하는 동료들이 옆으로 나란히 앉아 있기 때문이다. 술집에서 남성들은 마주 봐야 하는 테이블보다는 나란히 앉을 수 있는 바(bar)를 선호한다. 말수가 적은 건 사냥할 때 소리를 내는 건 금지 사항이었기 때문이고.

끝으로 피서는 '따로 또 같이' 즉 '함께 하되 그사이에 공간을 두라. 함께 서 있되 너무 가까이 붙어 있지는 말라'는 레바논계 미국 시인 칼릴 지브란의 말을 인용하면서, 나이를 불문하고 낭만적인 사랑의 열정에서는 '자율권[따로]'과 '친밀함[같이]'을 어떻게 적절하게 혼합하느냐가 핵심 과제가 될 것이라고 말한다. 내가 볼 때 대부분 사람은 모든 걸 풍족하게 다 가졌음에도 불구하고, 여전히 행복을 인생의 목표로 삼고 있다. 지금 순간순간이 행복하지 않은가? 그렇다면 너무 많은 걸 당연하게 소유하고 있기 때문이다. 재산이 되었든 재능이 되었든, 일상의 모든 것에서 '당연함'을 제거하고 여러분의 것을 이웃에게 '거저 주라'. 그러는 만큼 '놀라움'과 '감사'와 '감동'이 스며들고, 주변 사람이 여러분에게 '감사'하고 '행복'해하는 모습에 여러분도 덩달아 행복해질 것이다. 이것이 시간을 쪼개서 자원봉사를 하는 분들이 진심으로 행복해하고 기뻐하는 이유이기도 하다.

화성에서 온 남자, 금성에서 온 여자

무어와 제슬 그리고 브리젠딘과는 다르게, 당연히 과학자가 아니라 상담사이기 때문이겠지만 그레이는『화성에서 온 남자, 금성에서 온 여자』(1992)의 서문에서 "남녀 간의 차이가 왜 생기는 것인지에 관해서는 이 책에서 직접 다루지 않았다. 이는 생물학적 차이, 부모의 영향, 교육, 형제간의 서열에서부터 역사화 사회, 매스컴에 의해 조성된 문화적 환경에 이르기까지 다각적 접근이 필요한 내우 복잡한 문세이기 때문"이라며 한 발 뒤로 물러선다. 그렇다고 해도 그레이의 책은, 아이든 성인이든 남녀의 언어와 마음과 행동을 이해하는 데 최고의 길잡이 중 하나라고 할 수 있다. 그런데 놀라운 건, 이 책이 출간된 지 30년이나 지났음에도 여전히 대다수 남녀는 서로를 모르겠다고 상대방이 자신을 너무 몰라 준다고 하소연한다. 왜 남녀 간 이해의 폭은 좀처럼 좁혀지지 않을까? 무의식적인 습관처럼 모른다고만 되뇔 뿐, 알려고 하지 않아서일 게다. 모르는 건 죄다. 이제라도 죄 사함을 받아보자.

여성은 '공감'을 기대하는데, 남성은 그녀가 '문제 해결'을 바란다고 생각한다. 남성들이 여성들에게서 가장 흔히 느끼는 불만 가운데 하나는, 여성들이 늘 그들을 변화시키려 한다는 것이다. 여성은 (흔히 "그게 나 좋자고 하는 거야? 다 당신 잘되라고 그러는 거야! 나도 신경 안 쓰면 속 편하고 좋지 뭐!"라는 말을 앞세워) 남성을 개선하려 하지만, 남성은 여성에게 조종당한다고 느낀다. 남성이 원하는 것은 자신의 '능력을 인정받는 것'이다.

…… 존 그레이, 『화성에서 온 남자, 금성에서 온 여자』(1992)

'사물(things)'과 '사실(fact)'에 더 관심이 많은 남성은 '일(work) · 능력(ability) · 합리성[효율성(effectiveness)] · 성취(achievement) · 결과'가 삶에서 가장 중요하지만, '사람(person)'과 '정서[감정(emotion)]'에 더 관심이 많은 여성은 '사랑(love) · 개인적이고 친밀한 관계 맺음(private&intimate relationship) · 대화[이야기(communication)] · 과정(process) · 아름다움(beauty)'이 가장 중요하다. 나머지 모든 것은 바로 여기에서부터 파생한다.

수렵(狩獵)의 본성상, 남성에게 최고의 가치는 '능력'이다. 그래서 빈손이 아니라 뭔가를 사냥했다고 자기의 능력을 과시할 수 있는 '결과물'이 중요하다. 아무 데서나 툭 하면 힘자랑을 하고, 두세 명만 모여도 서열(rank)을 정하는 것 역시 '능력'과 관련되어 있기 때문이다. 반대로 여럿이 함께 채집하고 남성들이 사냥을 떠난 주거지에서 서로의 고민이나 육아 문제를 나누던 본성상, 여성에게 최고의 가치는 '관계 맺음'이다. 자신과 얼마나 자주 만나서 얼마나 많은 시간을 보냈는지가 상대와의 '친밀감'을 측정하는 기준이다. 여성이 '횟수(frequency)'와 '기념일' 같은 날짜 계산에 민감한 이유다. 게다가 집에서 남성이 사냥해 온 동물을 해부하던 본성 때문에 쇼핑할 때도 여성은 이것저것 다 들춰보고 입어보고 나서 사는 건 결국 몇 개 되지 않지만, 남성은 수렵 본성 그대로 자기가 사려는 것만 한 번에 딱 들고나오면 쇼핑 끝이다.

눈물 흘리는 것도 그렇다. 남성이 다른 사람들 있는 데서 눈물을 흘린다는 건, 자기의 무능력함을 드러내는 것이기에 있을 수 없는 일이다. 그래서 같은 반 남학생 친구가 울면, 남학생들은 "야! 뭐 그런 것 같고 우냐?"라며 우는 친구와 더 거리를 둔다. 그 친구의 무능력함이 자기에게도 전염될까 봐. 나아가 한두 마디의 해결책을 그럴듯하게 제시하면서, 그 친구의 문제가 별것 아니고 자신은 그런 문제 정도는 쉽게 해결할 수 있는 능력이 있음을 과시하기도 한다. 하지만 여성은 기뻐도 슬퍼도 걸핏하면 운다. 그렇게 울 때, 평소보다 더 많은 친구가 자기 주위에 몰려들기 때문이다. 그 순간 우는 여학생은 '관계의 확장'을 느낀다. 여성이 유독 약한 척하는 것도, 화장실을 혼자 가지 않는 것도, 모두 관계성을 높이려는 의도다.

남성은 상대의 부탁[요청]이 있기 전까지는 먼저 다가가지 않고, 자기의 부탁이 있기 전에 상대가 먼저 다가오는 것도 못 견딘다. 전자는 '오지랖'으로, 후자는 자기의 '무능력'으로 해석 되기 때문이다. 그러나 여성은 상대의 부탁이 있기 전에 먼저 다가가고, 자기의 부탁이 있기 전에 상대가 먼저 다가오기를 기다린다. 전자는 '관계 맺음'으로, 후자는 '공감'으로 해석되기 때문이다. 여성은 자신이 '사랑받기'에 부족한 사람이 될까 봐 두 려워한다. 그래서 여성에게는 거절과 비난과 버림받음이 그 무엇 보다도 가장 고통스러운 일이다. 남성은 자신이 '필요' 없는 사람 이 될까 봐 두려워한다. 남성은 '능력'이 최우선이니까. 그래서 남성은 여성이 자신을 꼭 필요한 사람으로 생각하고 있다고 느 낄 때 스스로 알아서 움직이는 기적을 보이고, 여성은 자기가 남성에게 사랑받고 있다고 느낄 때 더더욱 자발적으로 애정을 쏟는다. 남성은 '묵묵히 지켜봐 주는 신뢰'를 원하고, 여성은 '즉 각적이고 함께 하는 관심'을 원한다.

여성이 볼 때 남성이 부족해서가 아니라 지금도 좋지만 더 좋아지라고 남성에게 조언하는 이유는, 여성이 끊임없이 좀 더 낫게 만들고 싶어 하는 '과정'을 중시하기 때문이다. 그러나 그것은 남성에게 잔소리로, 즉 여성이 자기의 '능력'을 무시하 는 것으로 받아들여진다. 남성에게는 '고장 나지 않은 한 손대 지 말라'는 게 원칙이기 때문이다. 여성이 '공감'을 원하는 이유는 그것이 '대화'를 통한 '관계 맺음'을 포함하기 때문이고, 남성이 '문제 해결'에 집착하는 이유는 그것이 자기의 '능력'을 과시할 최고의 방법이기 때문이다. 남성이 여성의 감정에 공감하지 못하고 '해결하거나 고치려고' 하는 것이 잘못이듯, 여성이 남성을 그대로 두지 않고 '개선하려고' 노력하는 것 역시 다툼의 근원이다. 그럴 때 여성은 "분명히 잘못된 점이 눈에 보이는데, 어떻게 '개선' 하지 않고 그대로 두죠?"라고 불평하고, 남성은 "분명히 잘못된 것이 눈에 보이는데, 어떻게 '고치지 않고' 그대로 두죠?"라고 불평한다.

남녀 간 다툼의 가장 큰 원인은, 서로 사용하는 어휘의 의미가 다르기 때문이다. 여성이 남성에게 자기 말에 '전혀' 귀를 기울이지 않는다고 말할 때, 여성의 '전혀'라는 말은 그 순간 그녀가 느낀 '좌절감의 정도'를 표현하는 것일 뿐이다. 여성에겐 '정서[감정]'가 중요하니까. 하지만 '사실'이 중요한 남성은 '전혀'라는 어휘를 사전적(辭典的)으로 해석해서 '합리적'으로 반박한다. '전혀'라는 건 '0%'라는 건데, 자기는 어쨌든 아내의 말을 듣긴 들었으니 '전혀' 안 들은 건 아니라고 말이다. 이러니 싸울 수밖에. 말싸움이 벌어지면, 남성은 여성의 말 속도를 도저히 따라갈 수 없는 데다가, '욱' 하는 공격성을 담당하는 테스토스테론이 여성보다 훨씬 높은 까닭에 곧 "할 말 다 했어?"라고 버럭 화를 내면서 문을 박차고 나가는 상황이 반복된다. 그러면 그렇게 나가는 남성의 뒤통수에 대고 여성은 "(할 말) 시작도 안 했다!"고 소리친다.

　남성은 여성이 사용하는 어휘 중 특히 다섯 가지만큼은 매우 신경 써서 들어야 한다. 첫째 여성의 "알았어!"는 "당신이 잘못했다는 걸 아직도 몰라? 그럼 더는 대화할 필요도 없겠네"라는 뜻이다. 둘째 외출 준비하는 여성의 "5분만"은 "30분 정도 더 필요해"라는 말이고. 셋째 "아무것도 아냐!"라는 건 폭풍 전의 고요함을 암시하는 말로, "뭘 잘못했는지 모르시겠다? 말하기 귀찮으니까 당신이 방금 한 일들을 자세히 되짚어 봐!"라는 말로, 일종의 경고인 셈이다. 그 경고를 남성이 못 알아들으면, 대체로 첫 번째 표현인 "알았어!"라는 말로 대화가 끝나곤 한다. 넷째 "알았어. 먼저 해!"라는 건 '허락'이 아니기에 절대 먼저 하면 안 된다. 오히려 끝까지 자신을 먼저 배려해 달라는 말이다. 다섯째 여성이 긴 한숨을 내쉬는 건 "당신! 바보야? 당신 같은 사람하고 말하고 있는 내가 미쳤지!"라는 무시무시한 표현이다.

　어휘의 의미가 다른 것만으로도 벅찬데, 남성에게는 넘어야 할 산이 또 하나 있다. 바로 여성의 은유적이며 가르치는 듯한 화법(話法)이 그것이다. 여성은 뭔가를 부탁하기 전에 상대가 스스로 알아서 행동하는 게 당연하다고 생각하기 때문에, 굳이 뭔가를 해달라는 말을 하는 것 자체가 여성에게는 실망이고 짜증이다. 그래서 첫마디부터 대체로 "뭐 잊은 거 없어?" "뭘 잘못했는지 몰라서 물어?" "그런 걸 굳이 말해야 알아?"라는 간접적이고 비난 섞인 말들이 튀어나온다. 그런 식으로 말하면 남성이 뭔가 깨닫는 게 있을 거로 생각하지만, 그건 여성의 착각일 뿐이다. 남성은 '비난'을 '무능력'과 동일시하기 때문에, 생각은커녕 즉각적으로 감정적인 거부 반응에 휩싸일 뿐이다. 남성에게는 "방 한 번 쳐다봐 봐. 뭐 느끼는 거 없어?"라고 말하는 대신, 최대한 직접적으로 "방 청소 좀 부탁할게"라고 말해야 한다. "나 뭐 달라진 거 모르겠어?"보다는 "나 머리 조금 잘랐는데, 어때?"라고 물어야 한다. 1cm의 길이 단축을 남성은 절대 알아채지 못한다. 여성은 "해줄래?"라는 표현 대신 "할 수 있어?"라는 표현을 즐겨 사용하는데, 그것은 남성을 짜증 나게 하는 지름길이다. 남성은 그 말을 자기의 능력을 무시하는 것으로 해석하기 때문이다.

여성은 속사포처럼 말을 해나가면서 서서히 자기가 하고 싶었던 말이 무엇인지를 찾아가지만, 남성은 마치 논문을 쓰듯 머릿속으로 무슨 말을 할지 생각을 정리하고 명확하게 틀이 잡힌 후에라야 우선순위에 따라 논리적으로 말을 한다.

…… 존 그레이, 『화성에서 온 남자, 금성에서 온 여자』(1992)

남성은 반드시 대화할 '이유'가 있어야만 대화한다. '대화 그 자체를 위한 대화'라는 건 남성의 사전에는 없는 어휘다. 설령 대화할 의향이 있더라도, 대화가 '강요'되는 듯한 느낌을 받으면 남성은 대화를 거부한다. 그때 "왜 가만히 있어? 무슨 말이라도 해봐!"라며 말할 것을 강요하면, 남성은 더더욱 대화의 창을 닫는다. 남성이 뭔가를 말할 땐 시간이 필요하다. 여성의 부탁에 남성이 툴툴거리는 것도, 여성의 부탁을 들어주기 위해 자기의 욕구를 억누르고 있다는 증거다. 하지만 안타깝게도, 그것이 여성에겐 엎드려 절받기처럼 보인다. 그래서 여성은 속상해한다. 여성의 관점에서 여성이 말하지 않거나 길게 뜸을 들이는 경우는, 자기가 하려는 말이 상대에게 상처를 줄 우려가 있거나 아니면 상대를 믿지 않거나 어울리고 싶지 않다는 부정적인 표현이기 때문이다.

> 여성이 (경제적인 일이든 집안일이든 자녀의 일이든 남성 자신이 관련된) 속상한 문제를 이야기할 때면, 남성들은 보통 자기에게 책임이 있고 그래서 그녀가 자기를 공격하고 비난하고 있다는 느낌을 받게 된다. 여성이 불평하면, 남성은 그것을 자기에 대한 불만으로 받아들인다. 배우자가 풀리지 않는 삶의 고충을 잔뜩 안고 살아간다고 하소연할 때, 남성은 곧 실패자가 된 느낌에 사로잡힌다.
> ⋯⋯ 존 그레이, 『화성에서 온 남자, 금성에서 온 여자』(1992)

어찌어찌해서 서로 대화를 시작했다고 해도 여전히 문제는 존재한다. 여성은 예민한 감각을 통해서 받아들인 과거의 문제, 장래의 문제, 그리고 아직 겉으로 드러나지 않은 잠재적인 문제, 심지어는 아무런 대책도 없는 문제들에 이르기까지 모든 걸 쏟아낸다. 그것도 두서없이. 여성에겐 모든 문제가 똑같이 중요하기 때문이다. 그러나 그렇게 쏟아지는 이야기의 폭포에, 남성의 뇌는 그야말로 난장판이 된다. 모든 걸 합리적이고 논리적인 인과관계로 엮어야만 비로소 이해할 수 있는 남성으로서는, 논리성도 핵심도 없는 이야기에는 어떤 해결책도 제시할 수가 없기에 짜증이 날 수밖에 없다. 그래서 논쟁이 벌어지고, 논쟁을 끝내고 싶은 사람이 먼저 미안하다고 사과한다. 하지만 미안하다는 어휘도 그 뜻이 서로에게 다르다는 게 문제다. 남성에게 '미안하다'는 말은 정말로 자신이 뭔가를 잘못했다고 생각할 때만 사용하는 무거운 단어지만, 여성에게 '미안하다'는 말은 상대의 기분을 상하게 할 의노는 아니었다는 뜻으로 쓰는 가벼운 단어일 뿐이다. 따라서 논쟁이 벌어졌을 때, 남성은 여성이 사용하는 의미에서의 '미안해'를 사용하려고 노력해야 한다. 반대로 여성은 속상한 문제를 이야기할 때, 중간중간 남성에게 자기 이야기를 진심으로 들어주고 있어서 고맙다고 말해야 한다. 그것이 자기의 말은 지금 자기의 감정이 그저 그렇다는 것일 뿐 남성을 비난하는 게 아니니 확대해석하거나 곡해(曲解)하지 말라고 남성을 안심시키는 방법이다.

남녀 관계뿐만 아니라 일상생활에서도 수많은 스트레스가 우리를 괴롭힌다. 스트레스를 받으면 남성은 혼자 문제를 해결하기 위해 자신만의 공간을 찾아 들어가지만, 여성은 누군가와의 대화를 통해 스트레스를 해소하려고 한다. 혼자 문제를 해결한다는 건 남성의 '능력'과 직결된 문제이고, 누군가와 대화한다는 건 여성의 '관계 맺음'과 직결된 문제이기 때문이다. 남성이 혼자만의 공간에서 문제 해결을 위해 노력할 때, 여성은 아무 일 없듯이 자기 할 일을 하면 된다. 다른 곳에서 위안을 찾을 수 있어야 한다. 그러지 않고 남성이 동굴에서 나오기만을 손꼽아 기다리는 건, 남녀 모두에게 피 말리는 고통이다. 조급해하며 쳐다보는 냄비의 물은 더디게 끓는 것처럼 느껴지듯이 말이다. 여성은 사랑하는 사람이 우울해하는데 자기 혼자 신나 하는 건 있을 수 없다고 생각하지만, 그렇지 않다. 남성은 여성만이라도 즐겁게 지내기를 바란다. 여성까지 심각하고 우울해하면, 남성은 자기 문제뿐만 아니라 여성의 문제까지도 해결해야 한다는 두 배의 스트레스를 받는다.

남성이 감정적으로 거리를 두려고 할 때 자꾸만 남성에게 다가가는 것은 결과적으로 남성이 다시 돌아오는 것을 방해하는 일이다. 상대로부터 어느 정도 멀어질 기회를 얻지 못하면, 남성은 상대에게 다시 가까이 다가가고 싶은 욕구 또한 느끼지 못한다. 여성들은 감정적으로 누군가와 멀어졌다가 다시 가까워지는 데 시간이 필요하다는 사실을 남성들 역시 이해할 필요가 있다. 멀어졌다가 제자리로 돌아온 남성에게 여성이 다시금 마음을 열기까지는 시간이 필요하고 관계 회복을 위한 대화가 필요하다. 남성이 다시 돌아왔을 때 여성들은 막상 대화를 시작하지 못하는 경우가 많다. 여성이 대화하고 싶어 했을 때 남성이 보였던 냉담한 반응이 여성에게 대화에 두려움을 갖게 하기 때문이다. 대체로 남성은 아무 일도 아니라거나 할 말이 없다고 말할 테고, 그러면 여성은 남성이 대화를 원치 않는 거라고 단정 짓는다.

······ 존 그레이, 『화성에서 온 남자, 금성에서 온 여자』(1992)

남성은 '고무줄'이고, 여성은 '파도'다. 남성은 주기적으로 상대가 없으면 못 살 것처럼 행동하다가도 어느 순간 가까이하기엔 너무 먼 당신처럼 행동한다. 남성들의 이런 행동은 '친밀감'이 절정에 다다른 순간, 자기도 모르게 불현듯 찾아오는 '자율성'에 대한 욕구 때문이다. 여성은 생리 수기에 따라 쾌청한 고기압이었다가 어느 순간 먹구름이 잔뜩 낀 잿빛 하늘처럼 저기압으로 바뀌곤 한다. 역시 이때도 여성은 남성을 믿고 기다려야 하고, 남성은 여성의 옆에서 조건 없는 관심과 공감을 지속적으로 보여줘야 한다. 그런데 대체로 여성은 말을 하면 할수록, 기분이 더 나빠지고 감정이 복받칠 때가 많다. 그러면 남성은 당황스러워진다. 자기는 최선을 다해서 여성의 말을 듣고 있었는데, 상황이 더 나빠진 것 같으니까 말이다. 그러나 걱정할 필요 없다. 오히려 남성의 노력이 여성에게 큰 도움이 되고 있다는 증거다. 슬플 때 슬픈 노래를 들으며 카타르시스(catharsis)를 느끼듯, 맨

밑바닥까지 내려가 한바탕 울고 나면 여성의 기분은 어느새 그랬냐는 듯 말끔해진다. 만일 여성이 우울할 때 남성이 옆에서 도와주지 않으면, 여성은 스킨십을 피하거나, 혼자 술을 마시거나, 과식하거나, 일에 파묻히거나, 자녀들에게 지나칠 정도로 집착하게 된다. 이것은 매우 위험한 상황으로 일이 진전되고 있다는 징후다.

(마치 문제를 대할 때처럼) 여성의 채점 방식은 크기와는 상관없이 남성의 모든 행동에 똑같은 점수를 주지만, 남성의 채점 방식은 액수나 크기에 비례한다. 그래서 여성은 작고 소소한 행복을 지속적으로 느끼기를 바라지만, 남성은 자기가 잘못한 일의 크기에 비례해서 그만큼 비싼 선물을 하면 모든 게 제로섬(zero sum)이 된다고 생각한다. 그것이 남성들 생각엔 '합리적'이니까. 그래서 남성들이 늘 하는 말인 "내가 충분히 벌어다 주잖아!"라는 건, 여성에게 가져다주는 액수만큼 여성에게 끊임없는 봉사를 받을 권리가 있다는 착각에서 나오는 말이다. 여성이 자기를 신뢰하지 않고 거부하고 실망하게 하고 고마워할 줄 모르는 태도로 대하면, 남성은 여성에게 마이너스 점수나 벌점도 부과한다. 남성은 여성이 빚지고 있는 마이너스 점수를 갚을 때까지, 아무것도 주지 않아도 된다고 생각한다. 남성 생각에 이것 역시 너무도 '공평한' 처사(處事)다.

남성은 근본적으로 '신뢰·인정·감사·찬사[칭찬]·찬성·격려'를 필요로

하고, 여성은 '관심·이해·존중·헌신·공감·확신'을 얻고 싶어 한다. 남성과 여성 모두 자기들의 주된 욕구 여섯 가지가 충족된 후에라야 상대방의 여섯 가지 사랑을 받아들일 자세가 된다. (…) 사랑도 계절을 탄다는 것을 절대 잊어서는 안 된다. 봄에는 모든 것이 쉽지만 여름에는 힘들여 노력해야 하고, 가을이 당신에게 풍요와 만족을 안겨 주는 대신 겨울은 그지없이 허허(虛虛)롭다.

…… 존 그레이, 『화성에서 온 남자, 금성에서 온 여자』(1992)

옛날 신비로운 바닷새[해조(海鳥)]가 노(魯)나라로 날아왔다. 노나라 임금은 그 새를 궁궐로 데려가 곡(曲)을 연주하고 각종 고기로 잔치를 베풀었다. 그러나 새는 (슬픈 기색으로) 고기 한 점, 술 한 잔도 입에 대지 않다가 사흘 만에 죽고 말았다. 새를 기르는 방법으로 그 새를 기르려 하지 않고, 사람이 먹고사는 방식으로 새를 기르려 했기 때문이다. 새를 기르는 방법으로 그 새를 기르려 했다면, 멋대로 유유히 지내게 해야 했다. 물고기는 물속에서 살지만, 사람은 물속에 들어가면 죽는다. 물고기와 사람은 서로 좋아하고 싫어하는 것이 다르기 때문이다.

…… 장자, 『장자』「외편 11」 지락(至樂)

서로가 서로에게 사랑을 베풂에도 문제가 발생하는 이유는, 서로가 자기들이 받고자 하는 것을 상대에게 줬을 뿐 상대가 필요로 하는 것을 주지 못했기 때문이다. 내게는 '능력'과 '성공'이 중요하니 여성도 '당연히' 그러리라는, 내게는 '관계 맺음'과 '대화'가 중요하니 남성도 '당연히' 그러리라는 생각을 깨지 못한 것이다. 남성은 좋은 의도를 가지고도 아내와 자녀를 외롭게 버려두고, 여성은 좋은 의도를 가지고도 남자를 들들 볶아대는 이유다. 노나라 임금이 새를 사랑하지 않았던 것은 분명 아니다. 하지만 임금은 새라는 타자를 자기의 고착(固着)된 관점에서만 바라보았다. 새를 사람처럼 대접한 것이다. 이것은 평소라면 아무 문제 없는, 오히려 매우 좋은 방법이다. 문제는 우리가 가진 고정관념과 어긋나는 누군가를 만나게 될 때 발생한다. 공부를 너무 못하는 자녀가 미술을 하고 싶단다. 자녀는 공부하기가 싫어서 공부에서 도망가기 위한 피난처로 미술을 하려는 걸까 아니면 미술을 너무 하고 싶은데 그 길이 막혀있어서 그동안 공부를 하지 않았던 걸까? 만약 부모 자신이 어릴 때 자녀처럼 뭔가를 정말 하고 싶었던 경험이 없다면, 당연히 자기의 경우를 기준 삼아 자녀가 공부하기 싫어서 핑계를 대는 것이라고 확신할 것이다. 남녀가 서로의 차이를 이해했다고 해도, '표현 방식'과 '타이밍' 역시 반드시 신경 써야 한다. 상대의 마음에 상처를 주는 것은, '무엇을[내용]' 말하느냐가 아니라 '어떻게[태도]' 말하느냐에 달려 있다. 다이아몬드 반지를 휴지에 싸서 주면, 다이아몬드 반지의 가치까지 사라진다. 즉 '내용과 의도'가 좋으면 좋은 만큼, 그것을 표현하는 '형식과 방법'도 좋아야 한다.

왜 그렇게 다른가 했더니, 원인은 호르몬?

남성과 여성은 생물학적으로 다르고, 누구나 유전자와 태아 때 성(性)호르몬에 노출된 정도에 따라 남성성과 여성성의 고유한 균형을 안고 태어난다. '차이'의 꼬리만 보여도 '차별'이라며 목에 핏대를 세우는 건, 편견에 사로잡힌 일종의 강박관념일 뿐이다. '차이'를 부정하는 건 진정한 평등이 아니다. 숲과 정원이 아름다운 건, 다양하면서도 고유한 차이를 지닌 나무와 꽃들이 있어서다. '차이'는 '다양성'의 필수조건이고, '다양성'은 종(種)의 생존을 담보(擔保)하는 요소일 뿐만 아니라 '발전'과 '진화'의 필수요소이기도 하다. 남녀 간의 차이의 '결과'만을 다뤘던 그레이가 25년 만에 다시 펜을 들었다. 아무리 생각해도 호르몬을 건드리지 않고서는 뭔가 찜찜했나 보다. 그래서 호르몬을 앞세워 '남성성과 여성성의 균형과 조화를 통해 스트레스를 줄이는 방법'을 알려주겠단다. 드디어 남녀 간의 차이의 '원인'까지 다룬 셈인데, 어디 한번 들여다보자.

요약하면 이렇다. 남녀 모두 생식기관과 부신 두 곳에서 호르몬을 분비한다. 스트레스를 받으면 부신에서는 상황을 파악해 그에 맞는 몸의 균형을 확보하기 위해서 '코르티솔'이 분비되고, 남성성을 표출할 때 분비되며 여성보다 남성에게 10배 이상 높은 '테스토스테론'이 성욕과 공격성을 일으키며, 도움을 받을 때 분비되는 '옥시토신'과 도움을 줄 때 분비되는 '바소프레신'은 애정·신뢰·안정감을 주고, 여성성을 표출할 때 분비되고 뇌를 흥분시키며 남성보다 여성에게 10배 이상 높은 '에스트로겐'과 자기만의 시간을 가질 때 또는 여러 사람과 관계를 맺을 때 분비되며 뇌를 진정시키는 '프로게스테론'은 여성의 생리 주기를 통제한다. 도파민과 노르에피네프린(norepinephrine) 즉 노르아드레날린 그리고 세로토닌 등도 각기 고유한 기능을 한다. 다만 남성에게 높은 비중을 차지해야 하는 건 '테스토스테론'과 '바소프레신'이고, 여성에게는 '에스트로겐'과 '프로게스테론' 그리고 '옥시토신'이다. 그레이가 야심 차게 펜을 들었지만(2017), 그다지 높은 점수를 주긴 어려워 보인다. 우리가 앞서 무어(1989)와 브리젠딘(2006/2010)을 통해 알게 된 내용과 정확히 일치하는데, 깊이는 오히려 더 얕아 보이기 때문이다.

남성이든 여성이든 스트레스를 받으면 코르티솔이 분비되어 '공격-도피' 호르몬인 아드레날린 분비가 활성화된다. 하지만 코르티솔을 줄이는 메커니즘은 남녀가 다르다. 남성은 테스토스테론이 증가하면 코르티솔[스트레스]이 줄어들지만, 여성은 에스트로겐과 프로게스테론이 균형을 이루어야 코르티솔이 줄어든다. 우리는 흔히 남성이 화를 내면 남자다워 보인다고 착각한다. 그러나 남성의 분노나 방어적인 태도는, (오히려) 남성이 남성성을 억누르고 여성성을 과도하게 표출할 때 나타난다. 스트레스[코르티솔]는 테스토스테론을 감소시킨다. 따라서 남성은 스트레스를 많이 받은 날이면, 일반적으로 느긋하게 20~30분 정도 테스토스테론을 자극하는 활동에 몰두해서 그 수치를 정상으로 회복해야 한다. 남성이 테스토스테론을 새로 보충할 시간을 갖지 못하거나 아니면 생성된 테스토스테론을 충분히 사용하지 않으면, 더 많이 분비하는 능력을 잃게 된다.

…… 존 그레이, 『화성에서 온 남자, 금성에서 온 여자를 넘어서』(2017)

남성은 스트레스를 받으면 코르티솔과 함께 테스토스테론도 일시적으로 증가하는데, 이때 남성이 목숨처럼 떠받드는 '능력'과 관련된 '스트레스를 통제할 수 있다는 자신감'을 유지하면 곧바로 코르티솔 즉 스트레스가 감소한다. 하지만 자신감을 상실하면 아로마타아제(aromatase)라는 효소가 분비되어 테스토스테론을 (에스트로겐의 일종인) 에스트라디올(estradiol)로 바꿔버리기 때문에 스트레스 지수가 더욱 높아진다. 이렇게 되면 남성은 분노나 공포 같은 감정이 더 많이 일어나서, 더 싸우고 싶어 하거나 아니면 더 도망치고 싶어 한다.

남성이든 여성이든 남성성의 표출 즉 '의사결정·문제 해결·봉사 활동·학습·위험 감수·경쟁·스포츠 활동·게임에서의 승리·운전' 등을 하면, 테스토스테론은 증가하고 에스트로겐은 감소한다. 반대로 여성성의 표출 즉 '대화를 통해 감정의 교류·타인에게 사랑을 베푸는 행위' 등을 하면 테스토스테론은 감소하고 에스트로겐은 증가한다. 따라서 스트레스 해소의 방법으로 대화를 통한 감정의 교류는, 여성들에게는 매우 바람직하지만 남성에게는 스트레스 지수를 낮춰 줄 테스토스테론을 억제하기 때문에 독약이나 다름없다. 만약 남성이 미주알고주알 감정을 털어놓는 스타일이라면, 여성의 스트레스는 줄어들기는커녕 더 심해진다. 의지할 곳은 사라지고, 오히려 남편의 온갖 걱정거리까지 떠안게 되기 때문이다. 남편이 여성성을 과도하게 드러내는 바람에 여성 자신은 남성성 쪽으로 떠밀리게 되는 것이다.

옥시토신은 코르티솔과 테스토스테론을 감소시키고, 에스트로겐의 분비를 증가시킨다. 여성이 사생활에서 여성성을 표현하면, 에스트로겐과 옥시토신이 증가해서 효과적으로 스트레스 지수를 낮춘다. 거꾸로 스킨십과 관심과 애정을 통해 옥시토신 수준이 높아지면, 에스트로겐도 함께 증가한다. 에스트로겐 수준이 가장 높은 시기인 배란기에, 접촉과 관계에 대한 욕구도 가장 커지는 이유다. 반대로 남성은 혼자 해결책을 고민할 때야 테스토스테론이 증가하고 스트레스가 감소한다. 남성의 뇌는 어느 정도의 스트레스에 직면하면, 정서[감정]를 차단하도록 설계되어 있다. 반면에 여성은 더 강렬한 정서 반응을 보인다. 그러나 이것은 일반적일 때다. 스트레스 상황이 극단적이라면, 거꾸로 남성은 여성보다 더 감정적으로 반응하고 여성은 오히려 감정을 차단한다.

옥시토신은 여성성을 표출하고 싶은 욕구를 지지받거나 그런 지지를 예상할 때 분비되고, 에스트로겐은 여성성을 표출할 때 분비된다. 스트레스를 유발하지 않는 활동에 몰두하면서 스스로 충만감을 느낄 땐, 언제나 프로게스테론이 생성된다. 똑같은 유대 관계라도, 셋 이상의 사회적 유대에서는 프로게스테론이 생성되고, 일대일의 짝 유대에서는 에스트로겐과 옥시토신이 생성된다.

…… 존 그레이, 『화성에서 온 남자, 금성에서 온 여자를 넘어서』(2017)

여성적인 활동이 일대일 관계에서 이뤄지거나 이뤄지리라 예상될 땐 에스트로겐과 옥시토신이 함께 분비되지만, 여성이 자기만의 시간을 가지면서 스스로 충만감을 느낄 때 또는 여성적인 활동이 여러 사람과의 관계 속에서 이뤄지거나 이뤄지리라 예상될 땐 프로게스테론이 분비된다니 참으로 오묘하다! 혼자만의 시간과 활동을 가질 때, 남성은 테스토스테론이 여성은 프로게스테론이 증가한다. 따라서 사랑하는 사람의 존재는 에스트로겐과 옥시토신을 생성하는 데는 도움이 되지만, 테스토스테론과 프로게스테론을 생성하는 건 전적으로 남녀 자신의 몫일 수밖에 없다.

피임약으로 프로게스테론이 체내에 공급되면 마음이 진정될 수는 있지만, 사회적 유대에 대한 욕구를 제대로 느끼지 못할 수 있다. 항우울제는 불안감이나 우울함을 느끼지 못하게 하지만, 저절로 행복감이나 신뢰감이나 충만감이 들게 해주지도 않는다. 호르몬제 복용이 습관이 되면, 몸에서 더는 호르몬을 생성할 필요가 없어져서 호르몬 생성 기능이 약해진다. 일부 여성들이 항상 바쁘게 사는 이유는, 남성성을 표출하면서 바쁘게 지내면 나약함으로 여겨지는 여성성과 직면하지 않아도 되기 때문이다. 그러나 부정적인 감정을 느끼는 기능을 차단하면, 점차 긍정적인 감정도 느끼지 못한다. 배우자를 진심으로 사랑하면서도 더는 사랑의 감정을 느끼지 못할 수 있다.

…… 존 그레이, 『화성에서 온 남자, 금성에서 온 여자를 넘어서』(2017)

얻는 게 있으면 잃는 것도 있다는 당연한 말이다. 다만 호르몬제 중독이 호르몬 생성 기능을 감소시킨다는 말은, 성호르몬제인 '스테로이드 호르몬'이나 '마약류'에 한해서만 맞는 말일 뿐 피임약은 다르다. 피임약을 오래 복용하면 난소의 호르몬 생성 기능이 감소한다거나 향후 임신이 어려워질 수도 있다는 건, 전혀 근거 없는 걱정이다. 피임약에 함유된 여성호르몬은 난포의 성장을 자극하기 위한 '접촉'만 차단할 뿐, 난소와 부신의 모든 기능은 전혀 건드리지 않기 때문이다. 그래서 오래 복용해도 몸에 해롭지 않고, 복용을 중단하면 곧 원래의 생리 주기와 호르몬 수준을 회복하게 된다. 그러니 괜히 생으로 아픔을 참을 필요 없다. 다만 피임약이 동물의 피부나 눈에 주로 있는 흑색 또는 갈색의 멜라닌(melanin) 색소 생성을 활성화하기 때문에 피부에 색소 침착이 일어날 수는 있으니, 여름에 외출할 땐 자외선 차단제를 바르는 게 좋다. 그리고 테스토스테론 수치도 낮추기 때문에, 사춘기 소녀들의 고민거리인 여드름을 상당히 억제하기도 한다. 그러나 전문적인 여드름 치료제는 아니라는 사실!

생리를 시작하고 5일 동안[1주 차], 모든 호르몬 수준이 떨어지는 시기에 여성은 조용히 자기를 돌보거나 사회적 유대를 위한 시간을 보내야 한다. 에스트로겐이 두 배로 증가하는 배란기[2주 차]에는 짝 유대의 욕구가 가장 왕성하고, 월경 주기의 마지막 12일에서 14일 동안[3·4주 차]에는 주로 사회적 유대가 필요하다. 데이트나 휴가를 계획하기 가장 좋은 시기는 월경이 끝나고 1주 차지만, 데이트를 실행하기에 가장 좋은 시기는 2주 차다. 폐경 이후에는 난소에서 에스트로겐이 생성되지 않지만, 부신에서는 계속 생성된다. 여성의 생리 주기는 그 전과 같지만, 호르몬의 변화는 폐경 이전만큼 두드러지지 않으며 좀 더 유연해진다.

…… 존 그레이, 『화성에서 온 남자, 금성에서 온 여자를 넘어서』(2017)

그레이는 남녀 모두에게 직장에서의 '당신 시간'과 개인적 친교인 '우리 시간' 그리고 자기 혼자만의 '내 시간'이 반드시 순서대로 필요하다고 말한다. 그레이가 '순서'를 강조하는 이유는, 호르몬 간의 역학(力學) 관계 때문이다. 월경 후 5일 동안[1주 차] 인 '당신 시간'에는 호르몬의 균형을 위해 일이나 자녀 돌보기에 몰두한다. 월경 후 6일에서 10일 사이[2주 차]인 '우리 시간'에는 배우자나 다른 사람과의 일대일 짝 유대에 몰두한다. 배란기 즈음인 이 시기에 에스트로겐과 옥시토신 모두 최고 수준으로 증가하기 때문이다. 남성의 낭만적인 접근과 노력이 가장 큰 효과를 보는 시기다. 월경 전 12일에서 14일 그리고 월경 중 3일에서 5일[3·4주 차]인 '내 시간'에는 사회적 유대나 개인적인 활동에 몰두한다. 이때 프로게스테론 수치가 가장 높고, 필요할 때마다 프로게스테론이 테스토스테론으로 전환된다. 여성들이 '당신 시간'에서 '내 시간'으로 넘어가기 위해선, 반드시 '우리 시간'을 거쳐야 한다. 여성들이 '당신 시간'에 테스토스테론을 발산하다가 '우리 시간'을 통해 옥시토신을 충분히 회복하지 못한 상태에서 '내 시간'에 프로게스테론을 형성하기란 생물학적으로 불가능에 가깝다. 과도하게 증가한 테스토스테론이 프로게스테론 생성을 방해하기 때문이다. 그래서 미리 옥시토신이 테스토스테론 수준을 떨어뜨려 줘야 한다. 또한 직장에서 스트레스를 많이 받아도 '내 시간'으로 넘어가는 과정이 힘들어진다. 몸에서 코르티솔을 생성하느라 프로게스테론을 다 써버리기 때문이다. 에스트로겐이 지나치게 분비되면 기분은 좋아지더라도, 스트레스는 그다지 줄어들지 않는다. 스트레스를 줄여주는 옥시토신은 대개 잠깐씩 분출하는 식으로 증가하기 때문이다.

남성성이 강한 여성은, 여성성이 강한 남성들에게 매력적으로 비친다. 그러나 오히려 남성성이 강한 여성은, 남성성을 과시하고 내면의 여성성을 누르는 남성에게 매력을 느낄 수 있다. 그 사람의 강렬한 남성성이 여성의 남성성과 충돌해서 여성을 여성성 쪽으로 떠밀 수 있기 때문이다. 그러나 남성성이 강한 남성은 여성을 여성으로 느끼게 해주지만, 그 자신이 내면의 여성성을 억압하는 탓에 관계에서 지배적으로 군림하고, 협조하거나 타협할 생각을 하지 못한다. 그리고 상대에게 더는 매력을 느끼지 못하면 곧 떠난다.

…… 존 그레이, 『화성에서 온 남자, 금성에서 온 여자를 넘어서』(2017)

여성과 달리 남성은 '당신 시간'에서 '내 시간'으로 금방 넘어갈 수 있다. 집에 와서도 업무를 처리하는 남성은 남성성을 계속 유지하느라 테스토스테론을 회복할 새도 없이 계속 소진한다. 반면에 집에 오자마자 집안일을 하는 남성은 동굴 시간을 보내며 테스토스테론을 회복하라는 몸의 명령을 무시한 채, 곧장 남을 보살피는 여성성 쪽으로 넘어가 더 많이 지친다. 남편이 테스토스테론을 회복하기 위한 '내 시간[동굴 시간]'에서 나오면 집안일을 도와줄 거라고 기대할 수 있다면, 아내는 저녁을 차리는 동안 옥시토신이 분비되어 스트레스가 줄어든다. 남편이 동굴에서 나오면 아내는 월경 주기의 단계에 따라 '내 시간'을 갖게 해달라거나 '우리 시간'을 보내자고 요구할 수 있다. 아내가 욕구를 충족시켜 행복해할수록, 남편은 동굴에서 나와 아내를 도와주고 싶어 한다.

여성이 '당신 시간'에서 '내 시간'으로 쉽게 넘어가지 못하듯, 남성은 '내 시간'에서 '우리 시간'으로 쉽게 넘어가지 못한다. 여성이 '당신 시간'에서 '내 시간'으로 넘어가려면 옥시토신이 분비되어야 하듯, 남성이 '내 시간'에서 '우리 시간'으로 넘어가려면 남성의 몸에서 테스토스테론을 늘려 동굴에서 나오게 해줄 뿐만 아니라 사람들과의 유대도 형성하게 해주는 바소프레신이 분비되어야 하기 때문이다. 남성이든 여성이든 누군가를 돕거나 도울 수 있을 때면 바소프레신이 증가하고, 보호를 받거나 받아야 하는 처지가 되면 옥시토신이 증가한다. 이때 만약 여성이 남성을 돕게 되면, 남성은 바소프레신이 줄어들어 여성에게 매력을 느끼지 못하고, 여성 또한 옥시토신이 줄어 성(性)에 관한 관심과 반응이 줄어든다. 여성은 남성의 엄마가 된 기분이 들 수 있다. 여성이 연상이고 남성이 연하인 커플에서 빈번하게 볼 수 있듯이 이때 여성은 남성의 연인이 아니라 엄마가 된 기분이 들 수 있고, 남성 또한 여성을 엄마 같은 울타리로 여긴 채 다른 여성을 찾아다니게 된다. 이것이 연상의 여성과 연하의 남성 커플에게 잠재된 가장 큰 문제다.

남성과 여성이 요리·청소·자녀 양육의 책임을 공평하게 나눠야 한다는 생각은 이론적으로는 맞지만, 현실적으로는 거의 효과가 없다. 여성은 테스토스테론을 자극하는 업무적인 활동을 과도하게 많이 떠맡으면 스트레스가 심해지고, 남성은 에스트로겐을 자극하는 가정적인 활동을 지나치게 많이 하면 스트레스를 많이 받기 때문이다. 장기적으로 더 믿음직한 남성은 테스토스테론을 자극하는 일을 많이 하고, 그래서 여성이 여성성을 회복하는 데 필요한 정서적 지지를 충분히 줄 수 있는 사람이다. 남성은 삶에 의미와 목표가 넘쳐날 때 가장 행복하고, 여성은 관심과 애정을 받으며 마음껏 사랑을 베풀 때 가장 행복해질 수 있다. 이렇게 다른 남성과 여성이 함께 행복해지려면, 우선 각자가 행복해져야 한다고 그레이는 말한다. 연인들은 '따로 또 같이' 즉 '함께 하되 그사이에 공간을 두라. 함께 서 있되 너무 가까이 붙어 있지는 말라'는 지브란의 말을 되새겨야 한다. 하루 중 깨어 있는 시간 대부분을 그것도 매일 붙어 있고 무엇이든 같이 해야 하고 서로의 휴대전화 속 내용과 일상을 완전히 투명하게 공유하는 것은, 사랑이 아니라 감시이고 통제이며 소유욕이고 지배일 뿐이다. 빨리 뜨거워지면, 그만큼 빨리 식기 마련이다.

남성에게 뭔가를 부탁할 때는 남성의 결정권을 박탈하는 '요구'가 아니라 자율권을 허락하는 '요청'이어야 하고, 은유가 아니라 직설적으로 간결하게 말해야 하며, 말을 끝낸 후에는 남성에게 생각할 시간을 줘야 한다. 남성들은 당장 대답해야 하는 압박감이 적을수록, 아내의 요청을 진지하고 긍정적으로 듣는다. 그리고 대화 중 남성의 '알았어!'는 여성이 어떤 말을 하건 입 닥치고 듣겠다는 뜻이 아니라, 여성이 더는 아무 말 하지 않는다면 여성이 한 말에 대해서 고민해 보겠다는 뜻임을 기억해야 한다. 이런 사실을 모른 채 여성이 했던 말을 계속 반복하면, 남성은 감정을 차단하고 입을 다문 채 무표정으로 듣기 시작하면서 여성의 불평을 분석하고 해결책을 고민한다. 그러면 단절감을 느낀 여성은, '내 말이 말 같지 않아?' '잘한 게 뭐 있다고 인상을 써?' '왜 오히려 당신이 화를 내는데?'라며 또다시 쉴 새 없이 언어의 속사포를 발사하고 남성에게 대답을 강요하는 악순환이 반복된다. 사실 여성이 남성에게 듣고 싶은 건, '정말 미안해. 앞으로 잘할게'라는 '간단한' 대답이다. 그게 여성들의 대화법이니까. 하지만 그런 대답은 남성에게는 절대 '간단한' 문제가 아니다. 그런 말을 할수록 남성의 테스토스테론은 감소하고, 그로 인해 남성성마저 잃게 되기 때문이다. 그래서 남성들은 "친구 사이에 '미안하다'는 말은 하는 게 아냐!"라는 말을 입에 달고 사나 보다.

남성 배우자가 잘한 일을 인정해 주는 것도 중요하다. 남성은 여성이 실수를 눈감아주거나 가볍게 넘어가 줄 때 훨씬 더 인정받는다고 느낀다. 여성은 남성이 그녀가 고민하는 '과정'을 봐주기를 바란다. 남성이 이런 '과정'을 이해해 줄 때 비로소 인정받는다고 느낀다. 남성은 자기가 이룬 '결과'로 인정받고 싶어 한다. 의미와 목적이 있는 삶은, 여성에게는 후식이지만 남성에게는 주요리이다. 사랑과 행복이 있는 삶은, 남성에게는 후식이지만 여성에게는 주요리이다. 배우자에게 정말로 필요한 사랑을 베풀 때 내게도 정말로 필요한 사랑이 돌아온다는 사실을 명심하라.

…… 존 그레이, 『화성에서 온 남자, 금성에서 온 여자를 넘어서』(2017)

남성은 호르몬 간의 관계나 본능 면에 있어서 정말 단순하다. 남자가 목숨처럼 여기는 것은 '능력'이고, 그것은 자신이 이루고 성취해 낸 '결과'에 대해 '인정'을 받는 것과 직결된다. 따라서 남성이 잘한 일은 크게 인정해 주고, 실수는 눈감아주거나 가볍게 넘어가 주면 만사 OK다. 반대로 여성이 목숨처럼 여기는 것은 '관계 맺음'이고, 그것은 순간순간의 감정을 대화로 공유하는 것과 직결된다. 따라서 어쭙잖은 해결책을 제시하겠다고 나서는 대신, 여성이 모든 이야기를 풀어내는 동안 남성은 '공감'을 하며 들어주는 동시에 중간중간 스킨십을 하면 충분하다. 그래서 그레이는 남성에게 가장 중요한 건 '인정'이고 그다음이 '존중'이지만, 여성에게 가장 중요한 건 '존중'이고 그다음이 '인정'이라고 말한다. '인정'은 테스토스테론 분비를 높이고, '존중'은 옥시토신 분비를 높인다. 그래서 남성은 스트레스에 시달릴 때도, 사랑하는 여성이 행복해하면 자신도 덩달아 행복해진다. 사랑하는 여성이 행복해하고 있다는 건, 그만큼 남성에겐 자신이 '능력'이 있다는 뜻으로 해석되기 때문이다. 반대로 스트레스에 시달리는 여성에게, 남성이 여성 덕분에 얼마나 행복한지 말해 봐야 여성은 기분만 더 나빠진다. 그보다는 여성의 말을 더 많이 들어주고, 여성이 시시때때로 느끼는 감정을 정당한 것으로 존중해야 한다. 남성이 행복해서 여성도 행복해지는 경우는, 오직 여성이 이미 행복해하고 있을 때뿐임을 남성은 기억해야 한다. 이런 엇박자가 일어나는 이유는 서로가 서로에게 충분히 주고 있다고 생각하는 것이, 상대방에게 가장 필요한 것이 아니라 자신의 관점에서 자기에게 필요한 것일 확률이 높기 때문이다.

많은 사람이 상대방 속에서 있지도 않은 '나'와 '나의 존재 이유'를 찾아내려 애를 쓴다. 그래서 상대방에게 완전히 투명해지길 요구한다. 있지도 않은 나를 찾겠다고 상대방 속을 완전히 헤집어 놓으니 한병철의 말처럼 서로의 사이에 공간 즉 거리가 없어지고, 그 결과 서로가 서로에게 느껴야 할 아름다움도 신비로움도 금세 사라지는 것이다. 또 아름다움과 신비로움이 사라지니 상대를 갈망하는 열정과 도파민도 자취를 감추게 되고, 그래서 도통 활력이 넘치지 않아 삶에서 재미와 행복 또한 사라지며, 결국 엔 모든 잘못을 상대에게 전가(轉嫁)시키고 또다시 다른 사랑을 찾아 나선다.

영혼의 짝을 '어디에서' 찾을 수 있냐고 물으면 안 된다. '영혼

475

의 짝'이 어딘가에 있을 수도 있고 없을 수도 있겠지만, 그[그녀]를 찾아낸다고 해도 그[그녀]가 여러분을 사랑하지 않을 수도 있다. 따라서 '어떻게 해야만' 영혼의 짝을 만날 수 있냐고 물어야 한다. '백마 탄 왕자'를 만나려면, 여러분은 반드시 '공주'가 되어야 한다. 과거시험에 장원급제한 '이몽룡'을 만나려면, 여러분은 반드시 '성춘향'이 되어야 한다. 여러분이 '하녀'라면 왕자는 여러분을 본체만체 지나칠 테고, 여러분이 '방자'라면 춘향이가 아니라 '향단이'와 맺어질 수밖에 없기 때문이다. 끼리끼리 모이고 놀게 되어 있다. 조금 더 위로 올라가고 싶은가? 그렇다면 그런 사람을 사귈 생각 대신, 여러분 스스로 그런 사람이 되기 위해 노력하라! 여러분의 수준을 높이지 않고서는 여러분이 원하는 수준의 사람들과 진실한 만남을 가질 수 없다. 스스로 노력하지 않은 채 요행을 바라지 마라! 겉으로는 여러분을 보호하는 것처럼 보여도 실은 여러분을 감금하고 있는, 편안함과 익숙함과 당연함과 그리고 게으름과 나태함과 심심함의 껍데기를 깨라! 그것도 반드시 스스로! 그리하여 하나의 진정한 생명체로 거듭나시라!

우연은 우주를 설명하는 것이 아니라, 사실상 우주가 극복하려고 부단히 힘쓰고 있는 것입니다. 우연이 아닌 '창조성'이 온우주를 밀고 있죠.

…… 켄 윌버, 『모든 것의 역사』(1996)

윌버는 무한히 긴 시간이 주어진다면 그 어떤 것이라도 '우연성(偶然性)'에 의해서 이루어질 수 있겠지만, 기껏해야 150억 년도 되지 않는 짧은 시간 속에서 현재의 모습으로 진화해 온 우주는 우연이 아니기에 반드시 어떤 '필연성(必然性)'에 의하지 않고는 설명할 수 없다고 말한다. 하지만 사과와 오렌지 중 사과를 좋아한다고 해서 곧바로 그리고 반드시 오렌지를 싫어한다는 말이 성립하는 건 아니듯, 우연이 아니라고 곧바로 그리고 반드시 필연이라는 결론을 내리는 건 논리적 비약(飛躍)이다. 나아가 어떻게 지금의 모습이 우연이 아니라고 단정할 수 있을까? 150억 년은 우연히 뭔가 이뤄지기엔 그리도 짧은 시간일까? 도대체 어느 정도의 시간이면 우연에 의해 모든 것이 이뤄지기에 충분히 긴 시간일까? 그 기준은? 그런 시간의 흐름 전체를 지켜본 이가 있을까?

윌버의 주장이 옳다고 해도, 굳이 이런 식으로 '창조성'을 끌어들일 필요는 없다. 확률[가능성]은 개체로 보면 우연이지만, 집단으로 보면 필연성[규칙성]을 갖기 때문이다. 누가 빨리 죽고 누가 장수하느냐는 우연이지만, 많은 사람을 오래 조사한다면 평균 수명을 찾아낼 수 있다는 '큰 수의 법칙(law of large numbers)'과 같다. 어떤 전자(電子)가 어떻게 움직일지는 알 수 없지만 수많은 전자가 어떻게 움직일지는 볼츠만의 통계역학 또는 양자역학의 파동역학이나 행렬역학을 사용해서 '정확히' 예측할 수 있다. 우주의 탄생과 진화 과정은 그것이 가장 큰 집단[규모]이라는 점에서 '예측가능한 우연', 즉 '필연적인 우연' 또는 '우연적인 필연'인 셈이다. 게다가 우주의 진화가 극복하려고 부단히 힘쓰는 것은, 사실 우연이 아니라 '무질서'다. 윌버 자신도 진화는 '혼돈으로부터의 질서'라는 방향성[원리]를 갖고 있다고 말하지 않았는가!

모든 '하나'는 그 속에 있는 '음과 양'이라는 두 대립물의 갈등과 통합 속에서 유지되고, 우주와 세계와 삶 모두는 '일체개고(一切皆苦)'요 '제법무아(諸法無我)'요 '제행무상(諸行無常)'이며, 인간은

'사이'와 '관계'와 '과정' 속에 존재하는 '불완전한 존재'다. 늘 불안하고, 자신의 존재 가능성을 끊임없이 염려하며, 미래의 모습으로 현재를 살아갈 수밖에 없다. 그래서 모든 영역에서 우리에게 '고정불변하는·완전한·확실한[틀림없는]·절대적인·영원한'이라는 형용사는 절대 붙을 수 없다. 나아가 우리는 우리 스스로[홀로] 존재할 수도 없다. 심지어 무인도에서도, 하나님처럼 '나는 나(I am I)'라고 외칠 수 없다. 우리 자신 이외에 사물도 있어야 하고 타인도 있어야만 존재할 수 있다. 그렇기에, 늘 타인을 신경 쓰고 심려하고 지향해야 한다. 또한 세상 모든 것과도 관계를 맺고 있는 카오스적인 복잡계에서 사는 탓에, 일상의 사소한 방식 하나만 바뀌어도 결코 예상치 못한 엄청난 결과에 마주해 좌절하곤 한다. "(지금까지) 철학자들이 세계를 단지 (이론적으로) 해석만 해 온 것"은 잘못되었다고 비판하면서 철학에서 거의 최초로 '관계성[관계 맺음]'을 부활시킨 마르크스는, 관계성은 '사회적(인) 실천' 즉 '감성적(인) 활동'을 통해 맺어진다고 말한다. "인간은 사회적 관계들의 앙상블[네트워크]"이라는 말로 '관계성'을 그리고 "(가장) 중요한 건 세계를 변화[변혁]시키는 것"이라는 말로 '(능동적인) 실천'을 천명(闡明)한 것, 이것이 내가 생각하는 마르크스의 위대함이다.

뒤샹의 〈샘〉(1917)은 레디메이드(ready-made) 작품이다. 원래 '레디메이드'는 '대량 생산된 기성품'이라는 뜻이지만, 미술에서는 실제 사물을 작품화한 것을 가리킨다. 그때부터 뒤샹의 남성 소변기는 일상용품이 아니라 예술작품이 되었다. '물질적인 조건'은 달라지지 않았지만, 우리가 읽어내고 부여하고 우리에게 다가오는 '의미'가 달라졌기 때문이다. 의미가 다르면, 모든 면에서 똑같은 물건일지라도 전혀 다른 것이 된다. 아무리 흔한 물건이라도, 소중한 사람에게 선물 받은 건 이미 세상에서 유일한 것으로 탈바꿈한다. 생명을 얻는 것이다. 그런데 과학과 과학적인 방법은, 세계와 삶의 '의미'를 문제 삼지 않는다. 증명할 수 없기 때문이다. 증명할 수 있어야만 인정받을 수 있다는 것, 이것이 과학이 지닌 유일한 약점인 듯하다. 하지만 세계와 삶에서 '의미'와 '가치'와 '희망'을 제거하면 우리는 절대 살아갈 수 없다. 의미와 가치와 희망이, 바로 '추억'이며 '기억'이고 '행복의 근원'이기 때문이다.

쿤데라가 던진 화두(話頭)처럼, 한 번뿐인 인생이기에 가장 소중한지 아니면 한 번뿐이기에 없는 것과 마찬가지인지는 여러분 스스로 판단하라. 다만 판단에 도움이 될 한 가지를 소개하겠다. 진행 과정 내내 언제 중단될지 '모르는' 어떤 상황이 있다면, 그것은 우리에게 일정한 긴장감과 집중력을 끊임없이 요구하는 동시에 쾌감 또는 행복도 선사한다. 칙센트미하이가 말한 '몰입의 즐거움' 말이다. 이런 요소들 때문에 중단된 활동이 완료된 활동보다 더 오래 기억에 남고 더 풍부한 연상(聯想)을 유발한다는 게 '자이가르닉 효과(Zeigarnik Effect)'다. 언제 어떤 일이 생기고 언제 죽을지 굳이 알고 싶다면, 점집을 배회하는 것도 괜찮다. 하지만 난 모르고 살련다. 돈 주고 시간 쓰고 마음 쓰면서, 내 행복까지 잃긴 싫다.

프랑스 작가 오노레 드 발자크의 『고리오 영감』(1835)에서 탈옥수 신분을 속이고 사는 범죄조직의 두목이었던 보트랭(Vautrin)은 성공과 출세를 위해 상경한 법대생 외젠 드 라스티냐크(Eugène de Rastignac)에게 이렇게 조언한다. "대단한 인물이나 부자가 되고 싶어 한다는 것, 그것은 거짓말하고, 타인을 밟고, 굴복하고, 알아서 기고, 다시 일어나서 아첨하고, 본심을 숨기고 속이겠다고 결심하는 것이다."

모든 책은 역사적 한계를 지닌다. 그중에서 역사성을 뛰어넘어 지금까지도 고전(古典)이라고 불리면서 현재성을 지니는 책들은, 초(超)역사적으로 타당한 주제들을 제시하고 있기 때문이 아니라 그 책의 역사성에서 지금의 시대가 여전히 자유롭지 못하기 때문이다. 지금의 시대가 여전히 그 예전의 시대적 수준을 탈피하지 못했기 때문이라는 말이다. 따라서 이런 관점에서 볼 때, 모든 고전은 죽어야 하고 사라져야 한다. 그러면 후세대들은 고전의 저자들을 기억하지 못할 테지만, 저자들은 그런 인류에게 행복한 미소를 보낼지도 모른다.

…… 노명우, 『계몽의 변증법』(2005)

나의 명제들을 이해하게 된 누구든지 이 명제들을 발판으로 삼아 이 명제들을 극복하여 넘어설 때, 결국엔 이 명제들이 헛소리라는 것을 알게 될 것이다. 말하자면 그는 사다리를 끝까지 올라가 원하는 곳에 도달한 후에는 그 사다리를 버려야 한다. 그는 이 명제들을 초월하여 야 하며, 그때 그는 세계를 올바로 볼 수 있게 될 것이다.

…… 루트비히 비트겐슈타인, 『논리-철학 논고』(1922)

삶은 꽉 낀 청바지다.

뭘 해도 후회만 쌓이고 안 해도 그렇고

움직이자니 불편하고 가만히 있자니 아프다.

원체 딱딱하고 꺼끌꺼끌한 데다.

눈물이나 빗물에 젖으면 무거워지기까지 한다.

불편해서 벗고 싶은데

벗자니 잘 벗겨지지도 않을뿐더러

주위에서는 벗지 말라고 난리다.

그런 청바지를 입은 내 모습은

정말이지

진상(jean像)이다.

Everything has already been mentioned throughout this book.

Now it's up to you to choose,

make a decision and life-changing.

참고문헌

- 갈릴레오 갈릴레이(Galileo Galilei)
- 군터 되르너(Gunter Dörner), 『호르몬과 뇌의 차이(Hormones and Brain Differentiation』 (1976) — 범주의 오류(category mistake)
- 귄터 그라스(Günter Grass), 『양철북(The Tin Drum)』(1959)
- 길버트 라일(Gilbert Ryle), 『마음의 개념(The Concept of Mind)』(1949)
- 김춘수(金春洙), 〈꽃(A Flower)〉(1959)
- 나이젤 레스므와 고든(Nigel Lesmoir-Gordon), 『프랙탈 기하학(Introducing Fractal Geometry)』(1996)
- 나폴레옹 보나파르트(Napoléon Bonaparte)
- 노버트 위너(Norbert Wiener, 1894.11.26.~1964.3.18.), 『사이버네틱스(Cybernetics)』(1948)
- 노엄 촘스키(Noam Chomsky, 1928.12.7.~현재)
- 니콜라스 험프리(Nicholas Humphrey), 『감정의 도서관(The Inner Eye)(1986)』 — 마음 이론(ToM, theory of mind)
- 니콜라우스 코페르니쿠스(Nicolaus Copernicus), 『천구의 회전에 관하여(On the Revolutions of the Heavenly Spheres)』(1543)
- 다비트 힐베르트(David Hilbert)
- 대니얼 데닛 (Daniel Dennett), 『의식의 수수께끼를 풀다(Consciousness Explained)』(1991)
- 대니얼 데닛 (Daniel Dennett), 『다윈의 위험한 생각(Darwin's Dangerous Idea)』(1995)
- 데이비드 베레비(David Berreby), 『우리와 그들(Us and Them : Understanding Your Tribal Mind)』(2005)
- 도널드 듀턴(Donald Dutton) — 흔들다리[현수교] 효과(suspension effect)(1974)
- 도널드 사이몬스(Donald Symons), 『성(性)의 진화(The Evolution of Human Sexuality)』(1979)
- 디오게네스 라에르티오스(Diogenes Laertius), 『유명한 철학자들의 생

애와 사상(Lives and Opinions of Eminent Philosophers)』(3세기)

- 라이너 마리아 릴케(Rainer Maria Rilke), 『말테의 수기(The Notebooks of Malte)』(1910)
- 라인홀드 니버[니부어](Reinhold Niebuhr), 『도덕적 인간과 비도덕적 사회(Moral Man and Immoral Society)』(1932)
- 라파엘로(Raphael), 〈아테네 학당(The School of Athens)〉(1509~1511)
- 레온 페스팅거(Leon Festinger), 『인지 부조화 이론(A Theory of Cognitive Dissonance)』(1957)
- 레온하르트 오일러(Leonhard Euler)
- 로만 야콥슨(Roman Jakobson)
- 로버트 머튼(Robert K. Merton) — 자기충족적 예언(self-fulfilling prophecy)(1948)
- 로버트 치알디니(Robert Cialdini), 『설득의 심리학(Influence : The Psychology of Persuasion)』(1984)
- 로버트 트리버스(Robert Trivers), 『호혜적 이타주의의 진화(The Evolution of Reciprocal Altruism)』(1971)
- 로빈 던바(Robin Dunbar), 『털 고르기, 뒷담화, 언어의 진화(Grooming, Gossip and the Evolution of Language)』(1997)
- 루 살로메(Lou Andreas-Salome)
- 루쉰[노신](魯迅), 『아Q정전(The True Story of Ah Q)』(1923)
- 루안 브리젠딘(Louann Brizendine), 『여자의 뇌(The Female Brain)』(2006)
- 루안 브리젠딘(Louann Brizendine), 『남자의 뇌(The Male Brain)』(2010)
- 루이 알튀세르(Louis Althusser) — 문제설정(problematique)
- 루이스 리처드슨(Lewis Fry Richardson)
- 루트비히 볼츠만(Ludwig Boltzmann) — 통계역학
- 루트비히 비트겐슈타인(Ludwig Wittgenstein), 『논리철학 논고(論考)(Logical-Philosophical Treatise)』(1922) — 그림 이론(picture theory)
- 루트비히 판 베토벤(Ludwig van Beethoven) — 교향곡 3번 〈영웅(Eroica)〉
- 루트피 디아브(Lutfy N. Diab)

- 막스 베버(Max Weber), 『직업으로서의 정치(Politics as a Vocation)』(1919) — 이념형(理念型, Ideal type)
- 막스 호르크하이머(Max Horkheimer & 테오도어 아도르노(Theodor Adorno), 『계몽의 변증법(Dialectic of Enlightenment)』(1947)
- 말콤 글래드웰(Malcolm Gladwell), 『티핑 포인트(The Tipping Point)』(2000)
- 무자퍼 셰리프(Muzafer Sherif), 『사회적 규범의 심리학(The Psychology of Social Norms)』(1936)
- 무자퍼 셰리프(Muzafer Sherif), 『강도들의 동굴 실험(The Robbers Cave Experiment)』(1961)
- 미셸 푸코(Michel Foucault, 『지식의 고고학(考古學)[The Archaeology of Knowledge]』(1969)
- 미하이 칙센트미하이(Mihaly Csikszentmihalyi), 『몰입(Flow)』(1990)
- 밀란 쿤데라(Milan Kundera), 『참을 수 없는 존재의 가벼움(The Unbearable Lightness of Being)』(1984)
- 바뤼흐 스피노자(Baruch Spinoza)
- 바츠와프 시에르핀스키(Wacław Sierpiński) — 시에르핀스키 삼각형(1915)
- 법정(法頂, 1932.11.5.~2010.3.11.), 『무소유』(1976)
- 베르너 하이젠베르크(Werner Heisenberg) — 불확정성 원리(uncertainty principle)(1927)
- 베르톨트 브레히트(Bertolt Brecht) — 낯설게 하기(defamiliarization)
- 볼테르(Voltaire)
- 브누아 망델브로(Benoit B. Mandelbrot)
- 블레즈 파스칼(Blaise Pascal) — 파스칼 삼각형(Pascal's triangle)(1653)
- 비루테 갈디카스(Birut Galdikas), 『에덴의 벌거숭이들(Reflections of Eden)』(1996)
- 빌 게이츠(Bill Gates)
- 빌프레도 파레토 (Vilfredo Pareto, 1848.7.15.~1923.8.19.), 『정치경제학 지침(Manual of Political Economy)』(1896)
- 빌헬름 분트(Wilhelm Wundt)

- 빕 라타네(Bibb Latané) — 방관자 효과(bystander effect)
- 새뮤얼 스토퍼(Samuel A. Stouffer), 『미국 병사(American Soldier)』(1950) — 상대적 박탈(감)(relative deprivation)
- 샤를마뉴 대제(Charlemagne)
- 솔로몬 애쉬[애시](Solomon Asch)
- 쇠렌 키르케고르(Søren Kierkegaard), 『불안의 개념(The Concept of Anxiety)』(1844)
- 쇠렌 키르케고르(Søren Kierkegaard), 『철학적 단편(Philosophical Fragments)』(1844)
- 쇠렌 키르케고르(Søren Kierkegaard), 『두 시대(Two Ages : A Literary Review)』(1846)
- 쇠렌 키르케고르(Søren Kierkegaard), 『죽음에 이르는 병(The Sickness unto Death)』(1849)
- 수전 블랙모어(Susan Jane Blackmore), 『밈(The Meme Machine)』(2000)
- 쉘 실버스타인(Shel Silverstein), 『잃어버린 한 조각을 찾아서(The Missing Piece)』(1976)
- 슈테판 게오르게(Stefan George)
- 슈테판 슈트라서(Stephan Strasse), 『현상학적 대화 철학(The Idea of Dialogal Phenomenology)』(1969)
- 스콧 플러스(Scott Plous), 『판단과 의사결정의 심리학(The psychology of judgment and decision making)』(1993) — 프레이밍 효과(framing effect)
- 스탠리 밀그램(Stanley Milgram), 〈작은 세상 실험(Small-world experiment)〉(1967) — 여섯 단계 분리(six degrees of separation)
- 스티븐 존슨(Steven B. Johnson), 『이머전스(Emergence)』(2001)
- 스티븐 핑커(Steven Pinker), 『언어 본능(The Language Instinct)』(1994)
- 아르투르 쇼펜하우어(Arthur Schopenhauer), 『의지와 표상으로서의 세계(The World as Will and Representation)』(1818)
- 아르투르 쇼펜하우어(Arthur Schopenhauer), 『인생론 : 여록과 보유(Appendices and Omissions)』(1851)
- 아리스토텔레스(Aristotle), 『시학(詩學, Poetics)』

섣은? 묻읽?! PART 1 : Built-out

- 아서 애런(Arthur Aron) ― 흔들다리[현수교] 효과(suspension effect) (1974)
- 아서 쾨슬러[케스틀러](Arthur Koestler), 『야누스 : 요약(Janus : A Summing Up)』(1978)
- 아이작 뉴턴(Isaac Newton)
- 알베르트 아인슈타인(Albert Einstein), 〈특수상대성이론(special relativity)〉(1905)
- 알베르트 아인슈타인(Albert Einstein), 〈일반상대성이론(general relativity)〉(1915)
- 안중근(安重根)
- 안톤 체호프(Anton Chekhov), 『곰(The Bear)』(1888)
- 알렉상드르 코제브(Alexandre Kojève)
- 알베르 카뮈(Albert Camus), 『시지프 신화(The Myth of Sisyphus)』(1942)
- 알프레드 레니(Alfréd Rényi)
- 앙리 베르그손(Henri-Louis Bergson), 『의식에 직접 주어진 것들에 관한 시론(Time and Free Will)』(1889)
- 애덤 스미스(Adam Smith), 『국부론(The Wealth of Nations)』(1776)
- 앤 무어[모아](Anne Moir) & 데이비드 제슬[야셀](David Jessel), 『브레인 섹스(Brain Sex)』(1989)
- 앨런 튜링(Alan Turing) ― 튜링 기계(Turing machine)
- 앨런 피스크(Alan Fiske), 「사회적 인지는 관계에 관한 생각이다(Social Cognition Is Thinking About Relationships)」(1996)
- 앨버트 메러비언(Albert Mehrabian)
- 앨버트-라슬로 바라바시(Albert-László Barabási), 『링크(Linked : The New Science of Networks)』(2002)
- 야코프 라비(Jacob M. Rabbie)
- 에드문트 후설(Edmund Husserl)
- 에드바르트 뭉크(Edvard Munch), 〈절규(The Scream)〉(1893)
- 에드워드 로렌츠(Edward Norton Lorenz), 「결정론적 비주기적 흐름(Deterministic nonperiodic flow)」(1963) ― 로렌츠 끌개(Lorenz attractor)

- 에드워드 로렌츠(Edward Norton Lorenz), 「예측 가능성(Predictability)」 (1972)
- 에드워드 손다이크(Edward Thorndike), 「동물 지능에 관한 몇 가지 실험(Some Experiments on Animal Intelligence)」(1898)
- 에드워드 윌슨(Edward O. Wilson), 『인간 본성에 관하여(On Human Nature)』(1978)
- 에드워드 홀(Edward T. Hall), 『침묵의 언어(The Silent Language)』(1959)
- 에드워드 홀(Edward T. Hall), 『숨겨진 차원(The Hidden Dimension)』 (1966)
- 에른스트 슈마허(Ernst Schumacher), 『작은 것이 아름답다(Small Is Beautiful)』(1973)
- 에리히 프롬(Erich Fromm), 『소유냐 존재냐(To Have or To Be)』(1976)
- 에이브러햄 매슬로우(Abraham Maslow), 『동기와 성격(Motivation and Personality)』(1954)
- 에이브러햄 매슬로우(Abraham Maslow), 『존재의 심리학(Toward a Psychology of Being)』(1962)
- 오노레 드 발자크(Honoré de Balzac), 『고리오 영감(Old Goriot)』(1835)
- 오토 아돌프 아이히만(Otto Adolf Eichmann)
- 올리버 셀프리지(Oliver Selfridge), 「팬더모니엄(Pandemonium : A paradigm for learning)」(1959)
- 요하네스 할러(Johannes Haller)
- 요한 볼프강 폰 괴테(Johann Wolfgang von Goethe)
- 움베르토 에코(Umberto Eco), 『장미의 이름(The Name of the Rose)』 (1980)
- 위르겐 하버마스(Jürgen Habermas)
- 윌리엄 골딩(William Golding), 『파리 대왕(Lord of the Flies)』(1954)
- 윌리엄 섬너(William Graham Sumner), 『습속(習俗, Folkways)』(1906)
- 윌리엄 캘빈(William H. Calvin) — 다윈 기계(Darwin machine)(1987)
- 윌리엄 해밀턴(W. D. Hamilton), 「사회적 행동의 유전적 진화(The genetical evolution of social behaviour)」(1964)
- 유발 하라리(Yuval Noah Harari), 『사피엔스(Sapiens : A Brief History of Humankind)』(2014)

- 조반니[잔 로렌초] 베르니니(Giovanni[Gian Lorenzo] Bernini), 〈성녀 테레사의 환희[황홀경](Ecstasy of Saint Teresa)〉(1647~1652)
- 조슈아 그린(Joshua Greene) & 조너선 하이트(Jonathan Haidt), 「어떻게 (어디에서) 도덕적 판단은 작동하는가?(How (and where) does moral judgment work?)」(2002)
- 조지 오웰(George Orwell), 「1984(Nineteen Eighty-Four)」(1949)
- 조지 허버트 미드(George Herbert Mead), 「마음, 자아 그리고 사회(Mind, Self, and Society)」(1934)
- 존 케네스 갤브레이스(John Kenneth Galbraith), 「풍요로운 사회(The Affluent Society)」(1958)
- 존 그레이(John Gray), 「화성에서 온 남자 금성에서 온 여자(Men Are from Mars Women Are from Venus)」(1992)
- 존 그레이(John Gray), 「화성에서 온 남자, 금성에서 온 여자를 넘어서(Beyond Mars and Venus)」(2017)
- 존 달리(John M. Darley) & 대니얼 뱃슨(Daniel Batson) ― 선한 사마리아인 실험(Good Samaritan experiment)(1973)
- 존 밀턴(John Milton), 「실락원(Paradise Lost)」(1667)
- 존 배로(John D. Barrow), 「우주의 기원(The Origin of the Universe)」(1995)
- 지그문트 프로이트(Sigmund Freud), 「꿈의 해석(The Interpretation of Dreams)」(1900)
- 지그문트 프로이트(Sigmund Freud), 「메타심리학 논문(Papers on Meta-psychology)」(1915)
- 지그문트 프로이트(Sigmund Freud), 「정신분석 강의(Introductory Lectures on Psycho-Analysis)」(1917)
- 지그문트 프로이트(Sigmund Freud), 「쾌락원리를 넘어서(Beyond the Pleasure Principle)」(1920)
- 지그문트 프로이트(Sigmund Freud), 「자아와 이드(The Ego and the Id)」(1923)
- 지눌(知訥)
- 지어딘 사르다르(Ziauddin Sardar), 「카오스(Introducing Chaos)」(1994)
- 질 들뢰즈(Gilles Deleuze) & 펠릭스 가타리(Pierre-Félix Guattari,

1930~1992) — 노마디즘[nomadism, 유목주의(遊牧主義)]

- 찰스 다윈(Charles Darwin), 『종의 기원(On the Origin of Species)』(1859)
- 찰스 더버(Charles Derber), 『관심의 추구(The Pursuit of Attention)』(2000)
- 찰스 페로(Charles B. Perrow), 『무엇이 재앙을 만드는가?(Normal Accidents)』(1984)
- 카를 구스타프 융(Carl Gustav Jung), 『상징적인 삶(The Symbolic Life)』(1939)
- 카를 마르크스(Karl Marx), 『자본론 3권(Capital : A Critique of Political Economy)』(1894)
- 카를 마르크스(Karl Marx), 『정치경제학 비판(A Contribution to the Critique of Political Economy)』(1859)
- 카를 마르크스(Karl Marx), 『독일 이데올로기(The German ideology)』(1845)
- 카를 마르크스(Karl Marx), 『경제학—철학 초고(Economic and Philosophic Manuscripts)』(1844)
- 칼릴 지브란(Kahlil Gibran)
- 켄 윌버(Ken Wilber), 『모든 것의 역사(A Brief History of Everything)』(1996)
- 코라도 지니(Corrado Gini), 『다양성과 변이성(Variability and Mutability)』(1912)
- 코코 샤넬(Coco Chanel)
- 쿠르트 괴델(Kurt Gödel) — 불완전성 정리(incompleteness theorems)(1931)
- 크리스 앤더슨(Chris Anderson), 『긴 꼬리(The Long Tail)』(2006)
- 클라우스 베데킨트(Claus Wedekind) — 땀에 젖은 티셔츠 실험(sweaty T-shirt experiment)(1995)
- 테오도어 아도르노(Theodor Adorno), 『부정 변증법(Negative Dialectics)』(1966)
- 토마스 만(Thomas Mann), 『마(魔)의 산(山)(The Magic Mountain)』(1924)
- 토머스 맬서스(Thomas Malthus), 『인구론(An Essay on the Principle of Population)』(1798)

- 토머스 홉스(Thomas Hobbes), 『리바이어던(Leviathan)』(1651) ― 만인의 만인에 대한 투쟁(war of all against all)
- 파블로 피카소(Pablo Picasso)
- 페르디난트 퇴니스(Ferdinand Tönnies), 『공동사회와 이익사회(Community and Society)』(1887)
- 페르디낭 드 소쉬르(Ferdinand de Saussure), 『일반언어학 강의(Course in General Linguistics)』(1916)
- 펠릭스 하우스도르프(Felix Hausdorff) ― 분수 차원(Hausdorff dimension)(1918)
- 폴 에르되시(Paul Erdös)
- 프란스 드 발(Frans de Waal), 『침팬지 폴리틱스(Chimpanzee Politics)』(1982)
- 프란스 드 발(Frans de Waal), 『내 안의 유인원(Our Inner Ape)』(2005)
- 프리드리히 니체(Friedrich Nietzsche), 『비극의 탄생(The Birth of Tragedy)』(1872)
- 프리드리히 니체(Friedrich Nietzsche), 『즐거운 학문(The Gay Science)』(1882)
- 프리드리히 니체(Friedrich Nietzsche), 『차라투스트라는 이렇게 말했다(Thus Spoke Zarathustra : A Book for All and None)』(1885)
- 프리드리히 니체(Friedrich Nietzsche), 『도덕의 계보학(系譜學)(On the Genealogy of Morality)』(1887)
- 프리드리히 헤겔(Friedrich Hegel), 『정신현상학(The Phenomenology of Spirit)』(1807)
- 프리드리히 헤겔(Friedrich Hegel), 『법철학(강요[綱要](Elements of the Philosophy of Right)』(1820)
- 프리드리히 헤겔(Friedrich Hegel), 『역사철학 강의(Lectures on the Philosophy of History)』(1837/1840)
- 플라톤(Plato)
- 피에르 부르디외(Pierre Bourdieu), 『구별 짓기(Distinction : A Social Critique of the Judgement of Taste)』(1979)
- 피에르시몽 드 라플라스(Pierre-Simon Laplace), 『가능성에 관한 철학적 에세이(A Philosophical Essay on Probabilities)』(1814)

- 피터 웅거(Peter K. Unger), 『멋지게 살다 죽기(Living High and Letting Die)』(1996)
- 하인리히 그뤼버(Heinrich Grüber)
- 한나 아렌트(Hannah Arendt), 『예루살렘의 아이히만(Eichmann in Jerusalem : A Report on the Banality of Evil)』(1963)
- 한병철(韓炳哲), 〈차이트(ZEIT)〉와의 대담(2014. 09.)
- 한병철(韓炳哲), 『심리정치(Psychopolitics)』(2014)
- 한병철(韓炳哲), 『무리속에서(In the Swarm)』(2013)
- 한병철(韓炳哲), 『피로사회(The Burnout Society)』(2010)
- 한병철(韓炳哲), 『투명사회(The Transparency Society)』(2012)
- 함석헌(咸錫憲), 『뜻으로 본 한국 역사』(1948/1967)
- 헤라클레이토스(Heraclitus)
- 헤르만 에빙하우스(Hermann Ebbinghaus), 「기억에 관하여(On memory)」(1913)
- 헤르만 헤세(Hermann Hesse), 『데미안(Demian)』(1919)
- 헨리 타즈펠(Henri Tajfel)
- 헨리 플로트킨(Henry Plotkin), 『다윈 기계와 지식의 본성(Darwin Machines and the Nature of Knowledge)』(1994)
- 헬게 폰 코흐(Helge von Koch) — 코흐 눈송이(Koch snowflake)(1904)
- 헬렌 피셔(Helen Fisher), 『왜 우리는 사랑에 빠지는가?(Why We Love?)』(2004)
- 효종(孝宗)

초판 1쇄 인쇄	2024년 01월 30일
초판 1쇄 발행	2024년 02월 07일
지은이	별
펴낸이	김양수
책임편집	이정은
교정교열	연유나

펴낸곳　휴앤스토리

　　　　　출판등록 제2016-000014

　　　　　주소 경기도 고양시 일산서구 중앙로 1456 서현프라자 604호

　　　　　전화 031) 906-5006

　　　　　팩스 031) 906-5079

　　　　　홈페이지 www.booksam.kr

　　　　　이메일 okbook1234@naver.com

　　　　　블로그 blog.naver.com/okbook1234

　　　　　페이스북 facebook.com/booksam.kr

　　　　　인스타그램 @okbook_

ISBN　　979-11-93857-01-4 (04120)

　　　　　979-11-93857-00-7 (Set)